# 老子
# 道德經

全本
典藏版

**老子之言，博大精深，世人讀之，各有所得**

哲學家以之洞悉天道，軍事家以之參透兵機，
政治家以之安邦定國；大志者以之建功垂名，
淡泊者以之養生延年！

《道德經》，又稱《老子》，全書分「道經」和「德經」兩篇，共計八十一章，僅僅五
千多字，卻微言大義，包羅萬象。其內容涵蓋宇宙觀、人生觀、認識論、方法論，以及
處世之學、用兵之道、治國之策……任何問題都可以在書裡找到答案。

老子 著　雅瑟 編譯

# 前言：強為之容

老子之言，博大精深。世人讀之，各有所得。哲學家以之洞悉天道，軍事家以之參透兵機，政治家以之安邦定國；大志者以之建功垂名，淡泊者以之養生延年……它就像一個永不枯竭的井泉，放下汲桶，自然與人生的真意唾手可得。

不過，既然老子說「道可道，非常道」，我們又何必道之？既然老子說「名可名，非常名」，我們又何苦名之呢？只因老子其人實在堪稱千古智者，而其所著之《道德經》一書又實在是一部不可多得的曠世聖典！

老子，又名老聃，實名李耳，春秋末期楚國人。他是道家始祖，後被神話為太上老君。相傳他生就白眉毛、白鬍子，並因此而得名「老子」。

他生活在距今約2500年前，據史書記載他曾任「周守藏室之史」，相當於今日的國家圖書館館長，是學界泰斗、精神領袖、元首顧問。其地位不低，在當時就有著相當的影響力。

例如，孔子就曾特地跑去向他問禮。老子對他說：「子所言者其人與骨皆已朽矣，獨其言存耳？且君子得其時則駕，不得其時，則蓬累而行。吾聞之良賈深藏若虛，君子盛德，容貌若愚。去子之驕氣與多欲，

態色與淫志，是皆無益於子之身，吾所以告子，若是而已。」

孔子歸後，由衷地讚歎道：「鳥，吾知其能飛；魚，吾知其能游；獸，吾知其能走；走者可以為網，游者可以為綸，飛者可以為矰，至於龍，吾不能知其乘風雲而上天。吾今日見老子，其猶龍邪！」

連號稱至聖先師的孔子，都將老子看做龍一般的人物，可見其智慧是何等高深莫測！老子是一位千古奇人，那麼其所著的《道德經》又是怎樣一本奇書呢？

《道德經》，又稱《老子》，全書分「道經」和「德經」兩篇，共計八十一章，僅僅五千多字，卻微言大義，包羅萬象。其內容涵蓋宇宙觀、人生觀、認識論、方法論，以及處世之學、用兵之道、治國之策……似乎世界上什麼事情都說到了，任何問題都可以在書裡找到答案，甚至有人認為，讀通它即可得道升仙。

更可貴的是，世上之學，大都教人如何做大做強，推崇的是強者、大者的哲學。只有老子毅然反其道而行之，提出「柔弱勝剛強」，建議世人「知強守弱」，建議領袖人物「受國之垢」、「受國不祥」。僅憑此點，《道德經》便可高踞世界哲學之巔峰。

老子傳下來的這部奇書，經過兩千多年歲月的洗禮，風采更勝往昔。飽含智慧的妙語箴言，深刻玄遠的大智慧，今日讀來仍能令人耳目一新、深受啟迪。

《道德經》讀之不完，因其所含思想玄之又玄，常讀常新。今天，我們再次拭去其上的灰塵，以現代人之眼光去審視這部「東方聖經」。我們苦心孤詣，從老子的一言一語中，參悟出「處世學問」、「職場應用」、「商海實戰」、「管理實踐」這幾門粗淺功夫，以饗讀者。其中

既有思想理念之闡發，又輔以諸多具體形象之例證，以方便讀者領受。

我們由衷地希望，這本《道德經大全集》可以助您提高處世能力與職場智慧，並能助您改進經營之法與管理之道。按老子的教導去做人做事，相信您一定會覺得內心充實，精神舒暢，心胸坦蕩，與自然、天地相和諧。

《道德經》一書，歷來注本很多，文字、句讀和【注釋】各異。本書借鑑了諸多名家的研究心得，其中既有高人隱士河上公、青年才俊王弼、經世之材朱元璋等。

本書體例，先列原典，後附譯文、注釋，並精選古人所做注解，隨後再通篇加以詳細解析。最後，再從原文中提煉出老子思想的精髓，經過深入淺出的推敲演繹，把它們一拳一腳、一招一式地展現在讀者眼前。希望藉此引領您走進《道德經》這一塊古老文化的寶地。

# 目錄

| 上篇：道經 |

第一章：眾妙之門 /12

第二章：功成弗居 /19

第三章：不見可欲 /26

第四章：和光同塵 /31

第五章：不如守中 /38

第六章：谷神不死 /43

第七章：天長地久 /48

第八章：上善若水 /53

第九章：名遂身退 /60

第十章：生而不有 /65

第十一章：無之為用 /72

第十二章：去彼取此 /77

第十三章：寵辱若驚 /81

第十四章：執古御今 /88

第十五章：微妙玄通 /95

第十六章：知常曰明 /102

第十七章：信而貴言 /107

第十八章：大忠大義 /114

第十九章：絕學無憂 /122

第二十章：獨頑似鄙 /129

第二十一章：惟道是從 /134

第二十二章：曲則為全 /141

第二十三章：希言自然 /150

第二十四章：企者不立 /155

第二十五章：道法自然 /162

第二十六章：燕處超然 /167

第二十七章：善行無跡 /171

第二十八章：大制不割 /181

第二十九章：去奢去泰 /186

第三十章：物壯則老 /191

第三十一章：恬淡為上 /198

第三十二章：知止不殆 /204

第三十三章：自勝者強 /208

第三十四章：終不為大 /216

第三十五章：往而不害 /221

第三十六章：以柔克剛 /227

第三十七章：道常無為 /233

| 下篇：德經 |

第三十八章：上德不德 /240

第三十九章：賤為貴本 /247

第四十章：有生於無 /257

第四十一章：大器晚成 /261

第四十二章：損之而益 /267

第四十三章：以柔克剛 /274

第四十四章：知止不殆 /280

第四十五章：大巧若拙 /289

第四十六章：知足常足 /296

第四十七章：不為而成 /304

第四十八章：無為而治 /310

第四十九章：聖常無心 /317

第五十章：生生之厚 /324

第五十一章：尊道貴德 /329

第五十二章：塞兌閉門 /335

第五十三章：行於大道 /343

第五十四章：修之於身 /348

第五十五章：含德之厚 /356

第五十六章：知者不言 /362

第五十七章：以正治國 /367

第五十八章：禍兮福倚 /372

第五十九章：長生久視 /380

第六十章：其鬼不神 /386

第六十一章：大者宜下 /392

第六十二章：美言可市 /397

第六十三章：為大於細 /402

第六十四章：未兆易謀 /408

第六十五章：將以愚之 /413

第六十六章：不爭之爭 /419

第六十七章：我有三寶 /425

第六十八章：善戰不怒 /432

第六十九章：哀兵必勝 /438

第七十章：被褐懷玉 /443

第七十一章：病病不病 /449

第七十二章：無厭所生 /454

第七十三章：勇於不敢 /461

第七十四章：代斲傷手 /468

第七十五章：無以生為 /474

第七十六章：木強則折 /480

第七十七章：為而不恃 /484

第七十八章：受國之垢 /490

第七十九章：常與善人 /496

第八十章：小國寡民 /500

第八十一章：信言不美 /505

# 上篇：道經

　　道無形無象，空虛幽深，因應無窮，極富創造力。它先生天帝，繼生萬物，具有偉大而崇高的母性。它賦予我們生命和源源不斷的能量，助我們不斷成長，有所作為。它養育卻不占有，給予卻不自恃有功，奉獻而不索取。

　　世人要像「道」那樣有能量、有涵養，懂得謙虛，能包容，能取捨。對世事不厭煩，不逃避，掩斂自己的鋒銳，排除紛爭和煩擾，不自以為是，不怨天尤人，自然平凡地生活。

　　得道之人，謹慎、警惕、嚴肅、灑脫、融和、純樸、曠達、渾厚；微而不顯、含而不露，高深莫測；從不自滿高傲，善於去故更新。他們靜定持心，靜極而動，動極而靜。一靜一動，皆合於「道」。

　　道無法用語言表述，只有依靠純淨無染、坦然自得、不著形跡的「真如妙心」去領悟。正如拈花微笑，心心相印，一切盡在不言中，此時無聲勝有聲。

# 第一章：眾妙之門

## 【原典】

道①可道②，非常道。名③可名④，非常名。無名，天地之始。有名，萬物之母⑤。故常無，欲以觀其妙。常有，欲以觀其徼⑥。此兩者同出而異名。同謂之玄⑦，玄之又玄⑧，眾妙之門⑨。

## 【注釋】

①道：名詞，宇宙本原。引申為原理、原則、真理、規律等。

②道：動詞，解說、表述。

③名：名詞，「道」的形態。

④名：動詞，說明。

⑤母：母體，根源。

⑥徼：邊際、邊界。引申為事物的表象。

⑦謂：稱謂。此處為「指稱」。

⑧玄：深黑色，玄妙深遠的意思。

⑨門：門戶，此處指產生宇宙間一切奧妙的門戶。

## 【譯文】

能夠用言語解說的道理，就稱不上是恆常的大道。能夠用文字表白的概念，就稱不上是恆常的概念。不能用言語述說的初始狀態，是混沌宇宙

的本源。已經用言語表明了的概念，是孕育萬事萬物的母體。所以，常保持虛無的狀態，是意圖看清世界的本質；常保持實有的狀態，是意圖明見事物的表象。虛無和實有，這兩種事物來源相同而名稱不同。它們都稱得上是玄祕的現象。玄祕之中的至高至上者，便是產生宇宙間一切奧妙的門戶。

## 【名家注解】

朱元璋：道可道，指此可道言者，蓋謂過人之大道。道既成，名永矣。即非常之名，可行焉，可習焉。

河上公：無名者，謂道。道無形，故不可名也。始者，道本也。吐氣布化，出於虛無，為天地本始也。有名，謂天地。天地有形位，陰陽有柔剛，是有其名也。萬物母者，天地合氣生萬物，長大成熟，如母之養子。

王弼：凡有皆始於無。故未形無名之時，則為萬物之始；及其有形有名之時，則長之育之，亭之毒之，為其母也。言道以無形無名，始成萬物。以始以成，而不知其所以，玄之又玄也。

## 【經典解讀】

本章開宗明義，開門見山地提出了「道」的概念。老子透過對宇宙和人生深刻觀察與深入領悟，指明「道」只能意會而不能言傳，只是為了稱呼的方便，才不得不賦予它「道」這樣一個稱謂。「道」的涵義博大精深，不僅可以從哲學的角度思考，還可以從人生境界的角度解讀。

一天，在靈鷲山上，大梵天王將一朵金婆羅花獻給了佛祖釋迦牟尼，並請他為大家講說佛法。大家在對他行了大禮之後，便退到一邊等著聽他說法。哪知釋迦牟尼卻一言不發，只是安詳從容地拈著金婆羅花。

大家都懵懵懂懂，不能領會他的意思，只有摩訶迦葉尊者妙悟其意，

微微一笑。於是，釋迦牟尼便將花交到迦葉手中並對他說：「我有普照宇宙、包含萬有的精深佛法，熄滅生死、超脫輪迴的奧妙心法，能夠擺脫一切虛假表象修成正果，其中妙處難以言說。我不立文字，以心傳心，於教外別傳一宗，現在傳給你。」於是，迦葉便傳得釋迦牟尼平時用的金縷袈裟和缽盂，成為中國禪宗眼中的「西天第一代祖師」。

那麼，釋迦牟尼在眾目睽睽之下，一句話也不說，而僅憑從容不迫、寧靜安詳地拈花就能傳法布道，這裡面到底有何奧妙？

其實，在這裡，釋迦牟尼只是在以一種無言的至為安詳、靜謐、調和、美好的心態傳布宇宙大道，而這種大道是用任何語言都不能表述的，只有依靠純淨無染、無欲無貪、坦然自得、無拘無束、不著形跡的「真如妙心」去領悟。迦葉與佛祖在靈山會上心心相印，僅只拈花微笑而已，沒有任何其他的表示，但一切盡在不言中，此時無聲勝有聲。

另外，一個人如果把對概念的表述看得過重，把語言文字所描述的東西看做事物本身，那他就難以看到事物的本質，難免在認知上流於表面。

其實，無論是概念還是名稱，都只是事物的代稱。雖然用名稱來指代事物有助於交流溝通和文化傳承，但名稱絕非事物本身，所以老子才說「名可名，非常名」。打個比方來說，一個人名叫李四，但實際上他也可以叫王五，即便他自認為非叫李四不行，但李四也未必就是他，因為全天下叫李四的人不一定只有他一個。

本章老子還就應該如何看待「名」「實」關係為我們上了一課。在他看來，「名」與「實」絕不能劃等號。事實也是如此，現實中不僅名實不副的事時常發生，更有甚者還會有名無實。很多人只因看不通透，才往往緊抓住某種「虛名」（如地位、名聲、榮譽、頭銜等）不放。

【處世學問】

## 卸下肩頭的虛名重擔

正所謂「木秀於林，風必摧之」，「刀可斫金，砍水無痕」。在紛繁複雜的社會上，一個人對名聲不可看得太重，在不違背自己做人大原則的前提下，很需要掌握一點「自汙」之法。

西漢初創，漢高祖劉邦一方面仍馬不停蹄地帶兵東征西討，另一面他又十分擔心後院起火。後來，蕭何出謀劃策幫助呂后除掉了韓信，解除了劉邦一個很大的心腹之患。劉邦大喜，便拜蕭何為相國，加賜食邑五千戶。

蕭何很高興，文武百官也紛紛向他祝賀，陳平卻暗地裡對蕭何說：「您快要大禍臨頭了。聖上在外征戰，您掌管國家政事。聖上提高您的薪俸，增加您的食邑，這並不是對您的寵信。之前淮陰侯韓信謀反，讓聖上現在還驚魂未定，他對您也不放心。您最好能推掉封賞，再變賣家產去資助聖上掃滅叛軍、平定天下，這才能使聖上消除對您的猜忌。」

蕭何認為陳平的話很有見地，就按照他所說的變賣家產以充軍資。劉邦果然欣喜異常，對蕭何的猜忌之心大減。

有一年的秋天，淮南王英布造反，劉邦親自率軍征討。期間，劉邦曾數次派人刺探蕭何的活動。派去的人回報說：「蕭相國正鼓勵百姓出錢出物支持軍隊作戰。」

在這個當口上，蕭何的一個門客對他說：「用不了多久您就有被滅族的危險，您已經一人之下萬人之上，不可能再向上升了。可是自從進入關中以來，您一直深得百姓愛戴；皇上數次派人來刺探，顯然是害怕您得到關中百姓的擁護而生異心。您現在為什麼不多買田地，對百姓不再體恤，以自損名聲呢？這樣聖上一定會消除疑心的。」

蕭何從來就沒有想到這一層，不由得嚇出了一身冷汗，急忙按這個建議去做。

劉邦平定叛亂，班師回朝，一些百姓便攔路哭訴，說相國蕭何如何不體恤百姓。誰知劉邦不但沒有生氣動怒，反而特別高興，當然更沒有責罰蕭何。

難道蕭何視自己的名譽無足輕重嗎？顯然不是！只因為名譽與生存相比，實在算不了什麼。其實，在隱伏的巨大危機面前，蕭何變賣家產以充軍資，以及刻意行惡來自毀名譽，都是非常高妙的明哲保身之法。

蕭何自損形象，為除劉邦疑心，作為一方官員，是為一方百姓全力服務。

東漢後期，關西扶風（今陝西興平東南）有位知名大儒，名為法真，字高卿。他勤奮刻苦，知識淵博，通曉各家之學。

法真生於官宦之家，其父曾任南郡太守，但法真卻淡泊名利，對政治毫無興趣。扶風郡太守聽說法真有大才，就趁著請他到家裡做客的機會勸他說：「魯哀公雖稱不上明君，但孔子卻樂意輔佐他。我雖沒什麼才德，但想請你來做功曹，你意下如何？」法真卻說：「我應邀來做客是因為您彬彬有禮，如果您非要我做官，那我只好躲進深山隱居了。」

法真還曾被舉為賢良，但他也沒有出仕。還有一次，漢順帝西巡，法真的同鄉田弱趁機向順帝舉薦他。順帝前後四次徵召他，但他都沒去，反而「躲進小樓成一統」，過起了逍遙自在的隱居生活。

法真這位高潔的名士，一直活到89歲高齡才駕鶴西遊。

他的好友郭正讚譽他說：「法真這個人真不簡單，他不想出名，但名聲卻始終不離他左右，他想避開功名，但功名卻又老是緊隨著他。」

東漢後期，朝廷內宦官、外戚爭權奪利，正直之士屢遭迫害，類似罷官、囚禁、被殺這類人間悲劇經常上演。可能今日還位高權重，明天便入

獄為囚。而看透了社會人生的法真卻視功名如草芥，因此能與那紛繁複雜的政治爭鬥保持距離，並得以保全性命和操守，終成一代名士。

其實，出名不易。流芳百世固屬難能，遺臭萬年也非易事。厚黑學創始人李宗吾就曾說：「為好人固難，為壞人也不易，猛虎方能噬人，小犬一張牙，已被人踢出數步之外，雖欲害人，其何可得？你我莫說萬年，要想在全國中，遺臭三日，也不可得。」

事實上，按照老子「無為而無不為」的思想，「名」的最高境界自當是不求名而得名。所以，何不卸下壓在自己肩頭的「名」之重擔，讓身體得以放鬆，讓心靈得以解放呢？

### 【商海實戰】

#### 有生於無，因應自然

老子講「無名，萬物之始」，王弼對這句話的注解是：「未形無名之時，則為萬物之始。」這裡「無名」代表萬物的始源，是思想無法企及的階段。通俗地說，在名稱未定之前，萬物已經開始萌發，只是我們意識不到罷了。

在1971年倫敦國際園林建築藝術研討會上，迪士尼樂園的路徑設計被評為世界最佳設計。其設計思路就與上述老子的思想暗合。

迪士尼樂園經過了三年的建設，馬上就要對外開放了。然而其設計者——世界著名建築大師格羅培斯對如何設計連接各景點的道路仍沒有好方案。施工部再次發電報催促正在法國參加慶典的格羅培斯儘快定稿，以保證及時竣工和對外開放。

從業40多年來，格羅培斯攻克過無數建築設計方面的難關，先後在全世界設計建成精美建築70餘處，哪知這一次卻被路徑設計這點建築設計中

的小專案難住了。對迪士尼樂園各景點之間的道路如何安排，著實讓他大傷腦筋，設計方案已50多次易稿，卻無一次合他心意。

現在，工程竣工在即，他心中自是焦躁萬分。慶典一結束，他便坐上車直奔地中海海濱而去。他想放鬆一下神經，力求在回國前敲定方案。汽車在公路上疾馳，很快就駛入了法國南部著名的葡萄產區，葡萄園一個挨著一個，真是漫山遍野。從車窗望去，路邊不時閃過兜售剛摘下來新鮮葡萄的農民，然而過往的行人卻很少駐足購買。

車子不斷前行，在駛進一個小山谷時，他發現前方停著許多汽車，於是便示意司機停車。原來，旁邊是一個無人看管的葡萄園，只要行人在路邊的箱子裡投5法郎，就可以自己摘一籃子葡萄。這個辦法是該葡萄園的主人——一位因年邁而無力在路邊兜售葡萄的老太太想出來的。一開始她還擔心用這種辦法不可行，哪知實行之後，她便成了方圓百里賣葡萄最多最快的人。她這種讓人自由選擇的做法讓格羅培斯腦中靈光一閃，他馬上讓司機調轉車頭，駛回了巴黎。

一回到酒店，他就發了一封電報給施工部：撒上草種開放。施工部按照他的建議和設計在樂園的空地上撒了草種，沒過多長時間，整個樂園便都綠草如茵了。在迪士尼試營業的半年中，草地上被踩出了一條條寬窄有別而又自然優雅的小道。後來，格羅培斯就讓施工人員在這些遊客踩出來的小道上鋪設了人行道。

從上述格羅培斯設計迪士尼樂園道路的故事中，我們大可領悟到「有生於無」的道家真意，由「未形」「無名」至「有形」「有名」，一任自然而已。

# 第二章：功成弗居

【原典】

天下皆知美之為美，斯①惡②已；皆知善之為善，斯不善已。故有無相③生，難易相成，長短相形④，高下相傾，音聲⑤相和，前後相隨。是以聖人⑥處無為⑦之事，行不言之教，萬物作⑧焉而不辭。生而不有，為而不恃，功成而弗居。夫唯弗居⑨，是以不去。

【注釋】

①斯：則、就的意思。

②惡：醜，與美相對。

③相：互相。

④相形：在相互比較中顯現出來。

⑤音聲：古人將合奏出的樂音稱為「音」，單一發出的音響稱為「聲」。

⑥聖人：道家所推崇的最高層次的典範人物，其人格形態與儒家不同。儒家的聖人講人倫，道家的聖人則任自然，主張「居靜」、「不爭」，張揚人的內在生命。

⑦無為：順應自然，不加干涉、管束，一任人們憑自己的想法去做事。

⑧作：創造，興起。

⑨弗居：不自我誇耀有功。

## 【譯文】

天下人都知道怎麼樣算是美，這樣就有了醜；天下人都知道怎麼樣算是善，這樣就有了不善。所以，實有與虛無相互滋生，難與易相輔相成，長與短相互比較而顯現，高與下相互依靠而存在，單音與回聲相互應和而成曲調，前與後相互接隨而成順序。因此聖人用無為的觀點對待世事，用不言的方式施行教化，聽任萬物自然生長而不加以干涉。生養萬物但不據為己有，養育萬物但不仗恃己力，成就萬物而不自居有功。正由於不居功，所以功績不會離開他。

## 【名家注解】

朱元璋：有能行道者，篤能行斯大道，勿於道上加道焉，善上更加善焉。凡以巧上此二事者，美則美矣，不過一時而已，又非常道也。故美盡而惡來，善窮而不善至矣。

王弼：美者，人心之所樂進也；惡者，人心之所惡疾也。美惡猶喜怒也，善不善猶是非也。喜怒同根，是非同門，故不可得而偏舉也。

河上公：夫唯功成不居其位，福德常在，不去其身也。此言不行不可隨，不言不可知。即上六句有高下、長短，若開一源，下生百端；百端之變，無不動亂。

## 【經典解讀】

透過對常見的自然現象和社會現象的觀察與研究，老子得出一個普遍真理——世間萬事萬物都是相互依存、相互關聯、相互作用的。他由此提出了對立統一這個永恆的、根本性的哲學法則。

為了進一步形象地說明這一理論，老子舉出了一些相互對立的概念，如善惡、美醜、有無、難易、長短、高下、前後等。這些相互對立的概念

存在於人類社會生活的每一個角落，深刻影響著人們生活的各方面。試想，如果人們對美好事物無從判斷和追求，還會有對醜惡現象的厭棄嗎？如果人們只顧享受現在的歡樂或成就，在不幸或禍患悄悄臨近時能夠輕鬆應對嗎？

其實，人算得上是天地間最不可捉摸的生物了。人長於創造概念，又常常執著於概念。而有了概念，也就產生了分別心。比如說，人創造了美的概念，自然就產生了與它對立的醜；創造了善的概念，自然就產生了與它對立的惡。以此類推，有無、高下、長短、前後等判斷事物的標準便滾滾而出。這無不是人們的分別心在發揮作用，是太過執著於所謂的美醜、難易、善惡等所致。

在老子看來，事物的發展和變化，無不是由對立統一的衝突催生出來的。對立著的兩個方面互相依存，並能在一定條件下向其對立面轉化。老子將這種變化看做是自然的本質。

老子認為，宇宙萬事萬物從產生至消亡，無不處於運動變化之中。可以說，除了「道」之外，宇宙間再無永恆不變之物。關於事物的運動變化，老子提出「相反相成」的道理。他認為，事物都有自己的對立面，其對立面是其存在的前提條件，沒有「有」，「無」也就無從說起；沒有「難」，「易」也就沒有著落，反之亦然。這是老子哲學中的精華部分。

面對這個對立的世界，人們該怎樣去做事呢？對此，老子給出了一個建議——無為。這裡所說的「無為」不是什麼也不做，而是要人們的活動能夠順天應人。老子所提倡的是：用不言的方式施行教化，聽任萬物自然生長而不加以干涉；養育萬物但不仗恃己力，成就萬物而不自居有功。

所謂不言之教，也正如隋末唐初的醫家和哲人楊上善在其著作《黃帝內經・太素》中所說：「古聖人使人行者，身先行之，為不言之教。不言之教，勝有言之教，故下百姓仿行者眾，故曰下皆為之。」的確如此，口

若懸河的人固然令人欣賞，身體力行者卻更加值得效仿。請記住，使人行者，身先行之。

## 【處世學問】

### 以無分別心看待美與醜

正所謂「情人眼裡出西施」，美和醜都只是一種感覺，亦實亦虛。事實上，它們「同出而異名」，可以相互轉化，本就是同一種事物。如果美一旦有了世俗的標準，就難免失之偏頗，難免使某些定力差的人沉迷其中，難以自拔，以致蒙蔽本心。

春秋時越國的西施，是中國歷史上的四大美女之一。她常衣著樸素，略施脂粉，她的美貌傾國傾城，她的一舉手、一投足，她的音容笑貌，無不惹人喜愛，無論她走到哪裡，人們都對她的美貌讚賞有加。

西施住在若耶溪西岸，所以被稱為西施；在對岸也住著一位女子，名叫東施。西施美豔異常，東施卻長相不佳。於是，東施便開始模仿西施的著裝和髮式。但無論她多麼努力去做，仍然沒有一個人誇她長得好看。這讓她備感沮喪。

一次，東施到集市上去，看見很多人正聚在一處指點議論著什麼。她快步上前，就聽見人們紛紛帶著驚嘆的口氣說：「真是太美了！」原來西施正從對面走過來。

西施見到有這麼多的鄉親聚在一起，就主動向大家問好。有人便問她道：「西施，你這是去做什麼啊？」

「我的心口病又發作了，去抓些藥來。」西施話未說完就又痛得微微皺了一下眉頭。東施對她的每一個動作都看得很仔細，她發現西施手捂胸口、雙眉皺起的姿勢帶有一種嬌柔之美，不禁心馳神往。

回到家裡，東施心想，西施生病的時候捂住心口、皺著眉頭的樣子的確很美，如果我也學著去做，一定能得到大家的讚美。於是，第二天，東施在家裡仔細地梳洗打扮後，就來到熙熙攘攘的集市上。她故意走到擁擠的人群中，學著西施生病時的樣子，皺著眉頭、捂住心口走來走去，希望人們能讚美她。

但實際上，東施的矯揉造作使她原本就很醜陋的樣子更難看了。村子裡的人一看見她，就拉著孩子遠遠地避開，並把門緊緊地關上。

美一旦有了公認的標準，其他不符合這一標準的人就會千方百計向這個標準靠攏，以至於矯揉造作、弄虛作假，哪裡還有美可言？於是便鬧出了上面「東施效顰」的笑話。歷史上還有一則類似的故事，那就是「楚王好細腰」。

楚靈王喜歡看到臣子們有個纖細的腰身，他認為只有這樣才叫賞心悅目，能使滿堂生輝。有些腰生得細的臣子還因此受到了楚靈王的誇讚和寵愛。這樣一來，楚國文臣武將為了得到楚靈王的寵信，便想盡各種辦法來減肥瘦腰。他們特別注意節食，每天只吃一頓飯，甚至餓得眼冒金星也絲毫不在乎；有的人甚至還研究出一些快速瘦腰的妙招，例如，每天早晨起床穿衣時，先做幾次深呼吸，挺胸收腹，然後將氣憋住，再用寬腰帶將腰束緊。經過這樣一番折騰之後，大臣們的身體狀況急速下滑，有的人甚至要扶住牆壁才能勉強站立。

就這樣過了一年之後，大臣們全都骨瘦如柴、面帶菜色、虛弱不堪。試問，如此病態，又怎稱得上「美」呢？

事實上，萬事萬物本無所謂美，也無所謂醜，只是由於人們強執於美、醜的概念，分別心太重，以至於不肯在生活中公平地對待「醜」，才導致了很多生活的不快。放下這種執著心、分別心，才能看到事物的本質。

## 與主管搶功是不妥當的

在職場中，要想成為上司的心腹，贏得其信賴，千萬不可在上司面前居功。工作中有了成績，最好主動淡化自己的功勞，把成績的取得歸功於同事的支持，尤其是上司的正確指導和幫助。如果能夠這樣做，就不但不會被猜忌，還會讓上司感覺下屬很謙遜，因此增加幾分好感和器重。否則，十有八九沒有好下場。

下面有這樣一則寓言故事，相信每一個身處職場的人讀過之後，都能有所領悟。

古時候，有一位國王性喜奢華，揮霍無度。有一天，他的財政大臣為了討他歡心，決定為他舉辦一場空前的、極為壯觀的宴會。

在這位財政大臣的主持下，全國最顯赫的貴族和最偉大的學者，都參加了這場盛大的宴會。一些戲劇家甚至還特地為這次盛會創作了劇本，並在晚宴時盛裝登場，進行了精彩的表演。

國王還在這位財政大臣的陪同下，興致高昂地參觀了新建的別墅、庭園和噴泉，觀看了煙火表演。到場的人都說，這是他們有生以來見過最宏大的盛宴，並紛紛誇讚財政大臣才幹非凡、魄力十足，是全國能力最強的人。面對眾人的讚譽，這位財政大臣飄飄然起來，竟在不經意間和國王並肩而行。他心裡想：我策劃並舉辦了如此成功的盛會，國王定會重重賞賜我的。

然而，事情卻出人意料。第二天一早，他便被國王下令逮捕了。僅僅過了三個月，他就被冠以侵占國家財產的罪名殺了頭。

國王為何會突然殺掉這位財政大臣呢？原來，國王的虛榮心極強，希望自己永遠是眾人關注的焦點，絕不容許任何人搶他的風頭。別人對財政

大臣的關注和稱讚，讓他十分不快。而財政大臣又被成功沖昏了頭，沒在眾人的面前把功勞和榮耀歸於國王，搶了國王的風頭，所以被殺。

因此，做下屬的斷不可自伐其功、自矜其能。要想獲得上司的賞識和信任，當然需要展示出自己的才華，但不可過度。因為，每當下屬取得突出成就時，上司的心情往往既為自己領導有方、慧眼識英而喜，又為下屬可能對自己形成威脅而憂。此時，下屬千萬不能得意忘形，而是要設法把功勞讓出，把上司推向前臺，讓其成為眾人的焦點。

榮耀是一把雙刃劍，它可以助人成功，也可以致人失敗。身在職場，當你取得榮耀時，千萬不要忘記了你的上司，你應在第一時間把這些榮耀歸於他的正確領導。隨後你不妨淡忘這份榮耀，繼續保持不驕不躁的作風做到了這些，你就不用愁你在職場上不能有所作為，而且更多的作為正在等著你。

# 第三章：不見可欲

不尚賢①，使民不爭；不貴②難得之貨，使民不為盜；不見③可欲，使民心不亂。是以聖人之治，虛其心④，實其腹，弱⑤其志，強其骨。常使民無知無欲，使夫知者不敢⑥為也。為無為，則無不治⑦。

【注釋】

①尚賢：尚，崇尚、推崇。賢，品德高尚、才智非凡的傑出人物。
②貴：稀有、珍貴，這裡指重視。
③見：通「現」，出現、顯露。這裡指展示、炫耀的意思。
④虛其心：虛，空虛。心：古人認為心主思維，這裡指思想、精神、頭腦。虛其心，使他們心裡空虛，無巧詐之思，無非分之欲。
⑤弱：削弱。
⑥敢：進取。
⑦治：治理，含有將天下治理太平之意。

【譯文】

不推崇傑出的人才，以使人民不爭奪名利；不重視稀有的珍寶，以使人民不淪為盜賊；不展示能夠誘發貪欲的東西，以使人民的心思不被擾亂。因此，聖人治理國家的原則是，簡化人民的思想，充實他們的肚腹，

弱化他們的精神，強健他們的筋骨。總是要讓人民處於沒有知識和欲望的狀態，並且使那些有才智的人也不敢妄為製造事端。只要遵循無為的原則，就沒有治理不好的地方。

## 【名家注解】

河上公：賢，謂世俗之賢，辯口明文，離道行權，去質為文也。不尚者，不貴之以祿，不貴之以官。不爭功名，返自然也。

王弼：貴者，隆之稱也。唯能是任，尚之曷為？唯用是施，貴之何為？尚賢顯名，榮過其任，為而常校能相射。貴貨過用，貪者競趣。穿窬探篋，沒命而盜。

朱元璋：聖人常自清薄，不豐其身，使民富乃實腹也，民富則國之大本固矣。然更不恃民富而國壯，他生事焉。是為實腹弱志強骨也。

## 【經典解讀】

老子認為，展現「道」的「聖人」，要治理百姓，就應當不尊尚賢才異能，以使人民不要爭奪權位功名利祿。要注意，在老子的觀點中，不包含貶低人才，否定人才的意思。而是說，執政者不要給賢才過分優越的地位、權勢和功名，以免使「賢才」成為一種誘惑，引起人們爭權奪利。

按照老子的人生哲學，人性本來是純潔素樸的，猶如一張白紙。如果社會出現尚賢的風氣，人們對此當然不會視而不見，那麼人們就可以保持「無知無欲」的純潔本性；如果社會出現貪欲的風氣，肯定會挑起人們的占有欲、追逐欲，從而導致天下大亂。

許多人認為，老子「常使民無知無欲」的主張是愚民思想，其實不然，事實上老子並不主張去除人的正常欲望，他實際是主張「少私欲，視素保樸」，他的目的是使社會安定、人民安居樂業。他的這一主張對我們

的立身處世也有重大的意義。

使人們無欲，當然不是要剝奪人們的生存權利，而是要盡可能地「實其腹」、「強其骨」。使老百姓的生活得到溫飽，身體健壯可以自保自養；此外要「虛其心」、「弱其志」，使百姓們沒有盜取利祿之心，沒有爭強好勝之志。這樣做，就順應了自然規律，使人人都回歸純潔的、無知無欲的自然本性。這樣無為而治，天下自然可以得到治理了。

老子理想社會中的人民，四肢強健，思想質樸，沒有奢侈的物質享受欲望，也沒有被各種令人頭暈目眩的文化或知識困擾的煩惱。在老子的眼裡，讓人們在一種自由寬鬆的社會環境中保持人類純樸天真的精神生活，與自然之道相契合的社會制度，比物質文明雖然發達但充滿著危機、爭鬥、謀殺和陰謀的社會制度更契合人類的本性。

老子所說的無為，並非不為，而是不妄為、不非為。也就是說，最好的政策當是「清靜無為」的政策，不要限制過多，使得民眾無所適從。在老子看來，歷史的發展有其一定的自然規律。這規律不由上帝安排、操縱，也不受人的主觀意志支配，而是客觀的、自然的。

【處世學問】

### 破除貪婪的枷鎖

世界上，美好的東西實在數不勝數，我們總是希望得到盡可能多的東西。但欲望太多，反而會成了累贅，貪婪之心要不得。相信下面這個故事能夠在這方面給你深刻的啟示。

一股細細的山泉，沿著窄窄的石縫，叮咚叮咚往下淌，也不知過了多少年，竟然在岩石上沖刷出一個雞蛋大小的淺坑。奇異的是，山泉不知從哪兒沖來黃澄澄的金砂，填滿了小坑，天天不增多也不減少。

有一天，一位砍柴的老漢來喝山泉水，偶然發現了清澈泉水中閃閃的金砂。驚喜之下，他小心翼翼地捧走了金砂。

從此，老漢不再受苦受累，不再爬山越嶺砍柴。過個十天半月的，他就來取一次金砂，不用說，日子很快富裕起來。人們都感到蹊蹺，不知老漢走上了什麼財運。老漢對這天大的祕密守口如瓶，上不告父母，下不告妻小。

老漢的兒子跟蹤窺視，終於發現了爹的祕密。他在認真看了窄窄的石縫、細細的山泉，還有淺淺的小坑後，埋怨爹不該將這事瞞著，不然早發大財了。於是，兒子向爹建議，拓寬石縫，擴大山泉，不是能沖來更多的金砂嗎？爹想了想，自己真是聰明一世，糊塗一時，怎麼就沒有想到這一點呢？

於是，父子倆拿起工具，很快就把窄窄的石縫鑿寬了，山泉比原來大了好幾倍，又把坑鑿大些。父子兩個累得大汗淋漓，想到今後可以獲得很多很多的金砂，高興得一口氣喝光了一瓶酒，醉成了一灘泥……

父子倆天天跑來看，卻天天失望。金砂不僅沒增多，反而從此消失無影無蹤。父子倆百思不得其解，金砂哪裡去了呢？

水流大了，金砂還會沉澱下來嗎？貪婪的父子倆連原來的金砂也失去了。人不能沒有欲望，沒有欲望就沒有前進的動力，但人卻不能有貪欲，因為，貪欲是無底洞，你永遠也填不滿它，貪欲只會給你帶來無窮無盡的煩惱和麻煩。

據說上帝在創造蜈蚣時，並沒有為牠造腳，但是牠仍可以爬得像蛇一樣快。有一天，牠看到羚羊、梅花鹿和其他有腳的動物都跑得比自己還快，心裡很不高興，便嫉妒地說：「哼！腳愈多，當然跑得愈快。」於是，牠向上帝禱告說：「上帝啊，我希望擁有比其他動物更多的腳。」

上帝答應了蜈蚣的請求，他把好多好多的腳放在蜈蚣面前，任憑它自

由取用。蜈蚣迫不及待地拿起這些腳，一隻一隻地往身體上黏，從頭一直黏到尾，直到再也沒有地方可黏了，牠才依依不捨地停止。

牠心滿意足地看著滿身是腳的軀體，心中暗暗竊喜：「現在我可以像箭一樣地飛出去了！」

但是，等黏一開始要跑時，才發覺自己完全無法控制這些腳。這些腳劈裡啪啦地各走各的，黏非得全神貫注，才能使一大堆腳不致互相絆跌而順利地往前走。這樣一來，黏反而比以前走得更慢了。

貪婪是一切禍亂的根源，不論做人處事，都必須控制貪欲。

人都有欲望，貧窮的人想變得富有，低賤的人想變得富貴，默默無聞的人想變得舉世聞名，沒有受過讚譽的人想得到榮譽，這是無可非議的，但問題在於對欲望的追求必須有一個限度。人的欲望是無止境的，對欲望的無度的追求與滿足，最終會害了自己。

對付貪欲的最有效方法就是學會放下，懂得抑制欲望的膨脹，尋求欲望與正常生活之間的和諧。這樣，我們才能從欲念的無底深淵中得到釋放與自由，這正是快樂的始發站。

# 第四章：和光同塵

**【原典】**

道沖①而用之，或不盈②，淵③兮似萬物之宗。挫④其銳，解⑤其紛，和⑥其光，同其塵⑦。湛⑧兮似或存⑨。吾不知誰之子，象⑩帝之先。

**【注釋】**

①沖：通盅，空虛之意。

②盈：滿，引申為盡、極限。

③淵：淵深，深遠。

④挫：消磨。

⑤解：消解。

⑥和：調和，隱蔽。

⑦同其塵：將自己與塵俗混同在一起。

⑧湛：深沉、沉靜，此處用來形容「道」隱於幽暗，不見形跡，但又確實存在的狀態。

⑨似或存：似乎存在。

⑩象：似。

**【譯文】**

大道空虛，但它的作用又似乎沒有極限，淵深得像是萬物的本源。它

收斂了銳氣，解開了紛雜，調和了光芒，混同於塵垢。它深湛難知，像是時刻若有若無地存在於萬物的左右。我們不知道它是由誰生發而出的，好像在天帝出現之前它就已經存在了。

## 【名家注解】

朱元璋：道之理幽微而深長，用之而無盡，息之則無形。若或驟盡用之，尤為不當，是謂道沖而用之或不盈。且淵兮萬物之宗，言君子若履，則當徐之。

王弼：形雖大，不能累其體，事雖殷，不能充其量，萬物舍此而求主，主其安在乎。不亦淵兮似萬物之宗乎。銳挫而無損，紛解而不勞，和光而不汙，其體同塵而不渝，其真不亦湛兮似或存乎。

河上公：老子言我不知道所從生。道自在天帝之前。此言道乃先天地生也。至今在者，以能安靜，湛然不勞煩，欲使人修身法道。

## 【經典解讀】

老子認為，「道」是虛體的，無形無象，人們視而不見，觸而不著，只能依賴於意識去感知它。雖然「道」是虛體的，但它並非一無所有，而是蘊含著物質世界的創造性因素。這種因素極為豐富，極其久遠，存在於天帝產生之先。因而，創造宇宙天地萬物自然界的是「道」，而不是天帝。這樣，老子從物質方面再次解釋了「道」的屬性。

老子稱頌「道」雖然虛不見形，但不是空無所有。從「橫」的角度談，「道」無限博大，用之不盡；再從「縱」的角度談，「道」又無限深遠，無以追溯其來歷，它好像是自然萬物的祖宗，又好像是天帝的祖先。從此說來，不是天帝造物，而是「道」先生天帝，繼生萬物。「道」是宇宙至高無上的主宰。

在本章裡，老子透過形容和比喻，對「道」作了具體描述。老子認為「道」是不可以名狀的，實際上「道可道，非常道」就是「道」的一種寫狀，這裡又進一步描寫「道」的形象。

他把「道」喻為一個肚內空虛的容器，是對其神祕性、不可觸摸性和無限作用的最直觀與最形象的比喻。哲理的揭示，只有扎根於具體形象，才會使蘊含的豐富性、概括性、抽象性和外延性得到富於想像力的發揮。

老子說，道是空虛無形的，但它所能發揮的作用卻是無法限量的，是無窮無盡而且永遠不會枯竭的。它是萬事萬物的宗主，支配著一切事物，是宇宙天地存在和發展變化必須依賴的力量。在這裡，老子自問：「道」是從哪裡產生出來的呢？他沒有作出正面回答，而是說它存在於天帝現相之前。既然在天帝產生以前，那麼天帝也就無疑是由「道」產生出來的。由此，研究者們得出結論，認為老子確實提出了無神論的思想。

也有的學者把老子的「道」與古希臘哲學家赫拉克利特的「邏各斯」相提並論，認為這兩個範疇的內涵非常接近。赫拉克利特的「邏各斯」是永恆的存在，萬事萬物皆依「邏各斯」而產生。但它不是任何神或者任何人所創造的，而是創造世界的種子，是一種「乙太」的物體。「邏各斯」無時無處不存在於自然界和人類社會，但人們卻不能感覺到它的存在，然而它的存在是確實的。老子的「道」同樣具有「邏各斯」的這些屬性和職能，二者的形象十分近似。

【處世學問】

### 掩藏自己的鋒銳

人們修「道」悟「道」，就是為了要像「道」那樣有能量、有涵養，懂得謙虛，能包容，能取捨，自然平凡地活著，對世事不厭煩，不逃避，

掩斂自己的鋒銳，排除紛爭和煩擾，不自以為是，不怨天尤人，平平靜靜地對待生活。

一個人要是有了這樣的境界，那麼置身盛世之中，他能安享太平；置身亂世之中，他能全身避害。這種人在歷史上並不少見，《三國演義》裡的劉備就是其中之一。

劉備投靠曹操之後，仍有一番雄心壯志。但是曹操是一個極其多疑而沒有安全感的人，為了防止別人暗殺自己，他連為他蓋被的侍衛也殺了，且說：「吾夢中好殺人！」

劉備為免遭曹操謀害，就在住處後院種菜，親自澆灌，以為韜晦之計。關羽、張飛對此不解，問道：「兄長你不留心天下大事，卻學小人之事，為什麼呢？」劉備說：「這不是二位兄弟所知道的。」二人也就不再多言了。

一日，曹操派人請他去赴宴，劉備不知曹操用意，心裡忐忑不安。酒到半酣，忽然烏雲密布，驟雨將至。曹操突然問道：「玄德久歷四方，一定非常瞭解當世的英雄，請說說看。」劉備歷數了袁術、袁紹、劉表、孫策、劉璋、張魯、張繡等人。不料，曹操鼓掌大笑道：「這些碌碌無為之輩，何足掛齒！」劉備說：「除了這些之外，我實在不知道了。」曹操說：「凡是英雄，都胸懷大志，腹有良策，有包藏宇宙之機，吞吐天地之志。」

劉備說：「那誰能擔當此任呢？」曹操先用手指指劉備，又指指自己，說：「當今天下英雄，只有您和我曹操了。」劉備聞聽此言，大吃一驚，手中所持的筷子不覺掉到地上。正巧這時外面雷聲大作，劉備便從容俯下身去拾起筷子，說：「一震之威，乃至於此。」曹操笑著說：「大丈夫也怕雷震嗎？」劉備說：「聖人云：『迅雷風烈必變』，怎能不怕呢？」這樣，把自己聞言失態輕輕掩飾而過。之後，曹操也就不再懷疑劉

備胸有大志，因此也就不再視劉備為眼中釘肉中刺，放鬆了對他的警惕。劉備利用韜光養晦的辦法，消除了曹操對他的戒備心，得以保命，並且待機東山再起。

在自然界中，弱小的動物受到強大對手的攻擊時，往往會以假死來矇騙敵人、保護自己。韜光養晦實際上也是一種類似假死的行為，人類社會和動物界一樣處在競爭的狀態，不同的是，人類的這種競爭更加複雜和殘酷！

實現韜光養晦的要旨在於：實施對象沒有安全感、怕人謀害，就向他表示最大的忠誠和善意；實施對象怕有人威脅到他的位置，就向他表示自己淡泊名利的態度；實施對象害怕失去權威，就向他表達最大的敬畏與尊崇！當一個人成功地讓實施對象相信他的這種意圖，他就是一個成功地掌握韜光養晦這種藝術的人。

### 【商海實戰】

#### 靠思想的力量取勝

「道沖而用之，或不盈，淵兮似萬物之宗」，大道雖無形無象，人們看不見它，觸不著它，它卻無處不在，並且蘊含著物質世界的創造性因素，其作用無窮無盡。老子所描述的「道」，與人類的「思想」極為相似。

思想可以說是另一種「道」，它與「道」一樣空虛無形，看不見、摸不著，來無影、去無蹤。思想孕育了人類，也與「道」一樣有著無窮的力量。思路決定出路，一個擁有奇思妙想的商人，定能創造不可限量的財富。

美國股海「空手道」大師孔菲德父親早亡，從小家境貧寒。大學畢業

後，他漂泊到紐約，成了一名「共同基金」推銷員。透過投資共同基金，小額投資人就可以利用基金買到更多種類的股票，同時也可以由所謂「財務專家」代為經營，這比自己操作股票要保險得多。

孔菲德的傭金是從投資人資金中提取的，因而不管股票行情如何變化，即便是顧客們賠本，對他來說並沒有什麼關係。然而野心勃勃的他並不想只做一名小小推銷員。因此，工作之餘，他花了很多時間去研究基金的財務組織和管理。

不久他就發現，共同基金猶如一座金字塔，金字塔的最底層是基層推銷員，而高高在上的當然是基金的經理們，凡上面的一層均有從其屬下的傭金中抽成的權利。孔菲德希望自己能夠早日站上「塔尖」，他決定衝破現有環境的束縛，到更廣闊的天地去闖一闖。

於是，他去了巴黎。不過，當時歐洲許多國家禁止本國公民購買美國的共同基金股票，以免本國資金流入美國。看來，向歐洲公民推銷股票這條路是行不通了。但孔菲德卻在歐洲這個禁區中發現了「新大陸」——美國僑民市場。

當時，歐洲各國都有美國的駐軍、外交人員和商人，他們大部分都攜家帶口地在歐洲定居，其薪資也都隨之流入歐洲市場。但那時歐洲的經濟狀況遠不如美國，那些美僑其實很希望把餘錢投到華爾街，以謀得更多利潤，只是由於遠居異國，沒有方便的路徑。

這真是天賜良機，孔菲德滿足了那些美僑的願望，贏得了巨額利潤和良好的聲譽。向他投資的人漸漸增多，他意識到在海外存在著一個廣大而富足的、有待開拓的潛在市場。

他注意到，垂法斯公司的基金股票銷路不錯，發展前景很好。於是，他毅然加入了該公司。隨後，孔菲德寫信給垂法斯基金公司高層，談論了他發現的歐洲市場情況，並提出了一個迅速開發報告，要求垂法斯委派他

擔任歐洲總代理。這一建議很快得到了垂法斯高層的批准。

不久，孔菲德就在歐洲成立了自己的公司——投資者海外服務公司（簡稱IOS），代理銷售垂法斯的股票。他逐漸招聘了一些推銷員，並從每一個推銷員的每筆交易中提取1/5的傭金，這是共同基金的標準組織方式。

隨著推銷員隊伍的繼續壯大，孔菲德從傭金抽成的收入頗高，他已無需親自去推銷了，開始專心於訓練新的推銷員，健全他的代理團隊管理機制並開拓更廣闊的基金市場。

IOS以驚人的速度成長著，推銷員隊伍日漸壯大。於是，他就一層層地增設中間機構，他原來的推銷員被提升為推銷主任，他們就有權擁有自己的推銷員並從傭金中抽成。而當推銷主任的推銷員太多時，他又設立了次一級的中間機構。

就這樣，孔菲德建立了金字塔般的組織，他居塔尖，一層層地從每一個下層身上提取他應得的那部分傭金，而他自己從未投過任何資金，真是一個「無本萬利」的空手道高手。

雨果有句名言：「思想就是力量。」這句話在孔菲德身上得到了驗證。思想是看不見的東西，但又無所不在、無處不在。帝王的權位可能曇花一現，財富經常會更換主人，但思想的價值即便一時被人遺忘，也不會消亡。

歌德說：「我們的生活就像旅行，思想是導遊者；沒有導遊者，一切都會停止，近而目標會喪失，力量也會化為烏有。」而只要思想之樹常青，人生之路就會越走越寬，前途就會無限光明。當今時代，資訊爆炸，文化激盪，機遇與挑戰並存，創新和發展齊飛。解放思想，我們的人生將會有更理性的座標，將更符合時代發展的要求。

# 第五章：不如守中

天地不仁①，以萬物為芻狗②；聖人不仁③，以百姓為芻狗。天地之間，其猶橐籥④乎？虛而不屈⑤，動而愈出。多言數窮⑥，不如守中⑦。

【注釋】

①天地不仁：天地沒有意志，也沒有仁愛之心。它只是物理的、自然的存在，不具備人類的感情。

②芻狗：用芻草紮成的狗，比喻輕賤無用的東西。古代用於祭祀中，當用之時，備受重視，祭祀完畢，隨即丟棄。

③聖人不仁：聖人效法天地，純任自然，無所偏愛，不干涉百姓的行為，任其自我生滅。

④橐籥（音陀月）：古代的風箱，多用於冶煉時為爐火鼓風助燃。

⑤屈：匱乏。

⑥多言數窮：多言，政令繁多。數，通「速」，指政令越是繁多，失敗得越快。窮，困難到走投無路。

⑦守中：即守沖，持守虛靜的意思。

【譯文】

天地沒有任何偏愛，將萬物當做祭壇上用草紮成的狗，讓它們自榮自

枯；聖人沒有任何偏愛，把百姓當做祭壇上用草紮成的狗，讓他們自生自滅。天和地之間，大概就像鼓風吹火的風箱吧？它內部空虛，但是永不匱乏；它越鼓動，就越產生更多的風。一個人說話太多，往往使自己走投無路，倒不如保持內心的虛靜，將話放在心中。

## 【名家注解】

河上公：天施地化，不以仁恩，任自然也。天地生萬物，人最為貴。天地視之，如芻草狗畜，不責望其報也。聖人愛養萬民，不以仁恩，法天地，行自然。聖人視百姓如芻草狗畜，不責望其禮意。

朱元璋：聖人之心，無不虛而無不實，無不惜而無不棄。所以惜者，常常惜之。所以棄者，常常棄之。是不棄而棄，不惜而惜，故民樂自然矣。

王弼：愈為之則愈失之矣。物樹其惡，事錯其言，不濟不言不理，必窮之數也。橐籥而守數中，則無窮盡。棄己任物，則莫不理，若橐籥有意於為聲也，則不足以共吹者之求也。

## 【經典解讀】

所謂「天地不仁」，是指天地是一個物理的、自然的存在，並不具有人類般的理性和感情；萬物在天地之間依照自然法則運行，並不像有神論者所想像的那樣，以為天地自然法則對某物有所偏愛，或對某物有所嫌棄，其實這只是人類感情的投射作用。

對這一問題，老子透過生活中的兩件事進行了形象的解說。一是人們祭祀時使用的以草紮製而成的狗，祈禱時用它，用完後隨手就把它扔掉了。同樣，聖人無所偏愛，取法於天地之純任自然。即聖明的執政者對老百姓也不應有厚有薄，而要平等相待，讓他們根據自己的需要安排作息。二是使用的風箱，只要拉動就可以鼓出風來，而且不會竭盡。天地之間好

像一個風箱，空虛而不會枯竭，越鼓動風越多。

老子藉由上述兩個比喻得出結論：「多言數窮，不如守中。」說得太多，往往使得自己陷入困境，不如保持虛靜不言的狀態。老子講的這個「中」，不同於儒家所講的中正之道。老子講的是虛靜，而不是儒家所講的中正、中庸、不偏不倚。

說得過多，總不會有好的結果，這是老子在本章最後所提出的警告。《淮南子・道應訓》用王壽焚書來說明「多言數窮，不如守中」。

「王壽負書而行，見徐馮於周。徐馮曰：『事者應變而動，變生於時，故知時者無常行。書者，言之所出也，言出於知者，知者不藏書。』於是王壽焚書而舞之。」

這段話講的是：王壽背著書在路上走著，在周碰到了徐馮。徐馮說：「人的行為應隨變化而變化，變化產生了時機。所以識時務的人沒有固定不變的行為。書只是記載了人的言論，言論當然出自智者，但有智慧的人是不藏書的。」於是王壽就把書全都燒掉了。

很多時候，真正的道理是無法用言語來傳授的，而只能用心去領會，這和老子的「道可道，非常道。名可名，非常名」如出一轍，令人深思。說話多了人就會智窮辭窮，不如守住心中想法不說。有時候什麼也不說更有力量，因為沉默時讓人覺得充滿暗示。

沉默可以豐富言辭的內容，也可以豐富言辭的技巧。所以，維根斯坦說：「凡是可以說的，就能明白地說；凡是不可以說的，對他就必須沉默。」

「多言數窮」，一個「窮」字道出了話多之人的窘迫。大部分時候多言是不必要的，多言必多心、必多事。只有平時不多言，才能在該多言時多發言。像秉燭夜談、長亭話別，這些都是可以盡興說話的時候。但如果平時把話說盡了，該說的時候忽然啞了聲，那也是大煞風景的。既然話越

多越窘迫，我們又何必多言？！

【處世學問】

## 沉默是金，寡言是福

多言數窮，不如守中。一個人話說得太多，往往使自己陷入困境，還不如保持虛靜沉默，把話留在心裡。病從口入，禍從口出。惡語傷人，好談是非，不但自傷口德、毀人名譽，還容易惹怨成仇，終成禍患。

所以，為人處世，應當管住一張嘴，掌握說話的時機和分寸。謹言慎語，不出惡言，不論人之短，不談人之非，方不致結怨於人。

其實，謹言慎語並非是不言不語。言多、言少是相對的，沒有定規。正確的講話態度最好是：應講則講，不應講則保持緘默；應多講則多講，不應多講則少講；公開批評他人的事切不可做，而圓滑的說話方式也切勿過頭。

雖然言多、言少沒有定規，但現實的情況是，話說得越多，就越容易出現漏洞。而且中文十分豐富，很容易出現歧義，即使你認為自己的話沒有什麼問題，別人卻不一定和你理解的一樣，何況還有個「欲加之罪何患無辭」！

明、清兩朝，文字獄盛行，那些作詩的、寫文章的，哪一個人認為他們的詩文有問題呢？可是一到了別有用心的人手裡就出了天大的問題。

比如，明朝的時候，有個叫徐一夔的人寫道：「光天之下，天生聖人，為世作則。」意思是說天下大亂，民不聊生，老天有眼，生下朱元璋這位聖人，救民於水火，為萬世開太平。徐一夔先生的本意是為朱元璋歌功頌德，他肯定不會認為這句話有問題。可是，一傳到那些居心叵測的人手裡，就有了有問題的解讀：什麼是「光天之下」？這不是在諷刺朱元璋

當過和尚嗎？什麼叫「為世作則」？「則」與「賊」諧音，這不是在諷刺朱元璋參加過紅巾軍，做過「賊」嗎？經過這樣一解讀，這位徐一夔先生可謂「拍馬屁拍到了馬蹄上」，反而被腰斬了。

又如，清朝有個名叫戴名士的人，他寫了「清風不識字，何故亂翻書？」這樣一句詩，收在一部叫《南山集》的詩集裡面。這句詩是怎麼來的呢？原來有一次他在看書的時候，一陣風吹來，把他正在看的書頁吹亂了，他有些惱怒，但也因此來了靈感，於是脫口而出來了這麼一句：「清風不識字，何故亂翻書？」這本來是一件很小的事情，可是偏偏有人拿此大做文章，硬說這句詩是諷刺清朝執政者的，大清皇帝自馬上得天下，以蠻族的身份入主中原，他們以前從來就沒有接受過孔孟之「道」的教化，是一群連字都不認識的人，如今卻統治那麼多的漢人。經過這麼一解讀，這詩的意思就變成了反清言論。於是，不但戴名士丟了腦袋，看過這首詩的人，抄過這首詩的人，評論過這首詩的人，還有他的弟子們，都被牽連，前後被殺的有幾百人……

可見，老子說「多言數窮」，是多麼有道理啊！老子不主張多說，有些東西最好別寫，比如說一些敏感的政治話題等等，因為說過的話還可以不認帳，但寫出來的文章，白紙黑字，想抵賴都不行了。

所以，高明的人處世，從不多說話，他們寧願用某個細微的表情，某種得體的肢體語言將內心的想法表達出來，也不願用語言把不該說的話直白地表述出來。那些動不動就滔滔不絕地說個不停，或者心直口快的人往往會吃大虧。

# 第六章：谷神不死

【原典】

谷神①不死，是謂玄牝②。玄牝之門③，是謂天地根。綿綿④若存⑤，用之不勤⑥。

【注釋】

①谷神：道的別稱。谷，空虛開闊，無所不容，形容「道」虛空博大，像山谷。神，形容「道」變化萬端，非常神奇。

②牝：指一切雌性的母體，這裡借喻擁有超凡造物能力的「道」。

③牝門：雌性生殖器的產門，比喻開天闢地、生化萬物的根源。

④綿綿：如絲如縷、連綿不絕的樣子。

⑤若存：若，如此，這樣。若存，實際存在卻難以看到的意思。

⑥勤：盡。

【譯文】

大道空虛開闊而又變化萬端，它永遠不會消亡。這是締造生命的神祕母體。締造生命的神祕母體有個出口，可以稱做天地的根源。它如絲如縷、連綿不絕又難覓行跡，其作用卻無窮無盡。

河上公：谷，養也。人能養神則不死也。神，謂五臟之神也。肝藏魂，肺藏魄，心藏神，腎藏精，脾藏志。五臟盡傷，則五神去矣。

王弼：門，玄牝之所由也。本其所由，與極同體，故謂之天地之根也。欲言存邪？則不見其形；欲言亡邪？萬物以之生，故綿綿若存也。無物不成，用而不勞也，故曰用而不勤也。

朱元璋：王有道不死，萬姓咸安。又以身為天地，其氣不妄，為常存於中，是謂天地根。若有所養，則綿綿不絕，常存理用，則不乏矣。

【經典解讀】

老子用簡潔的文字描寫了形而上的「道」，用「谷」來象徵「道」體的虛狀，用「神」來比喻「道」生萬物的綿延不絕。他認為，「道」在無限的空間中支配著萬物的發展變化，是具有一定物質規律性的統一體；「道」空虛幽深，因應無窮，永遠不會枯竭，永遠不會停止運行。這種支配萬物發展變化的力量，就是對立統一規律。「谷神不死」，體現出「道」的永恆性，即恆「道」。

「玄牝之門」是產生萬事萬物的地方，它的作用非常之大。「玄牝之門」、「天地根」，都用來說明「道」為產生天地萬物的始源。老子把神祕莫名的「道」喻之為母性動物的生殖器官，非常貼切地描述了無所不能、生育著萬物之「道」的特性。老子這種對「道」與眾不同的描述方式和認識角度，源於他不願意把「道」界定在某個認知範疇之內。因為，他所關注的「道」是宇宙間的一種相互聯繫、制約、影響、作用的統一關係，而不在於某個部分或某種性質的界定或劃分。

在對母體的認知方面，心理學大師佛洛伊德曾說：「子宮是第一個住房，人類十有八九還留戀它，因為那裡安全舒暢。」

人類最原始的本性表現為對母體的依戀，而這種本性又曲折地表現為對自然的依賴，企求與自然合為一體。我們今天對自然的懷念，對田園牧歌式生活的嚮往，也正如孩提之對溫柔母體的眷戀。城市的喧囂，過度的工業汙染，人口失調，快節奏的生活，以及緊張複雜的人事關係，使人們的精神承受著沉重的壓力。我們種植樹木，淨化空氣和江河海洋的水質，保護瀕臨絕滅的野生動植物物種，是在拯救我們賴以生存的自然環境；而我們研究人與自然的關係，也是在希求尋回業已失去的夢。

因此，重新回過頭來理解老子為「道」賦予睿智、廣博和深沉的哲學涵義，當對今天社會文明持續、協調的發展具有很強的啟迪意義。

### 【處世學問】

#### 立身，當以孝為先

大道清虛空靈、變化莫測、永不寂滅，是締造生命的神祕母體。老子藉此表達了他對於生命的讚美，對於母性的讚美。與《周易》上說的「天地之大德曰生」相合。

「道」具有偉大而崇高的母性，它給了我們生命，我們源源不斷地從它身上獲取能量，不斷成長，有所作為。它養育卻不占有，給予卻不自恃有功。這種奉獻而不索取的品德恰似一位母親。

母親愛自己的孩子，孩子也應當孝敬母親。應當時時刻刻謹記一句話：立身應以孝為先。何謂孝？潔身自愛，力爭上游；孝敬父母，侍奉師長；上則盡忠報國，下則愛人以德；最後發展成尊重自然、順應自然。

很多人都知道烏鴉反哺的故事——當年老的烏鴉不能覓食的時候，牠的子女就四處去尋找可口的食物，銜回來嘴對嘴地餵給老烏鴉，一直到老烏鴉死去。動物尚且如此，何況人呢？

漢文帝劉恆是漢高祖第三子，為薄太后所生。高后八年（前180年）即帝位。他以仁孝之名，聞名天下，流傳千古。他侍奉母親從不懈怠。母親臥病三年，他時常是目不交睫，衣不解帶；母親所服的湯藥，他嘗過冷熱之後才親自端給母親服用。

　　《朱子家訓》言道：「刻薄成家，理無長久。倫常乖舛，立見消亡。兄弟叔侄，須多分潤寡；長幼內外，宜法肅辭嚴。聽婦言，乖骨肉，豈是丈夫。重資財，薄父母，不成人子。」

　　想要社會和諧，家庭必先和諧；欲家庭和諧，必須先行孝道，以孝為先！下面這個歷史故事就說了這個道理。

　　古時候，有個叫孫元覺的人，他從小就懂得孝敬父母、尊敬長輩。可是，他的父親卻不孝順。元覺的爺爺年邁多病、不能工作，他的父親便對其極為厭惡。

　　一日，其父忽然把病弱的老人裝在筐裡，放到車上，要把老人扔進深山裡。元覺放聲大哭，跪在地上請求父親不要這樣做，但父親一把推開他，推起小車就進山了。元覺跟在後面哭勸，可是父親一點也聽不進去。到了山的深處，其父將老人連人帶筐從車上扔下來，老人艱難地從筐裡爬出來。元覺哭著把筐子撿起來，放在車上。

　　其父斥責道：「這是晦氣之物，你拿它做甚？」元覺認真地說：「等你老了，我可以用這個筐來裝你啊。」其父大吃一驚，氣憤地說：「你怎麼能對自己的父親說這樣的話呢？！」元覺說：「我這是跟你學的啊！你這樣對待自己的父親，難道我就不能這樣對待你嗎？」

　　其父感到萬分震驚。最後，他羞愧地把老人拉回了家，從此悉心地加以照顧。

　　孝道思想也廣見於佛教諸經。例如，《忍辱經》中說：「善之極，莫大於孝，惡之極，莫大於不孝。」《大寶積經》中說：「汝等常應孝養父

母。」《心地觀經》中則說：「於諸世間，何者為最富？何者為最貧？悲母在堂，名為最富，悲母不在，名之為貧。悲母在時名月明，悲母死時名暗夜。是故汝等，勤加修習，孝養父母。」

孝是一切道德的根源，是一個人為人處世的根本，是讓人終身受益的美德。在國外很多企業中，一個人如果不孝敬父母，那他的人際關係是很難處理好的，同事都鄙視不說，還極有可能被老闆炒魷魚。考察幹部也應看他是否孝敬父母，不孝子孫焉能勤政愛民？

生養人類的偉大母親就是「道」，我們要體貼她、領悟她。在我們成長壯大的同時，需要把我們自身積聚的能量回報社會、回報自然，使我們的社會變得更加和諧，使我們的生存環境變得更美好！而且，行孝需趁早！不要等到「子欲養而親不在」才悔恨萬分！

# 第七章：天長地久

天長地久①。天地所以能長且久者，以②其不自生，故能長生。是以聖人後其身③而身先④，外⑤其身而身存。非以其無私邪⑥？故能成其私。

【注釋】

①天長地久：相對於萬物一直在生滅變化而言，天地可謂長存；然就天地自身而論，也不是永恆存在的。

②以：因為。

③身：自身、自己。

④先：居先，占據了前位。這裡是站在眾人之前的意思。

⑤外：此處是置之度外、不過分在乎的意思。

⑥邪：同「耶」，表示疑問。

【譯文】

天延續著，地長存著。天地之所以能延續而長存的緣故，是因為它們不求自己的生存，所以能持續生存下去。因此，聖人退居在大家的後面，結果反而站到大家之前；不過分在意自己的生命，反而得以保全生命。能夠說這不是因為他不求一己之私的緣故嗎？正因為這樣，反而使其得以實現自己的私心。

河上公：天地所以獨長且久者，以其安靜，施不責報，不如人居處汲汲求自饒之利，奪人以自與。以其不求生，故能長生不終也。先人而後己也。天下敬之，先以為長。薄己而厚人也。百姓愛之如父母，神明祐之若赤子，故身常存。

王弼：自生則與物爭，不自生則物歸也。無私者，無為於身也。身先身存，故曰，能成其私也。

朱元璋：後其身者，儉素絕奢。身失者，勞心身而用治道也。有志於濟人利物。外其身者，以其不豐美其身，使不自安而身存，乃先苦而後樂也。

【經典解讀】

老子在這一章裡，再一次歌頌了天地。天地是客觀存在的自然，是「道」所產生的並依「道」的規律運行而生存的，從而真正地展現「道」。

老子歌頌天地，同時以天道推及人道，希望人道效法天道。在老子看來，所謂人道，既以天道為依歸，也就是天道在處世問題上的運用。這也是老子屢次發揮過的觀點。

隨後，老子以「聖人」來說明人道的問題。聖人是處於最高地位、理想的治世者，對他而言，人道既要用於為政治世，又要用於修身養性，而且要切實效法天地的無私無為。

對天地來說，「以其不自生也，故能長生。」對聖人來說，「不以其無私邪？故能成其私。」這是用「不自生故能長生；不自私故能成其私」，說明對立著的雙方在互相轉化。

一般說來，老子所讚美的聖人能謙居人後，能置身於度外，他不是對什麼事都插手，而是從旁邊把事情看清了再幫一把，反而能夠站得住腳。

這種思想，有人認為是為人處世的智慧，以無爭爭，以無私私，以無為為；也有人指責老子學說中多講詐術，尤其是「非以其無私邪？故能成其私」一句，常被人們引用為論據，認為聖人想保住自己的權位，卻用了狡詐的方式，耍了一種滑頭主義的手腕，等等。

仁者見仁，智者見智。對老子的許多觀點來講都是如此。對各種解釋可以姑且存之，經比較研究，終究可以找到切合實際的觀點。

**【職場應用】**

### 成就下屬就是幫自己

在職場上，對領導者來說，下屬是自己的一面鏡子，也是延伸自己能力的載體。成就下屬，就是成就領導者自己。

每個下屬都有自身的優缺點，領導者的職責就在於挖掘出每個下屬的潛力，善加利用，這樣就能使下屬的工作效率得到迅速提高。那麼，怎樣挖掘下屬的潛力呢？

最好的辦法就是多讚揚下屬，讓他們每一個人都認為自己是最好的。美國著名女企業家玫琳・凱曾說過：「世界上有兩件東西比金錢和性更為人們所需──認可與讚美。」給予下屬足夠的信心，這樣才能讓下屬真正感覺到他們自己的力量和價值。

日本松下電器總裁松下幸之助以擅長栽培人才而出名。

有一次，松下幸之助對他公司的一位部門經理說：「我每天要做很多決定，並要批准他人的很多決定。實際上只有40%的決策是我真正認同的，餘下的60%是我有所保留的或者是我覺得過得去的。」

部門經理覺得很驚訝──假使松下不同意的事，大可一口否決就行了啊！

松下幸之助接著說：「你不可以對任何事都說不，對於那些你認為算是過得去的計畫，你大可在實行過程中指導他們，使他們重新回到你所預期的軌跡。我想一個領導人有時需要接受他不喜歡的事，因為任何人都不喜歡被否定。」

信心對人的成功極為重要，領導者必須懂得增強下屬的信心，切不可打擊下屬的積極性。應極力避免用「你不行、你不會、你不知道、也許」這些字眼，而要經常對下屬說「你行、你一定會、你一定要、你會知道」。

懂得加強下屬信心的管理者，既是在幫助下屬成長，更是在幫助自己獲取成功。

### 【管理實踐】

#### 任用比自己強的員工

管理者要切記：不可處心積慮地去壓制下屬，任用比自己強的人不僅是一種健康的心態，同時也是向他人學習的捷徑，是成就自己的一個極有效途徑。

在馬瑟公司的一次會議上，總裁奧格爾維一反常態，沒有直接切入會議的主題，而是出人意料地在每位參加會議的下屬面前放了一個玩具木偶。他對面帶困惑的下屬微微一笑，然後說：「請把你們面前的木偶打開看一下。」

每位下屬都把木偶打開了，發現裡面還有一個小木偶，再打開小木偶又出現了一個更小的，最後，在一個最小的木偶裡面發現了一張紙條，有人抱怨道：「這是在開什麼玩笑？」再看這張紙條上面寫著：「如果你永遠都只選用比你水準低的員工，那麼我們的公司將有成為侏儒公司的危

險。反之，如果你錄用水準比你還要高的員工，那麼我們的公司將會成為巨人公司。」每位下屬都恍然大悟。

的確，管理者不可能是全才，公司要想發展壯大，走得更遠，就必須依靠一些能力和才華過人的下屬。任用比自己強的下屬，事業成功的概率就更大了。

透過成就他人來成就自己的另一種方式，就是盡心盡力，真誠地與他人團結合作。現代社會是一個合作共贏的社會，單槍匹馬即使能取得階段勝利，但想要順利實現目標，還是少不了合作。

對一個企業而言，真正意義上的成功必然是團隊的成功。脫離團隊，即使得到了個人的成功，往往也是變味和苦澀的。

管理者無法保證其員工都是最優秀的，但只要能夠保證他們之間能夠進行良好的合作，就是在一定程度上取得了成功。一個團隊僅有良好的願望和熱情是不夠的，還要依靠明確的規則和溝通來分工合作，才能形成合力。有合力，才會有戰鬥力。擁有了一個有戰鬥力的團隊，管理者也就離成功不遠了。

# 第八章：上善若水

**【原典】**

上善若水①。水善利萬物而不爭，處眾人之所惡②，故幾③於道。居善地，心善淵④，與⑤善仁，言善信，政善治⑥，事善能，動善時⑦。夫唯不爭，故無尤⑧。

**【注釋】**

①上善若水：擁有最高修養的人就如同水。上，最。上善，即最善，喻指道家的「聖人」。老子崇尚水之德，此處以水的德行喻指「聖人」的德行。

②所惡：厭惡的、不喜歡的，此處指不願意居處的。

③幾：接近。

④淵：沉靜，深藏不露。

⑤與：指與別人結交、相處。

⑥政善治：為政善於治理國家並取得成效。

⑦動善時：行動善於抓住有利的時機。

⑧尤：責怪，怨恨。

**【譯文】**

擁有最高修養的人就如同水。水善於滋養萬物而不與萬物相爭，停留在眾人都不願居處的地方，因此其境界很接近「道」。這類人，居處善於

選擇卑下之地，心胸善於保持沉靜而深不可測，待人總能真誠、友愛、無私，言談總能恪守信用，為政總能把國家治理好，處事善於發揮所長，行動善於把握時機。正因為不與萬物相爭，也就不會引來責怪和怨恨。

**【名家注解】**

河上公：上善之人，如水之性。水在天為霧露，在地為源泉也。眾人惡卑濕垢濁，水獨靜流居之也。水性幾於道同。水性善喜於地。草木之上，即流而下，有似於牝，動而下人也。水深空虛，淵深清明。萬物得水以生，與虛不與盈也。水內影照形，不失其情也。無有不洗，清且平也。能方能圓，曲直隨形。夏散冬凝，應期而動，不失天時。壅之則止，決之則流，聽從人也。水性如是，故天下無有怨尤，水者也。

朱元璋：人能訪有德之人，相為成全德行，以善人多處則居之，其心善行廣矣。若與善人論信行，則政事無有不治者，故善治。既知治道之明，凡百諸事，皆善能為造。及其動也，必合乎時宜。前心善淵者，以其積善多而行無竭也，若淵泉之狀。

**【經典解讀】**

老子在自然界萬物中最推崇水，認為水德是接近道的。為什麼水德接近道呢？

對此，王夫之是這樣理解的：「五行之體，水為最微。善居道者，為其微，不為其著；處眾之後，而常德眾之先。」水滋潤萬物而對萬物無所求，且甘於居處在最卑濕的地方。以不爭爭，以無私私，是水最為明顯的特性。

水給人的印象非常好。它滋潤萬物，賦予萬物以生命，並促使其生長、繁衍。它清潔乾淨，可以滌蕩世間一切汙穢。它流動無方，充滿生機和活力。它無色透明，卻能映射出天空與大地。它包容一切，對萬物等同

看待，毫無偏私。它美妙純粹，構成如畫風景……

　　水的流動，生動地詮釋了時間的流逝，象徵著無窮無盡的智慧，也在向我們昭示一些更大、更根本的東西。只希望我們的知性永遠如同水一樣，靈動清澈，永不乾涸。

　　在本章中，老子還以七個「善」字，對水德進行了詳細的闡釋，這其實也是在介紹「聖人」所應具備的品格。最後，他得出結論：為人處世的要旨，即為「不爭」。也就是說，寧可居處在別人不願意居處的位置，也不去與人爭利，因此也就不會招來別人的責怪和怨恨。

　　居善地。水善於找準自己的位置，不爭上而甘處下。做人宜往下走，眼睛要向下看。

　　心善淵。水有廣闊的心胸，有很好的容受性。有容乃大，切莫狹隘封閉，鼠肚雞腸。

　　與善仁。做到與人為善，而不是與人為惡；成就萬物，而不毀壞任何東西。

　　言善信。水說到做到，身隨聲走，毫不虛誇，更從不欺世盜名。

　　政善治。水能滿足人的飲用需要，也能推動水車促進生產，還能做很多其他事情。水有自己的規律和章法，且具有穩定性和可持續性。若能依照此法為政，就可以避免擾民害民。

　　事善能。水善於發揮自己的長處，如能量、沖流、浮載、灌溉、洗滌、溶解、調節等。

　　動善時。時機未到，絕不輕舉妄動；時機一到，則應立即行動，絕不麻木不仁。

　　看到了這麼多的「善」，可能就會有人感到奇怪，老子曾在第二章裡對美和善提出質疑，為何本章裡又講了如此多的「善」。事實上，此處的「善」作「善於」講最為妥當，「善於」是一個副詞，切不可與名詞的

「善」混為一談。老子講七個「善」，都是正面的價值標準。

## 【處世學問】

### 抓住最佳時機把事做好

老子說：行動要善於把握時機。為此，要培養等待時機的耐心，也要培養發現時機的眼光。這樣，一旦時機來臨，就能迅速抓住，為自己營造一個光彩奪目、芳香四溢的人生。

戰國時期，安陵君是楚王的寵臣，身居高位，俸祿優厚，真可謂春風得意。

有一天，門客江乙對他說：「您沒有一點土地，宮中又沒有骨肉至親，然而身居高位，接受優厚的俸祿，國人見了您無不整衣而拜，無人不願接受您的指令為您效勞，這是為什麼呢？」安陵君說：「這是因為大王抬舉我啊！」

江乙便一針見血地指出：「用錢財相交的，財盡了交情也就斷了；靠美色結合的，色衰則情移。因此狐媚的女子不等臥席磨破，就會被遺棄；得寵的臣子不等車子坐壞，就會被驅逐。如今您掌握楚國大權，卻沒有辦法和大王深交，我暗自替您著急，覺得您挺危險的。」

這番話讓安陵君如夢初醒，他謙恭地向江乙請教對策：「既然這樣，請先生指點迷津。」江乙說：「希望您一定向楚王請求隨他而死，親自為他殉葬。這樣，您在楚國必能長期受到尊重。」安陵君說：「我一定按照先生的指點去做。」

一晃眼，三年過去了，安陵君依然沒有行動。江乙見他不用自己的計謀，就對他說：「我為您出計謀，您到現在也沒去實施，既然這樣，我以後也就不敢見您了。」說完就要走。

安陵君急忙挽留他說：「我怎敢忘了先生教誨，只是一直沒有找到合適的機會罷了。」

幾個月後，機會終於來了。楚王去打獵，用箭射中了一頭野牛。百官和護衛歡聲雷動，齊聲稱讚。楚王更加意興高漲，他抽出帶犛牛尾的旗幟，用旗杆按住牛頭，仰天大笑道：「痛快啊！今天的遊獵，寡人何等快活！等我萬歲千秋以後，你們誰能和我共有今天的快樂呢？」

這時，安陵君淚流滿面地走上前去，說道：「我在宮內和大王挨席而坐，出外和大王同車而乘，大王百年之後，我願隨從而死，在黃泉之下也做大王的席墊，以免螻蟻來侵擾您，又有什麼比這更快樂的呢！」楚王聽到他這一番話，深為感動，自此對他倍加寵信。

江乙目光如炬，慮及長遠；安陵君耐性十足，一直等到最佳時機來臨，才實施計謀，把事情做得十分到位。他在楚王欣喜而又傷感的那一刻的表白，無異於雪中送炭，自能溫暖君心，收到奇效，長保榮華富貴。後人評價說，「江乙善謀，安陵君知時」，可謂極當。

等待時機要有足夠的耐心，但絕不等於坐視不動。在這個過程中，需要積極準備，甚至助推條件成熟。在歷史上的政治爭鬥中，經過長期等待、積蓄力量，方才獲得成功的事例，比比皆是。如武王伐紂、勾踐滅吳、晉渡江滅吳、隋渡江滅陳等，都曾制訂周密的計畫，進行了長期的準備，且在時機成熟時才行動，並不輕易冒險，更未盲目蠻幹。

《淮南子》中說：「事者應變而動，變生於時，故知時者無常行。」在現實生活中，學會耐心地等待時機，對任何人，尤其是年輕人無疑是非常重要的。現在的年輕人，稜角外露，功利心重，又急於求成，總幻想很快能在社會上取得地位和成就。雖然其銳氣是驚人的，但也是短暫的。要想有朝一日能抓住機遇，脫穎而出，還需先腳踏實地地儲備才能才行。

【商海實戰】

### 給產品一個明確的定位

要築一堵牆，首先就要明晰築牆的範圍，把那些真正屬於自己的東西圈進來，把那些不屬於自己的東西圈出去。實際上，做任何事情之前，我們都要有一個清晰的界定：什麼能做，什麼不能做；接受什麼，拒絕什麼……做人如此，做企業也是如此。我們一定要清楚自己適合做什麼，不適合做什麼。要是盲目跟風，輕則會竹籃打水，重則會全軍覆沒。

在現實生活中，沒有一個企業能夠獲得整個市場，至少不能以同一種方式吸引住所有的消費者，因為消費者實在太多、太分散，而且他們的需要和購買習慣各不相同。此外，企業在滿足不同市場部分的能力也有巨大差異。因此，每個企業都必須尋找到最適合自己的市場，而不是試圖滿足整個市場。做自己擅長做的事，你才能取得成功。

弗納斯薑汁汽水是一種美味、溫和的氣泡飲料。在那些與弗納斯一同長大的底特律人眼中，弗納斯薑汁汽水是無與倫比的。它那種熟悉的綠黃相間包裝，帶給他們許多回憶。他們涼著喝，熱著飲；早晨喝，中午喝，晚上還喝；夏天喝，冬天也喝。在冷飲櫃檯，品嘗著上面浮有霜淇淋的弗納斯薑汁汽水，感受著氣泡冒到鼻尖上癢癢的感覺，他們彷彿回到了美好的童年。

在美國的飲料市場中，弗納斯不但難與可口可樂、百事可樂等巨頭相比，就是與彭伯、七喜和皇冠等品牌也存在很大差距。而且，它只有兩種產品：原汁的薑汁汽水、低熱量的薑汁汽水。

可口可樂以大幅折扣和促銷折讓操縱著零售商；而弗納斯只有小額市場行銷預算，對零售商的影響微乎其微。在超市裡，弗納斯薑汁汽水通常和其他特殊飲料一起被置放在貨架的底層。甚至在弗納斯的所在地底特

律，零售店通常也只給其少許貨架面，而可口可樂會有50%到100%的貨架面。

在競爭激烈的市場中，可口可樂為保住自己的優勢每年要花掉近3.5億美元打廣告，而弗納斯只花100萬美元。但它不僅生存了下來，而且繁榮興旺！

這是怎樣辦到的呢？弗納斯與很多企業不同，它不是透過擴大企業規模或是延長企業戰線來應付競爭、求得生存的。它沒有在主要軟飲料細分市場與較大的企業直接較量，而是在市場中「見縫插針」、準確定位，做自己最擅長的買賣。

弗納斯明白，自己永遠不可能真正挑戰可口可樂，但可口可樂也永遠不可能創造另一種弗納斯薑汁汽水。所以，它集中力量滿足弗納斯忠實飲用者的特殊需要，以求獲得一個雖小但能獲利的市場。要知道，美國氣泡飲料市場1%的占有率就等於5億美元的零售額！

要想在競爭中立於不敗之地，企業就一定要對自己有一個明確的定位。該幹什麼，不該幹什麼，心裡一定要有底。要是不顧自己的實際情況，什麼都想做，還美其名曰規模經濟、贏家通吃，那麼到頭來苦的只會是自己。

# 第九章：名遂身退

【原典】

持①而盈之，不如其已②；揣而銳之③，不可長保④。金玉滿堂，莫之能守；富貴而驕，自遺其咎⑤。功成名遂身退⑥，天之道⑦。

【注釋】

①持而盈之：手捧盈滿，引申為自滿自驕的意思。

②不如其已：不如適可而止。已，止。

③揣而銳之：把鐵器捶打得非常銳利。揣，捶打之意。

④長保：長時間保持。

⑤咎：過失，禍患。

⑥功成名遂身退：功成名就之後，不宜再身居高位，而應急流勇退。

⑦天之道：指自然規律、天地自然之大道。

【譯文】

持執盈滿，自滿自驕，不如適可而止；將鐵器捶打得非常銳利，卻難以長時間保持這種鋒銳。黃金碧玉堆滿廳堂，無人能長久守住這些財富；一個人若富貴且驕慢，那是自取其禍。功成了，名就了，就應急流勇退，這才合乎天地自然之大道。

王弼：持，謂不失德也。既不失其德，又盈之，勢必傾危。故不知其已者，謂乃更不如無德無功者也。既揣末令尖，又銳之令利，勢必摧衄，故不可長保也。

朱元璋：世之有富貴者，每每不能保者何？蓋為因富貴而放肆，高傲矜誇不已，致生他事，有累身名，是自遺其咎，莫之能保也。

河上公：嗜欲傷神，財多累身。夫富當賑貧，貴當憐賤；而反驕恣，必被禍患也。言人所為，功成事立，名跡稱遂，不退身避位，則遇於害，此乃天之常道也。譬如日中則移，月滿則虧，物盛則衰，樂極則哀。

【經典解讀】

本章就「盈」、「滿」與「功成身退」進行了論述。貪圖功名利祿的人，總是得寸進尺；恃才傲物的人，往往鋒芒畢露；富貴驕縱的人，難免招來禍患。在老子看來，這些都應引以為戒。就普通人而言，謀取功名利祿不易，但功成名就之後，如何善加對待則更難。

世上有兩種東西是最難填滿的，一個是大海，一個便是欲望。大海填不滿，是因為它博大而包容；欲望填不滿，卻是因人性的貪婪與醜惡。欲望之火可以焚身，要想保身立命、善始善終，還是聽一聽老子的勸誡吧！他說：「功成名遂身退，天之道。」

世人若能依老子所言，功成不居，急流勇退，足可得以善終。然而，總是有些人貪心不足，居功自傲，忘乎所以，最終身敗名裂。李斯貴為秦國丞相，輔助始皇帝一統海內，功業之大，足以彪炳史冊，富貴權勢，可謂無以復加，然而最終一步走錯，遂落得身首異處。臨刑時，他對兒子說：「吾欲與若復牽黃犬，出上蔡東門，逐狡兔，豈可得乎？」曾經位極人臣，最終卻連做一個普通百姓、與兒子外出狩獵的機會也沒有了，著實

可悲可嘆！

　　然而，若非大智之人，非到身敗名裂之時，是很難領會「功成身退」的真諦的。其實，要想做到「功成身退」，必先能夠淡泊名利。須知，「反者道之動」，事物的發展本來就是向著自己的反面變化的，否泰相參、禍福相依。縱觀古今中外的歷史，常盛不衰者能有幾人？「功成名就」固然是好事，但其中卻也潛在著巨大的禍端。

　　老子深知進退、榮辱、正反等是互相轉化的。因而，他提醒世人，水滿則溢，盛極必衰，若不及時退身，便會招致災禍；奉勸世人，須趁早罷手，見好即收。在大功告成之後，不要貪婪權位名利，不要尸位其間，而要收斂意欲，含藏動力。宋代大文豪歐陽修的詞句「定冊功成身退勇，辭榮辱，歸來白首笙歌擁」，正體現了「功成身退」的精神。

　　老子還說，揣而銳之，不可長保。難道不是嗎？一個人手中的武器越鋒利，鋒刃也就越薄，砍削東西也就更容易捲刃，因此這種鋒利是難以長久保持的。物極必反，任何事物發展到極限，都必然走下坡路。所以，一個人即使功勳卓著，也要懂得謙虛；即使才華橫溢，也要懂得韜光養晦。

## 【處世學問】

### 富貴驕慢是禍患之根

　　一個人如果富貴而且驕慢，那是自取其禍。古語說：地廣而不平，人將平之。財聚而不散，人將爭之。只懂得聚財，不懂得散財，必然沒有好下場。然而大多數富人都缺乏「散財」意識，他們不是花天酒地、任意揮霍，就是炫富、鬥富。

　　中國古代有個因鬥富而出名的人，讀史書，讀唐詩，讀《金瓶梅》，讀《桃花扇》，甚至讀馮夢龍的《三言二拍》，都能見到他的身影。這個

人便是晉朝的石崇，他曾任侍中、荊州刺史等職，也是當時的首富。

石崇鬥富的對象是王愷。王愷是一位貴族，石崇得知他竟然用麥糖洗鍋。石崇不服氣，就用白蠟當柴燒。就這樣，兩人你來我往鬥開了。王愷做四十里的紫絲布屏障，石崇就做五十里的錦綢屏障；石崇在屋上塗香椒泥，王愷就在屋上塗赤石脂；王愷拿高三尺的珊瑚樹到石崇面前炫耀，石崇就拿出自己的數株珊瑚，都有三、四尺高。最終，王愷只有甘拜下風。

沒有了鬥富的對象，石崇就開始炫富。他在廁所裡放上十餘個美麗的奴婢伺候著，並備下錦香囊、沉香汁、新衣服等物，等客人一出廁，就為他們換上新衣服。上廁所前所穿的衣服就直接扔了，以免把廁所裡的臭味帶出來。

石崇在《思歸引》中自述說「余少有大志，誇邁流俗，弱冠登朝，歷位二十五年，以事去官。晚節更樂放逸」等等，看起來很灑脫。但實際上，他是一個官匪，其錢財多為不義之財！

庸懦的晉惠帝登基後，大權落入賈南風皇后手中。賈後的姪子賈謐「權過人主」，石崇便是他門下的重要人物。背靠賈謐這棵大樹，石崇官運亨通，這也為他聚財創造了條件。

臺靜農曾撰文說，石崇集詩人、名士、富豪於一身都不算奇，「所奇者，崇身居方鎮大員，居然殺人劫財，幹那強盜的勾當」。他還引述史家記錄加以證明：「石崇為荊州刺史，劫奪殺人，以致巨富。」「石崇為荊州刺史數劫商賈。」「在荊州劫遠使商客，至富不貲。」史書正傳，雖寥寥數十字，卻明白地記述了石崇是怎樣一個人，以及他是如何富起來的。

靠劫殺商賈富起來的石崇，在洛陽西北建了金谷園。他在〈金谷詩序〉中這樣描述：「金谷澗中，清泉茂樹，眾果竹柏藥物具備。」可見，金谷園的規模是多麼龐大。傳說，園中有八百多奴僕，而他就是在這裡與王愷鬥富的。石崇在金谷園過著極其奢侈、糜爛的生活，，

後來，賈謐倒臺。失去靠山的石崇，被眼紅他錢財的政敵們逮捕，並抄沒家產。其愛妾綠珠跳樓自殺，他自己也被處死。有意思的是，石崇受刑之際曾哀歎說：「你們這些人，完全是圖財害命啊！」劊子手說：「你既知財多害己，何不早散之？」說罷，手起刀落。

石崇死了，死於政治爭鬥，死於多行不義，更死於為富不仁。

古往今來，有多少人為聚斂錢財，而挖空心思、不擇手段；又有多少人因貪圖貨利，而卑躬屈膝、喪失氣節。那些只顧聚財供自己享受，而不願周濟天下的為富不仁者，常被世人唾棄。而那些能聚財亦能散財的輕財好義者，則往往為世人尊崇，如「商聖」范蠡、世界首富比爾・蓋茲以及華人首富李嘉誠。

正如老子所說，天之道，損有餘以補不足。不為富貴所動的人，是高尚的君子；而懂得散財的人，是知「天道」的智者。

# 第十章：生而不有

## 【原典】

載營魄①，抱一②，能無離乎？專氣③致柔，能嬰兒乎？滌除玄覽④，能無疵乎？愛民治國，能無為乎？天門開闔⑤，能無雌乎⑥？明白四達，能無知⑦乎？生之畜⑧之，生而不有，為而不恃，長而不宰，是謂玄德⑨。

## 【注釋】

①載營魄：載，助語句，相當於夫。營魄，即魂魄。

②抱一：即合一。一，可以指魂魄合一的狀態，也可以指「道」（究竟真實）。

③專氣：專，結聚的意思。專氣即集氣。

④滌除玄覽：滌，掃除、清除。玄覽，又寫為「玄鑑」，指要以直覺對心智進行深入關照。

⑤天門開闔：天門，自然之門。以人而言，即指耳目口鼻等天賦的感官，由此可與外界接觸。開闔，即張開與閉合，也指變化和運動。

⑥雌：寧靜、柔弱、謙下之意。

⑦知：通智，指智巧、心機。

⑧畜：養育之意。

⑨玄德：奧妙深邃的德性。

## 【譯文】

精神與形體相配合，持守住大道，能夠不離開嗎？聚結精氣以追求柔和溫順，能像嬰兒一樣嗎？清除心中雜念而觀照靈魂深處，能做到毫無瑕疵嗎？愛民治國能做到自然無為嗎？天賦的感官在接觸外物時，能做到安靜保守嗎？心地明白通達之後，能做到不用智巧嗎？生產萬物，養育萬物，生養萬物而不占為己有，也不自逞其能耐，成為萬物之長而不對其加以主宰，這就是奧妙深邃的德。

## 【名家注解】

河上公：人載魂魄之上得以生，當愛養之。喜怒亡魂，卒驚傷魄。魂在肝，魄在肺。美酒甘肴，腐人肝肺。故魂靜志道不亂，魄安得壽延年也。言人能抱一，使不離乎身，則長存。一者，道始所生，太和之精氣也。入為心，出為行，布施為德，總名為一。一之為言，志一無二也。

王弼：任自然之氣，致至柔之和。能若嬰兒之無所欲乎？則物全而性得矣。能滌除邪飾，至於極覽。能不以物介其明，疵之，其神乎？則終與玄同。

朱元璋：與民休息，使積蓄之，是謂生之畜之。君不輕取，是謂不有。天下措安，君不自逞其能，是謂不恃。生齒之繁，君不專長，百職以理之，是謂長而不宰。奇妙道理，稱為玄德。

## 【經典解讀】

本章著重講修身的功夫。開頭六句提出六種情況、六個疑問：「能無離乎？」「能無為乎？」「能如嬰兒乎？」「能無疵乎？」「能為雌乎？」「能無知乎？」這六個問題，對世人在修身、善性、為學、治國等諸多方面提出了概括的要求。而疑問本身就是最好的答案。

雖然人們的形體與精神，主觀努力與客觀實際，都不可能完全一致。

但老子認為，世人在現實生活中應盡力將精神和形體合一而不使其偏離，也就是使肉體生活與精神生活和諧。

　　只有抱持唯一的大道，不離不棄這大道，才能受得住各種眼前利益的誘惑與宵小的騷擾，經受得了歷史與人生的種種歷練。而想做到這些，就必須先做到心境靜定、洗清雜念、摒除妄見，懂得自然規律，加深自身的道德修養。也只有這樣，才能做到「愛民治國」。

　　一個人所能達到的理想境界，就是身心和諧、柔弱靈動、幽深明澈。一個人為人、做事的基本原則，就是自然無為、功成不居，以及拋開成見、拋掉智識而悠然自得……

　　在本章中，老子還提出了堪稱慈母德範的「玄德」。「玄德」是老子給合於「道」的人及行為所打的「無限高分」。作為具體存在的「道」踐行者，即使不能真正與「道」合一，其行為境地也能無限接近道。所以，玄德是「道」的踐行者最高追求。

　　滌除玄覽，很容易使人想起儒家的「三省吾身」、道家的靜修、佛家的打坐，想起「閉門思過」、「心似平原走馬，易放難收」，也會使人想起基督教的懺悔與洗禮，甚至佛洛伊德的精神分析法。

　　實際上，人的心靈深處就像一面大鏡子，各種各樣的錯亂影像、繁雜資訊以及四面八方的「灰塵」都會使之不那麼清明、靈敏、公正。要知道，鏡子是極有可能變髒的，也會變得越來越模糊和不準確，所以必須常常擦拭。

【處世學問】

### 浪子回頭金不換

　　正如老子所說，「滌除玄覽」，就能讓自己的心裡沒有一點瑕疵。

「玄覽」也就是明鏡。也就是說一個人要時時地反省自己，讓自己的內心沒有一點塵滓，像明鏡一樣光滑明亮。

滌除玄覽，就是要拋棄內心那些卑汙的壞東西。俗話說，浪子回頭金不換。一個人無論在錯誤的路上走了多遠，只要他能懸崖勒馬、改過自新，就會有益於自身、家庭和社會！

商王太甲是一位很有作為的君主。但他繼位之初，卻荒廢朝政，終日沉湎於酒色。為了令他改過自新，繼承成湯基業，國相伊尹屢次規勸，但太甲始終無動於衷，依舊我行我素。無奈之下，伊尹便將他關進南桐宮，責令他自省，並代為主持朝中事務。三年後，太甲終於幡然悔悟。伊尹便親自把他接出來，並還政於他。太甲從此勵精圖治，將商王朝推向鼎盛。

一個靈魂卑汙的人，即使他家財萬貫、君臨天下，也會為世人所不齒。而一個靈魂純潔的人，即使身居陋巷，大家也會仰慕他，如莊子、陶淵明、孟浩然等。而選擇純潔還是卑汙，完全取決於自己。

楚莊王也和太甲一樣，在其即位的前三年中，將國事拋在一旁，終日只顧縱情享樂，還貼出「有敢提意見者處死」的告示。一開始，大臣們覺得他剛當上王，享受一下是難免的。但時間一長，有些忠臣便擔憂起來，便旁敲側擊地向他進諫。

一天，大臣伍舉對楚莊王說：「岡上有一隻鳥，但三年時間牠既不叫也不飛，請問大王，這還能算是鳥嗎？」楚莊王聽後，沉吟了一會兒，說道：「三年不飛，一飛沖天；三年不鳴，一鳴驚人。」伍舉心想，大王若真能「一飛沖天」、「一鳴驚人」，那真是楚國之福了。

可是，幾個月過去了，楚莊王不僅絲毫未有收斂，反而變本加厲。大臣蘇從便不避刀斧，犯顏直諫：「大王，您是一國之君，不能終日只顧縱情享樂，而應專心於政事，治理好國家。」

楚莊王避而不答，反而說道：「蘇愛卿，你應該看到寡人貼出的告示

了吧，進諫的人將被處死，你不知道嗎？」蘇從答道：「臣知道，但如果大王能因此而覺悟，臣甘願一死。」楚莊王未置可否地說：「好了，都下去吧，寡人累了，想休息一下。」

不過，從這以後，楚莊王像換了一個人，他不再縱情享樂，而是開始致力於政治革新。他首先懲處了那些鼓動他吃喝玩樂的佞臣，接著又重用曾經冒死進諫的伍舉、蘇從等人，君臣勵精圖治，使整個國家的面貌煥然一新。

這種浪子回頭成就大業的事例，不僅古代有，近代也有。有一個人，曾國藩曾說他的才華勝於自己十倍，誰能想到，這樣一個人，年輕時卻是一個吃喝嫖賭俱全的紈絝子弟。

清朝勳臣胡林翼，字潤芝，生於官宦之家，年輕時最喜飲酒豪賭、冶遊狎妓。據說新婚之夜，他沒入洞房，反而直入青樓⋯⋯有人將胡林翼的醜行報告給他的岳丈陶澍，陶澍竟哈哈大笑，說現在就讓他玩個夠吧，胡林翼是做大事的人，今後有他忙的。

陶澍果然慧眼識人。一日，胡林翼喝酒夜歸，其父胡達源看他太不成器，不顧眾人勸阻，關起房門將他打得死去活來，命他一年之內不得出大門，在家好好溫習功課，以應鄉試。胡林翼不敢違抗父命，又深知功名的重要，遂發憤苦讀。他25歲時就中了進士，點了翰林。

在與太平軍的戰爭中，胡林翼的作用不亞於曾國藩。正是由於胡林翼向皇帝推薦，曾國藩才得以重新出山操練湘軍。左宗棠、李鴻章能被重用，也多得力於他。當年曾國藩與太平軍在長江中下游角逐，胡林翼牢牢控制著大後方湖北，並調兵籌餉以為支援，奠定了戰勝太平軍的基礎。能文能武的胡林翼之所以現在少為人知，只因他事業未竟就因病早亡。

佛家有云：苦海無邊，回頭是岸。又說：放下屠刀，立地成佛。無論一個人犯了多大的錯誤，只要他能夠改過自新，做到心明如鏡，用這樣的

心境去觀照世間萬物，什麼事情他都能看得清楚、弄得明白，在任何誘惑面前，都能保持清醒。

## 【管理實踐】

### 狠抓反而難以抓好

老子說：愛民治國能做到自然無為嗎？老子主張的「為」，是「為無為」，是以「無為」的態度去為。老子並不反對人類的努力，他鼓勵人們順應客觀規律去「為」，去發揮主觀積極性，而反對違背客觀規律去「妄為」。

福特汽車公司在美國的紐澤西州有一家裝配工廠。為了提高汽車裝配的品質，該工廠在大型的汽車裝配流水生產線上，替每位工人都安裝了能使整條流水生產線暫停的按鈕，以便及時排除品質缺陷。

這是一項風險相當大的管理改革。如果工人隨意按動暫停按鈕，工廠的生產率就會明顯下降，後果會很嚴重。但事實上，該工廠的生產率根本沒有因此受到影響。

工人們每天總共按動暫停按鈕2、30次，每次平均只有10秒鐘左右。每次暫停10秒鐘，加起來也只有數分鐘而已。而他們卻能充分利用這10秒鐘時間，轉緊鬆動了的螺母、螺栓，進行必要的調整，以保證生產的品質。因此，這項管理改革取得了十分顯著的成效。在頭幾個月裡，從裝配流水線上下來的汽車，缺陷從平均每輛17.1個下降到0.8個，減少了95.3％；成品汽車中需要召回維修的數量，比以前減少了97％。

這是一個實行自主管理，贏得出色成果的成功典型。這個案例中自主管理的對象，不是中層或基層管理人員，而是廣大工人。它把自主管理的面擴大了，向下延伸到企業最低層次。

可以說，企業中的每一個人，包括廣大工人在內，都是值得信賴的。當上司信賴他們，給予他們一定權力的時候，當他們在工作的實踐中感到可以多多少少掌握自己命運的時候，工作效率、工作成果就會大大提高，企業就可避免不必要的損失，近而得到豐厚的回報。

日本經營之神松下幸之助曾不止一次地說：「雖然人類有作為王者的力量，但唯有在適合自然的法理時，才能發揮力量而君臨天下。如果違背自然的法理去做，王者就會變成暴君，而不能發揮威力。所以為了行王者之道，就必須服從自然的法理。

「倘使人類以其微小的聰明才智去思考問題，依照自己所想的膚淺方法去處理事務，違背了天地自然的道理，其失敗與挫折乃是意料中的事。因此，人類雖然應該運用智慧去行事，但仍然需要遵照超越人類智慧的偉大天地自然法則與道德去經營，才是獲得成功的保證。」

正是松下幸之助先生對「無為」的執著，才有了松下企業精神中的「順應同化精神」。「順應同化精神」的內涵是：公司發展壯大，必須順應自然規律，想人為改變社會發展趨勢是不會成功的。事實上，「順應同化」也就是順應客觀規律。

把順應規律提升為企業精神，可見松下幸之助對「無為」的重視！也正因如此，當人們問及松下幸之助他一生成功的祕訣是什麼時，他毫不猶豫地答道：「在於順應自然法則。」

與松下幸之助不同的是，很多管理者採用實施「狠抓」。其實，狠抓，往往使員工無所適從，反而常抓不好。聽其自然，反而會好些。

「聽其自然」，就是「自然無為」，是順應規律辦事。而「狠抓」，往往是「妄為」，是違背規律辦事。凡順應規律的，不用「狠抓」，就會「順其自然」而有所進展，取得預想的結果。因此，老子的「無為」思想，在今天的管理舞臺上，同樣是匡正時弊、大有可為的。

# 第十一章：無之為用

【原典】

三十輻①，共一轂②，當其無，有車之用③。埏埴④以為器，當其無，有器之用。鑿戶牖⑤以為室，當其無，有室之用。故有之以為利，無之以為用⑥。

【注釋】

①輻：車輪中連接軸心和輪圈的木條，古時代的車輪是由三十根輻條所構成。

②轂（音古）：車輪中心的圓木，中有圓孔，用來穿插車條並連接車軸。

③當其無，有車之用：有了車轂中空的地方，才有車輪的作用。

④埏埴（音山植）：埏，攪和。埴，泥土。意為調和陶土做成在飲食中食用的器皿。

⑤戶牖（音永）：門窗。

⑥有之以為利，無之以為用：「有」給人便利，「無」也發揮了其效用。

【譯文】

車輪上的三十根輻條，聚集到一個車軸上，有了軸心空虛處，才有車輪的作用。糅合黏土做成器皿，有了器皿中間的空虛處，才有器皿的作用。開鑿門窗並建成房屋，有了房屋中間的空虛處，才有房屋的作用。所

以，「有」給人便利，「無」也發揮了其效用。

**【名家注解】**

河上公：治身者，當除情去欲，使五臟空虛，神乃歸之也。治國者寡能，總眾弱共使強。轂中空虛，車得去行；輿中空虛，人能載其上也。器中空虛，故得有所盛受。戶牖空虛，人得以出入觀視。室中空虛，人得以居處，是其用。器中有物，室中有人，恐其屋破壞；腹中有神，畏形之消亡也。虛空者乃可用盛受萬物，故曰虛無能制有形。

王弼：轂所以能統三十輻者，無也，以其無能受物之故，故能以實統眾也。木、埴、壁之所以成，三者而皆以無為用也。言無者，有之所以為利，皆賴無以為用也。

朱元璋：有之以為利，無之以為用。蓋聖人教人，務要諸事必欲表裡如法，事不傾覆，人王臣庶，可不體之？

**【經典解讀】**

在生活中，實有之物的作用常被重視，而虛空的價值常被忽略。老子則一反俗見，很巧妙地把「無」的價值展現出來，並舉例說明「有」和「無」是相互依存、相互為用的。

老子說，車子的作用在於載人運貨，器皿的作用在於盛裝物品，房屋的作用在於供人居住，這是車、皿、室給人的便利，而這些便利都是透過「無」來實現的。

車輪的轂中間是空的，但正是那個空的部分發揮了車輪的作用。如果是實的，拿什麼來支撐輻條呢？一個碗或茶盅中間是空的，但正是那個空的部分產生了碗或茶盅的作用。如果是實的，水怎麼倒進去呢？房子裡面是空的，但正是那個空的部分產生了房子的作用。如果是實的，人怎麼住進去呢？

老子以此得出結論：「有之以為利，無之以為用。」他認為，碗、茶盅、房子等是「有」和「無」對立的統一，且認為「無」是主要對立面。不過，從唯物的視角看，「有」才是主要的對立面。畢竟是有了碗、茶盅、房子等，其中空的地方才能發揮作用。如果本來沒有碗、茶盅、房子等，自然也就沒有中空的地方，任何作用也都沒有了。

「有」固然是好的，「無」同樣不錯。「無」不是「沒有」，事實上，「無」也是一種「有」。無形的東西也能產生很大的作用，只不過看不見、摸不著、聞不到罷了。

「無」就好比數字中的「0」。「0」不是沒有，千萬不要小看了這個「0」。有了它，就可以生出整數，也可以生出小數、分數，它可以把一個數字變得無限大，也可以把一個數字變得無限小。比如0可以把「1」變成了「100」或「0.001」，變大變小都是這個「0」在發揮作用。

老子強調「無」的價值，絕不是故弄玄虛。他是從容器、銳器、車輪、房屋等具體之物中發現抽象的道理，從感性認知上升到理性認知的。他所說的「道」，是「有」與「無」的統一，因老子雖然以「無」為主，但也不輕視「有」，只不過不把它放在第一位罷了。

【管理實踐】

### 企業管理以「簡」為上

將「有」與「無」相互為用的思想，用於企業管理，即為「大而化之」。既要建立大框架、大原則，此為「有」；又要精簡細微的條例、規章，此為「無」。可以說，「精簡」是企業管理的精髓。

規章制度簡潔明瞭，就能使被管理者獲得寬鬆、安定、自主的環境，風氣必然日趨淳厚、質樸。相反地，規章制度繁嚴苛刻，被管理者不堪束

縛，風氣反而刁鑽、狡詐，以致消極怠工或鑽制度、法規的漏洞。

美國丹納公司是知名的汽車配件生產商，麥克佛森就任該公司總裁時，該公司年銷售額約為30億美元。麥克佛森上任後採取第一項管理行動，就是廢除了厚達32.5英寸的企業方針、指南之類的公司政策手冊，代之以一頁紙的企業經營宗旨。

該宗旨的主要內容為：面對面的溝通更能有效地動員人，取得信任，激發熱情；讓所有成員都知道公司的全部指標，並與他們討論這些指標；盡力為希望提高自身技術水準、受教育程度或改善自我前程的生產人員，提供培訓和發展的機會；必須使大家的工作有保障；建立獎勵辦法，設立獎勵基金，對提出好的意見、建議和努力工作的人進行獎勵。

麥克佛森只要求企業員工保持價值取向一致，實際工作則放手讓員工遵循此價值取向自主、自由地去處理。隨著公司具體管理業務的減少，公司的組織層次從11個層次減為5層，職員也由原來的500人精簡至100人。這一舉措明顯提高了辦事效率，扭轉了官僚作風。

麥克佛森為何要大刀闊斧地砍掉公司的規章、制度呢？他的回答是：「沒有人能比負責機器操作的工人、材料管理員和維修人員更懂得如何掌握機器，最大限度地提高產量、改進品質，達到最佳材料流通量並保持機器有效工作的了；沒有人能比他們懂得更多的了。」

在廢除繁雜的政策、規章的同時，麥克佛森還廢除了在西方國家企業中傳統使用的打卡鐘。對此，他說：「如果你看到他們常常上班遲到，你就和他們談談嘛，為什麼非要打卡鐘才能知道你的下屬中誰上班遲到呢？」

這是很典型西方式的「精簡」式管理。管理改革的結果是，該公司的人均銷售額增加了2倍，比全國同行業平均水準高出1倍多。

無獨有偶，馬克斯・史賓塞公司總經理馬庫斯・西夫也是位擅長「精

簡」管理的企業家。

馬庫斯・西夫把其上任的第一年稱做「休耕期」。一年中，他把全副精力用於減少公司的文書工作，削減了公司80％的達2700萬頁文件！年終，他點燃了一根火柴，將多達5噸重、堆成小山似的文件一燒了之。而且，他還藉此舉辦了一場公司營火晚會。「休耕」期結束後，公司的13本指令性制度手冊，被簡化成職能部門管理指南和商店守則兩種小冊子。

馬庫斯・西夫相當瀟灑，但奧辛頓工業公司總裁約翰・麥康內爾的舉動更令人拍案叫絕。在奧辛頓工業公司裡，你找不到任何工作程序手冊或彙編。取而代之的，僅僅是一條「黃金法則」：照顧好你的顧客，照顧好你的員工，那麼市場就會對你倍加照顧。

可以說，麥康內爾抓到重點上了，抓住「綱」了。至於管理之「目」，也就是實際的管理活動，則全權下放，公司不作硬性控制，為什麼？只要價值觀一致，下屬「百花齊放」的結果，必然比公司硬性控制的效果更好。

表面上看，上述公司似乎管理得「鬆」了，實際上卻是「鬆」中有「緊」，活而不亂。怎麼說呢？在管理上放鬆了，但對價值觀念卻抓得更緊、更牢了。這樣，在高度統一的價值觀統御下，讓各級管理人員和員工積極、主動、自由地發揮積極性，定能使企業管理和生產更上一層樓。

正如現代傳播學所說，傳播得越少，受眾接受的就越多。刪除繁雜的規章、制度，代之以簡明、精練的企業價值理念，更容易讓員工理解，也更能激發他們的積極性和主動性。

義大利經濟學家巴特萊曾提出了「重要的少數」的概念。他認為，在任何一組事物中，占有重要地位的事物總是少數，只要集中精力處理好這個重要部分，那麼「微不足道的多數」則可以不必過分糾纏，甚至可以忽略不計，這個概念也就是著名的「80/20」定律。

# 第十二章：去彼取此

## 【原典】

五色①令人目盲②，五音③令人耳聾，五味④令人口爽⑤，馳騁⑥畋獵⑦令人心發狂，難得之貨令人行妨⑧。是以聖人為腹不為目⑨，故去彼取此⑩。

## 【注釋】

①五色：青、赤、黃、白、黑。這裡指種類繁多的色彩。

②目盲：比喻眼光迷亂。

③五音：宮、商、角、徵、羽。這裡指種類繁多的音樂聲。

④五味：酸、苦、甘、辛、鹹，這裡指種類繁多的美味。

⑤口爽：罹患口疾，味覺失靈。在古代，「爽」是口疾的專用詞。

⑥馳騁：車馬疾行，比喻縱情放蕩。

⑦畋（音田）獵：打獵獲取動物。

⑧行妨：妨害操行。妨，妨害、傷害。

⑨為腹不為目：但求溫飽安樂，而不縱情犬馬聲色。「腹」代指簡樸安寧的生活；「目」代指欲望繁多的生活。

⑩去彼取此：摒棄多欲的生活方式，保持簡樸安寧的生活方式。

## 【譯文】

色彩繽紛的花花世界，讓人眼光迷亂；喧囂嘈雜的管弦之聲，使人聽

覺失靈；滋味不一的各類美食，使人口不辨味；縱情騎馬射獵，讓人神志狂亂；奇珍異寶，讓人做出失德之行。因此，聖人但求吃飽肚子而不追逐聲色之娛，所以應該摒棄物欲的誘惑而保持安定知足的生活方式。

## 【名家注解】

朱元璋：此專戒好貪欲，絕遊玩，美聲色，貴貨財者。視久則眩，聽繁則惑，嘗多則厭，心不定故發狂，不知足以取辱，故行妨。

河上公：貪淫好色則傷精失明也。好聽五音則和氣去心，不能聽無聲之聲。人嗜五味於口則口亡，言失於道也。人精神好安靜，馳騁呼吸，精神散亡，故發狂也。難得之貨，謂金銀珠玉。心貪意欲，不知厭足，則行傷身辱也。

王弼：夫耳目口心，皆順其性也，不以順性命，反以傷自然，故曰聾、盲、爽、狂也。難得之貨，塞人正路，故令人行妨也。為腹者以物養己，為目者以物役己，故聖人不為目也。

## 【經典解讀】

在本章中，老子提出了困擾人類的五大因素：五色、五音、五味、田獵及難得之貨。其中，五色使人目盲，五音使人耳聾，五味使人口澀，田獵使人放蕩不羈，難得之貨使人貪婪。

可見，過多的欲望不僅不能讓我們真正地得到享受，反而會對我們帶來巨大的危害。真正的享受是有理性的節制，虛華的享受則是愚蠢的放縱。很明顯，老子並不是要求我們不去享受，但享受生活要做到適可而止，一定不要有過多的欲望。

老子反對的是腐朽生活方式，並不是普通民眾的生活方式，因為「五色」、「五味」、「五聲」、打獵遊戲、珍貴物品並不是一般勞動者能擁有的，而是貴族生活的組成部分。他認為，正常的生活應當是為「腹」不

為「目」，務內而不逐外，但求安飽不求聲色之娛。

五色、五聲、五味、圍獵之樂、難得之貨，並非都是精神文明，所以老子並不是要把精神文明與物質文明對立起來。他希望人們能夠豐衣足食，建立內在寧靜恬淡的生活方式。人們越是投入外在化的漩渦裡，就越會產生自我疏離感，心靈就會越空虛。所以，他提醒人們要摒棄外界物欲的誘惑，保持內心的安足清靜，確保固有的天性。

現在，許多人只求聲色物欲的滿足，價值觀、道德觀嚴重扭曲。人類社會的精神文明應與物質文明同步發展，而不是物質文明水準提高了，精神文明就自然而然地緊跟其後。

## 【處世學問】

### 自我放縱就是自我毀滅

聖人但求吃飽肚子而不追逐聲色之娛，所以最好摒棄物欲的誘惑而保持安定知足的生活方式。造化賦予我們的眼睛、耳朵、嘴巴是用來幹什麼的？當然是為了看，為了聽，為了吃。但是，看、聽、吃都要有限度，否則害處多多。

春天來了，萬紫千紅，置身其中，領略無邊的美景，你會感到賞心悅目。可是有多少人想過，有時候色彩也是一種誘惑，色彩也是一道陷阱。鮮豔的蘑菇可能含有劇毒，好看的玫瑰總是帶刺，美好的笑容可能正包藏禍心。自古以來有多少英雄豪傑，沒有倒在對手的刀槍之下，卻倒在了女人的石榴裙下。

所以，眼睛要看，但不要看得太多，不要看得眼花繚亂。否則，你會變成色盲，分不清赤橙黃綠，走不出花花世界，一不留神就會掉入陷阱。

同樣的道理，耳朵要聽，但要聽得有品味，要像孔子聞韶樂，「餘音

繞梁，三月不知肉味。」經典音樂你可以品，流行音樂你可以聽，但靡靡之音不要聞，雜亂無章的音樂最好躲遠些，聽多了會讓你「耳聾」。還有耳機，老是戴在耳朵上，別人喊你而你聽不見，還以為你是聾子。再說那東西對耳朵的健康不利，短時間用一下倒也無妨，要是沒日沒夜地聽，你很可能真的會變成聾子。

管住你的眼，管住你的耳，還要管住你那張嘴。民以食為天，有口就要吃，但要分清楚哪些當吃、哪些不當吃。「嗟來之食」不能吃，人家請吃你要謹慎地吃，公款吃喝要少吃，。

還有那些稀奇古怪的東西最好少吃，古人說「病從口入」，所以，飯多吃，酒少喝，稀奇古怪的東西不要吃。否則胃口傷了，肥胖症來了，高血壓、脂肪肝、糖尿病紛紛不請自來，有你好受的。

因此，古時候高明的聖人治國，只求吃飽穿暖，不求聲色之娛，捨棄那些對身心健康有害的東西，求取那些有利於修身養性的東西，所以，老百姓心不狂、情不躁，一心向「道」，淳樸自處，心寬體胖，幸福安康，一派祥和安寧的景象。

「物自腐而後蟲生」，放縱自己就是毀滅自己。因此，要常懷律己之心，需要我們自覺、經常和全面。自覺，就是把律己融入自己的學習、工作、生活中，化為自覺的行動，而不是當做外在的負擔。經常，就是把律己作為經常性的要求，不斷對照檢查，要「吾日三省吾身」，時常進行自我總結、審視、反省，而不是當做一時的擺設和點綴。全面，就是把律己貫穿於做人做事的各個方面，不論是做人做事，還是工作和生活都要嚴格約束自己。

# 第十三章：寵辱若驚

## 【原典】

寵辱①若驚，貴大患若身②。何謂寵辱若驚？寵為下③，得之若驚，失之若驚，是謂寵辱若驚。何謂貴大患若身？吾所以有大患者，為吾有身。及吾無身，吾有何患？故貴以身為天下者，若可寄天下。愛以身為天下者，若可託天下。

## 【注釋】

①寵辱：得寵和受辱。
②貴大患若身：貴，重視。重視大患就如同重視自己的身體。
③寵為下：得寵是卑下的。

## 【譯文】

得寵與受辱都像受到驚嚇一樣，重視大患就像重視自己的身體一樣。什麼叫做得寵與受辱都好像受到驚嚇呢？得寵是卑下的事，得到它好像令人受到驚嚇，失去它也好像令人受到驚嚇。這就叫得寵與受辱都好像受到驚嚇。那麼，什麼是重視大患如同重視身體呢？我之所以有禍患，是因為我有身體；假使我沒有身體，我還會有什麼禍患呢？所以，對於把自己的身體看得比天下還重的人，可以把天下交付給他；對於吝惜自己的身體超過天下的人，可以把天下委託給他。

河上公：得寵榮驚者，處高位如臨深危也。貴不敢驕，富不敢奢。失寵處辱驚者，恐禍重來也。有身，憂其勤勞，念其飢寒，觸情從欲，則遇禍患也。無身，得道自然，輕舉昇雲，出入無間，與道神通，當有何患？

王弼：生之厚，必入死之地，故謂之大患也。人迷之於榮寵，返之於身，故曰大患若身也。

朱元璋：人君能以身為天下，慮天下恐有大患，若身有苦疾，則天下安矣。不能以此者，天下危亡。若人君肯以身為天下，以百姓之身為身，則帝王之身宇內可獨行而無憂。

## 【經典解讀】

這一章講「貴身」和人的尊嚴問題，強調「貴身」的思想，論述了寵辱對人身的危害。簡而言之，「聖人」不以寵辱榮患等身外之事易其身，而只有不為外界榮辱亂心分神者，才有能力擔負治理天下的重任。

老子認為，一個理想的治者，首要在於「貴身」，不胡作妄為。在他看來，「寵」和「辱」對於人的尊嚴之挫傷，並沒有兩樣，受辱固然損傷了自尊，受寵何嘗不損害自身的人格尊嚴呢？得寵者總覺得受寵是一份意外的殊榮，便擔心失去，因而人格尊嚴無形地受到損害。如果一個人未經受任何辱與寵，那麼他在任何人面前都可以傲然而立，保持自己完整、獨立的人格。

為什麼會「寵辱若驚」呢？因為得寵也好，受辱也好，都是因為你的地位比較卑下，所以得寵時你會吃驚，失寵時你會吃驚，受辱時你更會吃驚。這就是「寵辱若驚」。

很多人長期受壓抑和排擠，直到有一天，他們突然時來運轉，當此陰霾掃盡、日出雲開之時，若非具有淡泊名利的真功夫，很少有不得意忘

形、欣喜若狂的，甚至會喜極而泣。這就是「受寵若驚」。

為什麼說「貴大患若身」呢？

因為貪生怕死是人的本能，一個人最恐懼的是什麼？就是死亡。災難來臨，性命攸關，誰又敢對它掉以輕心呢？所以，必須全神貫注，全力以赴地想辦法渡過這個難關，重視它就像重視自己的身體一樣。能夠像重視自己的身心那樣去重視天下的疾苦，能夠像愛護自己的身心那樣去愛護天下的人民，這樣的人才可以把天下託付給他。

其實災難並不可怕，厄運並不是末日，來了就從容應對，想辦法解決。一個人一生經歷幾次災難，有過一段艱難歲月的經歷，往往會變得更加堅定成熟，這樣的人往往能做大事，成大器。正如古人所說：艱難困苦，玉汝於成。

一般人對於身體的寵辱榮患十分看重，甚至於許多人重視身外的寵辱遠遠超過自身的生命。人生在世，難免要與功名利祿、榮辱得失打交道。許多人是以榮寵和功利名祿為人生最高理想，目的就是為享榮華富貴、福祐子孫。

總之，人活著就離不開壽、名、位、貨等身邊之物。對於功名利祿，可說是人人都需要。但是，把它擺在什麼位置上，人與人的態度就不同了。如果你把它擺在比生命還要寶貴的位置之上，那就大錯特錯了。

老子從「貴身」的角度出發，認為生命遠過貴於名利榮寵，要清靜寡欲，一切聲色貨利之事，皆無所動於中，然後可以受天下之重寄，而為萬民所託命。

## 高明之士寵辱不驚

俗話說，三貧三富不到老。人有風光之時，也有倒楣之時；有喜從天降之時，也有禍不單行之時。而且，榮辱多變，禍福難料。因此世人對此總是戰戰兢兢，如履薄冰。所以，老子才說：寵辱若驚，貴大患若身。世俗之人無論是得寵，還是受辱，都如同受到驚嚇一樣。

清朝有位老童生，儘管他異常用功，可是每次科考都名落孫山。但他醉心科考，雖人到中年，仍矢志不渝。他的兒子聰明好學，於是父子兩人便同科應考。

考試結束後，他不敢去想結果，因為他已經多次嘗過失望的滋味。放榜那天，他的兒子前往看榜，見父子二人俱都上榜，趕忙跑回家報喜。

兒子到家時，老童生正在房裡洗澡。兒子咚咚敲門說：「父親大人，我考上了第三名！」他一聽，以為自己又落榜了，失望之餘大聲呵斥說：「大驚小怪！考了個秀才就如此沉不住氣，將來如何做大事！」兒子一聽，再也不敢放肆了，便輕聲說：「父親大人，您考了第五名！」

他一聽，猛地從房裡衝出來：「你說什麼？再說一遍！」兒子又重複了一遍。他聽了，又大聲呵斥道：「怎不早說？沒大沒小的！」兒子說：「父親大人，您還沒穿衣服呢！」

十年寒窗，一朝上榜，竟然驚喜得連衣服都忘了穿！這可以說是對「寵為下，得之若驚，失之若驚」很好的詮釋。不過，其做人境界未免失之下品。

《幽窗小記》裡寫道：寵辱不驚，看庭前花開花落；去留無意，望天空雲捲雲舒。意為：視寵辱如花開花落般平常，才能不驚；視職位去留如雲捲雲舒般變幻，才能無意。寥寥數語，道出了人生對事對物、對名對利

應有的態度：寵辱不驚，去留無意；得之不喜，失之不憂。

唐玄宗當政時，李白進京趕考。當時的考官是太師楊國忠，監考是太尉高力士，二人皆愛財之輩，若不送禮物給他們，本事再大也難考上。李白卻偏偏不送，以致楊國忠一看到李白的試卷，提筆就批：「如此狂生，只能為我磨墨。」高力士則說：「他只配為我脫靴。」

後來，某番國派使節來唐朝遞交國書，國書上密密麻麻地畫著異國文字，滿朝文武竟無人能看得懂。唐玄宗大怒，堂堂大國，連一個番國的國書都看不懂，有失朝廷體面！有人提議說，李白學識淵博，而且正在京城，說不定認得。唐玄宗便召見了李白。

李白到後，一目十行看過那份國書，冷笑道：「番國要求大唐割讓一百多座城池，否則就要興兵殺來。」玄宗急問百官有何良策，但群臣面面相覷，都無計可施。李白說：「這有何難，明日待我養精蓄銳，用番文回書，令番國拱手來降。」玄宗大喜，拜李白為翰林大學士。

次日，李白對唐玄宗說：「我雖已精氣充沛，但神氣不旺，難以回應番國。」唐玄宗問道：「怎樣才能有了神氣？」李白說：「楊太師和高太尉，皆為朝中重臣。請萬歲吩咐楊太師為我磨墨，高太尉為我脫靴，我方能神氣飛揚，口代天言，不辱使命。」

玄宗一心想要在氣勢上勝過番國，顧不得許多，就依言傳旨。楊國忠只得忍氣為李白磨墨，捧硯侍立；高力士只得強吞怒火，雙手為李白脫靴，並捧跪在旁。李白神氣十足，提筆揮毫，一口氣書寫下了一封陳述利害的大唐詔書，番使讀後，嚇得魂飛魄散，連連叩頭謝罪。

其實，李白要求楊太師磨墨，高太尉脫靴，並不是為了要羞辱皇帝身邊的紅人，只是他自然而然的本性流露，拒絕虛偽逢迎，灑脫自然，置寵辱於不顧。

寵辱不驚，去留無意。說來容易，做起來卻十分困難。我輩俱是凡夫

俗子，名利皆你我所欲，如何才能達到不憂不懼、不喜不悲、心境平和、淡泊自然的境界呢？

首先，由來功名輸勳烈，心中無私天地寬。若心中沒有過多的私欲，又怎會患得患失？其次，凡事不必過分在意得失、成敗，也不必過分在乎別人的看法。只要自己努力過、奮鬥過，走自己的路，做自己喜歡做的事，他人評說又算得了什麼呢？

一代女皇武則天將這一精神發揮到了極致，她死後立一塊無字碑，千秋功過，留與後人評說。一字不著，盡得風流。這正是另一種豁達，另一種寵辱不驚、去留無意。

只有做到了寵辱不驚，去留無意，方能心態平和，恬然自得，達觀進取，笑看人生。正所謂「生固欣然，死亦無憾。花落還開，水流不斷。我兮何有，誰歟安息。明月清風，不勞牽掛」，不正體現了一種達觀的崇高精神境界嗎？總之，真英雄自灑脫，真名士自風流！

## 【商海實戰】

### 愛其身者貴人助之

對於把自己的身體看得比天下還重的人，可以信任他，並把天下交付給他。自愛自貴的人，辦事腳踏實地，待人接物言而有信，交友誠懇。愛其身，能夠潔身自好，才是一個人贏得他人賞識和幫助的前提。

很多工商界人士都知道有個名震天下的「寧波幫」，它的奠基者嚴厚信還是中國近代第一家銀行、第一個商會、第一批機械化工廠的創辦者。而這個人沒有任何家庭背景，也不是完全憑著過人的才華，最關鍵的是憑著他的潔身自好，換來了貴人相助。

嚴厚信，浙江慈溪人。他少年家貧，只讀過幾年私塾，輟學後在寧波

一家錢莊當學徒。後經同鄉介紹，他又進入上海小東門寶成銀樓當學徒。嚴厚信手腳勤快、頭腦聰明，不但很快便掌握了熔化金銀的技術，連打鑄釵、髻鐲、戒指、項圈等各種首飾的技巧也能純熟運用。另外，他還抽時間讀書、學畫，常臨摹古今名家的作品，幾乎達到以假亂真的程度。

後來，在生意中，嚴厚信結識了他的貴人——「紅頂商人」胡雪巖。

有一次，胡雪巖在寶成銀樓定做了一批首飾。嚴厚信親自動手製作，做好後又親自為胡雪巖送去。胡雪巖給了他一包銀子，要他點一下，他說：「我相信胡老爺，不用點。」等他回到店裡一數，才發現竟然短了二兩銀子。他沒回頭去找胡雪巖索要，也沒有將此事告訴老闆，而是悄悄將自己辛辛苦苦賺來的工錢湊在裡面，交給了櫃上。

另一次，胡雪巖又在寶成銀樓訂做首飾。嚴厚信為他把首飾送去之後，又是沒當面數就拿了一包銀子回來。回來一數，嚇了一跳，竟多出了十兩銀子。十兩銀子在當時是一筆大數目，相當於一個小夥計幾年的工錢。然而，嚴厚信告訴自己，絕不能拿昧良心的錢。於是，第二天一早，他就把多出來錢送還給了胡雪巖。

其實，前後兩次一少一多，都是胡雪巖有意在試他的品行。很明顯，他通過了考試，也得到了胡雪巖的賞識。後來，他將自畫的蘆雁團扇贈給胡雪巖，深得胡的喜愛，並稱讚他「品德高雅、厚信篤實」。不久，胡雪巖將他推薦給李鴻章，使他得到了在上海轉運餉械、在天津幫辦鹽務等美差，逐漸積累了一些資金。後來，他在天津開了一家物華樓金店，開始創業之路。

嚴厚信是潔身自好的人。他真實的成功史告訴我們：「愛其身」是做人之本，它完全可以改變一個人的商運。古代社會是這樣，在競爭激烈的現代社會更是這樣。

# 第十四章：執古御今

## 【原典】

　　視之不見名曰夷①，聽之不聞名曰希②，搏之不得名曰微③。此三者不可致詰④，故混而為一。其上不皦⑤，其下不昧⑥，繩繩⑦不可名，復歸於無物⑧。是謂無狀之狀，無物之象，是謂惚恍。迎之不見其首，隨之不見其後；執古之道，以御今之有。以知古始⑨，是謂道紀⑩。

## 【注釋】

　　①夷：無色。

　　②希：無聲。

　　③微：無形。夷、希、微三個名詞都是用來形容人的感官無法把握住「道」。這三個名詞都是幽而不顯的意思。

　　④致詰：思議。詰，追問、究問、反問。

　　⑤皦：清晰，光明。

　　⑥昧：陰暗。

　　⑦繩繩：紛芸不絕。

　　⑧無物：無形狀的物，即「道」。惚恍：閃爍不定，若有若無。有：指具體事物。

　　⑨古始：宇宙的原始。

　　⑩紀：綱紀，規律。

## 【譯文】

看它不見，無色無形的，叫做夷；聽它不到，寂靜無聲的，叫做希；摸它不到，無質無實的，叫做微。這三者，無法刨根問底細致分辨，它們原本就渾然而為一。它外顯的部分並不明亮，它隱含的部分也不晦暗。它無開端，無盡頭，延綿不絕，無法明確地表述，就只好又歸結為超物質的存在。這叫做沒有形狀的形狀，沒有物體的形象，這叫做若有如無的惚恍。迎接它，卻看不見它的開頭；追隨它，卻看不見它的末尾。遵循早已存在的「道」，來駕馭當前的一切。能認識最早的本始，這就叫做大道的規律。

## 【名家注解】

朱元璋：視之不見，言道；聽之不聞，言理；搏之不得，言氣。曰夷曰希曰微，言平淡無見也。有象而無象，有形而無形，蓋謂人心與道心，至幽至微，非君子難守，故惚恍也。

河上公：三者，謂夷、希、微也。不可致詰者，夫無色，無聲，無形，口不能言，書不能傳，當受之以靜，求之以神，不可詰問而得之也。

王弼：無形無名者，萬物之宗也。雖今古不同，時移俗易，故莫不由乎此，以成其治者也。故可執古之道，以御今之有。上古雖遠，其道存焉。故雖在今，可以知古始也。

## 【經典解讀】

在本章中，老子用一些抽象的概念，描述了「道」的性質及其運用規律。此處，「一」就是指「道」。它包含了「道」相互連結的兩種內涵，即物質世界的實體和物質世界運動變化的普遍規律。

在老子看來，「道」虛無飄渺，不可感知，看不見，聽不到，摸不

著，但又是確實存在的，是「無狀之狀，無物之象」。「道」有其自身的變化運動規律，掌握這種規律，便找了具體事物的根本。

　　老子所描述超脫現實世界的形上之「道」，與現實世界的萬事萬物有著本質的不同。「道」沒有特定的形狀，無邊無際地、無始無終地存在著，時隱時現，難以命名。

　　「道」並非普通意義的物，而是形體不可見的物。老子先是用經驗世界的一些概念對「道」加以解釋，然後又一一否定，可見「道」何其深微奧祕。「道」的普遍規律支配著現實世界的具體事物，要瞭解和把握現實存在的具體事物，就先要把握「道」的運動規律，瞭解「道」的普遍原理。理想中的「聖人」能夠掌握支配物質世界運動變化的規律，可以駕馭現實存在，這是因為他悟了「道」。

　　「道」到底是什麼樣的呢？老子說它沒有形象，看不見它，便稱之為「夷」；聽不到它，便稱之為「希」；摸不著它，便稱之為「微」。正因為「道」無相、無聲、無形，所以它才深不可測。

　　夷、希、微、惚恍與無頭無尾，無不是在強調大道的模糊性、混成性、抽象性、本質性、無限性與非具象性，以及靈動性、活性、非僵硬性、終極性、至上性、普泛性，甚至還有實用性。聯想豐富一點的人，可能還會想到星雲、恆星爆炸、黑洞、空間與時間的無窮大等等。

　　另外，這一段落的意思還能讓你細心體察、深入感悟，活躍想像力、思辨力、感受能力，帶動精神的敏銳、專注與恭謹小心，進入境界、交通大道，同時不要心浮氣躁、急於求成、過於實用主義。

　　老子的長處在於其思辨能力，在於其遠見，以及其執著於大道的激情和冷峻。老子強調大道的無形、無聲、無痕、無跡、無物，極有可能是在突出其本質性、概括性、靈動性、至上性，避免其庸俗化、偏執化、簡易化與具體化。

因為，大道一旦具體化，就難免變成仁愛、謙遜、聰明、禮貌等庸俗化的東西，極易流於作偽或至少是形式主義，流為計謀與處世奇術，反而喪失了大道的恢弘與淵博本質。

## 【處世學問】

### 高深莫測的變化之道

老子說：迎接它，卻看不見它的開頭；追隨它，卻看不見它的末尾。對於一個人來說，順應大道，就要使自己成為變化無方、不可預測的。

要成為不可預測的，我們就不能停止改變。唯有如此，你的生命才能夠成為一種令自己愉悅的過程。

東周時，鄭國有一個名叫季咸的人，非常善於相面。他能根據人的長相預測人的生死存亡、福禍壽夭，甚至能測在何年何月何日應驗。

列子聽說季咸其人其事之後，覺得季咸這人了不起，心生敬佩，於是對老師壺子說：「我以前以為您的理論和學問是世上最高深的，現在才知道，天外有天，竟還有比您更高明的人在呢！」

壺子聽了弟子列子的話，不以為然地說道：「我只對你講了道的外表，還沒有講到實質，你怎麼就妄下結論呢？如果只有雌鳥而沒有雄鳥，怎麼能生出卵來呢？只有淺薄的人才容易被人看透心思。你明天把季咸叫來我見識一下。」

第二天，列子把季咸請來給壺子相面。其間，壺子一句話也沒有說，季咸相完面後便出了門。

列子追上季咸問道：「您看出了什麼？」

季咸悄悄對列子說：「你的老師氣色不好，臉色就像死灰一樣，他活不長了，壽命超不過十天。唉！」

列子一聽，趕忙跑進屋裡，痛哭著把季咸說的話告訴了老師，誰知壺子卻笑著說：「不要怕，剛才我給他看的是土一般的臉色，心境寂靜，止而不動，所以他看到的是我閉塞生機的樣子。明天你再把他請來，讓他看看我到底能活多久。」

　　第二天，列子又把季咸請來了。季咸看完壺子面相後，告訴列子說：「奇怪啊！你老師有救了，你不必擔心，我看到他閉塞的生機又開始通暢好轉了！」

　　列子趕忙進屋把這些話告訴了壺子。

　　壺子依然笑著說：「剛才我給他看的是天地間的生氣，我排除一切私心雜念，一線生機從我腳後跟生起，直到頭頂。他剛才看到的就是這一線生機。過些時候你請他再來，聽他怎麼說！」

　　又過了一天，列子又請季咸來給壺子相面，季咸看完後疑惑地對列子說：「你的老師昨天剛有了一點生機，怎麼今天又精神恍惚神若游絲了。我看不透。請你告訴他，等他心神安定的時候，我再來為他相面。」

　　列子進屋把這些話告訴了壺子，壺子說：「我剛才給他展示的是沒有任何跡象的空虛境界，所以他看不出什麼來，明天你請他再來看看！」

　　次日，季咸又被請來了。他剛走進屋，看到壺子的臉色，便驚叫一聲，轉身就跑了。

　　壺子也大叫列子：「快去把他追回來！」

　　列子莫名其妙，拔腿就追。季咸卻像丟了魂似的，拚命奔跑，列子追趕不上，只得回來，他對壺子說：「我沒有追上季咸！可是，您究竟給他看的是什麼啊？」

　　壺子笑著說：「剛才我讓他看的是根本大道，但還沒完全展示出來，他就跑了。我只是想逗逗他而已，讓他無法猜測，就像草遇風披靡，水隨波逐流。所以，他剛看我一眼就被嚇跑了。」

說完，壼子哈哈大笑。

我們這裡要說的是，高深莫測不僅僅是道家大師的策略，平凡人也可以加以運用並發揮出意想不到的效果。

【管理實踐】

## 巧用「走」與「退」

執古之道，以御今之有。從管理方面來理解，即是古為今用，去其糟粕，取其精華。說白了，就是從老祖宗那裡挖掘一些能對當今的管理者有所啟發的東西。比如說，《三十六計》這部婦孺皆知的謀略寶典，就被廣泛地應用於現代商業競爭和經營管理中。

例如，《三十六計》中有「走為上」計：「全師避敵，左次無咎，未失常也。」意思是說，為了保全軍事實力，退卻避強。雖退居次位，但免遭到災禍，這也是一種常見的用兵之法。《孫子・虛實篇》中有：「退而不可追者，速而不可及也。」意思是說，撤退而使敵人不能追擊的，是因為行動迅速而使得敵人追趕不及。其中的「走」與「退」就被用於現代商業領域。

無獨有偶，身處東亞文化圈的日本也深通「走」計的退身之道。

日本日立公司為了擴大企業規模，發展生產，投入了大量資金，購買新建廠房建築材料，新添置一些設備。這時，遇到了20世紀60年代初整個日本經濟蕭條時期，現有產品滯銷，賣不出去，擴大企業規模就可想而知了。面對這一嚴峻情況日立公司有兩條路可供選擇：一條路是繼續投資；另一條路停止投資施工。

日立公司經過大家認真討論、分析、研究，最後，果斷決定走後一條路，停止投資實行戰略目標轉移，把資金投放到其他方面，積蓄財力，待

機發展。經過實踐證明，日立公司的決策是正確的。

從1962年開始，日本三大電器公司中的東芝和三菱的營業額都有明顯下降，但是日立則一直到1964年仍在繼續上升。進入20世紀60年代後半期，一個新的經營繁榮時期來到了，蓄勢已久的日立不失時機地積極投資，1967年投入了102億日元，1968年上半年就突破了千億大關，達1220億日元。從效益上看，1966至1970年，5年內銷售額提高了1.7倍，利潤提高了1.8倍。

的確，三十六計，走為上計。無論在哪個領域，在與各種勢力接觸與較量的時候，進固然重要，但在很多情況下，退更為必要。惹不起，躲著走，方是求生求存求復興的上策。留得青山在，不怕沒柴燒！「三十年河東，四十年河西」，這叫「走著瞧」。走得巧，走得妙，就能保全自己。

有位哲人說過：歷史總是驚人的相似！雖然一個時代有一個時代的人情世故，社會文化和生活方式總是隨著時代、地域、事件等因素而常常變動的。但「物是人非」，並非「面目全非」，無論是自然界還是人類社會都有其恆定的發展規律，所以，藉古知今有其堅實的理論依據，並非空穴來風！

# 第十五章：微妙玄通

【原典】

古之善為道者，微妙玄通，深不可識。夫唯不可識，故強為之容①：豫兮②若冬涉川③；猶兮④若畏四鄰；儼兮⑤其若客；渙兮其若凌釋；敦兮其若樸；曠兮其若谷；混兮⑥其若濁；孰能濁以靜之徐清？孰能安以動之徐生？保此道者不欲盈⑦。夫唯不盈，故能蔽而新成⑧。

【注釋】

①容：形容，描述。

②豫兮：遲疑謹慎的樣子。豫的另一層意思是歡喜、和樂的意思。

③涉川：涉水過河。

④猶兮：猶，原為猿猴類動物，性警覺。猶兮，引申為警覺、戒備的樣子。

⑤儼：儼然，形容神態端謹、恭敬。

⑥混兮：渾厚樸實的樣子。混，通渾。

⑦不欲盈：不求自滿。盈，滿。

⑧蔽而新成：去舊存新。

【譯文】

古時候善於行「道」的人，微妙通達，深刻玄遠，不是一般人可以理

解的。正因為難以理解，所以只能勉強形容他：小心謹慎啊，好像冬天涉水過河；警覺戒備啊，好像害怕鄰國的進攻；恭敬鄭重啊，好像要去赴宴做客；行動灑脫啊，好像冰塊緩緩消融；純樸厚道啊，好像沒有經過加工的原料；曠遠豁達啊，好像深幽的山谷；渾厚樸實，好像渾濁的河水。誰能使渾濁安靜下來，慢慢澄清？誰能使安靜變動起來，慢慢出現生機？保持這個「道」的人不會自滿。正因為他從不自滿，所以能夠去舊存新。

## 【名家注解】

朱元璋：君子所秉者，得天地至精之氣，乃神慧而不妄為。使其動，則諸事有理焉。使其靜，則靈神於心，人莫知其所為如何，故深妙難通。

王弼：上德之人，其端兆不可睹，德趣不可見，亦猶此也。夫晦以理物則得明，濁以靜物則得清，安以動物則得生。此自然之道也。孰能者，言其難也。

河上公：誰能安靜以久，徐徐以長生也。保此徐生之道，不欲奢泰盈溢。夫唯不盈滿之人能守蔽，不為新成。蔽者，匿光榮也；新成者，貴功名。

## 【經典解讀】

這一章的中心思想是毋滿毋盈。寧可要圓融一點、敦樸一點、曠野一點、混濁一點，而不要盈滿僵硬、狹隘難容、剛愎頑固、刻薄苛察、心細如髮、潔癖排他。只有不盈，只有體認得到自己的缺陷空白，才有空間，才有未來，才有生命，才有發展，才有大道。

得「道」之人「微妙玄通，深不可識」，他們掌握了事物發展的普遍規律，懂得運用普遍規律來處理現實存在的具體問題。得「道」之士的精神境界遠遠超出一般人所能理解的水準，他們具有謹慎、警惕、嚴肅、灑脫、融和、純樸、曠達、渾厚等人格修養功夫，他們微而不顯、含而不

露、高深莫測，為人處事從不自滿高傲，善於去故更新。

正因為「道」是玄妙精深、恍惚不定的，一般人對「道」感到難以捉摸，而得「道」之士則與世俗之人明顯不同，他們有獨到的風貌、獨特的人格形態。世俗之人「嗜欲深者天機淺」，他們極其淺薄，讓人一眼就能夠看穿；得「道」人士靜密幽沉、難以測識。老子在這裡也是勉強地為他們做了一番描述，即「強為容」。

他們有良好的人格修養和心理素質，有良好的靜定功夫和內心活動。表面上他們清靜無為，實際上極富創造性，即靜極而動、動極而靜，這是他們的生命活動過程。老子所理想的人格是靜定持心，內心世界極為豐富，並且可以在特定的條件下，由靜而轉入動。這種人格上的靜與動同樣符合於「道」的變化規律。

師法自然，是自古以來的文化傳統。學畫的人會這樣，學武的人也會這樣，如貓竄狗跳鷹抓虎撲，學哲學的人也喜歡這樣。

老子正是從自然與社會的諸種現象中體悟出大道的存在與微妙玄通深遠偉大的。老子是一個思想者，但他首先是一個閱讀者，閱讀自然，閱讀天地、雨露、溪谷、水、玄牝、橐籥、萬物、萬象……這又與格物致知相近了。

### 【處世學問】

#### 鷹立如睡，虎行似病

古時候善於行道的人，微妙通達，深刻玄遠，不是一般人可以理解的。這不禁令人想起一句俗語：「鷹立如睡，虎行似病。」

它具體地描述了自然界兩種最強的動物的捕食之道——以強裝弱。這種行為非常微妙，既避免了自己因鋒芒太露而引來攻擊，又麻痺了對手的

防備意識，所以這兩種動物一旦出手捕食，幾乎就不會落空。而古今許多謀劃大業的人，也常借助此道取得成功。

魏明帝曹睿在彌留之際，囑咐司馬懿和曹爽共同輔助太子曹芳。並讓曹芳前去抱司馬懿的脖子以示親近，司馬懿感激涕零，連表忠心。

曹芳即位後，曹爽當了大將軍，司馬懿當了太尉。兩人各領兵三千人，輪流在皇宮值班。魏少帝曹芳雖然年幼，也知道大權不能旁落他人之手，後來自然逐漸傾向於自己人曹爽，而疏遠司馬懿。

幾年後，曹爽漸漸地培植自己的勢力，排擠司馬懿的人，等到時機成熟時，又奪了司馬懿的兵權，撤銷了太尉的實職，而安排一個太傅的空銜。司馬懿就推說有病，不上朝了。

司馬懿告病，曹爽便提拔弟弟曹羲為中領軍，曹訓為武衛將軍，曹彥為散騎常侍。在掌握了宮廷與京師的軍事大權後，曹爽便得意忘形起來。他終日吃喝玩樂，出行時的車輛儀仗輿服皆仿皇帝規模，甚至把宮女帶回家中尋歡作樂，逐漸失去人心。

而司馬懿裝病在家，其實一天也沒閒著，他對朝政和時局反而更加關注了。眼見曹爽的行為及漸失人心的情況，使他心中暗暗高興，靜待時機的到來。

一次，曹爽的黨羽李勝由河南尹調任荊州刺史，臨行前到司馬懿家去辭行。司馬懿一聽李勝來了，便向身旁的侍女囑咐了幾句，便傳令讓李勝進來。

李勝進屋後，只見司馬懿躺在床上，旁邊兩個使喚丫頭伺候他吃粥。他把嘴湊到碗邊喝，才喝幾口，粥就沿著嘴角流了下來，流得胸前衣襟都是。李勝覺得司馬懿病得不輕。

李勝對司馬懿說：「這次蒙皇上恩典，派我擔任本州刺史（李勝是荊州人，所以說是本州），特地來向太傅告辭。」

司馬懿喘著氣說：「哦，這真委屈您啦，并州在北方，接近胡人，您要好好防備啊。我病得這樣，只怕以後見不到您啦！」

李勝說：「太傅聽錯了，我是回荊州去，不是到并州。」

司馬懿聽了，大惑不解，偏偏頭側過耳朵問：「什麼——放到并州？」李勝只好再改口說：「我放到荊州。」司馬懿這才若有所悟地說：「啊！都怪我年老意荒，耳朵也背，沒聽明白您的話。您這回到『并』州任官，要好好建功立業啊。」

很快，李勝便向曹爽報告了司馬懿的病重昏聵，並說：「司馬懿只差一口氣了，您就用不著擔心了。」曹爽聽後大喜，完全不再把司馬懿放在心上了。司馬懿此計奏效，更是加緊為重新奪回權力進行積極準備。

一天，皇帝曹芳到洛陽城外的南山去為明帝祭陵，曹爽兄弟也隨駕出城。平陵距洛陽將近百里路程，當時交通條件差，當日定難返回洛陽。

司馬懿得知消息後，一邊派人去觀察，一邊就開始了緊張的部署。三個時辰過後，他估計皇帝車駕出城已遠，便立刻分派兩個兒子及心腹黨羽分別奪取城中禁軍的兵權，占領了武器庫、府庫、皇宮和太后宮，又以最快的速度關閉所有的城門，並帶領親兵出城駐守洛水浮橋邊。一個時辰後，司馬懿便控制了整個洛陽城。

曹爽在城外得知消息後，急得團團轉。有人建議他挾持魏少帝曹芳退至許都，再聚集兵馬對抗司馬懿。建議雖好，不過曹爽兄弟都沒有這個膽魄。司馬懿派人去勸他投降，承諾只要他們交出兵權，絕不為難，曹爽就乖乖地投降了。

不多久，就有人告發曹爽等人謀反，司馬懿隨即派人把曹爽等人全部處死。這樣一來，魏國的政權雖名義姓曹，實際上已經落到司馬氏手中。

司馬懿本來是鷹是虎，反而假裝成衰弱得不堪一擊的樣子。曹爽被他麻痺，只當他是隻病貓，卻不知自己早已成了司馬懿獵取的對象。司馬懿

把心高而氣不傲演繹到了極致，野心勃勃卻看起來行將待斃，所以，他才能夠把握時機，笑到最後。

## 【商海實戰】

### 謹防競爭對手挖牆腳

老子說，警覺戒備啊，好像害怕鄰國的進攻。這提醒站在現代商業競爭風口浪尖上的經營者們，一定要謹防競爭對手挖牆腳。

沙利文是安捷倫公司的人事經理。上任不久，他就發現「保住」自己的員工原來是那麼難。在美國科羅拉多州的一個鎮上，安捷倫是主要的IT業雇主。而就在附近，它的競爭對手也開了一家公司，於是很多員工跳槽了……

為保護自己的員工，沙利文以最快的速度制定了一個防禦戰略。他找到一家獵頭公司，讓獵頭公司說出想挖走哪些人，然後將這些人列為重點保護對象。

沙利文的經歷足以給人以警示。事實上，挖牆腳行為是人力資源經理必須時刻警惕的事。某人力資源公司的總裁惠勒曾深有體會地說：「現在，如果你想找一個高層人員，首先你就會想，我們的競爭對手那裡有沒有合適的人選可能被挖過來。」其實，無論哪個行業，只要存在著人才短缺，就必然有挖角行為的發生。

一個公司若在人才方面被競爭對手挖角，損失可能會成倍放大。首先，該公司失去了一個熟練員工而帶來招募成本，工作的延遲也會帶來額外損失，而且團隊士氣會下降，從而導致生產率下降。

對這種「人才偷獵」，一些企業逐漸琢磨出一些應對策略。一旦公

司發現了處在「危險中」的員工，就要馬上採取防禦措施。如果員工足夠坦誠的話，應對其進行詢問：是什麼使他們留在公司裡，什麼樣的原因會促使他們離開。這通常都能得到很好的效果。此外，還可以向員工發放問卷，要求他們寫下自己最嚮往的工作，並且盡可能滿足他們的要求。

從反面來看，有人想偷偷獵走你的員工並不完全是件壞事，這至少說明你的工作團隊具備吸引人的價值。以蘋果公司為例，蘋果公司要求它的員工足夠優秀，足以吸引獵頭公司的注意，但同時公司對待員工非常好，以至於壓根沒人想要離開。

多數獵頭公司認為，優待員工是防止其被挖走的第一要務。除此以外，還應採取一些戰術性策略。首先，企業的編制名錄及電話目錄不應被公開。其次，要求員工不得把同事的姓名告訴公司以外的人。此外，還要教會前臺接待員如何辨別來挖掘資訊的獵頭人員。

總之，現代商業競爭很大程度上是人才的競爭，保住自己的人才，才能保住核心競爭力。

# 第十六章：知常曰明

**【原典】**

致虛極，守靜篤①。萬物並作②，吾以觀其復③。夫物芸芸④，各復歸其根⑤。歸根曰靜，靜曰復命⑥。復命曰常⑦，知常曰明。不知常，妄作凶。知常容⑧，容乃公⑨，公乃王，王乃天⑩，天乃道，道乃久，沒身不殆。

**【注釋】**

①致虛極，守靜篤：心靈虛空到極點，靜謐到極點。虛、靜，都是形容人的心靈空明寧靜。極、篤，皆為極端、極度、極點之意。

②作：生長，發展，活動。

③復：循環往復。

④芸芸：茂盛，紛雜，繁多。

⑤根：指道。

⑥復命：回歸本來狀態。

⑦常：指萬事萬物運動變化的永恆規律。

⑧容：寬容，包容。

⑨公：大公無私。

⑩天：指自然的天，也可理解為自然界的代稱。

## 【譯文】

　　心靈虛空到極點，靜謐到極點。世間萬物一齊蓬勃生長，我從發展變化中觀察它們循環往復的運動規律。萬物紛紛芸芸，各自回歸其本源。回歸本源叫做寂靜。寂靜叫做回歸本來狀態。回歸本來狀態叫做永恆規律，瞭解這種永恆規律就叫做明智。不瞭解這種永恆規律而胡亂妄為，就會帶來災難。懂了永恆規律才會大度包容，大度包容才能大公無私，大公無私才能君臨天下，君臨天下才能合乎自然，合乎自然才算得道。得了道才能長生久視，終身免於危難。

## 【名家注解】

　　王弼：致虛，物之極篤；守靜，物之真正也。以虛靜觀其反覆。凡有起於虛，動起於靜，故萬物雖並動作，卒復歸於虛靜，是物之極篤也。

　　朱元璋：物生而長，長而成，成而斂，斂則覆命矣。比明年複如之，所以雲常。人能知常，則道明矣。若或不知常，不知序，妄為則凶矣。

　　河上公：能知道之所常行，去情忘欲，無所不包容也。無所不包容，則公正無私，眾邪莫當。公正無私，可以為天下王。德與天通，則與道合約也。與道合約，乃能長久。

## 【經典解讀】

　　致虛與守靜，是老子於本章特別強調的。他認為，人們應當用虛寂沉靜的狀態，去面對宇宙萬物的運動變化。此外，他還提出了「歸根」、「復命」的概念，主張回歸到一切存在的根源，即完全虛靜的狀態。

　　老子認為，萬事萬物的發展變化都有其自身的規律，從生長到死亡、再生長到再死亡，生生不息，循環往復以至於無窮，都遵循著這個運動規律。老子希望人們能夠瞭解、認識這個規律，並且可以把它應用到社會生

活中。

在老子看來，無論是認識人生哲理，還是認識客觀世界，其基本態度是「致虛」、「清靜」、「歸根」和「復命」。虛無是道的本體，運用起來是無窮無盡的。「致虛極」是要人們排除物欲的誘惑，回歸到虛靜的本性，這樣才能認識「道」。「致虛」必「守靜」，因為「虛」是本體，而「靜」則在於運用。

司馬遷曾說：「李耳無為自化，清靜自正。」這句話扼要地概括了老子的人生態度，那就是「清靜無為」、「恬淡寡欲」。「靜」與「動」是一對矛盾，在這個矛盾中，老子著重於「靜」而不是「動」，也不否定「動」的作用。關於「歸根」，根是草木所由生的部分，有根本、根源、根基諸義，是一切事物起點。老子認為，對立是過程，是相對的，統一是歸宿，是絕對的。這就是歸根的哲學含義。

老子主張要虛心，靜觀萬物的發展和變化。他認為萬物的變化是循環往復的，變來變去，又回到它原來的出發點，等於不變，所以叫做靜。既然靜是萬物變化的總原則，所以是常，為了遵循這一靜的原則，就不要輕舉妄動。把這一原則應用到生活中，也就是說，順勢而為才能避免危險，有所成就。

## 【商海實戰】

### 順勢而謀成大業

返回本性就叫自然，認識這種永恆的自然規律就叫做明智。對於一個商人來說，要想在商海中一帆風順，就要把握住「常」，即把握住事物發展的趨勢。

《史記》中說：「善戰者，因其勢而利導之。」順勢而為，是兵家的

高明策略，也是一個商人的最高行為準則，順大趨勢必有大收益。逆勢短線僅為小聰明，順勢方為大智慧。

傳說有一種叫「泥魚」的動物。天旱水乾時，其他魚類都因失水而喪失了生命，而泥魚卻能把身體鑽進泥中休眠，如此可以存活一年之久。等到天下了雨，池塘中又積滿了水，泥魚便慢慢從泥中鑽出來，重新活躍起來。這時牠便快速繁殖，占領整個池塘。

物競天擇，適者生存。由於泥魚有這種順應天道的能力，所以成為有不死之身的奇魚。一個商人要想在商場上立於不敗之地，也需要具備像泥魚這樣順利趨勢的能力。

紅頂商人胡雪巖認為，只有首先瞭解天下大勢，才能順勢取勢。他所處的時期，首要的天下大勢就是「太平天國起義」。他分析戰爭形勢，看準了「太平軍」早晚要敗於清軍之手。既然天下大勢是這樣，那麼最好的選擇就是幫助清軍贏得戰爭。胡雪巖曾說：「只要能幫官軍打勝仗的生意，我都做，哪怕虧本也要做。要曉得這不是虧本，是放資本下去，只要官軍打了勝仗，時勢一太平，什麼生意不好做？到那時候，你是出過力的，公家自會報答你，做生意處處方便。」

看清了天下大勢，就能順勢而取。勢在清軍一方，自然要幫清軍。懷有大智慧大抱負的商人，絕不會不考慮大的社會歷史的走向，僅為眼前的蠅頭小利而斷送大好前程。

智者順勢而謀。能看清大趨勢，才能順應大形勢提出大戰略。企業的發展必須選擇順勢而為，不能逆勢而動。管理者作為企業的領航員，定要能夠預先準確把握行業發展趨勢。若讓競爭對手搶先一步，就會使企業陷於被動；若對趨勢判斷錯誤，則會將企業引入危機。

任何一個企業在大趨勢、大環境發生變化時，挑戰和機遇是並存的。只有在變化中抓住機會，企業才能求得發展。

唯有不斷思考，不斷尋覓未來發展的趨勢並不斷地做出判斷。能否順勢而為，事關一名商人或一個企業的生死存亡。

　　不過，「水無常形，兵無常勢」，要對大勢作出正確的判斷不容易。實際上，順勢而為是審時度勢加決策。決策在瞬間完成，而審時度勢則是經常不斷的過程。只有經常根據實情理性預測，使理性預測最大限度地符合趨勢走向，並在趨勢轉折時期及時實行操作，才能實現順勢而為。

# 第十七章：信而貴言

【原典】

太上①下知有之，其次親之譽之，其次畏之，其次侮之。信不足焉，有不信焉。悠兮②其貴言③。功成事遂，百姓皆謂我自然④。

【注釋】

①太上：指至高無上的、最理想的，這裡是指統治者治理國家的最理想狀態。

②悠兮：悠閒自得的樣子。

③貴言：指不隨便發號施令。

④自然：自己本來就這樣。

【譯文】

統治者治理國家最理想的狀態，是人民只知道他的存在；次一些的，人民親近他、讚譽他。再次一些的，人民畏懼他；又次一些的，人民回過頭來侮辱他。一個人若是不守信用，就會有人不信任他。古時候，統治者與人民愉快相處，不隨便發號施令。等到大功告成，萬事順利，百姓都認為：我們是自己這樣的。

【名家注解】

朱元璋：上等君子，道布天下，人莫知其功，而有功矣。此太上也。中等之人，道未行時，欲人矜其已能，是謂譽之。下等之人，以力服人，將不服焉，是謂侮之。

河上公：君信不足於下，下則應之以不信而欺其君也。太上之君舉事猶貴重於言，恐離道失自然。

王弼：自然，其端兆不可得而見也，其意趣不可得而睹也。無物可以易其言，言必有應，故曰悠兮其貴言也。居無為之事，行不言之教，不以形立物，故功成事遂，而百姓不知其所以然也。

【經典解讀】

在本章中，老子描繪了他理想中的政治藍圖。他把執政者按不同情況分為四種，其中最好的執政者是人民知道他的存在就行了，最壞的執政者是被人民所輕侮，處於中間狀況的執政者是老百姓親近並稱讚他，或者老百姓畏懼他。

老子心中理想執政者悠閒自在，具有誠懷信實的素質，很少發號施令，只是服從於人民而已。他絲毫不把權力逼臨於人民身上，與人民之間相安無事，各自過著安閒自適的生活。在老子的觀念裡，理想的「聖人」是要「處無為之可，行不言之教」，要一如處「太上」之世，體「玄德」之君，能夠「生之畜之」。

一本古書中曾描繪了這樣一個生動的畫面：「天下太和，百姓無事，有五老人擊壤於道，觀者歎曰：大哉堯之德也！老人曰：『日出而作，日入而息。鑿井而飲，耕田而食。帝利於我何有哉？』」可以說，這是對老子的「百姓皆曰我自然」的最佳圖解。

實際上，老子把自己理想的政治情境，與儒家的「德治」，以及法

家的「法治」進行了對比，並認為其他兩種治道是低層次的。實行「德治」，老百姓覺得執政者可以親信，而且稱讚他，這當不錯，但還是次於「無為而治」者。實行「法治」的執政者，用嚴刑峻法來鎮壓人民，實行殘暴擾民政策，這就是執政者誠信不足的表現，人民只是逃避他、畏懼他。老子強烈反對這種「法治」政策，而對於「德治」，老子認為這已經是多事的徵兆了。

老子認為，最佳的管理之道，莫過於管理者「貴言」，不輕易發號施令，被管理者和管理者相安無事，甚至被管理者根本不知道管理者是誰。不過，這種情況在現實中不存在，只是老子的「烏托邦」式的幻想罷了。

## 【處世學問】

### 被信任才能獲得機會

一個人若是不守信用，就會有人不信任他。而贏得信任，就有人提攜。有多少人信任你，你就擁有多少次成功的機會。

有這樣一位廣告人，她一向將客戶奉為關係網的核心，但是不會因此改變自己的原則。一個舊客戶想用一批產品捐贈給視障人士做公益，結果活動進行到快一半時，她發現捐贈的產品其實是離保存期限很近的東西，於是要求他們換剛生產的貨，幾經抗爭仍遭到拒絕後她毅然選擇單方面終止活動，不僅從此少了個客戶還損失了已經墊付掉的金錢。

但是這樣做的結果是，當其他客戶和朋友知道了這件事情後，意識到交她這樣一個有原則的朋友很放心，因為她不是會為了利益出賣原則損害他人的人。於是，她的朋友雖然減少了一個，卻贏得了更高的人氣與人望。

「信任」是什麼東西？信任是一種人格的力量，是超越金錢的友情、

瞭解和欣賞。信任，是相互的一種心靈的感應，是做人的脊樑，是人格的一個基礎。

信任的建立不會一蹴而就，它需要經過天長地久的廝守和交鋒，並以自己的實際行動來表明自己的作風、態度、人格。信任問題並不單單是一個社交技巧問題，更重要的是一個做人的原則問題。因此，要想得到別人的信任，還必須先學會做人。

做人要真實。任何虛假、虛偽、欺騙乃至包裝的行為，哪怕是一點點都可能成為別人對自己的不信任根源。

做人要無私。一個真正無私的人往往能夠樂於助人，日久天長，人們終會從內心敬重你、佩服你，從而更加信任你。

做人要謙虛。實際上，人人都喜歡接近謙虛的人，並樂於與之交往，以心換心。只有投入以「謙虛」，人們才能報之以「信任」。

做人要負責。「信任」的字面解釋可理解為「相信」與「負責」，意思是當你相信別人時，其中對對方而言就隱藏著他要為此承擔責任。反過來希望別人信任你，就意味著你必須承擔別人相信你的責任。

做人要坦誠。不要有也不要讓對方感覺到你有值得懷疑的目的與言行。即使你已讓對方產生誤解，只要你開誠布公，心胸坦蕩與對方溝通，依然能重新獲取信任。

做人要堅持原則。堅持原則不等於生硬呆板，而是體現一個人公道正派的做人的態度，這種人最值得信賴。你的清廉、正直、講原則的品格會很容易使人感到你是個值得信賴的人。

做人要信任別人。一個人要想得到別人的信任，首先要信任別人。與人交往都必須用信任的態度去等待別人。俗話說，日久見人心。只要你做事光明正大，待人誠懇，即使別人起初不信任你，慢慢地也會對你產生信任感。

信任是一扇由內而外打開的大門，它無法由別人從外面打開。所以，不要去責怪別人不信任自己。記住，「我」是一切的根源；不要去要求別人信任自己，一切都是在於自己要首先值得別人信任。

## 【管理實踐】

### 高明的領導者不隨便發號施令

老子說：最高明的執政者治理天下，老百姓只知道有那麼一個人，卻感受不到他在管理。老百姓為什麼會感受不到他在管理呢？因為最高明的執政者治理天下，清靜無為，他們從來不隨便發號施令，不隨便傳達指示，也不標榜自己要為民作主，更不擾民。

順遂民意，就是讓老百姓按照自己的方式生活，根據自己的特長去勞動、去創造，春天來了就犁田插秧，夏天來了就防洪抗旱，秋天來了就收割翻土……

古語說：「日出而作，日入而息，鑿井而飲，耕田而食，帝利於我何有哉？」作為一個在位的領導者，如果老百姓能忘記他的存在，卻又能自由幸福地生活，這樣的領導者當然是最好的領導者。

漢朝初年，丞相蕭何死後，按照劉邦的遺囑，曹參繼任做了丞相，擔起了治國重任。

曹參上任後，遵照蕭何所制定的政策治理國家。他對蕭何所制定的政策法令，全部照章執行；對蕭何所任用的官員，一個也不加以變動，原有官員依然各司其職。曹參對他們按職權範圍該處理的事情，從不加以干預。因此在朝廷丞相變動的關鍵時刻，沒有引起任何波動，朝中君臣和原來一樣的相安無事，朝政也和原來似的井然有序。

幾個月後，曹參把一些好名喜事、舞文弄墨的官員全部革除，又選了一些言遲舌鈍、年高忠厚的人補上空缺。從此，他便將自己關在府中，終日飲酒，不理政事。

　　許多大臣不知他葫蘆裡賣的什麼藥，都想當面問一問他。可是每次一進曹府，便被曹參拉到桌上痛飲起來。大臣們無可奈何，只能陪著他喝酒玩樂。

　　時光飛逝，曹參既沒有設計出「胡服騎射」的變法藍圖，也沒有提出和匈奴建立「戰略夥伴關係」的外交新思路，這使本來對他寄予厚望的漢惠帝迷惑不解，漢惠帝沉不住氣了。

　　一天，曹參的兒子曹窋進宮見駕，漢惠帝便對他說道：「去問問你的父親，為何不理政事終日喝酒？難道丞相的使命就是終日喝酒嗎？」最後還囑咐曹窋，不要說是皇上問的。

　　曹窋回家將漢惠帝的話說了一遍。曹參聽完，拿過戒尺把兒子的手掌打得通紅，怒喝道：「你小子懂什麼？！」

　　曹窋把事情回報漢惠帝。惠帝便召見曹參，問道：「你為什麼責打你的兒子呢？他所說的話全是我的意思。」

　　曹參拜伏在地，叩首請罪，然後問惠帝：「陛下認為自己能比得上高祖皇帝嗎？」

　　漢惠帝說：「朕怎麼敢與先帝相比？」

　　曹參又問：「陛下慧眼識人，丞相蕭何與我誰優秀？」

　　漢惠帝不解其意地答道：「您恐怕不及蕭丞相。」

　　「皇上聖明。從前高祖和蕭丞相定天下，法令制度都已完備。現在陛下垂拱而治，臣等能守職奉法，遵循前制而不有失，便算是功德了。難道還想勝過前人一籌嗎？」

　　曹參分析道：「先帝與蕭相國在統一天下以後，制定了完備而又卓有

成效的法令，我們很難制定出更好的法令來。現在陛下和我們這些做大臣的，應該遵照先帝遺願，謹慎從事，恪守職責。對已經制定並執行過的法令規章，就更不應該亂加改動，而只能是遵照執行。我現在這樣照章辦事不是很好嗎？」

漢惠帝聽了曹參的解釋後說：「我明白了，你不必再說了！」

漢朝經過長期的戰亂，正是需要休養生息的時候，所以曹參無為而治，可穩定民心，使民有所依，這與當時的社會需要是吻合的。

所謂無為而治者，是指順其自然，讓百姓自得其所。這並非隨波逐流，而是靜觀其變、順應時勢的大智大慧。曹參不僅懂得施行無為而治，還知道順勢而為，真可以稱得上是一位得「道」之人，甚至是一位「太上」級的領導者了。

這類的領導者非常高明，他們一切遵「道」而行，無為而治。他們從不輕易發號施令，因為他們相信老百姓能做好自己的事，用不著去對他們指手劃腳，一切事情都讓老百姓自己做主，老百姓做好了自己的事情，他們不會認為這是「太上」的功勞，因為他們認為：「太上」並沒有叫我們幹什麼呀，我們一直是按自己的想法在做呀，我們一直以來都是這樣的呀！

# 第十八章：大忠大義

## 【原典】

大道①廢，有仁義。智慧②出，有大偽。六親③不和，有孝慈④。國家昏亂，有忠臣。

## 【注釋】

①大道：指究其真實與運作規律而言。
②智慧：這裡指智巧、聰明，為了爭奇鬥艷而虛偽不實。
③六親：指父、子、兄（姐）、弟（妹）、夫、妻，泛指家人。
④孝慈：孝敬和慈愛。一本作孝子。

## 【譯文】

大道被廢棄之後，才有了所謂的仁義。智巧聰明出現之後，才產生了嚴重的詐偽。家人之間失和，才有了所謂的孝慈。國家政治陷入昏亂，才有了所謂的忠臣。

## 【名家注解】

河上公：大道之時，家有孝子，戶有忠信，仁義不見也。天下太平，不知仁；人盡無欲，不知廉；各潔己，不知貞。大道之世，仁義沒，孝慈滅，猶日中盛時，眾星失光。

王弼：若六親自和，國家自治，則孝慈忠臣不知其所在矣。魚相忘於江湖之道，則相濡之德生也。

朱元璋：大道行焉，六親和，民無不孝，君天下者，為民而讓位，臣忠安用賢臣在位？王者樸實，奇巧何施？所以有無仁義而顯仁義，有愚昧者顯智慧，有不孝者顯孝子。

## 【經典解讀】

在本章中，老子指出：大道與仁義，智慧與大偽，六親不和與孝慈，國家昏亂與忠臣，前後兩者之間相反相成，是既對立又統一的關係。

老子認為，執政者失道、失德，才導致仁義、大偽、孝慈、忠臣等的出現。若大道普行，則家家有孝子，戶戶有忠信，根本不必強調「仁義」！若民眾淳厚樸實，不尚聰明智巧，必不會有偽詐出現！若家庭成員之間本就和睦，自不必宣揚父慈子孝！若國家政治清明，官吏個個清廉，何來忠奸之別！

正因為大道不行於世，人們各行其是，乃至胡作非為，才會出現對於仁義的提倡。智慧計謀發達了，心眼越來越多了，虛偽與欺騙才會越來越多。禮崩樂壞，六親不和，才痛感子孝父慈的可貴，才會人為地去灌輸孝慈思想。執政者治國無方，國家亂套了，才需要忠臣出來挽救危亡。老子的這些說法很警醒世人。

《紅樓夢》中，賈寶玉有一段話，頗可作為本章注解。他說：「人誰不死？只要死的好。那些鬚眉濁物只聽見『文死諫』、『武死戰』這二死是大丈夫的名節，便只管胡鬧起來。那裡知道有昏君，方有死諫之臣，只顧他邀名，猛拚一死，將來置君父於何地？必定有刀兵，方有死戰，他只顧圖汗馬之功，猛拚一死，將來棄國於何地？」寶玉的意思是，文死於諫了，說明君昏；武死於戰了，說明國之不保，君之無助。

其實，民間也有「家貧出孝子，國亂顯忠臣」的說法。在常人看來，仁義道德、智慧謀略、孝子慈父、忠勇良臣，是國家的寶貝，是社會的棟樑，是價值的核心。老子則認為，人們壓根就應理所當然地和睦相處，互相幫助，共用美好生活。

## 【處世學問】

### 王莽謙恭未篡時

老子認為「智慧」、「孝慈」、「忠臣」的產生，都是消極的，是遠離大道的。他以此告誡我們：越是講得好、唱高調，越要警惕假冒、偽劣、爭奪、虛誇、言行不一。所以，不要上當，不要被各種假象矇騙。

白居易詩云：周公恐懼流言日，王莽謙恭未篡時。向使當時身便死，一生真偽有誰知？這兩句詩，向來被認為是「春秋之筆」。其中，「王莽謙恭未篡時」一句，說的是王莽其人，外示恭儉，以博得朝野的好感；內懷貪毒，時時覬覦皇帝的寶座。一旦大權在握，便撕下偽裝，篡權竊國。

王莽沽名釣譽，大奸似忠，是中國歷史上最著名的野心家、陰謀家。早年，他屈身下人，節儉度日。後拜沛郡陳參為師，學習《周禮》，刻苦自勵，博聞強記。西元前16年，王莽被封為新都侯，提升為光祿大夫。

王莽兢兢業業，認真負責，而且地位越高，待人處事越是謙恭有禮。他把自己的車馬衣服分給手下的賓客，家中所剩無幾。他還特別注意招攬四方名士，廣交將相公卿，朋友如雲。這些人四處傳播他的美德。後來，他的美名幾乎是家喻戶曉，人人皆知。

王莽的哥哥早亡，他便將侄兒王光送到五經博士門下讀書。王莽尊師重教，常梳洗沐浴、穿戴整齊後，帶上美食、美酒，到學堂慰勞王光的老師。王莽此舉，贏得了眾人的交口稱讚。

王莽視姪兒如同己出，在同一天給王光和自己的兒子娶妻完婚，真是不偏不向！那一天，賓客滿堂，熱鬧無比。婚宴剛開始，家人便來報告：太夫人身上疼痛。王莽便離席服侍母親吃藥。整個宴會期間，他起身數次，不厭其煩。大家都覺得，王莽既是慈父又是大孝子。王莽在眾人面前樹立起一個既能修身、齊家，又能治國、平天下的高大完美的形象。

後來，王莽當上了大司馬，開始輔政。他仍然竭力克制自己的欲望，自己把一分錢掰成兩半花，犒勞下屬卻出手很大方。他母親病了，公卿列侯派夫人來問候，王莽的妻子出來迎接，衣服僅蔽膝。起初大家還以為她是丫環，知道她是王莽的夫人後，都是大吃一驚。

王莽輔政一年多後，漢成帝死，哀帝即位。哀帝的祖母傅氏和母親丁氏兩家的外戚得勢。王莽見形勢不利，便主動辭職回到封邑。但他仍然不忘撈取政治資本。他的兒子王獲殺了一個奴婢，王莽先是痛責一頓，然後命他自殺抵命。

西元2年，發生日食。周護、來崇等人便藉此機會，在皇帝面前歌頌王莽的種種功德。皇上迫於輿論壓力，只好下令徵召王莽回京。

王莽回京一年多後，太后拜他為大司馬，迎立中山王劉衎為帝，是為平帝。平帝當時只有9歲，太后臨朝稱制，一切皆委政於王莽。王莽大權在握，指斥趙氏加害皇子，傅氏驕侈僭越，於是廢掉趙、傅二皇后，逼她們自殺，以清君側。

他施用鐵的手腕，扶植親信，排除異己，丁、傅兩家及董賢的親屬也都被王莽免去官爵，流放蠻荒之地。朝廷中彌漫著「順我者昌，逆我者亡」的恐怖氣氛。在排除異己的同時，他還在朝廷中安插了一大批親信。

王莽貌似正人君子，善以小恩小惠收買人心。如增加官僚俸祿，優待元老故臣，照顧宗室貴戚。擴充太學，招攬天下通經之士。郡國受災，獻田出錢，救濟災民，自己則節衣縮食，不動葷腥，減輕刑罰，保護婦女。

這使得天下人沒有不說王莽好的，紛紛為他歌功頌德。

為了得到皇帝的寶座，王莽先是把女兒引進宮，立為皇后。平帝漸長，已懂人事，對王莽專權多有不滿。王莽便在酒中下毒，毒死平帝，立兩歲的子嬰為帝。

西元8年，王莽廢掉子嬰，自稱皇帝，改號為新。之後，他推行改制，搜刮民脂民膏，導致階級問題嚴重，最終被起義軍推翻，落了個身首異處的下場。

智慧謀略，有一點是可以的。但是如果過於強調智慧，其結果必然是違反自然大道。用盡心機為自身打算，終會發展到損人利己，虛偽狡詐，詭計多端，爾虞我詐。大騙子玩弄小騙子，小騙子糊弄大騙子。騙來騙去，終究是害人又害己。

## 【職場應用】

### 與同事和睦相處

其實，家人之間相親相愛，本來是天性。若把孝與慈變成了道德規範，就不自然、不真實了，便要作狀，便要顯示，便要競賽，便要勉強，便要口是心非，便有萬般假冒。

親人間如此，同事間也是一樣。所不同的是，同事之間最容易形成利益關係，如果對一些小事不能正確對待，就容易形成溝壑。這就要求我們要注意三點：一不可過度表現，二不可爭強好勝，三不可生嫉妒之心。否則，將對自己有害無益！

首先，要與同事和睦相處，切不可過度表現。

幫忙同事要適可而止，而且要掌握好方式。否則，反而容易被人誤解成是為了自我表現。結果，好心反而被當成驢肝肺！而對於真正好表現的

人來說，更是需要收斂鋒芒。要知道，總在招搖過市，難免會成為眾矢之的！

其次，要與同事和睦相處，切不可爭強好勝。

同事之間由於經歷、立場等方面的差異，對同一個問題往往看法不一致。如果跟同事大爭特爭，即使最後自己勝了，也已經傷了大家之前的和氣。其實，面對問題，應努力尋找共同點，爭取求大同存小異。實在不能一致時，不妨冷處理，表明「我不能接受你們的觀點，我保留我的意見」，讓爭論淡化，又不失自己的立場。

再次，要與同事和睦相處，切不可犯嫉妒的毛病。

許多人平時一團和氣，然而一遇利益之爭，就或在背後互相詆毀，或嫉妒心發作，說風涼話。這樣既不光明正大，又於己於人都不利，因此對待功利要時刻保持一顆平常心。

同事不是冤家！在與同事發生衝突時，要主動忍讓，多從自身找原因，換位為他人多想想，避免衝突擴大激化。如果已經形成問題，要放下面子，主動打破僵局，以誠心感動對方。

總之，傷害是把雙刃劍。傷害同事越多，自己所受到的傷害就越大。最終只能使自己與同事越走越遠，自然也不利於開展工作！所以，何不微笑地面對生活，友善地對待同事呢？

【管理實踐】

### 治病於未病之時

國家混亂了，才有忠臣出來匡世救國。這對一個管理者的啟示就是，不要等到事情出了，才想方設法去挽救，而應防患於未然。

古書上記載，扁鵲三兄弟都精於醫術，扁鵲認為大哥醫術最好，二

哥次之，自己最差。他是這樣說的：「大哥治病，是治於病情發作之前，由於一般人不知道他事先能剷除病因，所以他的名氣無法傳出去；二哥治病，是治病於病情初起之時，一般人以為他只能治輕微的小病，所以名氣只及於鄉里；而自己是治病於病情嚴重之時，所以群眾以為自己的醫術最高明，名氣因此響譽天下。」

古人云：「良醫者，常治無病之病，故無病；聖人者，常治無患之患，故無患。」扁鵲三兄弟行醫的故事告訴管理者，「治病」要於「未病」之先，要未雨綢繆，把工作做在前面。

管理者要做「良醫」，充分發揮積極性，增強預見性，像扁鵲的大哥那樣，治病於未發之前；當發現管理上存在問題時，要像扁鵲的二哥那樣，治病於初起之時，與人為善，早打招呼，改了就好；而對已經出了的問題，要像扁鵲那樣，動手術、下猛藥，以快速解決。

俗話說，爭先憂者不憂，患預防者不患。管理者要想「治病」於「未病」之先，就要先轉變管理觀念。如果管理者只喜歡和重視「治病」的英雄，而不重視「防病」者的功勞和作用，那麼「病」就有可能越來越多，會有許多「治病」的英雄出現，於是企業也就陷入天天「治病」的狀態。

管理者要想避免「治病」的急亂狀態，就不應忽視那些默默無聞的「防病」者，而應給他們記功。不要總鼓勵和獎勵那些善於「治病」的人，更應對那些善於「防病」的人予以鼓勵和重獎。

不過，「治病」者的成績容易考量，「防病」者的功勞卻往往是隱性的。如何考量「防病」者的工作成績，就成了一個難題。

如何考核這些不易量化的幕後的「防病」者的工作呢？不僅要聽他們講，而且還要看他們怎麼做，更要「看」他們的工作實效。聽要兼聽，多方位聽；看要能夠洞穿假象。

如果管理者安排了一項工作，員工能極其出色地完成。而且在整個過

程中，他沒有打擾管理者，沒有興師動眾，花費很少卻完成得很快，也沒有產生任何負面或不利長期發展的影響。最可貴的是，他能經常性地這樣完成工作。這樣的員工，就是一個善於「防病」的人。

不要擔心「防病」者見「病」不報。雖然有些員工會隱瞞真相，把「病情」掩蓋起來粉飾太平。不過，紙是包不住火的，他隱瞞了一件事情，很快就會有一些與此不協調的資訊回饋回來。無論他隱瞞得多麼巧妙，都掩蓋不了資訊的傳遞。所以，管理者不必擔心員工隱瞞「病情」，因為他根本無法隱瞞。

事實上，「扁鵲們」所做的工作是事後控制工作，是顯性的工作，容易出成績，考核起來也較為簡單。而「扁鵲的大哥們」所做的工作是事前的控制工作，是幕後工作，是難以量化、不宜表現出來的，考核起來也更麻煩。

不過，一個高明的管理者，首先應重視「扁鵲的大哥們」所做的工作；其次應掌握如何考核他們所做的工作，明白他們所做工作的好壞標準；再次，應重獎那些做好「防病」工作的「大哥」。因為，正是他們默默無聞地在「防病」，才保證了管理上少「發病」，減少手忙腳亂地「治病」。這些「防病於未病」者是真正的幕後英雄，給他們記大功也不為過。

# 第十九章：絕學無憂

【原典】

　　絕聖棄智①，民利百倍。絕仁棄義，民復孝慈。絕巧棄利，盜賊無有。此三者以為文②，不足。故令有所屬③：見素抱樸④，少私寡欲，絕學無憂⑤。

【注釋】

①絕聖棄智：拋棄聰明智巧。聖，這裡指自作聰明。
②文：粉飾、掩藏。
③屬：歸屬，適從。
④見素抱樸：意為保持原有的自然本色。「素」是未經染色的絲；「樸」是未經雕琢的木；此處素、樸皆指本色。
⑤絕學無憂：指摒棄仁義、聖智的浮文，以免於憂患。

【譯文】

　　拋棄聰明智巧，人民就可以得到百倍的福利。拋棄仁義，人民就能重新變得孝敬與慈愛。拋棄巧詐和貨利，盜賊就會銷聲匿跡。聖智、仁義、巧利這三個方面，都是用來文飾的，不足以拿來治理天下。所以應當使百姓的思想有所歸屬：保持純潔樸實的本性，減少雜念和欲望，摒棄仁義、聖智的浮文，以免於憂患。

## 【名家注解】

河上公：絕聖制作，反初守元。五帝垂象，倉頡作書，不如三皇結繩之文。棄智慧，反無為。絕仁之見恩惠，棄義之尚華信。絕巧者，詐偽亂真也；棄利者，塞貪路，閉權門也。絕學不真，不合道義。除浮華則無憂患也。

王弼：聖智，才之善也。仁義，人之善也。巧利，用之善也。而直云絕，文甚不足，不令之有所屬，無以見其指，故曰，此三者以為文而未足，故令人有所屬，屬之於素樸寡欲。

朱元璋：老子戒人，絕仁棄義，絕聖棄智，絕巧棄利，以此三絕示後人，使朝無爭位，即君臣安矣。再有所屬，令人務尚儉而淳實，少私寡欲。

## 【經典解讀】

前面老子講了大道廢棄後社會的種種病態表現，本章則有針對性地提出了治理的方案。老子說「智慧出，有大偽」，因而主張拋棄這種聰明智巧。他認為「聖」、「智」產生法制巧詐，用法制巧詐治國，便成為擾民的「有為」之政。拋棄這種擾民之舉，人民就能得到實利。

作為人民利益的真誠捍衛者，老子反對中國古代統治階級的文化。他認為那種文化是奴役人民的精神武器，「下德」的聖人藉其建立各種虛偽的道德概念。不僅這樣，這一切產生虛偽的文化還腐蝕了淳樸的人民，激發了他們對「奇物」的欲望，乃是「亂之首」。

在老子看來，這種文化和具有規律性的社會現象是矛盾的，也就是說，和「天之道」是矛盾的。它對人民毫無益處，必須予以拋棄。從這個方面講，老子提出的「見素抱樸，少私寡欲」，恢復人的自然本性的觀點，是很有意義的。

對於「絕學無憂」，一般有三種理解。其一，認為「絕學無憂」，是指棄絕學習就沒有憂慮了。持此觀點的人，認為老子是愚民政策的始作俑

者，要毀滅一切文化，當然也就不要學習了。其二，認為「絕學無憂」，是指拋棄聖智、仁義、巧利之學，免受權欲的誘惑，做到無憂無患。其三，認為「絕」指「絕招」，即至深、獨到的學問，只有具備不同凡俗的獨到學問，才能達到無私無欲的自由境地。

其實，學問多的人往往愛鑽牛角尖，不懂為人處世之道。他們最易多愁善感，孤獨寂寞。他們又憤世嫉俗，看到現實中不合時宜的東西，總愛發牢騷。而那些淳樸善良的老百姓，沒有讀多少書，甚至連自己的名字都不會寫。但他們不發牢騷，該工作的時候工作，該休息的時候休息，吃飽喝足，其樂融融，天塌下來他們也不會去管，多麼逍遙自在！

另外，許多版本以「少私寡欲」結束本章，而把「絕學無憂」放到下一章的開頭。我們主張把「絕學無憂」放在本章末尾，與前句「見素抱樸，少私寡欲」並列。

## 【處世學問】

### 耍小聰明多誤人生

拋棄聰明智巧，人民就可以得到百倍的福利。老子認為，正是「聰明」人所建立的各種虛偽的道德概念，滋生出虛偽的文化，腐蝕了淳樸的民眾，刺激了他們的物欲。因此，聰明、智巧是絕對不能鼓勵的，否則就會與「道」相背離，招致禍端。

古人云：聲色未必障道，聰明乃障道的屏藩。的確，聲色犬馬可能迷惑不了意志堅強的人，自作聰明卻是人們通向大道的屏障！不安守本份，喜歡耍小聰明、小手段、小伎倆的人，偶爾也能僥倖成功，但最終常是自討沒趣，與其初衷大相徑庭，甚至還可能招來殺身之禍。

三國時的楊修，才華橫溢、思維敏捷，卻偏好賣弄，常愛耍個小聰

明，以滿足自己的虛榮心。他哪裡想到，自己的虛榮心是得到滿足了，卻也因此命喪黃泉。

一日，曹操的新園建好了，下屬請他去看看。曹操看過之後，揮筆在門上寫了一個大大的「活」字。眾人都不解其意，只有楊修說：「門裡添『活』，就是『闊』字，丞相嫌這園門太闊了。」眾人這才恍然大悟，命工匠趕緊翻修。曹操自以為沒人能明白自己的用意，當他得知楊修說出了他的心意時，便對其賣弄小聰明心生惡感。

曹操生性多疑。為防別人在他睡覺時加害於他，就常對衛士說他夢中好殺人。一晚，他的被子掉了，一個衛士過去為他蓋上。他一下驚醒了，跳下床拔劍就殺了衛士。他以為沒人看破他的詭計。誰知，在這個衛士的葬禮上，愛耍小聰明的楊修卻對眾人說：「丞相沒在夢中，你們才是在夢中啊！」

曹操精心設計的偽裝，就這樣被楊修一語點破了，能不恨他嗎？其實，曹操的這點詭計，他身邊的其他謀士會看不出來嗎？其他人之所以一語不發，恰恰是因為他們大智若愚！

還有一回，有人送了一盒美食給曹操，曹操在盒上寫了「一合酥」三字，便放在了一邊。沒想到，後來竟然被楊修招呼眾人分吃了。曹操便責問楊修，為何不經允許就擅用美食。楊修答道：「您寫著『一人一口酥』，我們怎敢違抗您的命令呢。」曹操心中更加忌恨楊修了。

後來，曹操與劉備決戰於漢中，雙方對峙多日，曹軍進退兩難。一日，廚師端來雞湯，曹操看見碗底雞肋，心有所感。這時有人入帳詢問夜間號令，曹操隨口說道：「雞肋！」那人便誤將「雞肋」當成了號令。楊修聽到這個號令後，便命軍士收拾行裝，準備撤退。他認為：「雞肋者，食之無肉，棄之不捨。今進不能勝，退恐人笑，在此無益，來日魏王必班師矣。」大家都覺得他說的有道理，紛紛打點行裝。曹操聞訊大怒，便以

擾亂軍心的罪名將楊修殺了。

俗話說：槍打出頭鳥。愛耍小聰明，愛出風頭的人，固然很容易引起他人的關注。同時，也容易遭致他人的厭惡和嫉恨。做人，還是安分一點好。

聰明本是人的長處，但有時聰明也會讓人忘乎所以，喪失本心。而且，如果你本不聰明，卻故作聰明狀，那更是大愚若智、自欺欺人。

真正的聰明人，懂得隱藏自己的聰明，懂得把聰明用在刀刃上。他們常會把自己裝扮得很淳厚，來消減別人的嫉妒或眼紅。而賣弄小聰明，則是愚人的行為，是招災引禍的根源。要知道，做人做事上須下真功夫，來不得半點虛假。所以，何不踏實一點，拙誠一些呢？

## 【管理實踐】

### 人性化的糊塗管理

老子提醒世人，不能腦子裡都是智謀，多一些純樸我們才會更快樂。事實上，很多時候，不是越聰明越快樂，反而是越聰明越痛苦。因此，在管理中也不妨糊塗一點，多給員工一些自我發揮的空間，讓員工感覺他們是有價值的。

日本松下電器的創始人松下幸之助以嚴格和認真著稱，但他有時候是比較「糊塗」的。松下每天都做很多的決定，並要批准很多人的決定。在他批准別人的決定中，其中只有小部分是松下真正認同的，餘下的大部分是松下有所保留的。他的下屬問他：「您這樣不累嗎？您不同意，一口否絕不就行了！」松下卻覺得，有的時候要糊塗一點，不可太認真。其實，松下很聰明，他這樣做的目的是培養一批能幹的部下，而不是帶領一批無能的部下。

領導者不要顯得過分睿智，不要覺得自己能夠明察秋毫就了不起，這樣會使自己的部下左右為難、寸步難行的。壓制了部下的創造力，就等於壓制了團隊智慧，壓制了團隊智慧就等於削弱了整個團隊的戰鬥力。

　　有些企業管理者，還迷信一種管理信條：「要想把企業管好，凡事只相信自己的眼睛，不要相信自己的耳朵，任何人都不要輕易相信。」在這種信念下，他們的眼睛就像是遺傳了「貓科動物」的遺傳因子，能夠明察秋毫，員工的一舉一動都在他們的掌控中。

　　有些企業家說：「當員工立功的時候，不要表揚他，要找他的其他毛病，讓他疲於應付這些毛病，而淡化他的功勞，免得他藉機要求加薪資。」有些企業家這樣指責員工：「我花這麼高的薪資把你養著，你就是這樣工作的！」更多的企業家喜歡這樣對員工說：「我整天沒日沒夜的工作，為了什麼？還不是為了你們的飯碗？」這些都是管理者太「聰明」的表現，請想一想，在這樣「聰明」的領導者手下工作，能創造出輝煌業績嗎？

　　其實，糊塗管理中常常蘊含著兩個字——人性。糊塗，是對員工的信任，是對他們的理解與寬容，是讓他們自由自在、如魚得水地工作。

　　有這樣一家很「糊塗」的跨國公司，他們的每一個辦公室，都設計得如同風格各異的家庭，一眼就可以判斷辦公室的主人是什麼性格。這家公司為什麼要「糊裡糊塗」地做呢？因為，該公司奉行的是「糊塗」的管理理念。他們不像有些企業一樣，認為公司是辦公的地方，就應該嚴嚴肅肅、生生冷冷的。相反，他們認為，讓員工感覺辦公室就是家，能有效提高工作效率。所以，每一間辦公室，都由員工自己設計，要求完全按照自己家的感覺來設計。你看，這是多麼「糊塗」的管理者呀！

　　他們難道就沒有想到，這樣做不會使客戶感到不舒服嗎？他們的回答是：「當然不會！對任何人來說，家的溫暖的感覺，都比公司的冷冰冰的

生硬的感覺更讓人覺得可親。」你說，他們到底是「真糊塗」，還是「假糊塗」呢？

日本索尼公司的創始人盛田昭夫也是個「糊塗蛋」！他幹嘛總是好聲好氣地和員工說話呢？直接命令員工、訓斥員工，讓他們害怕、恐懼，不是更直接、更「聰明」的管理辦法嗎？

可是，盛田昭夫就是以他的樸實無華、平易近人、和藹可親的管理方式，創造了索尼神話。所以，當被他嚴厲批評的下屬走到門口時，他會從櫃子拿出一件禮物並對部下說：「你的母親馬上就要過生日了，這是我從瑞士帶回來的小禮物，請收下。」盛田昭夫「糊塗」嗎？

人性化的糊塗管理，其思想的根基就是老子的「無為而治」。這種管理，既要講糊塗，又要講人性。如果不是為了實現「人性化」而進行「糊塗」管理，那就是「真糊塗」了。這就要求企業管理者，首先要樹立「以人為本」的理念，然後以「糊塗」的方式來管理企業。

# 第二十章：獨頑似鄙

## 【原典】

唯之與阿①，相去幾何？善之與惡，相去何若？人之所畏，不可不畏。荒兮其未央②哉！眾人熙熙，如享太牢③，如春登臺。我獨泊兮其未兆，如嬰兒之未孩，儽儽兮④，若無所歸。眾人皆有餘，而我獨若遺⑤。我愚人之心也哉！沌沌兮⑥。俗人昭昭，我獨昏昏；俗人察察，我獨悶悶⑦。澹兮其若海，飂兮若無所止⑧。眾人皆有以，而我獨頑且鄙⑨。我獨異於人，而貴食母⑩。

## 【注釋】

①唯、阿：唯，恭敬地答應。阿，怠慢地答應。

②荒兮其未央：遙遠啊，像是無有盡頭。荒兮，廣袤、空遠的樣子。未央，未盡、未完。

③熙熙：形容縱情奔放、興高采烈的樣子。熙，和樂。太牢：古代祭祖，牛、羊、豬三牲大全為太牢。這裡指豐盛的宴席。

④未兆：沒有徵兆、預感和跡象。孩：同咳，形容嬰兒的笑聲。儽（音磊）儽兮：疲憊懶散的樣子。

⑤遺：指不足、匱乏。

⑥沌沌兮：混沌，不清楚。

⑦昭昭：智巧光耀的樣子。昏昏：愚鈍暗昧的樣子。察察：嚴厲苛刻的樣

子。悶悶：純樸誠實的樣子。

⑧澹兮：遼遠廣闊的樣子。飂（音遼）兮：急風。

⑨有以：有用、有為、有本領。頑且鄙：形容愚陋、笨拙。

⑩貴食母：母用來比喻「道」，道是生育天地萬物之母。

## 【譯文】

順從與違拗，相差有多少？善良和醜惡，差別又有多少？大家都害怕的事物，我也不可不心存畏懼。遙遠啊，像是無有盡頭。眾人興高采烈，就像去赴豐盛的宴席，如同春天裡登臺眺望美景。只有我淡泊寧靜，沒有萌發欲望的兆頭，如同嬰兒還不會發出笑聲，疲累懶散的樣子，似無所歸宿。眾人都有餘財，唯獨我時常匱乏。我真是只有一顆愚人的心啊！俗人都光輝自炫，唯獨我昏昏沉沉；俗人都明明白白，唯獨我好像渾渾噩噩。就像那茫無涯際的大海，飄泊而無處停留。世人都精明靈巧有本領，唯獨我愚昧而笨拙。我唯一與人不同的，是回到母親的懷抱，得到了「道」。

## 【名家注解】

河上公：人所畏者，畏不絕學之君也。不可不畏，近令色，殺仁賢。眾人餘財以為奢，餘智以為詐。我獨如遺棄，似於不足也。不與俗人相隨，守一不移，如愚人之心也。

朱元璋：沌沌乎，昏濁之狀，以其忘機也。如昭昭察察，其常人之所為，昏昏悶悶，乃守道之如是。豈昏昏而悶悶？

王弼：無所欲為，悶悶昏昏，若無所識，故曰，頑且鄙也。食母，生之本也。人者皆棄生民之本，貴末飾之華，故曰，我獨欲異於人。

## 【經典解讀】

這一章，老子將世俗之人的心態與自己的心態，進行了對比性的描

述。在他看來，善惡、美醜、貴賤、是非等，都是相對形成的；人們對於某一事物的價值判斷，經常隨著時間的不同而變化，隨著環境的不同而改變；世俗的價值判斷是相當混淆的，一般人所否定的，也正是自己所肯定和認可的。

老子對上流社會人士追逐物欲的貪婪之態進行了無情揭露，並以完全相反的描述肯定了自我。文中的「我」不僅僅指老子本人，更是指一種有抱負、有理想的人。「眾人」、「俗人」指上流社會人士。他們對是非、善惡、美醜的判斷，並無嚴格的標準，甚至是混淆的、任意而行。老子說「我」是「愚人之心」，這當然是正話反說。世俗之人縱情於聲色貨利，而「我」卻甘守淡泊樸素，不願隨波逐流，以求得到精神上的昇華。

老子對當時許多現象看不慣，把眾人看得卑鄙庸俗，把自己看得比誰都高明。而在表面上卻故意說了一些貶低自己的話，說自己低能、糊塗、沒有本領，其實是從反面抬高自己，貶低社會上的俗人。他在最後一句，說出了正面意見，他和別人不同之處，在於得到了「道」。

在這裡，老子說了一些牢騷話，略帶憤世疾俗的意味，但其中不乏深入的哲理。他說明自己在價值觀上，在生活態度上，不同於那些世俗之人，他們熙熙攘攘，縱情於聲色貨利，而老子自己則甘願清貧淡泊，並且顯示出自己與眾人的疏離和相異之處。

老子的見解是富有創意的、獨特的，與凡俗的、隨大流的見解不同。老子是天才的哲學家，他獨具慧眼，必然與眾不同。在他眼裡，眾人的隨大流的見解，其實是淺薄、廉價、簡單、粗糙的，是不值得效法的。

## 走專業化發展之路

一個人，一輩子能夠把一件事做精就不錯了；一個企業，如果能在本行業獨佔鰲頭就已經相當成功了。

面對市場上各種利益的誘惑，企業存在著「我獨異於人，而貴食母」的問題，實際上就是「專業化」的問題。企業的專業化，就是重點圍繞那些能為企業贏得最大競爭力和最大化利潤的核心業務，培育專業化能力；對於那些不能提供競爭優勢或對利潤不能發揮關鍵作用的業務功能，則由外部的專業合作夥伴來實現。

BP石油公司為了獲得更大的靈活性和更高的效率，採取了一系列提高組織績效並優化業務設計的措施。基於行銷、生產、油田資產和加油站的強大網路等核心優勢，BP開始採取內部專業化措施。例如，為了控制溫室氣體排放量，BP建立了可按市場價買賣配額的電子市場，使得提前減少排放量的部門可將剩餘配額出售給落後部門。這一配額排放量管理上的內部專業化，使BP提前9年實現減排目標。在非核心業務上，BP與美孚石油公司合作，改進了燃油和潤滑劑業務，還將通訊服務、人力資源、財務和會計功能外包給其他企業。

專業化能力可以加強企業的差異化，創造多個競爭優勢。企業還可透過業務模組化、消除非關鍵業務元件、利用現有外部專家等，快速感知並回應市場環境及客戶需求的變化。

寶潔公司奉行「做你最擅長的，才能做得最好」的理念，在大多數業務領域同時依賴內外部專家。在內部，即使在產品研發這一核心業務領域，寶潔也不避利用外部專家。例如，它曾與專業設計公司Design Continuum合作，開發出高度成功的拖把業務。在外部，寶潔將IT基礎設

施管理、成品配送和物流、人力資源管理等都外包給了外部專家。

　　專業化企業能把主要資源聚焦在具有戰略意義的業務模組，靈活地適應成本結構和業務流程，在更高的生產力、成本控制、資本效率和財務可預測性水準上降低風險並開展業務。

　　可以預見，堅持傳統商業設計，忽視內外部專業化，將使許多公司逐漸喪失競爭優勢，一步步落後於更具差異化、反應快速和高效率的競爭對手。為了避免在不久的將來被市場淘汰，企業必須考慮向專業化演變。

　　要做到「專」這個字很不容易，面對企業經營的艱辛，面對其他行業暴利的誘惑，關鍵要掌握一個「度」字。但能夠衝破艱難險阻真正做「專」的企業，才能真正成為行業的精英。

# 第二十一章：惟道是從

　　孔德①之容②，惟道是從。道之為物，惟恍惟惚③。惚兮恍兮，其中有象④，恍兮惚兮，其中有物。窈兮冥兮⑤，其中有精⑥。其精甚真，其中有信⑦。自古及今，其名不去，以閱眾甫⑧。吾何以知眾甫之然哉？以此⑨。

【注釋】

①孔德：大德。孔，大。德，「道」的顯現和作用。

②容：形態、舉止。

③恍、惚：彷彿、不清楚、難以捉摸的樣子。

④象：形象、具象、物象。

⑤窈、冥：窈，深遠，微不可見。冥，暗昧，深不可測。

⑥精：精氣，極其細微的物質實體。

⑦信：真實可信。

⑧甫：始，引申為事物之原始。

⑨此：指大道。

【譯文】

　　大德的形態，是由道所決定的。道這種東西，是恍恍惚惚的。恍恍惚

惚啊，其中卻有某種形象。恍恍惚惚啊，其中卻有具體的物質。深遠幽暗啊，其中卻有精微之氣。精微之氣十分純真，那裡面有可靠的驗證。自古及今，它的名字從未泯滅，可用它來審視世間萬物的初始。我是如何來瞭解萬源之始的情況呢？靠的就是這大道。

## 【名家注解】

河上公：有大德之人，無所不容，能受垢濁，處謙卑也。大德之人，不隨世俗所行，獨從於道也。道之於萬物，獨恍忽往，來於其無所定也。道唯忽恍無形之中，獨為萬物法象。

王弼：窈冥，深遠之歎，深遠不可得而見，然而萬物由之，其可得見，以定其真。物反窈冥，則真精之極得，萬物之性定，故曰其精甚真，其中有信也。

朱元璋：道不失信，常經以四時，源源不絕，生物之繁，以為必然，故所以教人守此道，行以誠者，如影隨身，如響疾應是也。

## 【經典解讀】

「道」是宇宙的本原，這是本章的核心觀點。在老子看來，「道」是「無狀之狀，無物之象」，是由極其微小的物質所組成的。雖然它無形無象，肉眼不能看見，但確實是存在的，萬物也都是由它創生的。

道這個東西，具有不確定性。說它是恍恍惚惚若隱若現的吧，它卻能生成萬象。說它是惚惚恍恍若有若無的吧，它卻能產生萬物。說它深遠難見吧，其中自有精華元素。而且這種精華元素非常真切，很有效，很好用。

這種對「道」的精彩描述，帶有天才的想像色彩，且極有道理。它與曾在西方盛極一時的星雲說很相似。不論是關於星雲旋轉、集中、收縮、冷卻、坍塌、扁平化的假設，還是關於宇宙微粒子的學說，都有與恍惚說

有相似之處。老子認為，「道」是物質性的，所以他才說「道之為物」，又說「道」中有物、有象、有精。

「德」的內容是由「道」決定的，「道」的屬性工作表現為「德」。在道與德的關係方面，「道」是無形的，它必須作用於物，透過物的媒介，而顯現其功能。老子把「道」顯現於物的功能稱為「德」，「道」產生了萬事萬物，並在萬事萬物中表現它的屬性，也就是展現出它的「德」，德的首要之點，在於服從大道的指引，以大道為依據去觀察萬物的本源。

存在與本質是統一的。大道既是世界的本源、發生、初始化，也是世界的本來面貌、本來質地的最高最廣泛的概括。物是萬物，道是那個最精彩的一。一就是多，多就是一。對於老子來說，道既是抽象的，又是如宇宙微粒一樣的具體。

他統一了道、德、天、自然等概念，強調它們的同一性與唯一性。本章的「德」，是與大道一致的「玄德」——最深刻、最本質、最核心的「德」。

老子之「道」，超越了物與心、客觀與主觀、有神論與無神論的差別，也統一了人們對於世界與人類的基本認知。大道與世界與萬物可以統一，與人也可以統一。一個得道之人，就是道的載體。他的豫兮、猶兮、儼兮、渙兮、敦兮、曠兮、澹兮、混兮以及其他諸方面，本身就是道的作用與道的證明。

## 【處世學問】

### 以德立身是通向成功的階梯

老子說：「孔德之容，惟道是從。」「孔」是什麼呢？就是大，非常

不一般。諸葛亮的父親因為希望他日後有所出息，所以給他取了一個字，叫「孔明」，意謂大智慧，非常聰明。「孔德」就是大德的意思。

「誠信」是傳統的「大德」。《韓非子》中說：「巧詐不如拙誠。」巧詐可能一時得逞，但時間一久，就露餡了；相反，拙誠是指誠心地做事，誠心地交友，儘管可能在言行中表現出愚直，時間長了會贏得大多數人的愛戴。韓非子的這句話是說，與其運用巧妙的方法來欺瞞他人，不如誠心誠意地來對待別人。

一日，荀巨伯（東漢人）收到一位朋友的急信，說自己病入膏肓，希望能見他最後一面。他趕忙收拾行裝上了路。他趕到時，朋友所住的城市正被胡人圍困，他便偷偷潛入城中。

朋友一見荀巨伯，就高興起來，但隨即又擔憂地說：「謝謝你能來看望我。現在城已被胡人包圍了，看樣子難以守住。我馬上就不行了，城破與否，對我來說已無所謂了。可是，你沒有必要留在這裡，你趕快走吧！」

聽了這話，荀巨伯很不高興，他責備朋友說：「你這是說的什麼話！朋友有福同享，有難同當，現在大難臨頭，你卻要我扔下你不管，自己去逃命，我怎能做這樣不仁不義的事呢？」

胡人打進城以後，四處燒殺搶掠，幾個士兵闖進荀巨伯朋友的家。他們見到荀巨伯仍然安坐在那裡，遂大發威風地說：「我們大軍所到之處，所向披靡，你是什麼人，竟然沒有望風而逃，難道想阻擋我們的大軍不成？」

荀巨伯說：「你們誤會了，我並不是這城裡的人，到這裡只是來看望一位住在這裡的朋友。現在我的朋友病得很嚴重，危在旦夕，我不能因為你們來，就丟下朋友不管。你們如果要殺的話，就殺我吧！不要殺死我這位已痛苦不堪的朋友。」

胡人聽到他說出這樣的話，半晌沒說出話來。過了好大一會兒，有一位頭領看了看手中的大刀，說道：「看來，我們是一群根本不懂得道義的人了。我們怎麼能在這個崇尚道義的國家裡胡闖亂蕩，為所欲為呢？走吧！」胡人竟因此而收兵，一城得以保全。

　　荀巨伯以誠實的品德感化了胡人，致使他們退兵。由此可見，在某些情況下，誠實的品德也是強有力的武器。

　　「寬仁」也是傳統的「大德」。為人處世，做事不要太絕，而要與人為善。因此，走不過去的地方不妨退一步，讓對方先過；寬闊的道路，給別人三分便利又何妨。

　　漢朝人劉寬，為人仁慈寬厚。在南陽當太守時，小吏、老百姓做了錯事，他只是讓差役用蒲鞭責打，表示羞辱。

　　有一次，他的夫人為了試探他是否真的仁厚，便讓婢女在他和下屬集會辦公的時候，故意把肉湯潑在他的官服上，結果劉寬不僅沒發脾氣，反而問婢女：「肉羹湯燙了你的手嗎？」

　　還有一次，有人錯認了他駕車的牛，硬說牛是自己的。劉寬什麼也沒說，叫車夫把牛解下給了那人，自己步行回家。後來，那人找到了自己的牛，便向劉寬賠禮道歉，劉寬反而安慰那人不必自責。

　　劉寬的雅量可謂不小，有禮也讓人三分。他感化了別人，贏得了人心。以德立身，是一個成功者必備的內在品格。沒有這個內在品格，人生就會失去支撐，失敗將是必然的。

　　要贏得一個美德的名聲，最快捷可靠的方法，不是在人們面前做出一副有美德的樣子，而是要在提高自身修養上下工夫，真正做一個有美德的人。

【管理實踐】

## 管理者要有遠大的目光

聖人之言，充滿了智慧，告誡我們要未雨綢繆，不要老看眼前的事物，而忘卻了人之所以積極奮鬥的遠景期待。因果循環，今日因成他日果，今天不為明天打算，到了明天必然有許多憂慮，事物發展的規律如此，不容我們不努力。

明朝開國皇帝朱元璋目光遠大，所以他才能夠克成帝業。朱元璋曾經在義軍領袖郭子興帳下為將。有一年，郭子興所領導的紅巾軍的駐地濠州，被元軍包圍了幾個月，形勢危急。

這段時間裡，朱元璋曾奉郭子興之命攻打靈璧、蕭縣和虹縣，試圖分散元軍的注意力，但元軍一直不為所動。誰知正當元軍即將對濠州發動總攻之時，元軍主帥突然病死，全軍上下無心戀戰，遂放棄了對濠州的圍困。

郭子興的軍隊趁機得到喘息，就在濠州城內飲酒高歌，慶祝圍困解除。朱元璋沒有去，他是個志向遠大之人，在軍中待的時間長了，他對各種事情看得越來越透徹明白，漸漸覺得郭子興治軍無方、馭下無道，成不了大氣候。他還深深地意識到，在這群雄割據、形勢混亂的局面下，唯有發展自己的軍隊，招攬天下英豪為己所用，才會有出頭之日。

於是，朱元璋開始培植自己的勢力。在徵得郭子興同意後，他回故鄉鐘離招募了幾百名士兵。回到濠州後，郭子興把這幾百人交給他統領，並接連提升他為鎮撫、總管。

朱元璋並未因升為總管而心滿意足，他還有更大的抱負。後來，朱元璋帶著徐達、湯和、吳良等人離開濠州，前往定遠發展自己的勢力。但這次出行並不順利，還沒有開始，朱元璋就患了重病，只得返回濠州治病。

半個月後，朱元璋病情有所好轉。這時，他聽說張家堡附近屯居著一支幾千人的隊伍，現在正斷了糧，處境艱難，而且他們的主帥與郭子興相識。朱元璋覺得這是擴充勢力的好機會，他抱病請求郭子興派自己前去招降。

　　郭子興問：「你想帶多少人去？」朱元璋說：「人多易生疑，帶十人就可以了。」朱元璋帶病出發。幾天之後，他到達張家堡。與主帥一見面，朱元璋便對他說：「郭公與你是老相識，他聽說你們缺糧，又得到消息說有別的軍隊要來攻打你們，特地派我來通報。如果你們願意跟隨郭公，就與我一起回去。不願意，也要趕快移到別處，以避來犯之敵。」

　　主帥見朱元璋說得真誠，就與他交換了信物，答應收拾好行裝，就到濠州歸附。朱元璋便將費聚留下等候，自己先回濠州，報告了郭子興。郭子興大為高興，誇獎朱元璋辦事得力。

　　不料過了兩天，費聚來報，說事情有變，那個主帥想把隊伍拉到別處去。朱元璋立即帶著幾百名士兵趕去，費盡唇舌，勸其歸附郭子興。但那個主帥卻猶豫不決，朱元璋便讓人請主帥議事，乘機將他挾持而去。隨後，他又派人到寨中傳話，說主帥下令移營。部眾信以為真，便燒了營寨跟去。主帥見木已成舟，只得投效。

　　緊接著，朱元璋又帶兵去豁鼻山，招降了以秦把頭為首占山為王的草寇近千人。他對收編來的隊伍進行了特別訓練，在短時間內，大大提高了他們的戰鬥力。不久，他率領這支部隊降服了屯居橫澗山的繆大亨。

　　就這樣，朱元璋的勢力逐步壯大，不到半年就發展至十幾萬人，為日後統一天下打下了堅實的軍事基礎。

　　思想有多遠，就能走多遠。鼠目寸光難成大事，高瞻遠矚可成大器。一個組織的成長需要規劃，一個人的成長需要設計。有生涯規劃的人，未必成功；可沒有生涯規劃的人，定難成功。

# 第二十二章：曲則為全

【原典】

曲則全，枉①則直，窪則盈，敝②則新，少則得，多則惑。是以聖人抱一③為天下式④。不自見⑤，故明⑥；不自是，故彰；不自伐⑦，故有功；不自矜，故長。夫唯不爭，故天下莫能與之爭。古之所謂曲則全者，豈虛言哉！誠全而歸之。

【注釋】

①枉：彎曲、委曲。

②敝：凋敝。

③抱一：守道。抱，守。一，即道。

④式：法式，模式，範式。

⑤見：同現，彰顯、炫耀之意。

⑥明：彰明、顯明。

⑦伐：誇耀。

【譯文】

彎曲才能保全，委屈才能伸展，低窪之地可盈滿，破舊器物將更新，目標少點收穫更多，追求多了反而迷惑。所以，有道的人堅持以「道」作為天下事物的法式。不自我炫耀，反能顯明；不自以為是，反能聲名顯

赫；不自吹自擂，反能功勳卓著；不自高自大，反能飛黃騰達。正是因為不和別人爭，所以天下也就沒有人能和他爭。古人所說的彎曲才能保全，怎麼會是空話呢？它實實在在能夠達到！所以大家應完全信服這個道理。

## 【名家注解】

河上公：曲己從眾，不自專，則全其身也。屈己而申人，久久自得直也。地窪下，水流之。人謙下，德歸之也。自受弊薄，後己先人，天下敬之，久久自新也。自受取少則得多也。天道佑謙，神明託虛。財多者惑於所守，學多者惑於所聞。

王弼：自然之道，亦猶樹也。轉多轉遠其根，轉少轉得其本，多則遠其真，故曰惑也。少則得其本，故曰得也。

朱元璋：此教人持身行事勿過。學道修誠，以分真偽，所以曲、枉、窪、敝、少喻勿太過，惟多則惑正，為學者雖能廣覽，而不分真偽，何如絕學也？

## 【經典解讀】

這一章，老子從豐富的生活經驗出發，講述了事物正反變化所包含的思想，即委曲和保全、弓屈和伸直、不滿和盈溢、陳舊和新生、缺少和獲得、貪多和迷惑，最後得出「不爭」的結論。

老子所總結出的帶有智慧的思想，給人們以深深的啟迪。在現實生活中，不可能事事都一帆風順，極有可能遇到各種困難。老子告訴人們，在遇到困難時，可以先採取退讓的辦法，靜觀以待事情發生變化，然後再採取行動，從而達到目的。

莊子曾說，老子的思想是：「人皆求福，己獨曲全。曰『苟免於咎』。」這裡說的「曲全」，便是「苟免於咎」。在老子看來，事物中存在著對立的關係，人們應對事物的兩端都加以觀察，從正面去透視負面

的狀況，而對於負面的把握，更能顯現出正面的內涵。實際上，正面與負面，並不是截然不同的東西，而是互相包含的關係。

老子提醒人們，要放開眼光，要虛懷若谷，堅定地朝著既定的目標前進。但是也要考慮客觀的情況，如果一味蠻幹，只能得到相反的結果。

在「曲」裡隱含著「全」的因素，在「枉」裡隱含著「直」的因素，在「窪」裡隱含著「盈」的因素，在「敝」裡隱含著「新」的因素，掌握了其中奧妙，就能做到「不爭」而勝。

老子的「曲則全」的說法不是虛話，歷史上都有類似的總結、類似的例證。如大丈夫能屈能伸，如欲速則不達，如小不忍則亂大謀；如韓信的受胯下之辱，如范雎的佯死，以及越王勾踐的臥薪嚐膽等！

作家王蒙認為：「老子此章的用意在於以無成有，以退為進。你在功名上、俗務上、金錢上、風頭上退了，無了，曲了，枉了，窪了，敝了，少了；你在事業上、學問上、智慧上、境界上、大道上、貢獻上才能有所進取，有所獲得，有所創造，有所作為。」

## 【處世學問】

### 做事帶點曲線之美

老子說：彎曲才能保全。《易經》上也說，「曲成萬物而不遺」。在這個世界上，沒有一樣東西是直線型的，宇宙是曲線的，是圓周形的，樹是圓的，人也是圓的。所謂直，就是把圓形的東西切斷拉開，變成了直的。

所以，老子主張，做人處世要把握「曲則全」的原則，善於委曲求全。也就是說做人做事要講藝術，要善於變通，明知一件事正面辦不到，可以換一種方式，用迂迴戰術完成。

漢武帝有個奶媽，她仗著對皇帝有哺乳之恩，在外面狐假虎威，做了許多不法之事。但因為她的身份特殊，地方官吏都不敢把她怎麼樣。

　　後來這事傳到了漢武帝的耳朵裡，他當時正在推行外儒內法的大政方針，見奶媽竟然不知輕重，違法亂紀，決定依法嚴辦她。奶媽聽說這個消息後大為驚恐，為了活命，她就去找東方朔想辦法。東方朔當時是皇上身邊的紅人，在皇上面前說話很有分量。

　　東方朔見她誠意相求，就說：「皇上這次是真的動怒了，要想求皇上格外開恩，很難！我有一個辦法，你去試一試，行不行得通，就看你的造化了。等皇上傳訊你時，你在皇上面前一句話也不要說，用慈母般的眼光望著皇上，熱淚盈眶。皇上訓斥完你之後，肯定會命人將你拉下去。這時，你千萬別求饒，儘管跟人走，但走兩步要回一下頭，一副眼淚汪汪、戀戀不捨的樣子。這樣或可逃得一死。」

　　到了那天，漢武帝果然先嚴屬斥責了奶媽，隨後就命人將奶媽拉下去法辦。奶媽遵循東方朔的吩咐，走兩步，就用慈母般的眼光回頭看看武帝，眼淚直流。這時，東方朔趁機喝道：「你這老婆子真是糊塗！皇上現在是一國之君，又不是兩三歲的小孩，你以為你餵過皇上奶就很了不起，就在外面胡作非為嗎？現在皇上不吃奶了，你快走吧！」

　　東方朔這一陣呼喝，讓漢武帝有些心驚：鴉有反哺之孝，羊知跪乳之恩，奶媽再有千個不是，也是自己的奶媽呀！就這樣把她殺了，那麼自己不就是天下最大的不孝之人了嗎，以後還怎麼去以孝道治理天下呢？於是他神情淒然地說：「這次就算了吧，但再犯絕不輕饒！」

　　就這樣，靠著東方朔的計謀，奶媽總算撿了條命。

　　試想，如果東方朔不是深諳「曲則全」的道理，直接跑去向漢武帝求情，以漢武帝的個性，不僅不會饒了奶媽，還很可能會遷怒於東方朔；而智慧的東方朔卻利用了人性的弱點，使用曲折求全的辦法來幫奶媽解決了

問題。

在矯正因不滿情緒而產生的反抗態度時，如果直接禁止對方只會招致反感，而採取不禁止，只是勸說對方做與之相反的事情的方法，往往能得到良好的效果。

「曲則全」是傳統文化的原則，是做人處世與自利利人之道。為人處事，善於運用巧妙的曲線，便能事事大吉。換言之，做人要講藝術，便要講究曲線的美。

比如說一個人做錯了事情，如果你說：「你這個混蛋，這樣做不對！」對方一定受不了！但如果你能運用曲線藝術，改改口氣說：「不可以亂搞，否則我們都會被人罵成混蛋！」那麼他雖然不高興，但還是能聽得進你的話。

所以，講話要懂得轉一轉彎，那樣既可達到目的，又能彼此相安無事。若直來直往，有時是行不通的。不過曲線當中，當然也須具有直道而行的原則，老是轉彎，便會滑倒而成為大滑頭了。總之，曲直之間「運用之妙，存乎一心」。

**【職場應用】**

### 旁敲側擊勸諫上司

老子告誡人們，要開闊視野，要虛懷若谷，堅定地朝著自己的目標前進。但是如果不考慮客觀情況，一味蠻幹，其結果只會適得其反。

在討論問題時，如果對方的意志堅定，要想改變其想法是比較困難的。這時，如果直接提出不同的意見，不但達不到使對方接受的效果，還可能給自己惹來麻煩。不妨從一些看似無關的問題入手，使對方自己領會其中的含義，最終達到旁敲側擊的目的。

春秋末年，趙簡子起兵攻打齊國，他下令軍中，有敢散布反對攻打齊國的言論的人，就判死罪。有個軍人名叫公盧，他看著趙簡子哈哈大笑。

趙簡子覺得他在嘲笑自己，不高興地問：「你笑什麼？」

公盧答道：「臣想起了一件可笑的事情。」

趙簡子嚴肅地說：「你如果能夠解釋清楚就可以免去死罪，否則將被處死，你說吧！」

公盧從容地說：「在一個採桑的季節，我的鄰居和他的妻子一起去採桑，他見桑林有個女子長得漂亮，便去追求，結果沒有追求到。回來時，他的妻子已憤怒地離開他走了。臣笑這人太任性了。」

趙簡子一驚，心想：「我如今攻打別人國家卻有可能失去自己的國家，這正是由於我太任性驅使的。」於是，便罷師而歸。

旁觀者清，當局者迷。趙簡子沒有看到潛在的危險，公盧看到了，但是在「反對者死」的禁令前，他不能直說，於是以鄰居追別的女人而失妻的故事來暗示趙簡子。這樣可以保全趙簡子的臉面，更容易達到良好的勸諫的效果。趙簡子也是個聰明人，他終於醒悟過來，罷師而歸，避免了「伐國失國」的禍患。

有一個成語叫做「螳螂捕蟬，黃雀在後」，也是講述了一個旁敲側擊勸諫的故事。

吳王執意要攻打楚國，告訴身邊的大臣：「有誰敢勸諫，死罪！」大臣們皆不敢再諫。

有個侍衛想勸諫吳王，又不敢去，就每天拿著彈弓在後花園裡轉來轉去，以致都被露水打濕了衣服。三天之後，吳王看見了他，問道：「你的衣服怎麼濕了？」侍衛答非所問地說：「花園裡有棵樹，樹上有隻蟬，蟬在樹的高處一邊鳴叫一邊喝著露水，不知道有隻螳螂在牠的背後。螳螂在蟬的身後，想著捕食蟬，可是卻沒覺察有隻黃雀正在逼近牠。黃雀伸著

脖子想吃螳螂，卻沒有覺察我已經用彈弓在下面瞄準了牠。蟬、螳螂和黃雀，都是只顧眼前利益，而不顧自己身後潛伏的隱患呀。」

吳王聽了，明白了他的言外之意，自己不正如同蟬、螳螂和黃雀一樣，只顧眼前的利益而忽視了未來的禍患嗎？於是，便停止了進攻楚國的計畫。

下屬勸諫上司，宜用旁敲側擊的方法；上司批評下屬，是否也應該謹慎地選擇一下措辭呢？卡內基在他的著述中也曾提到了一個例子。

某公司的主管在巡視工廠時，發現幾位工人聚在禁止吸菸的告示牌前抽菸，見到他來了，還是我行我素，沒有一點要停下來的意思。遇到了這種情形，一般的主管可能會直接上前指責。但是他卻沒有這樣做，他不僅沒有指責他們，還拿出香菸，遞給工人們每人一支，說：「走，我們到外面抽去！」

話裡藏話、旁敲側擊其實是一種迂迴，可它既重迂迴策略，更重隱含之術，較之迂迴更主動、更微妙。

「曲則全，枉則直」，在自然界可找到很多例子。比如：大風刮來，小草順風而倒，「曲」了。但強風過後，它又挺立起來，安然無恙，「全」了。大浪襲來，船隻隨浪而沉浮，「曲」了，但它能完好無損。相反，它如果迎著風浪直衝，必然浪擊翻舟，無「全」可言。尺蠖前行，身體先向上彎曲，然後伸直前進，這是「枉則直」。人要跳躍，必先彎腿，然後才能躍起。這也是「枉則直」。如果直腿起跳，那簡直是神話。

處理人際關係，直來直去，簡單行事，結果往往會擴大衝突。相反，善於運用巧妙的「曲」和「枉」，講究藝術，講究策略，那麼「枉則直」，問題就迎刃而解了。

## 減一分便超脫一分

大多數人的想法都是，自己的東西越多越好，錢要多，生活要豐富多彩，知識要淵博等等。其實，萬事都有兩面性，錢多了，就會有人打歪主意；生活太豐富了，就會迷失自己；知識的涉獵面越廣，反而很可能沒有一樣是精通的。所以，老子說：少則得，多則惑。

《菜根譚》中有一句類似的話：「人生減省一分，但超脫一分。」如果人的欲望能少一些，便能超脫塵世，精神會更空靈，更能體會到人生的快樂。若整天為欲望所驅使，成為欲望的奴隸，則人生之苦無盡矣。「小鳥巢於深林不過一枝。」小鳥做巢不過需要樹木的一些樹枝，又何必非得擁有整個森林呢？

所以，對待自己的人生際遇，要抱有一顆平常的心，慣看窮達。其實「貧窮自在，富貴多憂」，如果一個人身上什麼也沒有，坐在車上可以安然大睡，不必擔心扒手來掏他的包；如果一個人身上揣了大量的現金，坐在車上，他便總會心懷戒懼，連窗外的美景也不敢放心去欣賞，因為他怕人家趁他不注意，把他的錢悄悄掏走了。

從前有一個商人，生意做得相當大。他雖然請了帳房先生來管賬，但他還要自己算一遍，每天都打算盤到深夜。不過，隨著年紀越來越大，他漸漸覺得力不從心了。

他家的旁邊，住著一家賣豆腐的夫妻二人。每天一大早，他們就起來磨豆子、煮豆漿、做豆腐。雖然日子過得清貧，但兩個人有說有笑，過得很開心。有一天，這位富商的夫人說：「老爺！我們活得太沒意思了。為什麼有了錢，還不如沒有錢的人過得開心呢？你看隔壁那小倆口，多快活呀！」

這位富商不同意夫人的看法，他說：「你說他們開心，我現在就讓他們開心不起來。」

於是，他從帳房裡拿了一個金元寶，扔到了高牆那邊。那小倆口正有說有笑地磨豆子，突然聽到門前「撲通」一聲，以為有人摔了跤，便提著燈籠去看，沒想到地上竟有一個金元寶，他們趕緊撿了回去。

「太幸運了，賣一輩子豆腐，恐怕也賺不到這個金元寶啊！」不過，兩口子興奮之餘，馬上又煩惱了：把它放在哪兒呢？家裡沒有保險櫃，放在抽屜裡肯定不行！放在米缸裡也不保險！兩個人琢磨來，商量去，直到天亮也沒有把豆子磨好。

後來，小倆口又盤算著怎麼把這筆錢花掉。不花吧，太可惜，用又怎麼用呢？用它去買一塊地吧，人家會問你一個賣豆腐的，哪來的那麼多錢？弄不好，還有眼紅的人舉報你是偷的或搶的，還要惹出官司來。小倆口怎麼也想不出一個妥善的辦法，往日的歡聲笑語聽不見了。

過多的追求不能讓人真正地得到享受，反而會給人帶來巨大的傷害。其實，關於「少則得，多則惑」，老子自己也作了解釋：「五色令人目盲、五音令人耳聾、五味令人口爽。」意思是說，過多的欲望害人不淺，甚至還會危害生命。真實的享受應有理性的節制，虛華的享受則是愚蠢的放縱。

作為一名每日與「利」打交道的商人，更不能放縱自己，要懂得節制，要慣看窮達，得不為喜，失不為憂，始終以曠達的胸懷去對待人生際遇。身處物欲橫流的時代，到處都充滿了誘惑，要想成為一名人所敬仰的商人，不妨細細領悟一下老子「少則得，多則惑」的深意！

# 第二十三章：希言自然

## 【原典】

希言①自然。故飄風②不終朝，驟雨③不終日。孰為此者？天地，天地尚不能久，而況於人乎？故從事於道者④，同於道；德者，同於德；失者，同於失⑤。同於道者，道亦樂得之；同於德者，德亦樂得之；同於失者，失亦樂失之。信不足焉，有不信焉。

## 【注釋】

①希言：少說話。這裡引申為統治者少施政令、與民休息之意。
②飄風：大風，強風，狂風。
③驟雨：大雨，暴雨。
④從事於道者：按道辦事的人，積極修道的人。此處指統治者按道施政。
⑤失：指失道或失德。

## 【譯文】

少說話才是合乎自然規律的。就像狂風不會持續一早上，暴雨不會持續一整天一樣。誰造成它這樣的呢？是天地。天地尚且不能長盛不衰，何況人呢？積極修道的人，才能與大道合為一體；勤於修身養德的人，就能與德行合為一體；失道、失德的人，就要承擔失道、失德的後果。與大道

融為一體的人，大道會幫助他成功；與德行融為一體的人，德行會幫助他成功；失道失德的人，大道也會聽任他走向失敗。誠信不足的人，就會有人不信任他。

## 【名家注解】

河上公：希言者，是愛言也。愛言者，自然之道。疾不能長，暴不能久也。天地至神，合為飄風暴雨，尚不能使終朝至暮，何況人欲為暴卒？

王弼：道以無形無為成濟萬物，故從事於道者，以無為為君，不言為教，綿綿若存，而物得其真。累少則得，故曰同於德也。累多則失，故曰失也。

朱元璋：人能專其志，務於道，大者未嘗不非常道。有志布德，未嘗不有大德。若用邪心奸詭，未嘗不由奸詭而失身。譬如人之在世，好此而此驗，喜彼而彼來。

## 【經典解讀】

本章和第十七章是相對應的。十七章揭示出嚴刑峻法的高壓政策，徒然使百姓「畏之侮之」，因而希望執政者加以改變。前面幾章已多次闡明「悠兮其貴言」、「多言數窮」等類似的話，而本章一開始便繼續闡述「希言自然」的道理。

這幾個「言」字，字面意思是「說話」，內蘊的意思都是「政教法令」。老子提醒得道的聖人，要行「不言之教」。他以狂風暴雨不能整天刮個不停、下個沒完為例，說明濫施苛政、虐害百姓更是不可能長久的。這個比喻十分貼切，有很強的說服力。

老子告誡執政者，要遵循道的原則，遵循自然規律。他認為，暴政是長久不了的。執政者清靜無為，社會風氣才會安寧平和；執政者恣肆橫行，人民就會反抗他；執政者誠信不足，老百姓就不會信任他。縱觀歷

史，哪一個施行暴戾苛政的執政者不是短命而亡呢？

中國第一個中央集權的王朝秦朝，僅僅存在了十幾年，原因何在？就是由於秦朝施行暴政、苛政，人民群眾無法按正常方式生活下去了，被迫揭竿而起。另一個短命而亡的王朝隋朝，何嘗不是因施行暴政而激起人民的反抗，最後被唐王朝所取代的呢？

執政者清靜無為，不對百姓們發號施令，不強制人民繳糧納稅，這個社會就比較符合自然，就比較清明純樸。執政者與老百姓相安無事，執政者的天下就可以長存。

【處世學問】

## 風物長宜放眼量

老子說：狂風刮不了一早晨，暴雨下不了一整天。言外之意是說，任何事情都會過去的，艱難困苦不會長久地存在。一個人要把眼光放長遠一點，不要沮喪，不要氣餒，要知道風雨之後就是彩虹。

人生在世，有順境，也有逆境；有飛黃騰達日，也有潦倒落魄時。順境的美德是節制，逆境的美德是堅忍。而後一種德性比前一種更偉大，它要求你寧靜、平和、淡定。走運時，要想到倒楣，不要得意過了頭；倒楣時，要想到走運，不必垂頭喪氣。

人生自有沉浮，每個人都要學會忍受屬於自己的那份悲傷。這樣才能真正體會出成功和幸福的內涵。須知，再長的隧道也有出口，再長的黑夜也會過去。逆境中不用怕！挺過去，迎接你的是一片藍天。

清末，曾國藩在與太平軍的作戰中屢戰屢敗。可是，他在寫給皇帝的報告中，卻有意將其寫成「屢敗屢戰」。皇帝看後，被他不屈的鬥志所打動，不再追究戰敗之責，仍舊委以重任。最後，曾國藩成功了。

「屢戰屢敗」讓人覺得很消極，而屢敗屢戰則讓人感覺很積極，顯示他雖然屢次失敗，卻仍然充滿信心，戰鬥不息。「屢敗屢戰」表明了做事不管最終能否成功，都會積極面對。

在順境中創業不難，在逆境中創業則需要獨到的眼光和相當的勇氣。逆境的涵義很廣，個人病痛是逆境，事業不順是逆境，國家經濟蕭條也是逆境。然而，無論何種逆境都只是相對的，有志者往往可從逆境中崛起。

要想獲得成功，必須擁有積極的心態、必勝的信心，還要有永不放棄的精神。在每一個人的人生旅途中，在每一個人積極行動的過程中，一定會遇到許多問題和困難，只有永不放棄，不斷自我鞭策、自我激勵，才能戰勝自己、戰勝困難，最終達成自己的目標。

中國歷史上的楚漢之爭，劉邦幾乎是每戰必敗，但是垓下一戰，卻擊敗了不可一世的項羽而建立了漢朝。如果幾次失敗過後，就不敢進取，不敢再與對手交戰，成功又從何而來？

面對困難，不同的人有不同的態度，懦弱的人會哭泣，浮躁的人會抱怨，聰明的人會藐視，勇敢的人會去征服。我們應當戒驕戒躁，藐視困難，征服困難，永不放棄，書寫屬於我們自己的美好未來。

## 【商海實戰】

### 信譽是寶貴的財富

一個人若是不守信用，就會有人不信任他。俗話說：「德無信不行，人無信不立」。只有守信，才會有人信任你。一個人只有做到一諾千金，他的事業才會蒸蒸日上。也只有信守，一個人才能有「道」、有「德」，才會少有災禍，而多有得益。

所謂「守信」，就是說到一定要做到。這聽起來既簡單又合理，但是

絕大部分人就是做不到。如果一個人能夠兌現他曾經許過的所有諾言，那麼他一定能夠鶴立雞群。

胡雪巖常說：「做人無非是講個信義。」做生意與做人，本質是一致的。一個真正成功的商人，往往也是一個重信義之人。胡雪巖正是仗義守信，才獲得比一般人多的成功。

信用是一個人立身行事之本。一個人信守諾言，別人就會信賴他、依賴他，願意和他共患難，幫他打天下。一個人全無信義可言，眾人必然不齒其所為。所以，一個人要想成就大事，就要做到誠摯待人、光明坦蕩、嚴守信義。只有這樣，才能贏得別人的信賴和支持。

富蘭克林有兩句至理名言：「時間就是金錢」，「信譽也是金錢」。如今前一句為人熟知，後一句則少有人知。其實，在人們的交往和共處過程中，規定和秩序常常是靠守信來堅守的。守信是契約經濟的必要條件，更是市場經濟的內在要求，生產、交換、分配、消費，哪一個環節都離不開信用。

李嘉誠在談及商道時曾說：「我一生之中，最重要的就是守信，我現在就算有再多十倍的資金也不足以應付那麼多的生意，而且很多是別人主動找我的，這些都是守信的結果。」

孟子說：「人而無信，不知其可也。」是否講信用，是衡量一個人其人格、品格的尺度。一個人的信用度，會影響到他的地位、形象和威望。對守信用的人，人們會格外推崇、依賴和親近；而對不守信用的人，則輕蔑、貶斥和遠離。

# 第二十四章：企者不立

【原典】

　　企①者不立，跨②者不行。自見者不明，自是者不彰，自伐者無功，自矜者不長。其在道也，曰餘食贅行③，物或惡之，故有道者不處也。

【注釋】

　　①企：意為舉起腳跟，腳尖著地。
　　②跨：躍，越過，大步而行。
　　③餘食贅行：吃剩的食物，身上的贅疣，比喻令人討厭的東西。贅行，通贅形，多指贅瘤。

【譯文】

　　踮起腳跟想要站得高的人，反而站不穩；跳躍式地前行的人，反而走不遠。自我炫耀的人，反而難以顯明；自以為是的人，其優點反而得不到彰顯；自吹自擂的人，有功勞也沒人承認；自高自大的人，難以成為領袖人物。以上這些做法，從大道的角度來衡量，就像殘羹剩飯和身上的贅瘤一樣。殘羹剩飯令人厭惡；贅瘤讓人覺得醜陋。所以有道之人絕不會這樣做。

【名家注解】

河上公：貪權慕名，進取功榮也，則不可久立身行道也。自以為貴而跨於人，眾共蔽之，使不得行。人自見其形容以為好，自見所行以為應道，殊不自知其形醜，操行之鄙。

王弼：其唯於道而論之，若卻至之行，盛饌之餘也。本雖美，更可穢也。雖有功而自伐之，故更為疣贅者也。

朱元璋：其四自字之說，有何難見也？不過使人毋得張聲勢耳。我盡作為，惟取自然而已。餘食贅形，亦誇也。爾既自誇，人誰不笑，所以君子不取，為此也。

【經典解讀】

老子以「企者不立，跨者不行」為喻，說明「自見」、「自是」、「自伐」、「自矜」會帶來不良的後果。急躁冒進、自我炫耀等輕浮之舉，都是違反自然規律的，必然短暫而不能持久，是不足為範的。

本章在具體問題的闡述上，包含著老子辯證思想的精華。「企者不立」、「跨者不行」、「自見者不明」、「自是者不彰」、「自伐者無功」、「自矜者不長」，這些表現及其結果都是對立的、相互矛盾的。

你有多高就是多高，踮起腳尖來能真正變高嗎？走起路來，勉強地跨起超過你腿長極限的大步，雖一時可以走得快，但終究走不遠。至於自見、自是、自伐、自矜的人，太多太多。他們總覺得自己比別人正確、比別人強、比別人幸運，其實不過是在欺騙自己罷了！

過於關注自身，太過希圖僥倖、一廂情願，終將自食惡果。要知道，美容美過了頭，就會毀容。吹噓過了頭，就會醜態百出。強硬過了頭，就會變得僵化。說話過了頭，就會失去公信力。喊叫過了頭，就變得聲嘶力竭。弄巧反易成拙，恃強反難持久……

不過，大道本就萬象萬態，本身就包含了人犯錯誤、走極端、遠離大道的可能。大道決定了會有人失道、悖道、自取其辱、自取滅亡，以及會有企者、跨者、自見者、自是者、自伐者、自矜者等等。

所以，最可怕的不是踮腳求高、跨步行路、自我膨脹，而是知錯不能改。正所謂「過而能改，善莫大焉」，一個人即使毛病眾多，只要誠心改正，雖不能善始，也必能善終。

## 【處世學問】

### 別掉進愛慕虛榮的陷阱

正所謂「自見者不明」，自我炫耀的人，反而難以顯明。追求表面的榮耀和光彩，是自我陶醉、愛慕虛榮的表現。虛榮心是一種心理缺陷，往往會蒙蔽人的本心，危害極大。

虛榮心強的人總是存活於他人對自己的評價中。一但他人對自己有一點否定，便自認為失去了所謂的自尊，就要死要活得受不了，真是「死要面子活受罪」啊！

虛榮心強的人喜歡聽到讚美，不喜歡聽到批評。可是一個人再完美，也必然有缺點。一個耳中所聽全是讚美之聲的人，必然是活在偽世界中，而讚揚和吹捧會使他忘乎所以，做出錯事。所以，即使面對讚美，也要保持清醒。

鄒忌是齊威王的相國，他積極宣導「擇君子」、「修法律」、「督奸吏」。尤其是他勸說齊威王獎勵群臣吏民進諫，用群策群力，使齊國強盛起來。

鄒忌身材高大，相貌俊美。一天早晨，他穿戴整齊，邊照鏡子邊問妻子說：「我跟城北徐公比哪個人長得美？」

妻子答道：「您最漂亮，徐公怎麼比得上您呢！」

家住城北的徐公，是齊國有名的美男子，鄒忌對妻子的讚美表示懷疑。於是又去問他的小妾說：「我跟徐公比哪個更美？」

小妾答道：「徐公怎麼比得上您呢！」

這時，正好有客人來拜訪他。談論中，鄒忌問客人說：「我跟徐公比誰更美？」

客人答道：「徐公怎麼比得上您呢！」

次日，徐公正好來拜訪他，鄒忌仔細端詳徐公，自認不如徐公美，對鏡自視，覺得差得很遠。晚上他在床上反覆思考，終於悟出了妻、妾和客人讚他美的原因：「妻說我美，是因偏愛我；妾說我美，是因怕我；客說我美，是因有求於我。」

於是，鄒忌在覲見齊威王時，對他說：「臣本來不如徐公長得美，然而，因為臣之妻偏愛臣，臣之妾懼怕臣，臣之客有求於臣，所以都說臣比徐公長得美。今齊國地域縱橫千里，有一百一十城。宮中的姿婦和侍臣，沒有不偏愛您的；朝廷群臣，沒有不怕您的；四境之內，沒有不有求於您的。如此看來，王受到的蒙蔽比我更利害了！」

威王說：「你說得不錯！」於是下令：「群臣吏民，能當面指責寡人的，受上賞；上書勸諫寡人的，受中賞；在公共場所批評的，寡人聽到了，受下賞。」

法令剛頒布時，群臣進諫，門庭若市；數月之後，還經常有人來進言。過了一年，正確的進諫都得到採納，人們雖然想進諫卻沒有什麼好說的了。由於齊威王納眾諫、集眾智，使國力日強，燕、趙、韓、魏因之畏服，都來朝見齊威王，承認其盟主的地位。「此所謂戰勝於朝廷」，也就是說，身在朝廷，不用出兵作戰，透過修明政治戰勝了別國。

一個太過虛榮的人，必然會盲目自大，會栽跟頭。鄒忌如果是個很虛

榮的人，妻、妾和客人都讚他美，他便會飄飄然，真的相信自己是齊國第一美男子，那無疑將被人恥笑。正因為鄒忌有自知之明，不輕信，不盲目自大，才避免了這種錯誤。不但如此，它還把此事與治國結合起來，以自己被讚美的事例勸諫齊威王。齊威王是個聰明人，於是一點即明，令向全國臣民求諫。

愛慕虛榮的「自見者」總是活在自己的世界裡，更確切地說是活在自己的想像裡。在他們眼裡，似乎所有的人都應該是他們的崇拜者。因此，他們往往會自欺欺人，茫茫然找不準自己的位置，很容易掉到虛榮的陷阱裡面去。

愛慕虛榮是可怕的，但任何事情都有轉圜的機會。每個人身上多多少少都會有些劣根，但是如果能正確地對待它們，那麼消極的就能變為積極的。虛榮是一種誘惑，它讓你欲罷不能，誘惑越多，虛榮心就越強，如果一個人能夠淡然地面對誘惑，那麼他也就能擺脫虛榮了。

## 【職場應用】

### 穩紮穩打地走好職場路

老子說得沒錯，「企者不立，跨者不行」。浮躁使人難以腳踏實地，凡是欲成大事者，都應力戒浮躁。那些輕浮的職場人士，總盯著一些遙不可及的目標，高不成低不就。讓他做大事他做不來，讓他做小事他又不想做，最終只能是空懷奇想，一無所獲。

身處職場的人要懂得，一個人能力有大小，根據自己的能力去做工作，去確定職業目標和方向，才能進步更快。如果一味追求好工作、高職位，而不考慮自己能否勝任，不考慮自己的能力和經驗是否足夠，就永遠難以在職場上叱吒風雲。

相信下面這個故事，能給那些好高騖遠，而不能腳踏實地的職場人士一些有益的啟發。

古代有個叫養由基的人精於射箭，且有百步穿楊的本領，相傳連動物都知曉他的本領。一次，兩個猴子抱著柱子，爬上爬下，玩得很開心。楚王張弓搭箭要去射牠們，猴子毫不害怕，還對人做鬼臉，仍舊蹦跳自如。這時，養由基走過來，接過了楚王的弓箭，於是，猴子便哭叫著抱在一塊，害怕得發起抖來。

有一個人羨慕養由基的射術，決心要拜養由基為師，經幾次三番的請求，養由基終於同意了。收為徒後，養由基交給他一根很細的針，要他放在離眼睛幾尺遠的地方，整天盯著看。看了兩三天，這個學生有點疑惑，問老師說：「我是來學射箭的，老師為什麼要我做這莫名其妙的事，什麼時候教我學射術呀？」養由基說：「這就是在學射術，你繼續看吧。」於是這個學生繼續看。

過了幾天，他便有些不耐煩了。他心想，我是來學射術的，看針眼能看出神射嗎？這個徒弟不相信這些。養由基教他練臂力的辦法，讓他一天到晚在掌上平端一個石頭，伸直手臂。這樣做很苦，那個徒弟又想不通了，他想，我只學他的射術，他讓我端這石頭做什麼？養由基看他不行，就由他去了。這個人最終沒有學到射術，卻空走了很多地方。

跟養由基學射的那人，如果能腳踏實地，從一點一滴做起，他的射術必能精湛起來。正因為他沒有做到腳踏實地，所以才到頭來一事無成。所以說，只有不斷地努力並且踏踏實實，才可能穩步前進，獲得成功。

在確定了自己的職涯目標後，不能急於求成，最好一步一個腳印地來做工作。只有控制了浮躁，才能保持清醒的頭腦，才不會被受各種誘惑的誤導而迷失方向，才能吃得起成功路上的苦，才會有耐心與毅力穩步向前邁進，實現一個個小目標，最後實現大目標。

如果一味追求過高過遠的目標，喪失了眼前可以成功的機會，就會成為高遠目標的犧牲品。

　　許多年輕人不滿足於現有的工作，光顧著羨慕那些成功人士。在這種浮躁情緒的主宰下，就不能再安心本職工作，總存在一些不現實的想法。其實，需要多學習他們那種腳踏實地做好基礎工作、一步一個腳印穩步前進的精神。正所謂「是技皆可成名天下，惟無技之人最苦」，扼制住浮躁的心態，專心致志地培養一技之長，才會擁有自己的核心競爭力。

# 第二十五章：道法自然

## 【原典】

有物混成①，先天地生。寂兮寥兮②，獨立而不改③，周行而不殆④，可以為天下母。吾不知其名，字⑤之曰道，強為之名曰大⑥。大曰逝⑦，逝曰遠，遠曰反⑧。故道大，天大，地大，人亦大。域中⑨有四大，而人居其一焉。人法地，地法天，天法道，道法自然⑩。

## 【注釋】

①混成：混然而成，指原初的渾樸狀態。

②寂兮寥兮：形容「道」無聲音，無形體。

③獨立而不改：形容道不靠任何外力而存在，具有獨立性、永恆性和絕對性。

④周行而不殆：循環運行而不停息。

⑤字：命名。

⑥大：形容「道」廣闊無邊，力量無窮。

⑦逝：指「道」的運行周流不停，永不息止。

⑧反：指返回到原點或原狀態。

⑨域中：天地間，宇宙中。

⑩法自然：純任自然，按自然規律辦事。

有種東西混然而成，在天地形成以前就已經存在。它沒有聲音，也沒有形體，不依靠任何外力而獨立長存，循環運行而永不衰竭，它可以作為天地萬物的母親。我不知道它的名字，約定叫它做「道」；勉強地形容它，說它是廣大無邊的；廣大無邊而運行不息，運行不息而深遠無際，深遠無際而又返歸本原。所以說，道大，天大，地大，人也大。整個宇宙中有這四大，而人是其中之一。人學習地的厚實涵藏，地學習天的高明寬廣，天學習道的本源創生，道則純任自然，順規律行事。

## 【名家注解】

河上公：道無形混沌而成萬物，乃在天地之前。寂者，無音聲；寥者，空無形；獨立者，無匹雙；不改者，化有常。道通行天地，無所不入。在陽不焦，託陰不腐。無不貫穿，而不危殆也。道育養萬物精氣，如母之養子。

王弼：周行無所不至，故曰逝。周無所不窮極，不偏於一逝，故曰遠也。不隨於所適，其體獨立，故曰反也。

朱元璋：人法地者，君天下，當體地之四序交泰，以為常經而施政。地法天者，聽風雨霜露，以生實收斂物焉。天法道者，以無極之氣，自然徐成之也。道法自然者，和氣沖而物不敝是也，故能自然。

## 【經典解讀】

這一章，老子描述了「道」的存在和運行。「有物混成」，用以說明「道」是渾樸狀態的，是圓滿和諧的整體，並非由不同因素組合而成的鬆散體。「道」無聲無形，先天地而存在，循環運行不息，是產生天地萬物之「母」。

在本章中，老子提出「道」、「人」、「天」、「地」這四個存在。

其中，「道」是第一位的，是一個絕對體。現實世界的一切都是相對而存在的，唯有「道」是獨一無二的，所以「道」才能夠「獨立而不改」。它不會隨著變動運轉而消失，而是經過變動運轉又回到原始狀態，這個狀態就是事物得以產生的最基本、最根源處。

「道」是物質性的、最先存在的實體，這個存在是耳不聞目不見的，又寂靜又空虛，不以人的意志為轉移而永遠存在，無所不至地運行而永不停止。這就是「道」的性質和規律。其實，道不是來自天上，恰恰是來自人間，來自人們日常生活所接觸到的東西。比起希臘古代唯物論者所講的「無限」來，似乎更實際些，一點也不玄虛。它獨立存在，包括有和無兩種性質，不依靠外力推動。

宗教迷信的說法，認為上帝是世界的主宰者，但老子說的「道」在上帝之前已經出現；傳統觀念認為世界的主宰者是「天」，老子把天還原為天空，而道是先天地而生的。道產生萬物，是天地之根，萬物之母，宇宙的起源。老子講的道，沒有固定、具體的形象，即道在物先，又在物中。

## 【處世學問】

### 人沒有理由自高自大

人法地，地法天，天法道，道法自然。人學習地的厚實涵藏，然後學習天的高明寬廣，進而學習道的本源創生，最後則是效法自然，順規律行事。所以，人沒有理由自高自大。自高自大，出自北齊・顏之推《顏氏家訓・勉學》：「見人讀數十卷書，便自高大，凌忽長者，輕慢同列。」法國大文學家巴爾札克也曾說，自高自大是人生的三大暗礁之一。我們不妨先來看看井底之蛙的故事。

從前，一口廢井裡住著一隻青蛙。有一天，青蛙在井邊碰上了一隻從

海裡來的大龜。青蛙就對海龜誇口說：「你看，我住在這裡多快樂！有時高興了，就在井欄邊跳躍一陣；疲倦了，就回到井裡，在磚洞裡睡一回。或者只留出頭和嘴巴，安安靜靜地把全身泡在水裡；或者在軟綿綿的泥漿裡散一回步，也很舒適。看看那些蝦和蝌蚪，誰能比得上我？」海龜聽了青蛙的話，就笑著對青蛙說：「你看過海嗎？海的廣大，何止千里；海的深度，何止千丈。古時候，十年有九年大水，海裡的水，並不漲多少；後來，八年裡有七年大旱，海裡的水，也不見得淺了多少。它不受旱澇影響，住在那裡，才是真的快樂呢！」井蛙聽了海龜的一番話，吃驚地再沒有話可說了。

一個人眼界與心胸足夠高遠，自然知道自己所知所悟有多麼淺薄。只有井底之蛙，才會自高自大，自以為是。不能保持警覺，自高自大，學識淺薄，就難以應付人生路上的困難。因此，要尊敬自己周圍的人，虛心向他人學習，要經常保持清醒的頭腦。

曾國藩曾說：「古今億萬年，無有窮期。人生其間，數十寒暑，僅須臾耳！大地數萬里，不可紀極，人於其中，寢處遊息，晝僅一室耳！夜僅一榻耳！古人書籍，近人著述，浩如煙海，人生目光之所能及者，不過九牛之一毛耳！事變萬端，美名百途，人生才力之所能辦者，不過太倉一粟耳！

「知天之長，而吾所歷者短，則遇憂患橫逆之來，當少忍以待其定；知地之大，而吾所居者小，則遇榮利爭奪之境，當退讓以守其雌；知書籍之多，而吾所見者寡，則不敢以一得自喜，而當思擇善而約守之；知事變之多，而吾所辦之者少，則不敢以功名自矜，而當思舉賢而共圖之。夫如是則自私自滿之見，可漸漸蠲除矣。」

多麼高明的見解！芸芸眾生，「不知天多高，地多厚」，只曉得一個「我」，則一切相害。一個人倘能覺悟到此種境界，自然可以除去自私自

滿之見，往大道上邁進。否則一昧坐井觀天，畫地為牢，怎麼能夠成就大事呢？

但古今自高自大、自我欣賞，以為自己就是天的人不少。而當他發現自己不是天的時候，就會心生嫉妒，害人害己。須知，人外有人，天外有天。我們要做的就是抱持一顆平常心，順其自然，師法自然。

自然與它無聲的訴說，教給我們許多生活的道理。我們從植物那裡學習播種與收穫，從動物那裡看到平等和自由，從生命的節奏中學會如何告別悲傷。自然界沒有浪費，我們從中學會循環之道；自然界的生命多種多樣，我們由此學會百花齊放、推陳出新。

師法自然，我們才能對自然和真實的自我有一份尊重。自然能體現一種真實自我與大我的連結，幫助我們聆聽內心真實的聲音，點燃生命之火，並找到生活的信仰。

# 第二十六章：燕處超然

## 【原典】

重為輕根①，靜為躁君②。是以君子③終日行，不離輜重④。雖有榮觀⑤，燕處⑥超然。奈何萬乘之主⑦，而以身輕天下？輕⑧則失根，躁則失君。

## 【注釋】

①根：根本，根基。

②君：主宰。

③君子：有道之人，品德高尚的人，這裡指理想之主。

④輜重：軍隊中載運器械、糧食的車輛。

⑤榮觀：美好的景觀，指華美的生活。

⑥燕處：安居的地方；安然處之。

⑦萬乘之主：兵車數量可觀的大國的君主。乘，是古代兵車的數量單位。

⑧輕：輕率，不穩重。

## 【譯文】

凝重是輕浮的根本，靜定是躁動的主宰。因此君子整日行走，都不離開載著衣食等物的車輛。雖然享受華美的生活，卻能安然處之，超然物外。為什麼大國的君主，卻還要以輕率的態度處理天下大事呢？要知道，輕率就會失去根本，急躁妄動就會喪失主宰啊！

## 【名家注解】

河上公：人君不重則不尊，治身不重則失神。草木之華輕，故零落；根重，故長存也。人君不靜則失威，治身不靜則身危。龍靜，故能變化；虎躁，故夭虧也。聖人終日行道，不離其靜與重也。

王弼：凡物輕不能載重，小不能鎮大；不行者使行，不動者制動。是以重必為輕根，靜必為躁君也。失本為喪身也。失君為失君位也。

朱元璋：持身之道如是，凡君子舉事，必先以身為重，然後度所行之事，可全身立名者，方乃施之。所以下重、靜、輕、躁四字，乃云不欲胡為輕發，亦不許猶豫也。

## 【經典解讀】

在本章中，老子舉出了輕與重、動與靜兩對矛盾的現象，並認為在重輕關係中，重是根本，注重輕而忽視重，則會失去根本；在動與靜的關係中，靜是根本，重視動而忽視靜，則會失去根本。

這反映了老子的辯證法思想。不過，唯物辯證法認為，在動與靜的關係中，動是矛盾的主要方面，而老子卻恰恰相反，因此其辯證法被認為是消極的、不徹底的。這一批評，切中了老子辯證法思想的脈搏。

不過，在本章中，老子的觀點又是值得肯定的。他在這裡講的是領導者怎樣才能夠鞏固和保持自己的地位。在他看來，輕、躁的作風就像斷了線的風箏一樣，立身行事，草率盲動，一無效準。因而他認為，領導者只有保持靜、重，才能鞏固自身的地位。

所謂靜為躁君，其實就是人們常講的沉得住氣。在老子看來，有根基，有主心骨，就有遠見，有準備，才能立於不敗之地。反之，輕率、輕浮、輕飄就沒了根基，就容易被外力推倒、拔起、被顛覆掉。而躁動、急躁、焦躁、熱昏，就會丟了核心，難免失控。

因此，高明的人，都懂得亂中取靜，即所謂每臨大事有靜氣，所謂猝然臨之而不驚，無故加之而不怒，所謂麋鹿興於左而目不瞬，泰山崩於前而色不變，以及戒驕戒躁等。此外，他們還會隨時做好應變的準備，不離後勤保證，不脫離腳踏實地的狀態，更不會忘乎所以，輕率從事，自取滅亡。

　　這一章主要講人生與做事的態度。其中的啟發是：一要固本強根，不輕率、輕浮、輕飄；二要沉著、冷靜，不急躁、狂躁、躁動；三要慎重行事，不輕舉妄動，不走失迷誤。

## 【處世學問】

### 做人做事切忌浮躁

　　穩重、隱忍是輕浮的根本，鎮靜、老練持重是躁動的主宰。輕舉就會失去制衡的根本，妄動就會喪失主宰的優勢地位。

　　宋代蘇洵說：「一忍可以支百勇，一靜可以制百動。」一個人只有做到「靜」、「定」，才能遇事不慌。

　　漢景帝時，太尉周亞夫統師軍隊討伐吳楚七國之亂，軍中也曾在夜裡發生驚亂，周亞夫穩睡床上根本不起來，沒多久軍中自然平定下來。

　　三國時，中郎將張遼軍中有人謀反，夜裡忽然聽見驚呼起火了，全軍都騷亂了。張遼對左右的人說：「不要亂動，這不是全軍造反，必然是有人在裡面製造混亂，想以此擾亂軍心罷了。」就對軍中將領宣布：「不謀反的人就安靜下來。」張遼率領親兵數十人，在軍營正中端立不動，很快就將謀反的首犯抓獲。

　　這些都是以靜制動的典型。其實，以靜制動，既是謀略，也關乎品格修養。不懂韜略，腹無謀略者難以做到；雖懂韜略，缺乏相應的涵養功

夫，也是難以做到的。

　　宋英宗時，蘇頌改任度支判官。一次，他陪同契丹使節回國，住宿在恩州。當晚驛站起火，手下人請他出去避火，蘇頌不同意；州兵要進來救火，蘇頌也不同意。只是命令守衛驛站的士兵去將火撲滅。剛剛起火時，恩州郡裡人心浮動，議論紛紛，說契丹使者發生嘩變，救兵也想因此而惹起事端。全靠蘇頌鎮靜自若，穩如泰山，事情就平息了。

　　隱忍不躁，以靜制動，是剛健中正的標法。做什麼事，都應保持冷靜，從容鎮定，不要急急忙忙，心慌意亂。

　　宋代，有個姓杜的人曾任鄆州知府。當時，有人偷偷地在城牆角上樹了杆旗幟，上面寫著一些煽惑老百姓的話，預言某月某日將有事變，全州百姓都十分驚奇。不久，草料場白天失火，這也是揭貼上所預言的事情之一，老百姓越發恐懼。有人向杜某建議，在城中大舉搜查，捉拿作怪的人，杜某笑著說：「這正是妖人的奸計啊！他就是希望我因為他的騷擾而發作，為什麼要中他的計呢？他們成不了什麼事的。」

　　杜某表面上沒有任何動作，背地裡卻一直靜靜地觀察著事情的進展。過了不久，他就查清了該事，一鼓作氣將妄圖製造社會混亂的人抓獲了。

　　所以，做人做事不可輕浮狂躁、輕率行事，而應謹慎地對待。要知道，急切慌亂不僅解決不了問題，還會造成忙中出錯。這些事取決於一個人的能力，也一定程度上反映著一個人的涵養。

　　一個人無論身居何處，位居何處，都要懂得自尊自重，不驕奢，千萬不要失去了做人的根本。一旦失去了做人的根本，人就會變得浮躁不堪，妄自尊大，將自己置於孤獨和失敗的境地。

　　無邊無際的天宇因其高遠而穩健，遼闊蒼茫的大地因其厚實而凝重。天上的浮雲，儘管可一時遮天蔽日，卻因其輕飄而轉瞬即逝；狂風雖來勢洶洶，卻因其輕飄而終不能長久。

# 第二十七章：善行無跡

## 【原典】

善行無轍跡①，善言無瑕讁②，善計不用籌策③，善閉無關楗④而不可開，善結無繩約⑤而不可解。是以聖人常善救⑥人，故無棄人⑦；常善救物，故無棄物⑧，是謂襲⑨明。故善人者，不善人之師；不善人者，善人之資⑩。不貴其師，不愛其資，雖智大迷，是謂要妙。

## 【注釋】

①轍跡：車輪轉動時留下的痕跡。

②瑕讁：玉石上的斑痕，引申為瑕疵、缺點、毛病。

③籌策：古人計算時使用的工具。

④關楗：關門的木閂。橫的叫關，豎的叫楗。

⑤繩約：用繩索捆綁，亦比喻拘束、約束。

⑥救：阻止，制止；挽救，幫助。

⑦棄人：無用之人。

⑧棄物：無用之物。

⑨襲：承襲，含藏，保持。

⑩資：取資、借鑑之意。

善於行走的，不會留下痕跡；長於言談的，沒有任何瑕疵；善於計算的，不必借助於籌碼；善於關閉門戶的，不用木閂別人也打不開；善於打結的，不用繩索別人也解不開。因此，聖人總是善於使人盡其才，因而沒有無用之人；總是善於物盡其用，因而也就沒有無用之物。這叫做藏而不露的智慧。所以善人是不善人的老師，不善人則是善人的借鑑。不重視自己的老師，不珍惜自己的借鑑，即使是聰明人，也會變糊塗。這叫做精微玄妙的道理。

## 【名家注解】

河上公：善行道者，求之於身，不下堂，不出門，故無轍跡。善言，謂擇言而出，則無瑕疵，謫過於天下。善以道計事者，則守一不移，所計不多，則不用籌策而可知也。

王弼：因物自然，不設不施，故不用關楗繩約而不可開解也。聖人不立形名，以檢於物；不造進向，以殊棄不肖；輔萬物之自然，而不為始，故曰無棄人也。雖有其智，自任其智，不因物，於其道必失，故曰雖智大迷。

朱元璋：君子之道，行人不能知，以其無誇己之言。其又不自矜，既不自矜，何有妄言？妄言既無，安有瑕謫？

## 【經典解讀】

本章中，老子把自然無為的道理，應用到更加廣闊的社會生活領域。他以善行、善言、善數、善閉、善結等為喻，說明人只要善於行不言之教、處無為之政，能夠按自然規律辦事，則無需多費周折，就能得到無可挑剔的結果。此外，老子還進一步對不自見、不自是、不自伐、不自矜等作了發揮，強調若「不貴其師」、「不愛其資」，則「雖智大迷」。

文中，善行可以理解為善於行走、善於行動、善於做事。善於做事的人，不求彰顯、不求揚名、不求立功，不需要也不在意是否能夠留名，更不會給人留下什麼把柄。善行是順應自然的結果，是高明的、自化的、無形的，自然就不會留痕跡。

善言無瑕謫似乎說得有些絕對，因為只要是說出或寫出來的「言」，就難免沒有瑕謫。可以說，沒有瑕謫的「言」是不存在的。所以，英國人認為「沉默才是金」，而老子自己也說「多言數窮，不如守中」。因此，我們大可將「善言」理解為不言或少言。

老子還認為：人無棄人，物無棄物。天下的善人、不善人，善物、不善物，皆有其用處；善者為師，惡者為資，一律加以善待。對於不善的人，不加鄙棄，既要勸勉、誘導他，也要以其不良行為作為鑑鏡，避免重蹈覆轍。這就要求我們要全面看問題，不可輕浮潦草、粗枝大葉，亦不可只知其一，不知其二，更不可妄自尊大，恃才傲氣。

這不僅是對執政者說的，也是對每一個社會精英的要求。他們應當做到民胞物與，應當不拋棄、不放棄一人一物，應當善用人、物之長，使人盡其才、物盡其用。這是深刻的、內隱的大智慧，這樣才能得到擁戴，受到歡迎和熱愛。

【處世學問】

### 不要留下把柄給人

俗話說，事成於慎而敗於縱。「善行無轍跡」這句話就提醒大家，為人做事宜謹慎，切不可留下傷害自己的把柄給人。

佩里安德曾說：「在順境中要節制，在逆境中要謹慎。」所以，即便是一帆風順，也不可掉以輕心，只有以「安全駕駛」的姿態去謹慎地行

駛，才能順利到達成功的彼岸。而當在逆風中行船之時，若不謹慎行事，更可能會船毀人亡。

劉榮是漢景帝的長子，他的母親是栗姬。栗姬生下了劉榮後，深得景帝寵愛，她極力說服景帝立自己的兒子為皇儲，經不住枕邊風的吹拂，景帝便在即位四年後立劉榮為太子。

如果沒有什麼變故，劉榮將來就會順理成章成為大漢皇帝，可是宮廷向來多變故，由於他母親栗姬的見識短淺、做事魯莽，劉榮的太子寶座沒坐多久就轉手讓人了。

原來景帝有個親姐姐，即館陶長公主劉嫖，景帝對她非常尊重，竇太后也非常喜愛她。她見栗姬得寵，劉榮又被立為皇太子，就向栗姬提親，想把自己的女兒陳阿嬌嫁給劉榮，以便能和未來皇后親上加親，讓自己的女兒成為以後的大漢國母。可是栗姬早就看長公主不順眼，沒有多加考慮就一口回絕了。

長公主在栗姬面前吃了閉門羹，不禁又羞又恨。於是，她設法和王美人結成了親家，把女兒阿嬌許配給了王美人的兒子劉徹（即後來的漢武帝）。隨後，長公主和王美人共同設計陷害栗姬。最後栗姬蒙受不白之冤，又無法見到景帝辯白，不久便憂憤成疾，含屈而死。栗姬死後不到兩個月，王美人便被封為皇后，入主中宮，其子劉徹也被冊立為皇太子。劉榮則在這之前就已經被貶為臨江王了。

臨江原來是劉榮的弟弟劉閼的封地，劉閼死得早，所以又把劉榮封到了這裡。劉榮到達臨江都城江陵後，卻也仁厚愛民，老老實實地做他的王爺，沒有再爭回皇太子位的打算。不過人無傷虎意，虎有食人心，他是景帝的長子，留著他，對現在的皇太子始終是個大威脅。朝廷要討好王皇后和新太子的人多著呢！

但是劉榮若能謹慎行事，不讓他們抓住把柄，至少可以保住性命。可

是劉榮偏偏行事也不謹慎，因為劉闕沒做什麼建設，臨江王宮狹小得很，劉榮就準備做個大工程擴建一下。這下倒好，馬上有人揭發他侵占太宗文皇帝宗廟餘地來修築王宮。因為栗姬的原因，景帝對劉榮也就沒有了好感，一聽說此事，大為震怒，當即下令讓他回京城接受審訊。

劉榮不得不收拾行裝回京城受審，臨走的時候，他先在江陵北門祭了祖。祭奠完畢，剛一登車，只聽得嘩啦一聲，車軸竟然折斷了，劉榮不由得吃了一驚，心情十分沉重。當時來送他的江陵百姓不少，看到這種情況，都知道不是好兆頭，互相哭訴道：「王爺只怕回不來了！」

劉榮到了京城，去中尉府對簿。恰好遇上了中尉郅都，郅都綽號蒼鷹，是個有名的酷吏。他審訊劉榮時非常嚴厲，並沒有因為劉榮是皇子而留一點情面。劉榮想寫信給景帝認錯，郅都卻命令手下人不允許提供筆墨。魏其侯竇嬰得知後，偷偷派人送筆帛給劉榮。但劉榮畢竟年少識短，從未見過這樣的大陣仗，想著母親去世，父親又不愛自己，心裡很恐慌，害怕會受到嚴厲的懲罰，索性寫下了一封絕命書，就自殺了。景帝看完信也不怎麼傷心，命以諸侯王的禮節殯葬故太子，諡為閔。

劉榮死後葬在藍田，下葬後，有許多燕子銜泥加在他的墳上。老百姓見了，沒有不嘆息臨江王是冤枉的。劉榮沒有兒子，死後臨江國併入漢，稱為南郡。

劉榮因母親得寵而被立為太子，又因母親失寵而被廢，最後身死獄中，實在可嘆。然而此種結果，也與他行事不謹慎有很大關係。既然以太子被廢為臨江王，他就該知道很多人還對他虎視眈眈，企圖斬草除根，諸事更宜小心從事，不留下任何把柄給人。可是他卻大築宮室，甚至侵占宗廟的餘地，落人口實，讓人抓住了把柄，終究難逃一死。

俗話說：害人之心不可有，防人之心不可無。謹慎行事，不向別人留下把柄是極為重要的。為此，一個人平時需要多自我檢視，以免一時疏忽

被人抓住把柄而引火焚身。

伏爾泰曾說：謹慎的人對自己有益，有德行的人對別人有益。戴爾·卡內基也說過：養成小心謹慎的習慣，實在重要極了。多一點謹慎，對你沒壞處！

## 【商海實戰】

### 借鑑經驗少走彎路

老子說，不重視自己的老師，不愛惜可資借鑑的鏡子，即使是很有智慧的人，也會陷入人生和社會的迷局。

其實，一個國家也好，一個企業也好，甚至一個人，只有善於吸收和借鑑別人的成功經驗，並結合自身的實際融會貫通，才能少走彎路，加快發展進程，順利駛抵成功的彼岸。豐田喜一郎就是一個善於博眾家之長為己用的人。

豐田喜一郎的成功就在於他能「走出去考察」。他對照分析、比較本國與別國的差距，同時重視人才，並積極網羅人才，設計出有鮮明特點的豐田牌汽車，使之走遍世界的各個角落。

豐田喜一郎是日本一位著名的紡織機械製造商的兒子。按常理，他應該繼承父業，從事紡織工業，但他卻遵照父親「一個人的一生只能做一行，我做紡織，你就做汽車吧」的遺願，選擇了汽車製造業。

「做汽車」必須從零開始。豐田喜一郎做的第一件事是到世界各國去考察。1929年至1930年間，豐田喜一郎的足跡遍及西方各大城市。德國的奔馳汽車公司、美國的福特汽車公司讓他留下了非常深刻的印象。兩年的考察不僅開闊了豐田喜一郎的眼界，使他清楚地看到日本的汽車製造工業與西方發達國家汽車製造工業的差距，更使他看到了汽車工業的巨大前

景。他堅信一個光輝的「汽車時代」必將來臨，從而堅定了開拓汽車製造工業道路的信心。

豐田喜一郎認為：學習和借鑑是企業成功的根本。考察一結束，喜一郎就著手網羅各方面的人才，並真誠地到有關專家、學者家中去拜訪、求教，獲益匪淺。

豐田喜一郎深知製造汽車離不開鋼鐵，便多次到日本東北大學的特殊鋼國際權威本多光太郎教授家中拜訪。在本多光太郎的指導下，豐田喜一郎建立了為他的汽車公司提供優質特殊鋼的供應基地。成瀨政男是國際著名的齒輪專家，在成瀨政男的幫助下，豐田喜一郎成功地研製出特種豐田齒輪。豐田喜一郎的好友隈部一雄是位汽車專家，豐田喜一郎採納了隈部一雄的建議，博採福特、雪佛萊等名牌汽車之長，使豐田車形成了「節油、堅固、廉價」的鮮明特點。

1938年11月，豐田汽車廠正式投產。1948年，豐田牌小轎車實現了量產。

在自己沒有現成經驗可以用的時候，借鑑他人成功的經驗是個好辦法，豐田喜一郎成功的關鍵是他懂得「借鑑」在創業中的重要性。無論是提高產品的品質，還是提高技術水準，都需要首先明白怎樣借鑑和利用他人的成果。

豐田喜一郎的成功故事還告訴我們，在發展到一定的程度和階段以後，一定要摸索、總結出一套適合自己未來發展的模式和規範。

的確，借鑑別人的成功經驗，可以少走彎路。但是，再好的經驗，也不能完全套用。所謂發揮「後發優勢」，應該是在借鑑別人經驗的基礎上，立足自身實際，開拓性地進行大膽創新的結果。

現代人越來越重視創業，在創業時，借鑑過來人的成功經驗，就可以少走彎路、少交學費。創業的一切結果都要自己承擔，沒有人願意替你

「買單」。雖然說不單獨嘗試，就不知道路該怎麼走，但學習成功的經驗可以讓創業路走得更平坦也更久遠。

廣泛汲取別人的成功經驗為我所用，這一點尤其重要，它能為你在實戰中提供幫助或指導，借鑑別人的成功經驗，減少你失敗或碰壁的可能，以便少走彎路，少碰釘子。

【管理實踐】

### 用人要善用人之所長

正所謂，天地不仁，以萬物為芻狗。天地對每一個人，不論男女、無分胖瘦、不管求學多少、不管貧富貴賤……一視同仁，皆無偏私。所以，雖個人路途平坦崎嶇有別，但只要努力，不被困難嚇倒，則每個人都必有其用武之地！

詩仙李白在〈將進酒〉中，留下了不朽的名句「天生我才必有用」。眾所周知，世上沒有盡善盡美之人，管理者用人的關鍵在於用人之長。

戰國時代齊國的孟嘗君是戰國四公子之一，他喜歡招納各種人做門客，號稱賓客三千。這三千多人，各有其特殊才能。一旦孟嘗君遭遇困難，門客們就各盡所能，全力相助，幫他解決困難。

秦昭王一向很仰慕孟嘗君的才能，因此就派人請他到秦國做客。孟嘗君為了報答秦王的賞識，就送上一件名貴的純白狐裘，作為見面禮。秦昭王想將他留下，讓他當相國。孟嘗君不敢得罪秦昭王，只好留下來。不久，大臣們勸秦王說：「留下孟嘗君對秦國是不利的，他出身王族，在齊國有封地，有家人，怎麼會真心為秦國辦事呢？」秦昭王覺得有理，便改變了主意，把孟嘗君和他的手下人軟禁起來，只等找個藉口殺掉。

秦昭王有個最受寵愛的妃子，只要妃子說一，昭王絕不說二。孟嘗君

派人去求她救助。妃子答應了，條件是拿齊國那一件天下無雙的狐白裘做報酬。這可叫孟嘗君為難了，因為剛到秦國，他便把這件狐白裘獻給秦昭王。就在這時候，有一個門客說：「我能把狐白裘找來！」說完就走了。

原來這個門客最善於鑽狗洞偷東西。他先摸清情況，知道昭王特別喜愛那件狐裘，一時捨不得穿，放在宮中的庫房裡。這天晚上，他便藉著月光，偷偷進入皇宮，學著狗叫把衛士引開，順利地偷回當初獻給秦王的那件白狐裘。孟嘗君利用白狐裘收買了燕妃，燕妃果然替孟嘗君說了不少好話，過了沒多久，秦王就釋放了孟嘗君，並準備過兩天為他餞行，送他回齊國。

孟嘗君怕夜長夢多，立即率領手下人連夜偷偷騎馬向東快奔。到了函谷關正是半夜。按秦國法規，函谷關每天雞叫才開門，半夜時候，雞怎麼可能叫呢？在這時候，忽然有位門客拉開嗓子，學著雞鳴：「喔——喔喔——」一時之間，全城的雞都跟著一起鳴叫。守城門的將兵一聽到這麼多公雞在叫，以為天亮了，於是就按照規定把城門打開，放他們出去了。

天亮了，秦昭王得知孟嘗君一行已經逃走，立刻派出人馬追趕。追到函谷關，孟嘗君已經出關多時了。

孟嘗君靠著雞鳴狗盜之士逃回了齊國。

現代人鄙視「雞鳴狗盜」之輩，認為他們的本領微不足道，偷偷摸摸的行為也見不得人。然而，正是這樣微不足道、偷偷摸摸的本領救了孟嘗君。孟嘗君平日奉為上賓的高明之士，在那時候卻束手無策。

其實，每個人都有他擅長做的事情，管理者若能給每項工作都找到最稱職的人，就會「人無棄人」，並且使團隊產生高效率。

每個人都有優點，也不可避免地有些缺點。比如有些人確有才能，也有明顯的性格缺陷。但懂得用人的管理者不會輕易放棄這種人才，而是善加使用，將其變成企業的「寶貴財富」。

如果你想要用一個能力出眾的人，就必須準備接受他的缺點。別忘了有高山的地方，就有深谷。

　　日本的企業管理者懂得充分利用每個員工的優點。他們認為：工人的缺點知道得愈少愈好，要知道的是他們能做什麼和他們的優點。因此，日本的企業很少開除人或資遣人，而員工也常把公司視同一體，幾乎沒有人和公司「離婚」。

　　如果一個管理者一談到用人，首先就想到人的缺點，用人的範圍就會越來越小。而如果他能轉變思維方式，分析一個人的長處和優點，視野就會開闊一些，能幹可用的人，就會出現在他的面前。

# 第二十八章：大制不割

知其雄①，守其雌②，為天下谿③；為天下谿，常德不離，復歸於嬰兒。知其白，守其黑，為天下式④；為天下式，常德不忒⑤，復歸於無極⑥。知其榮，守其辱，為天下谷⑦；為天下谷，常德乃足，復歸於樸⑧。樸散則為器⑨，聖人用之，則為官長。故大制不割⑩。

## 【注釋】

①雄：比喻剛勁、強大。

②雌：比喻柔弱、謙下。

③谿：通溪，溪谷、溪澗。

④式：標準，榜樣，范式。

⑤忒：過失。

⑥無極：指永恆真理，宇宙之原初狀態。

⑦谷：深谷，比喻胸懷廣闊。

⑧樸：樸素。指純樸的原初狀態。

⑨器：器物。指萬事萬物。

⑩割：割裂，損害。

深知雄強之道，卻能安處柔弱之位，做天下的溪谷；做天下的溪谷，就能常德不離身，回歸嬰兒般純潔的狀態。深知清明之德，卻能安處幽昧之地，做天下的榜樣；做天下的榜樣，就能長保美德而無過失，回歸宇宙之原初狀態。深知榮耀之理，卻能安處卑屈之地，做天下的深谷；做天下的深谷，就能常德完足，返樸歸真。真樸的狀態分散就成為具體的物，聖人依循這一原則，就能領袖群倫。因此，大手筆的製作，是不需要刻意雕琢和損害原材料的。

## 【名家注解】

河上公：雄以喻尊，雌以喻卑。人雖知自尊顯，當復守之以卑微，去雄之強梁，就雌之柔和。如是則天下歸之，如水流入深谿也。

王弼：真散則百行出，殊類生，若器也。聖人因其分散，故為之立官長，以善為師，不善為資，移風易俗，使歸於一也。大制者，以天下之心為心，故無割也。

朱元璋：白乃光明也，將甚必有虧，故先守其黑。黑乃明之先兆，是以存其光而不欲盡也。既富而恐有所辱，守之以嚴，則不辱矣。

## 【經典解讀】

老子生活的春秋末年，政治動盪、社會混亂、紛紜擾攘。針對這種社會現實，老子提出了知雄、守雌的處世原則，並主張用這個原則去從事政治活動，參與社會生活。

守雌，含有持靜、處後、守柔之意，又有內收、凝斂、含藏之意。守雌不是退縮或者逃避，而是提醒人們以柔弱、退守之道，來保身處世、治國安民。兩者相輔相成，先對雄的一面透徹瞭解，然後居於雌的地位。

本章中的「樸」、「嬰兒」兩個名詞，代表著老子的一些基本觀念。「樸」字，通常可以解釋為素樸、純真、自然、本初、淳正等意。「嬰兒」，是「樸」的具體解說，只有嬰兒才不被世俗的功利寵辱所困擾，好像未知啼笑一般，無私無欲，淳樸無邪。

老子主張「復歸」，明確反對用仁、義、禮、智、信等清規戒律束縛人、塑造人，反對用這些說教扭曲人的本性，提倡讓人們返回到自然素樸狀態，即「返樸歸真」。

守雌、守黑、守辱，類似的說法還有守拙、安貧、忍辱負重、臥薪嚐膽等。例如，《紅樓夢》中的薛寶釵就是一個能守拙的人。「木秀於林，風必摧之」，何必做「出頭椽子」？

不過，老子的最終目的並不是知雄守雌、知白守黑、知榮守辱，而是為天下谿，為天下式，為天下谷。也就是我們常說的虛懷若谷、從零開始、謙恭納士、從善如流、宰相肚裡能撐船、退一步天高地闊等等。

值得深思的是，最反對用智謀取天下的老子，其所提倡的知白守黑、知榮守辱，卻成為最大、最深、最神奇的計謀。而白與黑相對照而存在，知黑守白或知黑求白的最後結果與知白守黑，與謙卑、忍耐、沉默、善良相通，也就不足為奇了。

關於「大制不割」，有兩種解釋。一種是說要採取因勢利導的管理方式，不要勉強；一種是說完善的政治不會割裂。

老子「知」與「守」的表述意味深長，分離了知與行的底線，又論述了知與行互補互通的可能，能讓人更聰明、更耐心、更沉穩、更遠視。

## 【處世學問】

### 曾國藩「知雄守雌」

一個人最難做到的是在崇高的榮寵面前保持平靜，但越是難做到，就越是要去做。「知其雄，守其雌」，知道自己強大，卻安於處在柔弱的位置，才能強而不折，得以保全。

在鎮壓太平天國的過程中，曾國藩的湘軍日漸壯大，清廷對此十分擔心。咸豐皇帝曾仰天長歎道：「去了半個洪秀全，來了一個曾國藩。」

面對清廷的猜忌，手握重兵的曾國藩積極探尋保身進退之道。他精研《易經》，深知水滿則溢，日滿則虧，月圓則缺，器滿則傾，因此總是如臨深淵、如履薄冰。

曾國藩曾說：「一般人只看到身居高位的人處於花團錦簇之中，而沒有看到他們正於荊棘、陷阱和沼澤之中，他們正處在各種衝突的漩渦中心，稍有不慎，就會遭遇殺身之禍。」

當其弟曾國荃率領湘軍圍攻太平天國的中心城市金陵時，洪秀全的太平天國已在覆滅的邊緣，而曾國藩的聲威正是如日中天。

那麼，如何才能在功成之際避禍呢？曾國藩認為應該首先勸說弟弟曾國荃將功勞推讓一些，以減輕眾人的嫉妒之心和清廷的猜忌之心。

曾國荃久攻金陵不下，曾國藩便苦口婆心地勸他把打金陵的功勞讓一些給李鴻章，同時也讓李鴻章分擔些風險。他說：「金陵城久攻不下，我的意思是奏上朝廷請求准許少荃（李鴻章）親自帶領開花炮隊、洋槍隊前來金城會同剿滅敵軍。如果李軍大功告成，則老弟承受其辛勞，而少荃坐享其名。既可以一同接受大獎賞，又可以暗中為自己培養大福。單獨享受大功名乃是折福之道，和別人分享功名則是得福的途徑。若李軍到了，金陵仍攻不下來，則朝廷對我們的責難也可以少一些，我們的責任也可以稍

微輕一些。」

但礙於曾國藩的面子，李鴻章不願與曾國荃搶功。雖然朝廷命令李鴻章迅速率軍助攻金陵，而面對這個立大功的機會，李的部下也都躍躍欲試，但李鴻章都不為所動。

幸好，曾國荃不久後便攻下了金陵。但向朝廷報捷時，曾國藩卻將自己的名字列於湖廣總督官文之下。他還一再聲稱，能成大功，實賴朝廷的指揮和諸將同心協力，他們曾家兄弟全是仰賴天恩，得享其名，實是僥倖，隻字不提一個「功」字，對李鴻章更是多加美言。

然而，心高氣傲的曾國荃卻沒有他大哥曾國藩的涵養，攻陷金陵的當天夜裡就急忙上奏報捷。正如曾國藩一直所擔憂的那樣，滿心以為會受到朝廷褒獎的曾國荃，卻挨了當頭一棒。上諭嚴厲指責曾國荃說：就是因為你的疏忽，才讓千餘太平軍突圍。很明顯，這是朝廷有意對曾國藩兄弟吹毛求疵。幸好此時有人將太平天國的將領李秀成捆送大營，否則曾國荃便難下臺了。

但是，清廷並未就此甘休，反而步步緊逼。幾天後，清廷又追查金陵金銀的下落：「金陵陷於賊中十餘年，外間傳聞金銀如海，百貨充盈，著曾國藩將金陵城內金銀下落迅速查清，報明戶部，以備撥用。」而且上諭中直接點了曾國荃的名，警告他說：「曾國藩以儒臣從戎，歷年最久，戰功最多，自能慎終如始，永保勳名。惟所部諸將，自曾國荃以下，均應由該大臣隨時申儆，勿使驕勝而驕，庶可長承恩眷。」寥寥數語，卻暗藏殺機：你曾氏兄弟如再不收斂，就別想「永保勳名」、「長承恩眷」了。

老謀深算的曾國藩自然品出了這話中的味道，他心裡很明白：如何處理好與清廷的關係，已成為能否保持其權力和地位的關鍵。於是，他一面勸說曾國荃主動以身體不適為由，向朝廷奏請回原籍養病，一面裁減湘軍，最終消除了朝廷的猜忌，從而保住了「勳名」。

# 第二十九章：去奢去泰

## 【原典】

將欲取①天下，而為②之，吾見其不得已③。天下神器④不可為也。為者敗之，執者失之。夫物⑥或行或隨；或歔或吹⑦；或強或羸⑧；或載或隳⑨。是以聖人去甚，去奢，去泰⑩。

## 【注釋】

①取：治理。

②為：指強行去做。

③不得已：達不到，辦不到。

④神器：神聖之物。

⑤執：掌握、控制。

⑥物：指萬事萬物、一切事物。

⑦歔、吹：歔，和緩地吐氣。吹，急速地吐氣。

⑧羸：羸弱、虛弱。

⑨載、隳（音輝）：載，安穩。隳，危險。

⑩甚、奢、泰：甚，極端。奢，奢侈。泰，過度。

## 【譯文】

想要治理好天下，卻又用強制的辦法，我看他不能成功。天下是神

聖之物，不可去強行改變它。企圖強行改變它，必定會失敗；企圖強行控制它，必定會失去。天下萬物，有的前行，有的後隨；有的性緩，有的性急；有的強壯，有的羸弱；有的安處，有的危殆。因此，聖人要去除走極端，去除奢侈，去除過度。

## 【名家注解】

河上公：人乃天下之神物也。神物好安靜，不可以有為治。以有為治之，則敗其質性。強執教之人，則失其情實，生於詐偽也。

王弼：萬物以自然為性，故可因而不可為也，可通而不可執也。物有常性，而造為之，故必敗也，物有往來，而執之，故必失矣。聖人達自然之至，暢萬物之情，故因而不為，順而不施；除其所以迷，去其所以惑。故心不亂，而物性自得之也。

朱元璋：吾將取天下而將行，又且不行，云何？蓋天下國家，神器也。神器者何？上天后土，主之者國家也。所以不敢取，乃曰我見謀人之國，未嘗不敗，然此見主者尚有敗者，所以天命也。

## 【經典解讀】

在本章中，老子從反面論述了「無為」之治，警告執政者執著於「有為」必致失敗，即以強力而有所作為或以暴力統治人民，終將自取滅亡。

世間眾生，各有秉性，愛好不一。有人喜歡走在人前，有人卻喜歡跟在人後；有人性情溫和，有人卻性情剛烈；有人剛強好鬥，有人卻軟弱好欺；有人喜歡安靜，有人卻喜歡冒險。其間的差異性和特殊性是客觀存在的。

因此，高明的執政者不會採取某些強制措施，將自己的主張或意志強加於人，而往往順任自然，因應物性，因勢利導，不強制、不苛求，不走

極端、不存奢望、不過度。如果能做到這些，我們自己就會平安、幸福，而我們的國家和社會也會安定、繁榮。

老子極力宣傳「無為」的政治思想，希望那些得「道」的執政者治國安民，能不為一己私欲而擾攘天下，而是把天下作為一個神聖的存在而加以細心呵護、真誠服侍，他主張透過對天下萬物的順任與放養，來實現萬物的自約、自律。

「為者敗之，執者失之」，是老子從「無為而無不為」逆向引伸出來的。在他看來，天下是神聖之物，治理它不可「有為」，盲目蠻幹，必遭挫折；固執地堅持「有為」，勉強去為，必遭失敗。所以，掌握了「道」的聖人在管理中堅持「無為」。「無為」，就不會逆著規律，固執己見，勉強去為，所以不會失敗。

可以說，老子一再苦口婆心地警告管理者，違背客觀規律的制度、法規越多，其反作用也就越大；逆規律行事，即使以強力、權力作後盾，或以暴力來把持，也難免自食惡果。

不過，人類有個壞習慣，那就是得到一項事物，如工具、技能、權力等，就對它肆加利用。這雖然有時可以有效地提高人類的行為能力，但是，這種對所取對象的予取予奪，卻極易誘使人們對世界進行隨心所欲的干預，肆無忌憚的獵掠搜刮，結果往往是自掘墳墓。

所以，對於因為過分開發自然環境而正自掘墳墓的現代人類來說，老子提出的以「無為」治理天下，不按自己的主觀意志、願望去治理天下，以及要順任放養萬物，要去甚、去奢、去泰的主張，是極富警醒意義的。

另外，老子也提出了選擇何種生活的問題，是甚、奢、泰，還是去甚、去奢、去泰。

## 做人千萬不可走極端

老子說：聖人要去除走極端，戒除奢侈，戒除過度。

歷史的經驗和文學名著中人物的結局都告訴世人一個道理：待人處世，萬不可把事做絕，要時時處處為自己留下可以迴旋的餘地，就像行車走馬一樣，你一下奔馳到山窮水盡的地方，調頭就不容易，你留有一些餘地，調頭就容易多了。

有一天，一隻狐狸走到一個葡萄園外，看見裡面甜美的葡萄垂涎欲滴。可是外面有柵欄擋著，無法進去。於是牠一狠心絕食三日，減肥之後，終於鑽進葡萄園內飽餐一頓。當牠心滿意足地想離開葡萄園時，發覺自己吃得太飽，怎麼也鑽不出柵欄了。

相信任何人都不願做這樣的狐狸。所以，當走運時一定要做好倒楣的準備。

俗話所說「過飽飯不可吃，過頭話不可講」，很有道理，大多數情況下，要特別注意才不可露盡，力不可使盡，為人不可把事做絕，要時時處處為自己留有餘地。

趙簡子有兩隻白騾，他非常珍愛。任廣門長官的胥渠派人在夜間來敲門，對趙簡子的守門人說：「麻煩您向君主通報一聲，就說他的臣子胥渠生病了，醫生說只有白騾的肝才能醫治，否則就會死。」

守門人向趙簡子通報了，這時，站在趙簡子身邊的官員董安說：「胥渠這人竟敢要我君王珍愛的白騾來治病，應該處以極刑。」

趙簡子不同意，說：「殺人以活畜，這是不仁義的行為；殺畜以活人，這才是仁義的行為。」

於是召來廚師，叫他把白騾殺了，取出肝送給了胥渠。

過了不久，趙國起兵攻翟，胥渠為了報答趙簡子殺騾治病之恩，率領部屬分兩路，左邊七百人，右邊七百人，奮勇攻城殺敵，終於登上敵城，並俘虜了守城的敵軍將官。

是殺人活騾還是殺騾活人？這是暴和仁的分界線，殘暴的執政者對人民任意掠奪、無惡不作，但人民如稍動其一草一木、一畜一物，就格殺勿論，視人賤過草木畜物，人民當然恨之入骨。

趙簡子與董安的根本區別就在於：他視人貴過畜。儘管他對白騾是那麼珍愛，其手下董安也因此認為胥渠竟敢要國君的白騾而主張處以極刑，但他立即駁斥了這種殺人活騾是不仁的行為，認為殺騾活人是仁者應做的事，便毫不猶豫地把心愛的白騾殺了，送給胥渠治病，這也使胥渠感恩戴德，於是奮戰以報答趙簡子的救命之恩。

事先留有餘地地報告對自己不利的情況，最後會給你良好的評價，即使沒有做出努力，也能讓對方認為你盡了最大努力。

醫生有時也使用同樣的技巧，這也許不是有意識的，例如，對送重病患來醫院的家屬說「也許來不及了」，這就是說讓他們有一個最壞的心理準備，然後再說「我會竭盡全力搶救的」，讓家屬有所期待。患者剛被送來時先這樣說比較主動。如果患者痊癒，患者及其家屬必定非常高興。萬一搶救無效，他們也能理解：醫生已經說過送來得太晚了，結果還是不行。對這位醫生來說，他會得到感謝或理解而不會招來責難和抱怨。

# 第三十章：物壯則老

## 【原典】

以道佐人主者，不以兵強天下。其事好還①。師之所處，荊棘生焉；大軍之後，必有凶年②。善者果③而已，不以取強④。果而勿矜，果而勿伐，果而勿驕，果而不得已，果而勿強。物壯⑤則老，是謂不道⑥，不道早已⑦。

## 【注釋】

①還：還報，報應。
②凶年：荒年，災年。
③果：成功，達到目的。
④取強：逞強，好勝。
⑤壯：強壯、強大，引申為發展到頂點。
⑥不道：不合乎大道，違背大道。
⑦已：消亡，死亡。

## 【譯文】

用「道」來輔佐國君的人，不仗恃武力在天下逞強。窮兵黷武往往會有報應。軍隊所到之處，荊棘叢生；戰亂之後，一定會出現荒年。故此善用兵者，只求達到目的而已，並不依靠兵勢逞強。達到目的也別自負，達到目的也別誇耀，達到目的也別驕傲，達到目的是迫不得已，達到目的也

別逞強。事物過於強大就要走向衰朽，這就叫做違背大道，違背大道就會過早地消亡。

【名家注解】

河上公：人主能以道自輔佐也。以道自佐之主，不以兵革，順天任道，敵人自服。其舉事好還，自責不怨於人也。

王弼：善用師者，趣以濟難而已矣。不以兵力取強於天下也。兵雖趣功果濟難，然時故不得已，當復用者，但當以除暴亂，不遂用果以為強也。

朱元璋：凡國家用兵，或轉輸邊境，轉輸則民疲用乏，是有凶年。或境內相爭，言境內相爭，農廢耕植，田野荒蕪，所以荊棘生焉。皆乏用，是為凶年。

【經典解讀】

在本章裡，老子認為戰爭是人類最愚昧、最殘酷的行為，「師之所處，荊棘生焉」、「大軍之後，必有凶年」，揭示了戰爭對人們帶來的嚴重後果。老子主張反戰的思想，無論在當時還是後世，都有其積極的意義。

老子在《道德經》中多處講到用兵問題，因此歷來都有學者認為《道德經》是一部兵書。例如，唐代王真曾說：五千之言，八十一章，未嘗有一章不屬意於兵也；明末王夫之也認為《道德經》可為「言兵者師之」；近代人章太炎則認為《道德經》概括了古代兵家要旨，並說「老聃為柱下史，多識故事，約《金版》、《六韜》之旨，著五千言，以為後世陰謀者法」。

我們認為，《道德經》是一本哲學書而不是兵書。老子論兵是從哲學的角度，而不是軍事學的角度。而且，八十一章中直接談兵的只有三章，講哲理偶以兵事取喻的也不到十章。再者，從軍事學角度講，它無論如何

也不能與《孫子兵法》相提並論。

在春秋時期，戰爭是社會生活的重要內容，哲學家、思想家們當然不會對其視若無睹。他們從戰爭中觀察到某些帶有哲理性的問題，並上升到哲學高度加以分析研究，找到包括戰爭在內的一般事物發展變化的規律，如「物壯則老」等，這無疑具有普遍的啟示價值。

其實，無論《道德經》是否為兵書，老子具有反戰思想都是無疑的。春秋時期，大小戰爭此伏彼起，對百姓生活造成災難。老子反對戰爭，完全符合人民的利益和願望。他描述了戰爭的種種危害，主張「不以兵強天下」。而事實上，一個國家不可能沒有軍隊，所以他又退一步提出，軍隊和戰爭只是為了保證國家、人民的安全與政治穩定，是不得已而為之的。因此，一旦在戰爭中獲勝，應遵循不自滿、不自驕、不自豪的原則，警惕盛極而衰。

## 【處世學問】

### 駕順風船想逆風事

事物一旦過於強大就要走向衰朽。這句話中，透露著得意之時莫忘了回頭之意。

世事如浮雲，瞬息萬變，但其變化並非無章可循，而是物極必反，循環往復。所以，人們常說：美酒飲到微醉處，好花看到半開時。明人許相卿說「富貴怕見花開」，也是此意。只因花開了，也就要謝了，可喜之時，也正是可懼之時。

所以，《書經》才說：「居安思危，思則有備，有備無患。」做人要有一種自惕之心，得意時莫忘回頭，著手處當留餘步。這樣才能「知足常足，終身不辱。知止常止，終身不恥」。

為人處世，最好時時遵守這條法則。應該充分地利用和平時段，積聚力量，以備不虞。這樣，當命運發生逆轉時，才不致措手不及，反而可因有所準備而能從容應對。

戰國時期，齊國宰相孟嘗君的家裡，養了很多的食客。其中有個名叫馮諼的，沒有什麼特殊的本領，所以來了很長時間也沒引起孟嘗君的注意。

有一次，孟嘗君準備派人到封地薛地去收債，一時找不到別人，就派馮諼去。馮諼很有禮貌地問孟嘗君是否帶些什麼東西回來。孟嘗君說：「隨便，你看著辦吧，你覺得應該帶些什麼回來就帶些什麼吧。」

馮諼來到薛地，召集了所有的債戶，把債契收上來，又當眾把所有的債契燒掉，然後對大家說：「孟嘗君讓我把你們的債全免啦，今後你們可以安居樂業了！」人們高興地歡呼起來。

馮諼回來，孟嘗君問他帶了什麼回來？債收完了沒有？馮諼回答說：「按您的指示，我覺得最應該給您帶回來的是『義』，所以我就為您帶回來個『義』。因此我就把薛地的全部債契燒掉，免了百姓們的債。」

孟嘗君聽了很不高興，可是一想，木已成舟，也沒說什麼，就算了。

一年後，孟嘗君被齊王免去了宰相的職務，只好回到薛地。當地百姓聽到這一消息，扶老攜幼到大路上歡迎他。孟嘗君這才恍然大悟，對馮諼說：「這就是您帶回的『義』啊！」

馮諼接著說：「狡猾的兔子有三個洞，才能保住性命，現在你只不過才有一個洞，還不能高枕無憂，萬一齊王對你再有不利，還得有另外的存身之處，因此我們還得再鑿兩個洞才行。」

於是馮諼向孟嘗君請求去遊說梁惠王。馮諼告訴梁惠王說：「孟嘗君名揚各國，如果您能請到孟嘗君幫您治理國家，那麼梁國一定能夠變得更強盛。」

梁國此時正好相位空虛，於是派人帶著重金來聘請孟嘗君。馮諼派人告訴孟嘗君不要接受聘請。所以梁惠王連請了三次都被拒絕了。

齊王聽說梁國要請孟嘗君做宰相，果然用很隆重的禮節把孟嘗君請了回去，恢復了原職。

齊王為了表示誠意，特意問孟嘗君還需要什麼。馮諼就偷偷告訴孟嘗君說：「請求齊王在薛地建立祠廟，再賜予先王留下的祭器，以保薛地的安全。」

齊王答應了孟嘗君的請求。祠廟建成那天，馮諼對孟嘗君說：「現在三個洞已經挖好了，你可以高枕無憂，安安穩穩睡覺了。」

孟嘗君為相幾十年，沒有纖介之微的禍患，倚靠的正是馮諼的謀劃！「居安思危」不同於一般的謹慎戒懼，而是主動尋找遇到危險時的緩衝，是一種更為積極主動的進取智慧。

正所謂「人無千日好，花無百日紅」，最風光、最美妙的日子往往是短暫的。就像打牌一樣，不會總是順手，一副超級好牌之後往往就是壞牌。所以，任何時候，都要為自己想好、安置好退路。為了長遠利益，要敢於放棄、犧牲諸多眼前利益。

處世如此，與人相交也是一樣。不論是對同性好友，還是對異性知己，都要交而有度。君子之交淡如水，既可避免勢盡人疏、利盡人散的結局，又可於平淡處見真情。越是形影不離的朋友，越容易反目為仇。因此，古人告誡說：「受恩深處宜先退，得意濃時便可休。」

## 【管理實踐】

### 居安思危杜絕隱患

居安思危是處世的妙法，也是能夠使企業長生不老的靈藥。現代企業

面對的環境和因素太複雜，抵抗力也太脆弱，外界氣候稍有變化，就會傷風感冒，嚴重的甚至夭折。

在競爭激烈的今天，企業就像行駛在茫茫商海中的一葉孤舟，隨時可能迷失方向，被巨浪捲入海底。風平浪靜總是短暫的，狂風巨浪才是永恆的挑戰。

所以說，企業也要有危機意識，如果忘記了這一點，很可能會付出慘重的代價甚至血的教訓。也許這有些危言聳聽，但現實時代的土壤卻近乎殘酷，適者生存，弱肉強食。

曾經很多行業風光一時的領跑者，不僅財力雄厚，而且家喻戶曉。曾幾何時這些企業一帆風順地駛向成功彼岸，然而卻不免沉船觸礁，如曇花般一現，昔日光輝頓成過眼雲煙，只為管理史上留下幾個失敗的案例。

在當今這個市場環境中，商場如戰場，機會危機挑戰同存，稍一疏忽就會招致滅頂之災。在沒有硝煙的戰爭中，每天都有成千上萬的公司誕生和破產。

IBM總裁Gerstner曾說：長期的成功只在我們時時心懷恐懼時可能，不要驕傲回首讓我們取得已往成功的戰略，而是要明察什麼將會導致我們的沒落，這樣我們才能集中精力於未來的挑戰，讓我們保持求知若飢的心態和足夠的靈活。

在順境中不可驕縱，只有小心經營、警惕危機，才能使企業永遠立於不敗之地。居安思危能讓管理者更冷靜、清醒地面對現狀，預測下一步的計畫。企業只有在整體上保持對同類競爭與社會發展的高度敏感性，才能使企業一直保持高效的運轉，擁有旺盛的生命力。

企業絕不能被暫時的成就所迷惑，因為繁華背後是荒蕪，昌盛之後是蕭條。危機的存在是必然的，而且來時無聲無息。這就要求企業時刻保持高度的危機感與緊迫感，既報喜又報憂，變壓力為動力，不斷變革、創

新，提升獵食的技能，提高企業的效率，以求不敗。

　　沃爾瑪是世界最傑出的企業之一，其管理者的境界已經超越了居安思危，達到了居危思進的高度。他們認為，只有杜絕隱患才能保證沃爾瑪持續成功。因此，他們固然為沃爾瑪所取得的成就驕傲，卻更重視研究其存在的隱患。

　　可見，有危機並不可怕，可怕的是不能發現危機。通常的情況是：在企業經營形勢不好的時候，人們容易看到企業存在的危機，但在企業如日中天的時候，居安思危則並非易事。只有那些善於未雨綢繆，擅長在繁盛背後發現危機，並能迅速採取措施解決危機的企業，才能笑得最好，且能笑到最後。

　　企業進行危機管理，首先應樹立一種「危機」理念，營造一個「危機」氛圍，使管理者和所有員工面對激烈的市場競爭，充滿危機感，理解企業有危機，產品有危機。然後，再用危機理念來激發員工的憂患意識和奮鬥精神，不斷拚搏，不斷改革和創新，不斷追求更高的目標。

# 第三十一章：恬淡為上

【原典】

　　夫兵①者，不祥之器，物②或惡之，故有道者不處③。君子居則貴左④，用兵則貴右。兵者不祥⑤之器，非君子之器，不得已而用之，恬淡⑥為上。勝而不美，而美之者，是樂殺人。夫樂殺人者，則不可以得志於天下矣。吉事尚左，凶事尚右。偏將軍居左，上將軍居右。言以喪禮處⑦之。殺人之眾，以悲哀蒞⑧之。戰勝以喪禮處之。

【注釋】

①兵：兵器，武器，引申為武力。

②物：指人。

③處：接近，接納。

④貴左：古人以左為陽，以右為陰，陽主生，陰主殺。尚左、尚右、居左、居右都是古人的禮儀。

⑤祥，吉凶禍福的徵兆，吉祥，善。

⑥恬淡：安靜，沉著。

⑦處：處置，處理。

⑧蒞：臨，面對，對待。

## 【譯文】

武力是不吉祥的東西，人們都厭惡它，所以心懷大道的人不接納它。君子平時居處以左側為貴，而用兵時卻以右側為貴。武力是不吉祥的東西，不是君子的工作，若迫不得已而使用它，最好淡然處之。取勝了也不要得意，如果得意，就是喜歡殺人了。喜歡殺人的人，不可能在天下取得成功。所以，吉慶的事情，以居左側為尊；凶喪的事情，以居右側為尊。因此，副將常居於左側，主將常居於右側。這是說，作戰要以喪禮來處置。殺人眾多，要用哀痛的心情去面對，打了勝仗也要用喪禮來處置。

## 【名家注解】

河上公：兵者，驚精神，濁和氣，不善人之器也，不當修飾之。兵動則有所害，故萬物無有不惡之。君子貴德而賤兵，不得已誅不祥，心不樂之，比於喪也。傷己德薄，不能以道化人，而害無辜之民。

朱元璋：兵行處所，非損命則諸物不無被廢。物者何？錢糧兵甲旗仗舍宇津渡舟車及馬，無有不損者，故物或惡。為此其上善度之，不處是也。兵本是凶器，沒奈何而用之，是以君子不得已而用之，縱使大勝，不過處以尋常。所以尋常者，即恬淡也。是謂勝不美。

## 【經典解讀】

這一章以古代的禮儀來比喻，仍講戰爭之道。按中國古代的禮儀看，主居右，客居左，所以居左有謙讓的意思，「君子居則貴左，用兵則貴右」。老子認為：兵器戰爭雖然不是祥的東西，但作為君子在迫不得已之時，也要用戰爭的方式達到自己的目的，只是在獲取勝利時不要以兵力逞強，不要隨意地使用兵力殺人。相反地，對於在戰爭中死去的人，還要真心表示哀傷痛心，並且以喪禮妥善安置死者。

戰爭會為人類帶來巨大的災禍，這是人所共知的。所以，老子說「夫兵者非君子之器也，不祥之器也」，但他同時又說，對於戰爭「不得已而用之」，這顯示老子在厭惡戰爭的同時，也承認了在「不得已」時還是要採用的。

春秋時期，戰爭十分普遍，國與國之間相互攻伐，且規模日益擴大，動輒數萬、數十萬的兵力投入戰爭之中，傷亡極其慘重。而在戰爭期間受危害最大的，則是普通老百姓。每逢戰爭，人們扶老攜幼、離鄉背井四處逃亡，嚴重破壞社會正常的生產，也造成社會秩序的動盪不安，戰爭的確是帶來災難的東西。

所謂君子迫不得已而使用戰爭的手段，這是為了除暴救民，捨此別無其他目的，即使如此，用兵者也應當「恬淡為止」，戰勝了也不要得意洋洋、自以為是，否則就是喜歡用武殺人。這句話是對那些喜歡窮兵黷武的人們的警告。所以，老子談論戰爭問題，目的在於反對戰爭，而不是為用兵者出謀劃策。

【處世學問】

### 慎用暴力手段解決問題

老子說：喜歡殺人的人，不可能得志於天下。這就提醒我們，暴力手段不是解決問題的好辦法！衝突激化容易導致暴力，用暴力解決問題比較直接，常是人們在盲目狀態下解決問題時的首選方案。然而，它未必是最好的方案，也未必真能解決問題。過去新建立的王朝常屠戮功臣，即「鳥盡弓藏」。實際上，透過這種暴力手段，雖能一時確保新朝穩定，卻容易形成暴力的輪迴，也就是人們常說的「以暴易暴」。進入了21世紀，「非暴力」這一解決問題的選擇越來越為多數世人所理解，並加以運用。

大家都知道，戰爭會帶來災禍。其實，實現政治目標的方式很多，如談判、經濟補償、相互諒解等，並不一定要訴諸戰爭。即使不得不用戰爭手段來解決問題，也要做到適可而止，即把戰爭控制在一定的規模和範圍內，儘量把損失減到最小。

　　比如，可以兵臨城下，逼其訂城下之盟；可以圍而不攻，絕水絕糧，迫其投降。如果不得不大動干戈，最好能出奇制勝，速戰速決，切勿讓戰事曠日持久。正所謂「殺敵一萬，自損八千」，曠日持久的戰爭對雙方來說，都是一場噩夢。

　　例如，戰國時期的秦趙長平之戰，失敗的趙軍被坑殺者達四十萬之眾，而事實上作為勝利一方的秦軍也傷亡了十之六七。像這樣的戰爭，即使勝利了，也沒什麼可洋洋得意的。

　　一句話，千萬不要將戰爭作為其耀武揚威、逞能洩憤的工具，那樣是不可能得志於天下的。商紂王曾幾次征伐東夷，軍隊損傷嚴重。所以，當周的軍隊打過來的時候，朝廷便無兵可用了，只好臨時把大群奴隸組織起來開往牧野，但奴隸們早就恨透了這位殘暴無道、四處征戰、不管老百姓死活的暴君，於是紛紛陣前倒戈。

　　戰爭的目的絕不是炫耀武力。「武」字拆開就是「止戈」，就是以戰止戰。戰爭雖然是不祥之物，不是君子所崇尚的，但戰爭有時候也是不可避免的。誰都知道中華民族是禮儀之邦，是不對外發動侵略戰爭的。

　　暴力不可能從根本上解決問題，也不能完美地調整人與人之間的關係。所以，不要企圖以強權控制對方，而最好像「周瑜打黃蓋」那樣，讓對方心甘情願為你服務。即使是強制性的提案，如果留少許修改的餘地，就不會讓人認為是被強加的。

　　比如，在開會時，管理者可以先提出一個劃定範圍的提案，然後說：「這就是我的想法，現在該你們發表意見了。」這時，大家就會開始熱烈

地討論，並得出結論。最後，他可以說說：「好了，我們就朝著這個目標去努力吧！」雖然他最初就已決定了90%的大綱，只給下屬留下10%的修正餘地，但下屬卻完全沒有被強迫之感，反而會覺得結論是大家的意見，當然就會口服心服地貫徹執行。

要追求內心的和諧，想問題、辦事情，要多關心少排斥，多支持少挑剔，多謙讓少爭執。面對問題、摩擦、誤會、糾紛等，要有求同存異的大度雅量，要有克己為人的奉獻胸懷，要放開眼界、提高境界，要大事小事皆容得。

## 【管理實踐】

### 事常成於謹慎敗於驕縱

老子說：取勝了也不要得意。為什麼這麼說呢？因為，得意就會忘形，就會驕傲，就會不再那麼謹慎，就會縱情恣意，結果常常會像老子說的那樣，「於幾成而敗之」。

不是這樣的嗎？難道你沒有過在快要成功時，因一點小小的不慎而導致失敗的經歷？世人不明此理，常常是取得了一點點成績，就驕傲自滿。越到最後關頭，越是沉不住氣，結果常常功敗垂成。

正所謂「行百里者半九十」，做事愈接近成功，愈要不驕不躁、認真對待，切勿驕縱輕敵、疏忽大意，以防前功盡棄。在歷史上不是沒有過這樣的教訓。

戰國時，秦國國富民強，氣勢最盛。秦武王以為從此可高枕無憂，便驕傲起來。一個謀士見這樣下去不行，便進言提醒武王：「《詩經》上說『行百里者半九十』，指的就是要看到最後關頭的困難。今天的霸業是否能成，還得看各方諸侯是否出力，然而大王現在就沾沾自喜，以驕色示

人，而忽視圖霸的準備，若讓其他國家知道了，進而攻擊秦國的話，霸業就難成了。」

秦武王沒有聽進那個謀士的忠言，沒能做到慎終如始、不急不躁、不驕不傲，故而他雖然精通治道，其霸業也只維持了短短四年。

所以說，要想成大業，就需要有一顆平常心，要聽得進忠言，要回過頭來看一下別人走過的路、經過的事，總結其中的經驗教訓，引以為戒，順其自然，不妄動，不盲從，按規律辦事，一切的功敗垂成都可以避免了。在這方面，做得最確實的，要數唐太宗李世民了。

他經常對身邊的人說：「治國如同治病。病人希望儘快好起來，便求醫心切。如果病人能聽從醫生的囑咐，配合治療，病就痊癒得快，反之，恐怕就要使病情惡化，甚至喪命。治國也是同理，要想保持天下安定，就得事事謹慎，在關鍵時候稍有疏忽，就可能招致亡國。

「現在天下的安危關鍵在我身上，因此，我要慎重地警惕自己。即使歌功頌德，我還需檢點自己的言行，加緊努力。但是，只靠我一人是難有作為的，希望你們能做我的耳目，發現我有過失，請直言無妨，君臣之間如有疑惑而不說，對治國是極其有害的。」

老子理想中的「聖人」，從不驕傲自滿、急於求成，更不執著於眼前成敗得失，而是善始善終、順其自然，所以很少遇到失敗，很少因小失大。唐太宗做人、為政都能不驕不躁、慎終如始，因而能夠創造中國歷史上著名的「貞觀之治」。

事常成於虛心而敗於驕傲，常成於慎而敗於縱。要想萬事順利，就一定要拋棄驕縱之心，小心謹慎、安全「駕駛」，即便是一帆風順也不可掉以輕心，只有這樣才能到達勝利的終點。

# 第三十二章：知止不殆

## 【原典】

道常無名，樸①。雖小②，天下不敢臣③。侯王若能守之，萬物將自賓④。天地相合，以降甘露，民莫之令而自均⑤。始制有名⑥，名亦既有，夫亦將知止，知止可以不殆⑦。譬道之在天下，猶川谷之於⑧江海。

## 【注釋】

①樸：指「道」的真樸狀態。

②小：此處用以形容「道」隱而不可見。

③臣：使……臣服。

④賓：服從之意。

⑤自均：自發均衡分配。

⑥始制有名：萬物生發，於是產生了各種名稱。

⑦不殆：沒有危險。

⑧之於：流入的意思。

## 【譯文】

「道」永遠是無名的，處於真樸的狀態。它雖然微小，但天下沒有誰能使它服從自己。君王若能依照「道」的原則治理天下，萬物都將自動歸

順。天地間陰陽之氣交合而降下雨露，人們不必君王下令就能自發將其均衡分配。萬物生發，於是產生了各種名稱；名稱確定下來之後，就應懂得適可而止。懂得適可而止，就可以避免危險。大道與天下的關係，就好比川谷流入江海。

## 【名家注解】

河上公：道能陰能陽，能弛能張，能存能亡，故無常名也。道無名，能制於有名；無形，能制於有形也。道樸雖小，微妙無形，天下不敢有臣使道者也。

王弼：川谷之求江與海，非江海召之，不召不求，而自歸者。世行道於天下者，不令而自均，不求而自得，故曰猶川谷之與江海也。

朱元璋：其名因物而有之，乃當止之，何故？蓋謂令君子措事既成，勿再加巧，加巧則復敝，不加巧，是謂知止。既能知了足，可以不危，即不殆。

## 【經典解讀】

本章表達了老子「無為」的政治思想。老子認為：侯王若能依照「道」的法則治理天下，順應自然，百姓們將會自動地服從於他。老子用「樸」來形容「道」的原始「無名」的狀態，這種原始質樸的「道」，向下落實使萬物興作，於是各種名稱就產生了。

老子認為，「名」是人類社會引爭端的重要根源。因此，他指出，立制度、定名分、設官職，不可過分，要適可而止，這樣就不會紛擾多事。

這一章講的「無名」、「有名」不是第一章中以「無」名、以「有」名的「無」和「有」的概念。「無名」指完全做到了不自見、不自是、不自伐、不自矜，所以稱之為「樸」。

老子的哲學，無論在世界觀方面或在哲學方面，都具有素樸的、直觀的特點，而且他也是用直觀來說明自然現象的普遍聯繫的。老子對世界的

本原，說「無以名之，字之曰道，強名之曰「大」，又把道叫做「樸」，有時把道叫做「無名」。

在老子看來：「道」是混然一體的「無名」或「樸」，是指物質世界的實體及其變化的原因和規律。因此，認為老子的「道」，只是由思維形式表述的一些東西，並不直接適用於對待客觀現實的事物和現象的理念，是與老子的原意不合的。

「道」是具有最大共性的「無名、樸」，並且還適用於新舊轉化的客觀規律，在整個「大、逝、遠、反」的進程中，它的存在是具有本質和現象、形式和內容、可能和現實，以及動靜、因果等關係性的範疇。

## 【處世學問】

### 要有「知止」的智慧

老子說，知止可以不殆。即知道適可而止，就可以保持不發生危險。他用「樸」來形容「道」的原始「無名」狀態，這種原始質樸的「道」，向下落實使萬物興作，於是各種名稱就產生了。立制度、定名分、設官職，不過分，適可而止，這樣就不會紛擾多事。

「道」創生宇宙萬物時，就對它們規定了等級和名分，太陽是為萬物送去溫暖的，所以高高在上；大地是承載萬物的，所以處於萬物之下；牛是用來耕田的，所以必須受人的驅使；人是萬物之靈，所以必須承受比萬物更多的心理負擔……

萬物有了自己的名分和等級就知道自己該做什麼，不該做什麼，這就叫「知止」，知道適可而止，就不會有越軌的行為，就不會為自己招致災難和煩惱。

所以，人要知道安守本分，謙虛一點、踏實一點不是壞事。你看

「道」知道謙虛，萬物都尊崇它，大海知道謙虛，百川都流向它。所以一個人要想「知止可以不殆」，必須要有甘居人下的謙卑態度，必須要有大海一樣浩渺的胸懷。

而更多的人在社會上，卻常有一種不拿白不拿、不吃白不吃的貪婪！殊不知你的貪不僅損害了他人的利益，還會使他人對你的貪反感。或許他人可以容忍你的行為，不在乎你的貪，但如果你懂得適可而止，他會對你有更好的印象與評價，因此願意延續和你的關係。

美國第九任總統威廉‧亨利‧哈里遜出生在一個小鎮上，他是一個很文靜又怕羞的孩子，人們都把他看做傻瓜，常喜歡捉弄他。

他們經常把一枚5分硬幣和一枚1角硬幣扔在他面前，讓他任意撿一個，威廉總是撿那個5分的，於是大家都嘲笑他。

有個人不相信，就拿出兩個硬幣，一個1角，一個5分，叫威廉任選其中一個，結果威廉真的挑了5分的硬幣。那個人覺得非常奇怪，便問威廉：「難道你不會分辨硬幣的幣值嗎？」

威廉小聲對他說：「如果我選擇了1角錢，下次就沒有人再跟我玩這種遊戲了，那樣，我就1分錢也得不到了。」

這就是威廉的聰明之處。如果他選擇的是1角錢，也就不會有人來跟他玩這種遊戲了，而他得到的，也只有1角錢！他每次選擇拿5分錢，把自己裝成傻子，別人就會覺得很可笑，就會不斷地有人來逗他，於是傻子當得越久，他得到的錢也就越多，最終他得到的，將是1角錢的若干倍！因此，人要知足，不能自滿，做人要留有餘地，欲望要有所克制，懂得進取還要懂得適可而止。

每一個人都需要有「知止」的智慧，遵循生活的規律，按規律去開拓自己的事業和生活境界，不能違反規律，做一些傷天害理的事。否則如果不「知止」，既會害了別人，也會害了自己。

# 第三十三章：自勝者強

## 【原典】

知人者智，自知者明。勝人者有力，自勝者強①。知足者富，強行②者有志。不失其所者久，死而不亡③者壽。

## 【注釋】

①強：剛強、果決，此處意指強者。
②強行：持之以恆，堅持不懈。
③死而不亡：身亡而道存。亡，死亡、消亡。

## 【譯文】

能瞭解別人的人是有智慧的，能認知自己的人是聰明的。能戰勝別人的人是有力量的，能戰勝自己的人才是真正的強者。知道滿足的人是富有的，堅持不懈的人是有志氣的。不離開適於自己生存的環境的人，就能長生久視；身死而精神長存不被人遺忘的人，才算真正長壽。

## 【名家注解】

河上公：能知人好惡，是為智。人能自知賢不肖，是為反聽無聲，內視無形，故為明。能勝人者，不過以威力也。人能自勝己情欲，則天下無有能與己爭者，故為強。

朱元璋：吾有己物，守之而不貪，於我物甚堅，故得當富。又強行者，言君子終日慮道不息，是為有志，既有志，事將必成焉。

王弼：以明自察，量力而行，不失其所，必獲久長矣。雖死而以為生之道不亡，乃得全其壽，身沒而道猶存，況身存而道不卒乎？

## 【經典解讀】

在本章中，老子用正面直言的文字，講了個人修養與自我控制的問題，提出了人們要豐富自己精神生活的觀點，側重於對人生哲理的探討。

老子認為：「知人」、「勝人」固然重要，但是「自知」、「自勝」更為關鍵。在他看來，一個人只有不斷省視自身、堅定自己的生活信念，並且切實付諸行動，才能保持旺盛的生命力和良好的精神風貌。

有句老話，叫做「人貴有自知之明」。可以說：老子是這句話最早的表述者。「自知者明」，說的不就是一個人若能清醒地認識自己、對待自己，才是最聰明的、最難能可貴的嗎？這種論述，無疑已涉及精神修養的層面。此外，老子還在本章中極力宣傳「死而不亡」，這是他一貫的思想主張，展現「無為」的思想主旨。「死而不亡」並不是在宣傳「有鬼論」，不是在宣揚「靈魂不滅」，而是說：人的身體雖然消失了，但人的精神是不朽的，是永垂千古的，這當然可以算做長壽了。

對於該如何認識「死而不亡」，許多人意見相左。

近代著名學者梁啟超曾說：人的肉體壽命不過區區數十載，人不可能長生不老，但人的精神則可以永垂不朽，因為他的肉體雖然消失了，而他的學說、他的思想、他的精神卻會長期影響當代及後代的人們，從這個意義上講，人完全可以做到「死而不亡」。

我們認為：梁啟超的這種觀點，可以被當做「死而不亡」的正解。

## 戰勝自己才是強者

老子說：「勝人者有力，自勝者強。」的確，強者之所以為強者，不僅因為他們能勝人，更因為他們能勝己。

人吃五穀雜糧，生就七情六欲，未免易生放縱之心。於是，人的精神中便生出一種不可或缺的主宰力量——自制力。它是人區別於動物的重要特性，也是人與人有所差別的關鍵。

成吉思汗能夠雄霸天下，與他善於克制不無關係。而他善於克制，還源於一段傳奇經歷。

有一次，成吉思汗一大早便帶人去打獵，可是直至中午仍一無所獲，眾人只好返回帳篷。成吉思汗不甘心，便獨自一人再次上山。

他沿著羊腸小徑前進，走了好長時間。烈日炎炎，曬得他口乾舌燥。不久，他來到了一個山谷，見有水珠一滴一滴從上面滴下來。成吉思汗非常高興，就取出皮袋中的杯子，耐著性子去接慢慢滴落下來的水。

水接到七八分滿時，成吉思汗高興地把杯子舉到嘴邊，正想喝下去。就在這時，一股疾風猛然把杯子從他手裡打掉了，好不容易接到的水全灑了。成吉思汗又驚又怒，抬頭一看，原來是自己的心愛的獵鷹在搗鬼。他非常生氣，卻又無可奈何，只好拿起杯子重新接滿。

哪知，當水再次接到七八分滿時，獵鷹又一次把水杯弄翻了。成吉思汗異常憤怒，他一聲不響地撿起杯子，又耐著性子接水，並悄悄取出尖刀，拿在手中。當水接到七八分滿時，他把杯子慢慢地湊近嘴邊。獵鷹再次向他飛來，成吉思汗手起刀落，當即把獵鷹殺死了。

可是，在殺獵鷹的時候，他的注意力過分集中，以致疏忽了手中的杯子，杯子掉進了山谷裡。成吉思汗無法再接水喝了，不過他想到既然有水

從山上滴下來，那麼上面也許有蓄水的地方，很可能是湖泊或山泉。於是他忍住口渴的煎熬，拚盡氣力向上爬。終於攀上了山頂，發現果然有一個蓄水的池塘。

成吉思汗十分興奮，立即彎下身子想要喝個飽。忽然，他看見池邊躺著一條死去的大毒蛇。這時，他才恍然大悟：「原來獵鷹救了我一命，正因牠剛才屢屢打翻我杯子裡的水，才使我沒有喝下被毒蛇汙染了的水。」

成吉思汗明白自己做錯了，他帶著自責的心情，忍著口渴返回了帳篷。他對自己說：「從今以後，我絕不在憤怒的時候做決定！」自制力的養成，促使成吉思汗避免了很多錯誤決策，為他的雄圖霸業帶來了莫大的助益。

不過，自勝不易，那意味著要否定自己，要親手毀掉許多珍貴的東西，甚至是曾經為自己帶來過輝煌和榮譽，或者自己曾引以為自豪的東西，是一個痛苦的抉擇。如果不能當機立斷，痛下決心，就難以自勝。

很多人的失敗都不是因為對手太強大，而是因為他們自己太固執，說服不了自己，戰勝不了自己，最後被自己打敗。這個道理人人都懂，可惜人類有著太多的私心和貪婪，每到了關鍵時刻，名利心一重，就得意忘形，做出錯誤的選擇。

清末杭州知府陳魯原是個很受百姓擁戴的清官，他不貪財不好色不嗜酒，想用這些東西拉他下水的人只好望而卻步。但他有一樣嗜好：喜愛古字畫。遇到好的古字畫，他茶飯不思。正好，他治下的餘杭知縣得了一幅唐伯虎的真跡，送上門來請他觀賞。他愛不釋手，知縣善解人意，便慷慨相送。自此兩人關係變得密切。

過了不久，餘杭縣報上來一椿大案，他閱讀案卷，明知事有蹊蹺，卻礙於情面，還是照准了。這椿案子就是當時震動朝野的楊乃武、小白菜冤案。案發後，朝廷追究涉案官員的責任，陳魯原自知罪責難逃，加上羞愧

難當，便懸樑自盡了。

無求於物心常樂，自靜其事品自高。否則，一念之欲不能制，而禍流於滔天。從一幅字畫開始，清官成贓官，貪欲害人可見一斑。所以，老子說：「知足者富。」對於名利和財富只要能夠知道滿足，順其自然，不貪婪，自然不會有恥辱和失敗。

人生在世，最怕喪失本性。人剛生下來時，本來很純潔，後來欲望漸多，便不那麼純潔了。尤其是那些被欲望沖昏了頭腦、喪失了理智的人，更是做事不計後果，無所不為，一步一步把自己推向深淵。

常懷律己之心，常思貪欲之害，始終保持一顆平常心，才能克制欲望，心胸坦蕩。多點自知之明，多些自我克制，才可能成為有「道」之士。有「道」之士，如文王、周公、老子、孔子等，即使生命結束了，精神也會長存世間，書上會寫他們，戲裡會演他們。為人如此，方算得上真正的壽者。

【職場應用】

### 風雲變幻我自巋然

一個我行我素的人，很難在某一領域取得突破。而一個自律的人，一個善於約束自己、克制自己的人，則往往能夠在事業上成就卓著。

比爾・蓋茲曾說：「我們唯一能控制的便是我們的頭腦，如果我們不能控制它的話，別的力量就會來左右它了……」不是嗎？一個人若不能控制自己的頭腦，思想總被其他各種思想干擾、左右的話，這樣的頭腦豈不成了大雜燴？

會控制自己的人，才能發展自己。限制自己需要頑強的意志和毅力，堅持自己該做的事情，是一種勇氣。要時刻注意調節自己的情緒，力爭能

以自己的思緒控制行動。常能將情緒調整到較佳的狀態，終將使自己的聚焦意志得到增強。

一天，小鎮上貼出了一個新奇的招聘啟事，吸引了小鎮上眾多的人駐足觀看。那啟事寫著：招聘一名懂得克制自己的年輕人，月薪四美元，表現得優異可增加至六美元。有升遷機會。

說它不尋常就是因為它的內容是「懂得克制自己的人」，大人和小孩都無法理解這一點。很多大人鼓勵自己的孩子去參加應徵。負責招聘的人給前來應徵的年輕人一段文字，問：「你能夠讀出來嗎？」

「能啊。」

「那持續不斷地閱讀這一段，可以做到嗎？」

「可以啊。」幾乎所有的應徵者都脫口而出。

「那麼好吧，你們一個一個來。」

那段文字被交到一個年輕人手裡。他開始閱讀，這時，負責招聘的人放出幾隻漂亮的小狗。小狗像絨球一般滾動，打打鬧鬧，十分可愛。年輕人很快讀不下去了，他的眼睛被小狗深深吸引去了。

第二個年輕人，只讀了兩句便出錯了。他也受不了小狗那麼可愛的誘惑。一個又一個年輕人讀不下去了。到了最後一個年輕人，小狗咬著他的衣服，他也不為所動，一字不錯地讀了一遍又一遍。

負責招聘的人十分高興，說：「小夥子，你承諾的事總會去做嗎？」

「我會盡自己最大努力去做。」

「好，你被錄取了。」

學會努力克制，就要有堅定的目標。只向著一個目標前進，岔路便分不了你的神。你也就不必在人生的岔路口轉來轉去，花太多時間精力去判斷，只要一心向著自己的目標前進就行了。

能夠克制自己的人永遠從容，因為他分得清輕重緩急，他知道怎樣

平衡生活中緊急的事和主要的事，他不會手忙腳亂。左手做一件，右手做一件，只能是一件都做不好。要知道，該閱讀的時候，手裡的文字就是上帝，小狗再可愛也是「魔鬼」，不可理喻。

如果你能夠克制自己，你的努力便永遠指向成功的方向，不管成功的路多麼崎嶇漫長！

今天自我克制一下，下一次就會覺得自制的功夫並不難，慢慢就可以習以為常。而習慣似乎有一種改變氣質的神奇力量，它可以使魔鬼主宰人類的靈魂，也可以把它驅逐出人們的內心。

## 【管理實踐】

### 無故加之而不怒

透過抵制本能的衝動，人類才把握了自我發展的主動權。懂得克制自己的人，不會被自己的欲望牽引得盲目地亂走。他們冷靜從容，有十足的信心控制局勢，能夠不急躁，有次序地前進，而且有始有終。

但丁曾說：測量一個人力量的大小，應看他的自制力怎樣。每個人在走向成功的道路上，都可能遇到形形色色的問題，閃現出本能的應對方式。唯有以理性克制本能，才能成為強者。

孟子說：「驟然臨之而不驚，無故加之而不怒，此之謂大丈夫。」很多有智慧、有成就的人，也都反覆告誡人們：千萬別被憤怒左右。

有一次，楚莊王大宴文武群臣。在酒席宴上，楚莊王命他的愛姬為文武百官斟酒。其中有一員偏將叫唐狡，見楚莊王的愛姬美貌如花，他就動心了。

恰在這時，突然刮了一陣風，把酒宴上的燈全都刮滅了。唐狡藉這機會伸手扯了扯愛姬的衣服。她一伸手就把唐狡頭盔上的盔纓摘掉了，然後

跪在楚莊王的面前，聲稱有人調戲自己，她還把那個人的頭盔上的盔纓抓下來了。

有人提議點上蠟燭，看誰的帽子上沒有帶子，誰就是調戲寵姬的人。

唐狡心中有鬼，嚇得直冒冷汗。

這時候，楚王面臨著一個兩難的選擇，自己身為一國之君，居然有人趁黑調戲自己的妃子，是可忍，孰不可忍！可是真要追究下去嘛，就有人要被殺頭，當然也有人會藉此做文章，說自己居然為了一個女人就濫殺朝廷大員。最後，理智最終戰勝了衝動。楚莊王說：不要緊，酒後失態，人之常情。於是，他便下令讓所有的臣僚在點燭之前，都摘掉盔纓。一場風波也就此平息。

後來楚莊王與秦國打仗，身陷重圍，唐狡奮不顧身殺到他身邊救駕，冒死保護楚莊王殺出重圍，楚莊王終於得以脫險。楚莊王就問他：「你為何捨命救我？」唐狡跪在莊王面前：「大王，我感謝您在絕纓會上不斬之恩，誓死效忠您！」楚莊王心裡感嘆不已：如果那天聽了愛姬和群臣的話，把這唐狡殺了，今天我可就死了。

楚莊王善於自制，所以他才能成為他那個時代的強者，成為春秋五霸之一。

如果一個人動不動就怒火中燒，結果就會傷人傷己，不可能與別人融洽地相處和友好地交往。一旦如此，便會失去理智，難以保持清醒的頭腦、作出正確的判斷，因而做錯事、蠢事的概率便大大增加。所以，必須學會自制，這不僅是一種很高的人生修養，而且是人在社會上生存、發展所必不可少的能力。

歌德說：「誰不能克制自己，他就永遠是個奴隸。」我們的生活在不斷詮釋這個道理——善於克制自己，才有可能走向成功，擁有完美無憾的人生。

# 第三十四章：終不為大

## 【原典】

大道氾①兮，其可左右②。萬物恃之以生而不辭③，功成而不有④。衣養萬物而不為主⑤，常無欲，可名於小⑥。萬物歸焉而不為主，可名為大⑦。以其終不自為大，故能成其大。

## 【注釋】

①氾：同泛，普遍、廣泛。
②其可左右：這裡指伸向四面八方。
③辭：言詞，稱說。引申為推辭、辭讓之意。
④不有：不自以為有功。有，指持有、擁有。
⑤主：主宰。
⑥小：渺小。
⑦大：偉大。

## 【譯文】

大道普遍存在，左右上下無所不到。萬物依靠它生存而它不推辭，成就了功業它也不據為已有。它養育萬物而不主宰萬物，永遠沒有私欲，可以說它很渺小；萬物歸附它，它卻不自以為主宰，又可以說它很偉大。因

此聖人始終不以偉大自命，才能成就它的偉大、完成它的偉大。

## 【名家注解】

河上公：道氾氾，若浮若沉，若有若無，見之不見，說之難殊。道可左右，無所不宜。萬物皆待道而生，道不辭謝而逆止也。

王弼：萬物皆由道而生，既生而不知其所由。故天下常無欲之時，萬物各得其所，若道無施於物，故名於小矣。萬物皆歸之以生，而力使不知其所由。此不為小，故復可名於大矣。

朱元璋：聖人善能利濟萬物，又不自誇其功，是謂能成其大。因本身不以為大，所以成大，乃不成而成者矣。

## 【經典解讀】

老子在這一章論述了「道」的作用。「道」生長萬物，養育萬物，使萬物各得所需，而「道」又不主宰萬物，完全順任自然。

老子講，「道」可以名為「小」，也可名為「大」，雖然沒有明確指出「聖人」、「侯王」，實際是在期望執政者們應該像「道」那樣發揮「樸」的作用。換個角度看，本章又是在談「聖」、「侯王」所應具備的素質。

關於「道」的屬性，「唯心論」的觀點認為，老子的「道」是一個超時空的、無差別的「絕對靜止的精神本體」。

我們認為：「道」是一個物質性的概念，雖然耳、目、觸、嗅等感覺器官都不能感受到它，但它實實在在地存在於自然界，而不是人們主觀臆想的精神性概念。這是我們準確理解老子「道」概念的關鍵。此外，老子還發揮了「不辭」、「不有」、「不為主」的精神，可以消解占有欲、支配欲。從「衣養萬物」中，使人們感受到愛與溫暖的氛圍。

老子在描寫「道」的偉大時，用了相當詩化的語言——「大道氾兮，其可左右」，闡釋大道無所不在，它恩澤如海，無所不至，普施天下。這是「道」的偉大，而「道」更偉大之處在於有功而不自恃，更不占為己有。

其中，老子還講了「道」的人性化，「衣養萬物而不為主，常無欲，可名於小。萬物歸焉而不為主，可名為大。」從這「小」、「大」之中老子得出了「以其終不自大，故能成其大」的結論。

【職場應用】

### 小職員榮獲諾貝爾獎

常無欲，可名於小。萬物歸焉而不為主，可名為大。「道」無欲無求，從不炫耀自己。它謙卑自守，看起來微不足道。它並不刻意成就偉業，卻終能成就偉業。它渺小而又平凡，平凡得無處不在。而正是這「小」，這「平凡」，卻往往是「偉大」的誕生地。

所以，不要再抱怨自己的職位太低，也不要再嘮叨日常工作太平凡。實際上，只要我們能夠在那些看似平凡的崗位上專一地努力下去，就很有機會在平凡中創造出偉大。

諾貝爾獎是世界上最權威的科學大獎，是許多大科學家、大學者為之奮鬥一生的目標。然而，2002年，日本一個名不見經傳的小職員，卻獲得了諾貝爾化學獎，一夜之間從一個默默無聞的小人物，變成了日本國民心目中的英雄。

他就是田中耕一。田中的履歷非常平凡，1959年出生，1983年從日本東北大學理工系畢業。獲得諾貝爾化學獎時，他只不過是日本島津製作所的一名中低層研究人員，既沒有博士頭銜，在其所從事的研究領域也少

有人知。

　　然而，就是他，成為第一個以學士學歷獲得諾貝爾獎的人，並幫助日本創造了連續三年獲得諾貝爾化學獎的奇蹟。

　　2002年的一天，田中像往常一樣在研究室加班。傍晚6點左右，他接到一個電話，對方是用英語說的話，好像是祝賀他得了什麼獎。儘管田中聽清了「諾貝爾」和「祝賀」兩個詞，但是一點也沒有往諾貝爾獎上聯想，只是以為自己獲得了與之類似的獎項，於是說了句「謝謝」，便掛了電話。此後，祝賀他獲得諾貝爾獎的電話一個接一個，田中才知道自己真的獲得了許多人夢寐以求的諾貝爾獎。

　　當晚，在記者招待會上，田中身穿藍色工作服，左胸部別著寫有姓名的徽章，出現在200多名記者的面前。他坦言：「做夢也沒想到自己會得諾貝爾獎。」並說：「以前聽說得諾貝爾獎會有一些預兆，而我這次獲獎非常意外，即使是現在還有些難以置信。」

　　次日，田中身穿工作服的照片，連同他羞澀的笑容，成了所有日本報紙的頭條。一夜之間，田中耕一從一個無名小卒變成了世界名人。

　　實際上，田中早在自己26歲那年，就開發出了此次獲獎的成果——軟鐳射解吸附作用技術。當時，田中的工作是利用各種材料測量蛋白質的品質。有一次，他不小心把丙三醇倒入鈷中，將錯就錯對其觀察時，卻意外地發現了可以異常吸收鐳射的物質……

　　在常人眼裡，諾貝爾獎是遙不可及的，以往獲得這一殊榮的不是科學泰斗，就是學術精英，並且在獲獎之前早就聲名遠播。田中耕一的獲獎，把人們腦子裡的框框擊得粉碎：他不是優等生，大學時還留過級；找工作時曾被索尼公司拒之門外，後經老師的推薦才找到現在這份工作；獲獎時他只是一個默默無聞的小職員，別說是全世界、全日本，就連他所在單位也有很多人不知道他是誰。田中耕一是這樣的普通，卻摘取了科學皇冠上

的明珠。

驚嘆之餘，不妨想一下，為什麼一個在世人眼中平淡無奇的小職員，能夠取得如此輝煌的成就呢？

田中耕一，這個芸芸眾生中的普通一員，就如同埋藏在沙中的黃金。獲獎前，他默默無聞，然而不鳴則已，一鳴驚人。其實，人們在羨慕他能夠獲此殊榮的同時，也應該看到他從平凡走到偉大的過程，那就是堅持不懈，潛心研究，不放過一點「小」的線索。

平凡並非平庸，平凡中孕育著偉大。只有懂得平凡，才能夠在平凡中一步步接近偉大。在人生的旅途中，輝煌常常只是一瞬，而平凡方是永恆。以鍥而不捨、努力奮鬥作為平凡的基石，以堅持不懈、自強不息作為平凡的階梯，才能有一天完成由平凡至偉大的飛躍。

# 第三十五章：往而不害

## 【原典】

執大象①，天下往。往而不害，安②平太③。樂與餌④，過客止。道之出口，淡乎其無味。視之不足見，聽之不足聞，用之不足既⑤。

## 【注釋】

①大象：大道之象。用來描述「道」，代表「道」被人觀察到的一面。象，形象。

②安：乃，則，於是。

③太：同「泰」，平和、安寧之意。

④樂與餌：音樂和美食。

⑤既：窮盡。

## 【譯文】

守住大道之象，天下人都來歸附。都來歸附而不互相傷害，就和平安寧。音樂和美食，可吸引路過的客人駐足。用言語來表述大道，則淡而無味。看它卻看不見，聽它卻聽不到，運用它卻是永無窮盡。

## 【名家注解】

河上公：聖人守大道，則天下萬物移心歸往之也。萬物歸往而不傷害，

則國家安寧而致太平矣。人能樂美於道，則一留止也。去盈而處虛，忽忽如過客。

王弼：道之出言，淡然無味。視之不足見，則不足以悅其目。聽之不足聞，則不足以悅其耳，若無所中然。乃用之不可窮極也。

朱元璋：君能撫養有方，雖有叛者，亦復歸也。過言去，止言復往。其謂道，無形無影，口說時無驗，亦無滋味，看又不見，耳聽之又無聲，愚人將謂無有，上善用之，終古不乏，是謂不可既。

## 【經典解讀】

本章實為「道」的頌歌。「道」可以使天下的人們都向它投靠而不相妨害，過上和平安寧的生活。在《道德經》中，「道」已經被多次論及，但從來沒有重複，而是層層深入、逐漸展開，使人切實感受「道」的偉大力量。

「樂與餌」指流行的仁義禮法之治，「過客」指普通的執政者，但還不是指最高執政者。老子在本章裡警誡那些執政的官員們，不要沉湎於聲色美食之中，應該歸附於自然質樸的大道，才能保持社會的安定與發展。

統治集團縱情聲色，不理政事，這是在春秋末年的普遍現象。諸侯國之間的戰爭，使人民群眾遭受沉重的痛苦。而在日常生活中，執政者荒於朝政，根本不關心人民群眾的死活。老子這章裡所說的話，表明了為老百姓的安危生存而憂慮的歷史責任感。

總之，在本章中，老子顯示了對奉行大道可以使整個天下穩定太平的堅定信念，對某些人沉迷於聲色美食的誘惑而無視大道深表惋惜。他強調：他的傳道言談也許樸實無華，不夠吸引人，但是，只要人們深切理解並勤加奉行，它的妙用是無窮無盡的！

## 寬容對待下屬和同事

老子說：眾人都來歸附而不互相傷害，就和平安寧。出於機緣巧合，大家聚集在同一家公司，只有不互相傷害，遠離明爭暗鬥，才能使公司穩定發展。而遠離明爭暗鬥的最高心法，莫過於「寬容」了。

身處職場，磕磕絆絆是難免的。然而光陰易逝，人生短暫，又何必計較太多？在職場上，當你取得成績被人嫉妒時，當你懷才不遇時，當你與下屬、同事或上司發生口角，甚至兵刃相見時，何不用寬容這個法寶，去化解掉那些磨擦和恩怨？

在職場上，一個主管要有容人之量，要懂得「寬以待人天地寬」的道理。有時候，下屬做錯了事，主管要秉著寬容之心，給其改過自新的機會。要知道寬容別人，自己同樣能受益。

齊桓公不計私仇，寬容射他一箭的管仲，還讓管仲當上了丞相，成就一代霸業。

楚莊王寬恕了調戲了他妃子的部下，結果在危難的時候得到了這個部下的捨命相助。

劉備寬仁有度，所以「能得人死力」。黃權原是劉璋的部下，劉備入益州時，他竭力反對；劉備攻取益州後，許多人望風歸服，唯獨黃權閉門堅守，直到劉璋投降後，才被迫出降。劉備不僅不計前嫌，反而對黃權十分信任。劉備對其部屬的寬仁，增強了政治上的感召力。

生活中很多事都是如此。水太清了魚就不能活。領導者如果抓住與下屬之間的小恩小怨窮追不放，結果往往使小事變大，最終反而難以收場。以寬宏大量對待下屬，才能體現出一個領導者高尚的人格。

寬以待人，虛懷若谷，是君子風度，大將風範。除了對下屬要寬容大

度外，同事之間也應互相忍讓，以顧全大局。

蘭相如出身低微，但經過完璧歸趙和澠池之會兩事，趙惠文王看出了他的才能，便拜他上卿，地位比老將廉頗還要高。廉頗自認為有攻城野戰的大功，對位居蘭相如之下很不滿。他揚言道：「我再遇到蘭相如，一定要當面羞辱他一番。」

蘭相如聽說後，盡量避免與廉頗碰面。遠遠看見廉頗的車馬過來，就立刻躲開。蘭相如的門下大為不解，蘭相如說：「以秦王那樣的威嚴，我敢於在朝廷上大聲呵斥他，難道會害怕廉頗嗎？但我和廉頗互相爭鬥，必然給秦國進攻我們的機會。」廉頗得知後，被蘭相如的高風亮節所感動，就主動上門負荊請罪。

寬容不是無能，而是一個人有涵養的表現。寬容可以消除與他人之間的不必要的摩擦和隔閡，達成有效溝通，有利於同事間的團結友愛。對人大度，大人不計小人過，對人對己、於公於私都是利多弊少。

蘇東坡年輕時有一個朋友叫章惇，這個人後來當上了宰相，執掌大權。他當政時，把蘇東坡發配到嶺南，後再貶到海南。後來，章惇被放逐，蘇東坡得知後很擔心章惇的母親，於是給朋友寫信說：「章惇到雷州，我知道後很驚嘆，這麼大年紀寄跡海角天涯，心情可想而知。好在雷州一帶雖然偏僻但無瘴氣，望你以此多多開導他的母親。」

古人云：人若無恕，人所不親。在職場上，大可不必挖空心思爭強鬥勝，浪費心機。人在得意之時，要多想想失意時的心情，如果能將心比心，推己及人，為人多點寬恕，那麼職場上的明爭暗鬥就會少些。否則，你爭我鬥，一來二去，最後大多是兩敗俱傷。

## 【管理實踐】

### 得「道」者得天下

誰掌握了那偉大的「道」，天下人都歸依投靠他。自古人心向背不容小覷，「得道」的一種解釋就是「得人心」，「得人心者得天下」之真諦亙古不變。

孟子說：「得道者多助，失道者寡助。寡助之至，親戚畔之。多助之至，天下順之。以天下之所順，攻親戚之所畔，故君子有不戰，戰必勝矣。」

燕昭王立志使燕國強大起來，下決心物色治國的人才，可是沒找到合適的人。有人提醒他，老臣郭隗挺有見識，不如去找他商量一下。

燕昭王親自登門拜訪郭隗，對郭隗說：「齊國趁我們國家內亂侵略我們，這個恥辱我是不能忘的。但是現在燕國國力弱小，還不能報這個仇。我希望能夠招納一些有才能的人來幫助我治理國家，使我們燕國強大起來。您能不能給我推薦一些有才能的人呢？」

郭隗摸了摸自己的鬍子，沉思了一下說：「要推薦現成的人才，我也說不上，請允許我先為您說個故事吧。」接著，他就講了一個故事。

古時候，有個國君，最愛千里馬。於是他派人到處尋找，找了三年都沒找到。有個侍臣打聽到遠處某個地方有一匹名貴的千里馬，就跟國君說：只要給他一千兩金子，一定能把千里馬買回來。國君挺高興，就派侍臣帶了一千兩金子去買。沒料到侍臣到了那裡，千里馬已經患病死了。侍臣想，空手回去不好交代，就把帶去的金子拿出一半，把馬骨買了回去。

侍臣把馬骨獻給國君，國君大發雷霆，說：「我要你買的是活馬，誰叫你花了錢把沒用的馬骨買回來了？」侍臣不慌不忙地說：「人家聽說您肯花錢買死馬，還怕沒有人奉上活馬嗎？」

國君將信將疑，也不再責備侍臣。

果然，這個消息一傳開，大家都認為那位國君真愛惜千里馬。不出一年，就從四面八方送來了好幾匹千里馬。

郭隗說完這個故事，說：「大王一定要徵求賢才，就不妨把我當馬骨來試一試吧。」

燕昭王聽了大受啟發，回去以後，馬上派人造了一座很精緻的房子給郭隗住，還拜郭隗做老師。燕昭王真心實意招賢納士，這一消息不久就傳遍各諸侯國，於是魏國的樂毅、齊國的鄒衍、趙國的劇辛等先後投奔燕國。

燕昭王拜樂毅為亞卿，請他整頓國政，訓練兵馬，燕國果然一天天強大起來。後來樂毅親率燕軍一鼓作氣攻下齊國72座城池，威震天下，燕昭王一時顯名諸侯。

古人云：「道一百而半九十。」知其道而不行者乃虛行，不知其道而行之乃危行，知其道而行之乃實行。懂得「道」，又能實實在在地按照「道」的準則去做事的人才會取得成功。

任何事物都有自身的規律，只有按照事物的本來面目來認知事物，遵循事物的客觀規律來處理問題，才能達到預期目的，取得事半功倍的效果。「天道足懼」，藐視「道」，忽視客觀規律的最終結果就是嚴重的失敗。做事做人，要將「道」納入心中，時時加以思量。

# 第三十六章：以柔克剛

**【原典】**

　　將欲歙①之，必固②張之；將欲弱之，必固強之；將欲廢之，必固興之；將欲奪之，必固與③之。是謂微明④。柔弱勝剛強。魚不可脫⑤於淵，國之利器⑥不可以示人⑦。

**【注釋】**

①歙（音系）：收斂，閉合。
②固：同「姑」，暫且的意思。
③與：同「予」，給的意思。
④微明：微妙、明通。
⑤脫：離開，脫離。
⑥利器：有利武器。引申為政治制度等。
⑦示人：給人看，向人炫耀。

**【譯文】**

　　想要讓它收斂，不妨暫且讓它張揚；想要削弱它，不妨暫且使它增強；想要毀滅它，不妨暫且抬舉它；想要剝奪它，不妨暫且給予它。這叫做微妙、明通的道理。柔弱的勝過剛強的。魚要生存就不可離開池淵，國家的有利武器不可以輕易拿給別人看。

河上公：先開張之，欲極其奢淫。先強大之者，欲使遇禍患。先興之者，欲使其驕危也。先與之者，欲極其貪心也。治國，權者不可以示執事之臣也；治身，道者不可以示非其人也。

王弼：將欲除強梁，去暴亂，當以此四者，因物之性，令其自戮，不假刑為，大以除將物也，故曰微明也。足其張，令之足，而又求其張，則眾所歙也。與其張之不足而改，其求張者愈益，而己反危。

朱元璋：柔淺而機祕，智者能之。

## 【經典解讀】

一些人認為，這一章是講用兵之法的。我們則認為，這一章主要描述了老子的哲學思想，並談到矛盾雙方互相轉化的問題。例如，「物極必反」、「盛極而衰」等，都可以說是自然界運動變化的規律，這種觀點貫穿於《道德經》全書。同時，老子還以自然界的哲學比喻社會現象，以引起人們的警覺。

從這一章的內容看，則主要講了事物的兩重性和矛盾轉化的關係，同時以自然界的哲學比喻社會現象，以引起某些人的注意。在事物的發展過程中，都會走到某一個極限，此時，它必然會向相反的方向變化，本章的前八句是老子對於事態發展的具體分析，貫穿了老子所謂「物極必反」的思想。

本章所講的「合」與「張」、「弱」與「強」、「廢」與「興」、「取」與「與」這四對矛盾的對立詞中，老子偏重居於柔弱的一面。在對於人與物做了深入而普遍的觀察研究之後，他認知到，柔弱的東西裡面蘊含著內斂，往往富於韌性，生命力旺盛，發展的餘地極大。在柔弱與剛強的對立之中，老子斷言：柔弱的呈現勝於剛強的外表。

## 【處世學問】

### 要戰勝對手不妨先成全對手

老子說，想要讓它收斂，不妨暫且讓它張揚；想要使它削弱，不妨暫且使它增強；想要毀滅它，不妨暫且抬舉它；想要剝奪它，不妨暫且給予它。這是高深的運籌學。

如果漁夫想讓魚進入他的羅網，那麼他就不能老是收緊羅網。相反，他得張開羅網，撒向水面，甚至還要在上面鋪一些誘餌，讓魚進入羅網，然後再收起來。

如果一個人要想戰勝對手，就不能和對手硬碰硬，而應該像打太極拳一樣，順著對手的架勢，以對手的進退為進退，借對手的力制服對手。

如果一個人想削弱他的對手，那麼他就應該想辦法讓對手強大起來，讓他到處逞強，到處樹敵，成為眾矢之的，耗損他的元氣。

如果一個人想要廢掉對手，那麼他最好先抬舉對手，讓對手志得意滿，產生驕慢之心，他才好下手。對手以為自己要勝了，其實馬上就要敗了。在這方面，漢高祖劉邦是個高手。

韓信攻取齊國後，派使者請求劉邦封他為「假王」。劉邦一聽：這小子居然敢獅子大開口，當時就心生怒意，就「哼！」一聲，正想接著斥責韓信一番。

這時，他看見張良以目示意，心裡就明白過來。與項羽的爭霸戰爭正處於膠著狀態，正需要韓信去為他打天下，要是拒絕韓信，肯定於己不利。況且韓信手中有幾十萬大軍，要是他擁兵自重，自立為王，那就麻煩大了！

於是，劉邦隱忍未發，接著那個「哼」字說道：「大丈夫要做王就做真王，為什麼要做假王呢？」隨即封韓信為「齊王」。韓信十分滿意，於

是繼續領兵作戰，為劉邦戰勝項羽立下了汗馬功勞。後來韓信又被劉邦封為楚王，可謂位極人臣，志得意滿。

不過，正所謂「兔死狗烹」。劉邦得了天下以後，韓信的利用價值就不大了。呂后便以謀反的罪名，將韓信殺於長樂宮。

劉邦讓韓信位及人臣，主要是為了利用他，但同時也更容易抓住他的把柄，進而除掉他。試想，如果韓信沒那麼高的職位，又怎麼可能被加上謀反的大罪，畢竟謀反也是需要實力的。

大「道」太深奧了，無論是為人之「道」、用兵之「道」、權謀之「道」，還是種田、經商、交友之「道」，都大有學問。你弄懂了這些，你就可以像太極拳高手那樣，以柔克剛，以弱勝強，在自己的人生旅途中做到遊刃有餘了。

其實不僅是用兵打仗需要深諳「欲取先與」之道，做任何事都要深諳這一道理。比如農民種地是為了從土地上獲取收成，但是他們如果不先給土地播種，又怎麼能獲取更多的收成呢？做生意是為了賺錢，但你不先投資又怎麼能有回報，並獲取利潤呢？

值得注意的是，欲歙先張也好，欲弱先強也好，欲廢固興也好，欲取先與也好，都要秉持「深藏不露，運用於無形」的原則。老子說：一條魚，牠只有潛藏在水底才會平安無事，如果離開了水底，跳到了岸上，那就是死路一條。治國也好，做人也好，都需要擁有利器，這利器千萬不能露。利器一露，危險就來了。

從前，司城子罕輔佐宋君，一次他對宋君說：「國家社稷的安危，百姓的治理，都取決於君王施行賞罰。用官爵的賞賜，是人民所喜歡的，就請國君您親自執掌，至於殺戮刑罰之類是人民所怨恨的，就讓我來擔當吧。」宋君說：「好，我來做好人，你來做壞人，這樣一來我知道諸侯們就不會嘲笑我了。」其實國人都知道生殺大權掌握在子罕手裡後，大臣們

都親附子罕，百姓們畏懼子罕，不到一年的時間，子罕就將宋君的政權奪了過來。

什麼是必須保留的，什麼是可以放手的，這在管理國家來說是很重要的。其實對於一個人來說也是如此，利器不可以示人。何謂利器？利器可以理解成權謀，也可以理解成方略。當這兩種東西完全透明和坦白的時候，危險就會不期而至。

## 【管理實踐】

### 最高明的管理是用柔

老子說：柔弱的勝過剛強的。將這一思想用在管理活動中，就要求我們的管理者善於以柔克剛。

管理活動中，常有意想不到的事發生，如果處理不當，不僅會傷及當事人的自尊，嚴重的甚至會直接影響到組織的聲譽和管理的成敗。

那麼，當管理者面對一個情緒暴躁、充滿憤怒的對手時，該如何處理呢？事實上，沒有比冷靜更好的辦法了。

美國第25任總統麥金利遇事鎮定，自制力強，且善於用「柔」。

有一次，一些人對他指派某人為收稅經紀人一事不滿，向他提出抗議。帶頭的是一名脾氣粗暴的議員。這位議員對著總統粗暴地發洩著他的憤怒。麥金利對此先是一言不發，任其喋喋不休。

等這位議員到了強弩之末的時候，麥金利抓住時機很平和地說道：「現在，你覺得痛快些了嗎？」他接著說：「照你剛才講話的這種水準，實在是沒有資格瞭解我指派某人的理由，不過我還是可以告訴你。」

那位議員的臉一下子變的漲紅，他尷尬地想向總統先生道歉，但是總統繼續面帶微笑地說：「無論什麼人，如果不瞭解事情的真相，便容易喪

失理智，這是很正常的。」然後便向那位議員詳細地解釋了該事的原委。

　　麥金利這種鎮定自若、心平氣和的氣度，使議員對自己的粗暴行徑深感慚愧。麥金利總統這種不針鋒相對、不以硬碰硬的聰明應對方法，使該議員一下子就自己打敗了自己。

　　回去後，當他向其他人報告交涉的結果時，他只能說：「夥伴們，我忘了總統具體說了些什麼，不過他是對的。」

　　作為一名管理人員，若能在特殊情況下克制住自己，採取柔軟、平和的態度和方法處理事情，那麼你的對手便無計可施。而你的柔和與冷靜，往往也能使對方冷靜下來。這樣的管理者不會被對方輕易激怒，卻能令憤怒的對手冷靜下來。沒有比柔和更好的管理辦法了，「柔」能克「剛」。

# 第三十七章：道常無為

## 【原典】

道常無為而無不為①。侯王若能守②，萬物將自化③。化而欲④作，吾將鎮之以無名之樸⑤。無名之樸，夫亦將不欲⑥。不欲以靜，天下將自定⑦。

## 【注釋】

①無為而無不為：無為，指順其自然，不妄為。無不為，指沒有什麼事是它做不到的。「無不為」是「無為」（不妄為）所產生的效果。

②守：遵循。

③自化：自我化育，自生自長。

④欲：指欲望，這裡指有所作為的念頭。

⑤樸：形容「道」的真樸。

⑥不欲：無欲。

⑦定：安定。

## 【譯文】

大道永遠順任自然而無所作為，卻又沒有什麼事是它做不到的。君王若能遵循大道，萬物將會自我化育。自我化育時若有人產生有所作為的念頭，我將用無名的真樸狀態去安定他。萬物在無名的真樸狀態下行事，將會變得沒有欲念。萬物沒有欲念而又清靜淡泊，天下將會自己安定下來。

## 【名家注解】

河上公：道以無為為常也。侯王若能守道，萬物將自化，效於己也。復欲作巧偽者，侯王當身鎮撫以道德。

王弼：順自然也。萬物無不由為以治以成之也。化而欲作，作欲成也，吾將鎮之無名之樸，不為主也。

朱元璋：王道布宇內，民從而國風淳。久之民富，人將奢侈，是以鎮之。謂為王者，身先儉之，以使上行下效，不致縱欲是也。王者身行之，餘者不待化而自化，必然。

## 【經典解讀】

本章是《道經》的最後一章，老子把「道」的概念，落實到他理想的治道——自然無為。在老子看來，執政者能依照「道」的法則來為政，順任自然，不妄加干涉，百姓們將會自由自在，自我發展。他們的生活就會自然、平靜。

老子曾多次在本書中闡述、解釋「無為」的思想。本章首句即說，「道常無為而無不為」。老子的道不同於任何宗教的神，神是有意志的、有目的的，而「道」則是非人格化的，它創造萬物，但並不主宰萬物，而是順任萬物的自然法則，所以「無為」實際上是不妄為、不強為。也就是無不為。

緊接著，老子將「道」的概念引入社會生活，談及「道」的法則在人類社會的運用。老子根據自然界的「道常無為而無不為」，要求「侯王」「守之」，即在社會政治方面，也要按照「無為而無不為」的法則來實行，從而導引出「化而欲作，吾將鎮之以無名之樸」的結論。

老子認為：理想的執政者，只要恪守「道」的原則，就會達到「天下將自定」這樣的理想社會。這裡所說的「鎮」，有人解釋為「鎮壓」，

並據此認為老子在這一章中，露出了暴力鎮壓人民的面目，即誰要敢一鬧事，那就要嚴厲加以鎮壓。

這種解釋，我們認為有悖於老子的原意。「鎮壓」應當是「鎮服」、「鎮定」，絕非是武力手段的「鎮壓」。由此，我們也認為，老子並不是代表統治階級的要求，而是從人類社會發展進步的角度考慮問題，並不是僅僅代表某一個階級或階層的利益和意願。這表現出老子內心深沉的歷史責任感，因而是進步的、積極的。

### 【處世學問】

#### 為人處世宜順任自然

大道永遠是順任自然而無所作為的，卻又沒有任何事情辦不成。這「順任自然」，就是成功的祕訣。天地萬物都有其自己產生、發展和滅亡的規律，人為地去改變它反而只能帶來壞的結果。要想狼成為草原之王，就要讓牠在草原上去馳騁；要想鷹成為長空之王，就讓牠在天空裡翱翔；要想老虎成為百獸之王，就讓牠嘯傲山林，聲震林木；要想蒼松成為凜凜君子，就讓它居處懸崖，凌霜傲雪……一句話，萬事萬物，各依其性，順任自然，自生自化。

大「道」看似無為，實則無所不為，看似無意，實則蘊含深意，看似無眼，實則時刻關注著天地萬物的一舉一動，儘管它不對你說什麼，但它早就制定好了規則，你犯了哪一條，就自己去接受處罰。由此可見，不管任何人做任何事情，都必須尊重規律，按規律辦事，違背了規律就要受到懲罰。

一切都合乎規律，合乎自然。眾所周知，生活當中有些願望可以實現，而有的願望卻實現不了。比如說，災害發生了，造成了損失已成為事

實，導致人類願望不能實現。面對一些災害，人們能做的也就是盡力去防止造成更大的損失和災後自救的問題，人們也認知到了這一點，原來講「抗災」，現在變成了「減災」，很多事情是不會按照人們的意圖進行的，一個人永遠也不可能想怎樣就怎樣。

人們做事總奔著成功而去，而事實上，即使奮鬥了也未必能達到目的。比如說體育比賽，在眾多的參賽者中，只有少數幾個人可以站在領獎臺上，奪得冠軍更是難上加難。在工作中，由於種種原因，人們也不可能完全按照自己的意願行事，人生在世，不可能事事如意。

所以，人們才說「謀事在人，成事在天」，才說「有心栽花花不發，無心插柳柳成蔭」，才說「做事重在過程而不是結果」。你努力過、奮鬥過，不就足夠了嗎？你傾盡了全力，即使達不到目標，也了無遺憾了。

順任自然絕不是消極的生活態度，而是以積極進取為前提的。它不但不影響事物向有利的方向發展，還會使人活得更輕鬆、更愉快，反而對所為之事更有益處。

眾所周知，在重大比賽中，一靠實力，二靠心理素質。願望越強，負擔越重，最終反而會影響願望的實現。平時注意培養順任自然的心態，就能減輕緊張感，有利於超水準發揮。

人們應該以積極樂觀的態度面對生活，有嚮往、有追求，但也要懂得有些事情，其結果是難以左右的，應以順任自然、隨遇而安的心態坦然面對。總之，順任自然，擺脫心理束縛，這是老子給我們的啟示，是成功的奧妙，更是我們平安喜樂、怡然自得的源泉。

## 【管理實踐】

### 放權與自主管理之道

無為而治，提醒管理者不要事必躬親，而要放權給被管理者，讓他們依循自然大道，快樂、輕鬆地工作和生活。這樣，他們才會自發自願地發揮積極性，主動把工作當做使命看待，也就自然不會偷奸耍滑、作奸犯科。所以，管理者雖「無為」，卻能收到「無不為」的效果。

松下幸之助在談到企業管理中的「無為而治」時說：「當企業規模還小的時候，經營者可能有辦法充分掌握每個細節，可是隨著企業的成長擴大，企業家便無法完全照顧到每個細節了。如果身為領導者在公司膨脹以前，能預作企劃，建立分工制度，那麼企業中的每一分子就可以完全依照其在制度中的地位做事，就算領導者採取放任的態度，但制度可以造成相互牽制的作用，使得工作的推進仍有一定的方向可循。因此我認為所謂『無為』，只是人力本身的無所作為，但制度本身仍運行不違，這才是領導的真義。」

日本名人坂本龍馬在成名之前，曾在一項土木工程中當工頭，他負責的部分進度快且品質高，但他不像其他工頭親自督促工人，忙來忙去，總是看到他藉機會去睡午覺去了。

松下幸之助將這一經驗加以提高、充實、完善，指出：「想把所有的事情都握在手裡親自處理，只能做到一個人力量的範圍，無法完成大事情。想要做大事，必須懂得分層負責，儘量去發揮。一個人受到重視就會產生一種責任感，會更賣力地完成這個責任，個人的潛力也因而發揮得很透徹。」言簡意賅地進一步發揮了「無為而治」在企業管理中的應用，即實行「分層負責制」。

GE是世界上少有的多元化非常成功的企業，韋爾許在總結GE成功的

經驗時說：GE雖然業務是多樣化的，但是文化非常統一，任何人都絕對不允許對價值觀有所懷疑，有所違背。也就是說：用統一的文化代替了統一的業務，也能實現企業的健康發展。GE也是高度授權的，各事業部權力很大，總部是戰略和文化中心，似「無為」，但已經是「無所不為」。

老子說：「以無事取天下。」無為而治要建立在規範管理的基礎上，領導者要具備高超的領導藝術，要平衡集權與授權的尺度，有所為有所不為。亂世靠有為，治世靠無為；創業靠有為，守業靠無為；管理靠有為，領導靠無為。

「無為」並非什麼都不做，而是要遵循自然規律，尊重人的個性，有所為有所不為，這是一種獨特的思維方式。其實，「無為」也是佛家思想的重要組成部分。佛家的「緣起性空」思想與「無為」是相通的，「空」與「無」的內涵是類似的。

總之，企業管理的最高境界就是讓員工感受不到管理者的存在，讓他能夠目標明確、自我管理、自我激勵，把個人價值與企業價值有機地結合起來，在實現個人價值的同時，也為企業創造價值。

# 下篇：德經

　　老子既談「道」，又論「德」。「道」與「德」相合，構成了其思想的完整體系。「道」是客觀規律，其屬性工作表現為「德」。「德」必須在大道的指引下，去觀察萬物的本源。凡是合乎「道」的行為就是「有德」；反之，就是「失德」。

　　高不忘下，貴不忘卑，這是真正的「德」。就像君王稱呼自己為孤、寡、不穀一樣，目的就是讓自己變得卑下一些，從而合乎「德」。所以說，那些最高的榮譽，是不需要自己去誇耀的；只要有了真正的德性，別人自然會去給你真正的名譽。

　　「玄德」堪稱慈母德範，它是最深刻、最本質、最核心的德，是老子為合於「道」的人及行為所打的「無限高分」。作為具體存在的「道」的踐行者，即使不能真正與「道」合一，其行為境地也能無限接近道。所以，玄德是「道」的踐行者其最高追求。

# 第三十八章：上德不德

## 【原典】

上德不德①，是以有德；下德不失德②，是以無德③。上德無為而無以為④，下德為之而有以為⑤。上仁為之而無以為，上義為之而有以為。上禮為之而莫之應，則攘臂而扔之⑥。故失道而後德，失德而後仁，失仁而後義，失義而後禮。夫禮者，忠信之薄⑦，而亂之首⑧；前識者，道之華⑨，而愚之始。是以大丈夫處其厚⑩，不居其薄；處其實，不居其華。故去彼取此。

## 【注釋】

①上德不德：推崇本性的人不刻意修德。上，推崇、崇尚。

②下德不失德：貶抑本性的人不忽略修德。

③無德：失掉了本性。

④無以為：無意作為，無所企圖。

⑤有以為：有意作為，有所企圖。

⑥攘臂而扔之：攘臂，伸出手臂。扔，意為強力牽引。

⑦薄：不足，衰薄。

⑧首：開始，開端。

⑨前識者：先知先覺、有先見之明的人。華：虛華，浮華。

⑩處其厚：立身敦厚、樸實。

推崇本性的人不刻意修德，因此不失本性；貶抑本性的人不忽略修德，因此就失掉了本性。推崇本性的人無所作為且無所企圖，貶抑本性的人有所作為且有所企圖。推崇行仁的人博施於人而無所企圖，推崇行義的人有所作為且有所企圖。推崇行禮的人有所作為而無人響應，就揚著胳膊強迫別人順從。所以，喪失了道，才講求本性；丟失了本性，才講求仁愛；失去了仁愛，才講求正義；失去了正義，才講求禮儀。禮儀是忠厚誠實社會風氣衰落的產物，也是禍亂的開始。所謂先知，不過是「道」的虛華，也是愚昧的開始。因此，大丈夫立身厚重，而不喜輕薄；追求樸實，而不尚浮華。所以要捨棄淺薄虛華，保留厚重樸實。

## 【名家注解】

朱元璋：周給萬物不自矜，聽其自然，所以有德。德小而量薄，張其自己之能，反為無德。上德措事已定，別無可為，亦不尚巧，即是無以為。下德尚巧也，即有以為，將為德壞。

河上公：禮者，賤質而貴文，故正直日以少，邪亂日以生。大丈夫，謂得道之君也。處其厚者，處身於敦樸。不處身違道，為世煩亂也。

王弼：凡不能無為而為之者，皆下德也，仁義禮節是也。舍己任物，則無為而泰；守夫素樸，則不順典制。聽彼所獲，棄此所守；識道之華，而愚之首。

## 【經典解讀】

《道德經》上篇以「道」字開始，被稱為《道經》，主要論述自然的規律，即天道。下篇以「德」字開始，被稱為《德經》，主要闡述了人生的行為準則，即人德。本章是《德經》的第一篇。

老子既談「道」，又論「德」。「道」與「德」相合，構成了老子思

想的完整體系。老子認為，「道」的屬性表現為「德」，凡是合乎「道」的行為就是「有德」；反之，就是「失德」。「道」與「德」密切相關，又有所區別。「道」是客觀規律；「德」是人們將「道」運用於人類社會產生的功能。

按照老子的觀點，「上德」完全合乎「道」的精神。其餘「孔德」、「常德」、「玄德」等，皆指「上德」。「下德」卻是「有以為」的「無為」，抱有一定的功利目的，憑著主觀意志辦事，是不完全合乎「道」的。

不過，老子所講的「上德」，與儒家所講的「德政」大相徑庭。老子認為「德政」不顧客觀實際情況，僅憑人的主觀意志加以推行，是「不德」。老子的「上德」則是「無以為」、「無為」，它不脫離客觀的自然規律，沒有功利的意圖，不單憑主觀意願辦事，能把「道」的精神充分發揮出來，其結果是「無為而無不為」。

老子還進一步闡述，「道」和「德」屬於「無為法」；「仁」、「義」、「禮」屬於「有為法」。「道」、「德」、「仁」、「義」、「禮」形成了高低不同的五個層次，或者說是五種境界。其中，「上德」是最高標準，合乎「道」，其次是「下德」。「失道而後德」，是就「無為法」而論的，失道則淪為下德。「失德而後仁」，「仁」已經屬於「有為法」了。「失仁而後義」、「失義而後禮」都屬於「有為法」範圍內的變化。

老子認為：有德者從來不追求形式上的「德」，一切順其自然；反之，無德者從來都不放棄追求形式上的「德」，喜歡人為地加以施為。「仁」、「義」、「禮」三者都是施為者的表現，而且施為的程度逐層遞增。老子反對這一切，所以他才說：「失道而後德，失德而後仁，失仁而後義，失義而後禮。」對於「禮」，老子最為鄙夷，認為它是「攘臂而扔

之」，是人心不夠忠厚的表現，是社會動亂的禍首。所以，他主張摒棄「薄」和「華」，恢復「厚」和「實」。

在本章中，老子還創造性地使用了「大丈夫」一詞，並讚美道：「大丈夫處其厚，不居其薄；處其實，不居其華。」大丈夫，可以理解為「智慧很高的人」，但其中也包含有豪爽、果敢、剛毅之意。

## 【職場應用】

### 郭子儀的職場人生

身處競爭激烈的職場叢林，應該居於渾厚的大「道」之中，而不居於淺薄的禮法裡；應存心於樸實，而不留意於浮華。明白了這個道理，職場人士就知道如何取捨了，知道哪些是該做的，哪些是不該做的，這樣就不會給自己招來煩惱了。

唐朝中興名將郭子儀，可以稱得上是一個極其成功的古代職場人士。他在自己那個領域內叱吒風雲，建功立業，又能善始善終，是值得每一個現代職場人士效法的。

唐玄宗統治後期，安祿山起兵造反，「安史之亂」爆發。郭子儀奉詔領兵討賊，屢建戰功。無奈叛軍勢大，不久便攻陷了潼關。

唐肅宗李亨在靈武登基後，拜郭子儀為兵部尚書、同中書門下平章事，總督諸路軍馬，繼續征討叛軍，多有功勳。兩年後，郭子儀與廣平王李豫統兵十五萬，收復長安。

正所謂功高震主，由於郭子儀功勞太大，威望太高，唐肅宗對他的戒心也油然而生，於是派出太監魚朝恩到郭子儀的部隊監軍。

魚朝恩一點也不懂軍事，卻對郭子儀處處掣肘，致使郭子儀無法統一指揮各路軍隊，終致相州慘敗。無奈之下，朝廷只好授予郭子儀重權，

任命他為山南東道河南諸道行營元帥，統一節制各路軍隊。魚朝恩十分忌妒，對郭子儀造謠中傷，唐肅宗便又趁機罷免了郭子儀的兵權，責令其回京述職。郭子儀奉命回京閒居，沒有一句怨言。

郭子儀離軍後，戰局急轉直下，史思明再次攻陷洛陽，吐蕃又趁機進犯長安，局勢危在旦夕。朝廷眾臣紛紛要求起用郭子儀，唐肅宗沒有辦法，只得詔令郭子儀為諸道兵馬都統，不久又封他為汾陽王。此後，河東的戰事，差不多完全依仗郭子儀料理。

唐肅宗死後，廣平王李豫繼位，是為唐代宗。代宗也非常忌諱郭子儀的功勞和威望，怕駕馭不了他，於是聽信宦官的讒言，藉機削奪了郭子儀的兵權，命他督造唐肅宗陵墓。對此，郭子儀同樣毫無怨言，安然領命，一面督修陵墓，一面把唐肅宗在世時所賜給他的千餘份詔書敕命，統統上交朝廷，以示不再過問軍旅之事。

不久，叛軍暗中勾結回紇、吐蕃侵擾河西、涇州，進犯奉天、武功，直逼京師。唐代宗又不得不拜郭子儀為關內副元帥，坐鎮咸陽，領兵拒敵，他自己則倉皇逃往陝州避難。郭子儀一路南下，一面抽調民兵補充隊伍，一面收集逃兵敗將加以整編，總算募集到了幾千人。不久，部將張知節領兵前來匯合，於是軍威大震，吐蕃軍聞之，不戰而退，郭子儀再次收復兩京。

晚年的郭子儀，退休家居，忘情聲色。一天，書生盧杞前來拜訪他。當時郭子儀正和家眷在一起飲酒作樂。

郭子儀很瞭解盧杞，這人雖然長相不好看，半邊臉都是青的，可是很有才幹，雖然現在很多達官貴人都看不起他，可是這個人不容小視，將來定會發跡，掌握大權。因此，一聽說盧杞來了，他立即要所有的女眷和歌伎迴避。他和盧杞談了很久，待之甚恭，盧杞盡興而去。

後來，盧杞做了宰相，過去那些看不起他的人，大多被他殺身抄家。

相反，他對郭子儀一家卻是另眼相待，郭家子孫偶犯不法之事，他也會設法保全。因為他覺得郭子儀非常看得起他。

郭子儀以寬厚治兵，所以下屬樂於效命，並助他屢建奇功。當上級需要他時，他會立即行動，絕不拖延；當上級猜忌他、罷免他時，他能安然接受，不發一句牢騷。正因如此，他雖屢遭貶職，又能屢被起用，成為國家柱石。他與人為善，別人都看不起同事盧杞，他卻待為上賓……他身處亂世，卻能全身避害，安享福、祿、壽、考，可謂古代職場的精英。

人生在世，誰不想有一番大的作為，有一份驕人的成就？誰不想擁有輝煌，令世人敬仰？然而從古到今，所謂的天才數不勝數，但真正能成大事者又有幾人？反倒是那些貌似呆板的忠厚篤誠之人更易取得成功。

## 【商海實戰】

### 捨棄輕薄選擇淳厚

大丈夫處其厚，不居其薄；處其實，不居其華，故去彼取此。意思是說，大丈夫立身厚重，而不喜歡輕薄；追求樸實，而不崇尚浮華。所以要捨棄淺薄虛華，選取淳厚樸實。

天下善耍聰明智巧的商人不計其數，真正能成為商之大者，為世所稱道的卻少之又少！反倒是那些大巧若拙、大智若愚、講誠信、有愛心的商人能登上商道之巔峰，而他們成大事的要訣就是「不用巧」。

提供超值的服務可以吸引更多顧客，這是很多商人都知道的。但是真正能夠做到這一點的卻寥寥無幾！其實，付出勢必就會有回報。施惠於顧客，可以促進企業的發展。

一般人認為，經商必須精明奸猾。其實，經商關鍵是要忠誠厚道和充滿智慧，尤其要以忠誠厚道為經商之根本，忠誠厚道會使人如虎添翼、一

路順利。

「不用巧」還有另一層涵義，那就是腳踏實地、步步為營。事情就是如此簡單，道理也非常樸實，一步一步地走過去，終能成功。但很多商人就是想偷懶耍滑，不想流汗，只想發財，最後往往敗在了自己的「聰明」上。豈不聞，「天道忌巧」！

《周易》中說：地勢坤，君子以厚德載物。做人要厚道，經商更要厚道。不要老想著從別人身上賺取什麼，而應考慮自己能給予別人什麼樣的產品、服務或價值。種的越多，收穫越多！

# 第三十九章：賤為貴本

## 【原典】

　　昔之得一①者：天得一以清，地得一以寧；神得一以靈，谷得一以盈；萬物得一以生，侯王得一以為天下貞②。其致之③也，謂：天無以清，將恐裂；地無以寧，將恐廢④；神無以靈，將恐歇⑤；谷無以盈，將恐竭⑥；萬物無以生，將恐滅；侯王無以貴高，將恐蹶⑦。故貴以賤為本，高以下為基。是以侯王自謂孤、寡、不穀，此非以賤為本邪？非乎？故至譽無譽⑧。不欲琭琭⑨如玉，珞珞⑩如石。

## 【注釋】

①一：即「道」。

②貞：首領。

③其致之：推而言之。

④廢：荒廢，此處意為崩塌。

⑤歇：絕滅、停止，此處指耗盡精力。

⑥竭：乾涸、枯竭。

⑦蹶：跌倒、挫折，此處指垮臺。

⑧致譽無譽：最高的榮譽是無須稱譽讚美的。

⑨琭琭：形容玉的華美。

⑩珞珞：形容石塊的堅硬、粗糙。

往昔曾得到過道的：天得到道而清明；地得到道而寧靜；諸神得到
道而靈驗；河谷得到道而充盈；萬物得到道而生長；侯王得到道而成為天
下的首領。蒼天若不能保持清明，恐怕就會崩裂；大地若不能保持寧靜，
恐怕就會崩塌；諸神若不能保持靈驗，恐怕就會耗盡；川谷若不能保持盈
滿，恐怕就會枯竭；萬物若不能生長，恐怕就會滅絕；侯王若不能成為好
的榜樣，恐怕就會垮臺。所以，貴以賤為根本，高以低為基礎。因此，侯
王自稱為孤、寡人、不穀。這不就是以卑賤為根本嗎？不是嗎？所以，最
高的稱譽是沒有稱譽。因此，不要華美如玉，也不要堅硬如石。

## 【名家注解】

王弼：昔，始也。一，數之始而物之極也。各是一物之生，所以為主也。物
皆各得此一以成，既成而舍以居成，居成則失其母，故皆裂廢歇竭滅蹶也。

河上公：必欲尊貴，當以薄賤為本，若禹稷躬稼，舜陶河濱，周公下白屋
也。高必欲尊貴，當以下為本基，猶築牆造功，因卑成高。下不堅固，後必傾
危。

朱元璋：為仁人君子者，務尚謙卑為吉，所以又云王稱孤寡不穀，此三字
俗呼，皆微小無德之名，王臣乃稱之，言其不自高也。小人誇己，可乎？

## 【經典解讀】

這一章講「道」的普遍意義。先是論述「道」的作用，天地萬物都來
源於「道」，或者說，「道」是構成一切事物所不可或缺的要素，如果失
去了「道」，天地萬物就不能存在下去。然後，再推及到人類社會，告誡
執政者從「道」的原則出發，並常要能「處下」、「居後」、「謙卑」，
即貴以賤為根本，高以下為基礎，沒有老百姓為根本和基礎，就沒有高貴

的侯王。因而在本章的內容中，同樣包含有哲學的因素。

在《道德經》裡，老子經常以「一」來代稱「道」，如「聖人抱一為天下式」。在本章中，老子連續七次使用「一」字，其含義是相當深刻的。老子認為宇宙的本原只有一個，宇宙的總規律也只有一個，因而他突出「一」，即宇宙起源的一元論，而且是物質的。

一切都在流動，一切都在變化。但老子認為，變化的基礎是統一，而不是衝突的爭鬥。老子揭露了客觀世界的衝突，並意圖削弱衝突，遏阻衝突的激烈化，本著這一目的，他把統一看成萬物的基礎，並將其絕對化。

老子一再使用「一」，就是為了表明矛盾和對立總要歸於統一。就人類社會而言，老子也強調統一，認為侯王也要注重唯一的「道」，才能使天下有個準繩。這個準繩是什麼？老子說：「貴以賤為本，高以下為基」。侯王應該認識到「賤」、「下」是自己的根基。有道的人無須光華如玉，還是質樸更好一些。

總之，本章就是講道的普通性、重要性，不論是天、地、神、谷、萬物、侯王，都是來源於道，如果失去了道，一切都難以再存在下去。

## 【處世學問】

### 富貴要靠自己去爭取

老子說：貴是以賤為根本的。可以說，很少有人生下來就擁有很高的社會地位，除非生於王公貴族之家。很多擁有成功大事業的人，都是從最底層一步一步爬上來的。只有從最低處、最難處開始，經歷過底層生活磨練的人，才有機會成就大事業。

勒格森・卡伊拉是英國劍橋大學的政治學教授，是廣受尊重的成功人士。可是，當初他卻是個極其貧賤的人，他僅有一本《聖經》，一把防身

用的小斧頭，外加一件毯子。

後來，為了改變自己的命運，他帶著上述僅有的「財產」，以及夠維持五天的食物，離開了家鄉尼亞薩蘭，準備向北穿過東非荒原到達開羅，再乘船到美國去接受大學教育。

對勒格森來說，他的旅途源於他的一個夢想。他希望自己能像自己的偶像林肯那樣，成就一番大事業。林肯雖然出身貧寒，卻憑著自己的努力，登上了美國總統的寶座。勒格森想成為一位偉大的改革者和教育家，為他自己和他的種族帶來希望與尊嚴。不過，要實現這個夢想目標，他需要接受好的教育。他認為，只有在美國，他才能得到自己所需要的教育。

人生基礎越是差，向上的決心就越堅定。雖然勒格森身無分文，也沒有任何辦法支付船票；雖然他根本不知道他要上哪所大學，也不知他會不會被大學接收；雖然他的旅途從開羅到華盛頓有3000英里之遙，途中要準備經過百個部落，說著50多種語言，而他對此一竅不通……有這麼多的障礙，勒格森還是出發了。

勒格森在炎熱的非洲大地上艱難跋涉了數天以後，僅僅前進了幾十英里。食物吃光了，水也快喝完了，而且他身上沒有一分錢。要想繼續完成後面的路程似乎是不可能了，但回頭就是放棄，就是重新回到貧窮和無知，重新回到低賤的地位。因此，他對自己發誓：不到美國我誓不甘休，除非我死了！

於是，他繼續前行。一次高燒使他病得很重。好心的陌生人用草藥為他治療，並給他提供了地方休息和養病。為了堅定信念，他翻開了兩本隨身攜帶的書，讀著那熟悉的語句，這使他恢復了對自己的目標和信心，繼續前行。他的這次旅行經歷了十幾個月，艱難跋涉了近千英里，到達了烏干達首都坎帕拉。

後來，他的事蹟漸漸地廣為人知，當他身無分文、筋疲力盡地到達喀

土穆時，關於他的傳說已經在非州大地和華盛頓佛農山區廣為流傳。斯卡吉特峽谷學院的學生們在當地市民的幫助下，寄給勒格森650美元，用以支付他來美國的費用。當得知這些人的慷慨幫助後，勒格森疲憊地跪在地上，滿懷喜悅和感激。

當勒格森終於來到斯卡吉特峽谷學院時，已經經歷了兩年多的行程，他手持那兩本寶貴的書，驕傲地跨進了學院高聳的大門。

畢業後，勒格森進行學術研究，並在英國成為劍橋大學的一名政治學教授，而且還成為廣受尊重的權威。

勒格森的奮鬥之路，為那些基礎差的人樹立了一個最好的榜樣：你的現狀並不代表著你的將來，只要你肯努力，達到多麼高的目標都是有可能的！靠自己，才能改變低賤的命運。

【職場應用】

### 高不忘下，貴不忘卑

能夠做到高不忘下，貴不忘卑，這就是真正的「德」。正如君王稱呼自己為孤、寡、不穀一樣，目的就是讓自己變得卑下一些，從而合乎「德」。所以說，那些最高的榮譽，是不需要自己去誇耀的；只要有了真正的德性，別人自然會給你真正的名譽。

一位職場領袖，如果他謙虛而不自誇，卑下而不自高，別人自會尊敬他、讚美他、以他為高。因而真正的德性所講的就是不需要那虛華美麗的玉石，寧可做實實在在的一塊頑石。厚道而真實，是什麼就是什麼，這就是真正的德性。

名聲躲避追求它的人，卻去追求躲避它的人。生活中許多偉大的成功者，正是這一思想的忠實踐行者。

美國發明家萊特兄弟發明了飛機，並首次飛行試驗成功，之後便名揚全球。可是他們視榮譽如糞土，不寫自傳，從不接待新聞記者，更不喜歡拋頭露面展現自己。

有一次，一位記者好不容易找到了兄弟兩人，要替他們拍照。弟弟奧維爾‧萊特謝絕了記者的請求，他說：「為什麼要讓那麼多的人知道我倆的相貌呢？」當記者要求哥哥威爾伯‧萊特發表講話時，威爾伯回答道：「先生，你可知道，鸚鵡叫得呱呱響，但是牠卻不能飛得很高很高。」

還有一次，奧維爾從口袋裡取手帕時，帶出來一條紅絲帶，姐姐見了問他是什麼東西，他毫不在意地說：「哦，我忘記告訴你了，這是法國政府今天下午發給我的榮譽獎章。」

萊特兄弟就是這樣的厚道而真實，他們不願在人前顯露自己，究其原因是他們知道，榮譽只不過是虛華的東西而已，正如居里夫人所說：「榮譽就像玩具，只能玩玩而已，絕不能永遠地守著它，否則將一事無成。」

其實，追求榮譽是人之常情，獲得榮譽是美好的。它是一個人追求的理想，完善自我的必然結果，但切記以它為人生的目標。一位職場領袖，如果把榮譽作為自己的人生目標，處處賣弄、顯示，就是追求虛華，就會超出限度和理智，常會迷失自己，惹下屬反感。

## 【商海實戰】

### 從最低層開始努力

俗話說，萬丈高樓平地起。一個商人若能認識到這一點，將對其事業發展達到推波助瀾的作用。

艾富雷德‧佛勒出生在美國波士頓郊外的農村。他的事業始於背著一捆捆掃帚、刷子，穿街過巷，挨家挨戶地推銷這些批發來的小商品。

佛勒好不容易敲開了兩家人的門，都是還沒有開口，就被人很厭惡地打發走了。他沒有氣餒，很快又敲開了第三家的門。這家的主婦正在吃力地搬動一個大花盆，他急忙跑上前去幫了她一把。隨後，那位慈祥的主婦對他說：「孩子，你的推銷為我們帶來了方便。」

就這樣，佛勒做成了一生中的第一筆生意，以8美分的價格賣掉了一把小刷子。他的事業就這樣開始了！不到一年，他的存款已近400美元，在當時已經是一大筆財產了。

後來，佛勒決定自己生產掃帚、刷子，自己推銷。晚上，他藉著昏暗的煤油燈光，在地窖裡生產各種新式樣的刷子。白天，他就背上刷子挨家挨戶去推銷，由於都是老主顧，銷售起來輕鬆得很。他很注意詢問顧客意見，並根據這些意見和要求改進產品……

一段時間後，他大膽地在另外一個城市開設了「分廠」。他租了一個舊車庫做工廠，僱了一個工人開機器，自己則把全部時間放在銷售產品上。一年後，他的營業額已上升到每週2000美元。他不斷擴大企業規模，生產大量各式各樣的刷子。他聘請了更多的工人和銷售員，新客戶也不斷增加，生意做到了更多的城市。

佛勒的事業就像滾雪球一樣越做越大，而他的成功正是源於他背著一捆捆刷子挨家挨戶地去推銷。佛勒的事業正是由最低層的努力開始的。

但是，在現實生活中，一些人看見別人成功了，常常無形中有點嫉妒，甚至還會妄自菲薄，總以為別人的工作才是最好的。而自己呢？總是看不到什麼希望。他們總是把別人的成功歸之於運氣好，他們也夢想著好運能早一天降臨到自己的頭上。

起初，查理斯‧瓦格林是一個小藥店的店主。他鄙視自己的小藥店，一直想在其他行業找個作大事業的機會。所以，他經常離開藥店去做其他事，任憑藥店的生意搖搖欲墜。

直到有一天，他突然反問自己：「我為什麼一定要把希望、目標寄託在那些自己一無所知的行業上呢？為什麼不在自己相對熟悉的醫藥行業闖出一番大事業來呢？」

　　他終於明白了自己事業發展的基礎就是這家小藥店，決定全心全意地去經營它。他對自己的事業有了熱情，儘量提高服務品質使顧客滿意。如果附近的顧客打電話來買東西，他就會一面接電話，一面舉手向店裡的夥計示意，並大聲地回答說：「好的，赫士博克夫人，一瓶三兩的樟腦油、半磅巧克力。還要別的嗎？赫士博克夫人，今天天氣很好……」

　　在和赫士博克夫人通電話的同時，他指揮著夥計們把相應的藥品快速找出。而與此同時，負責送貨的人正忙著穿外衣。在赫士博克夫人說完她所要的東西後，送貨的人就上路了。而他則仍舊和她在電話中閒談著，直到等她說：「瓦格林先生，請先等一等，我家的門鈴響了。」

　　於是，他笑了笑，手裡仍拿著話筒。不一會兒，她在電話中說：「瓦格林先生，剛才敲門的就是你們的店夥計替我送東西來了！我真不知道你怎麼會這麼快，實在是太不可思議了！我今天晚上一定要把這事告訴赫士博克先生。」

　　因為他那裡有優質的服務，幾條街以外的居民也都捨近求遠到他的店裡去買藥。後來，好多藥店老闆都跑到他那裡取經，那些人不明白，為什麼偏偏他的生意會做得那麼好。

　　對藥店經營態度的改變，使得瓦格林的生意日益興隆，其連鎖店在全美國遍地開花，很快便占領了美國藥品零售市場。在當時的美國醫藥業中，他的公司擁有的分店數量位居第二。

　　遠大的目標當然必須有，但如果只是一味地好高騖遠，不僅會眼高手低，還會忽視近在眼前的機會。對於同一件事情，用心去做與不用心去做，效果是絕對不一樣的。對於一項並不能讓你振奮的小工作，告訴自己

那是偉大事業的開端，相信你就能精神煥發，用心來做了。

【管理實踐】

### 打好地基才能建高樓

一個人，必須尊「道」貴德，像「道」那樣謙卑自處，虛懷若谷。尤其當身居高位時，更不能自鳴得意，高高在上。否則脫離了群眾，處境就岌岌可危了。群眾是你身居高位的基礎，好比萬丈高樓的地基，地基要是動搖了，這高樓也就會轟然倒塌。

那些得「道」的侯王深知這一道理，總是以謙卑的態度去對待天下人。他們還不時地寫出兩份「罪己詔」，把旱澇災害、蟲災、瘟疫的產生都歸咎於自己德薄，以致讓蒼生受苦。所以大家都擁護他，讓他成為天下的正統，擁有天下，治理天下。這是典型的貴以賤為本！

領導者要有謙遜的作風、寬廣的胸懷，不要標榜自己，越是標榜自己，越是顯得自己沒有底氣。最高尚的道德是用不著標榜的，最高的榮譽是無需人們誇獎的。

唐太宗說過：「君舟也，民水也，水能載舟，亦能覆舟。」君王如果深得民心，那麼老百姓就是一汪平靜的水，君主就可以像一葉扁舟風行水上，逍遙自在。如果君主看不起老百姓，讓他們無法正常地生活，那麼他們就會掀起沖天巨浪，把君主這葉扁舟掀翻到水底。

如果執政者不管百姓的死活，把貪婪的手無止境地伸向他們，不傾聽他們的意見，不顧他們的呻吟，甚至為了壓制他們的不滿情緒，動用專政工具，那麼他們都不怕了，他們會提著菜刀，揮舞著鋤頭，拿著木棒鐮刀去跟他們拚命。

執政者既然被稱作公僕，那麼就得為官一任，造福一方。不要擾民，

不要搞政績工程。老百姓有意見，要虛心聽取，理順他們的情緒，解決他們的問題。千萬不要認為自己是個官，就老是高高在上，什麼事都自己說了算，老百姓只有聽的份，只有服從的份，只有忍受的份。

歷史上有不少貴且富的人，貪無止境，用其權力殘民以自樂，人民恨得要食其肉；當其敗時如過街老鼠人人喊打，無安身之處。

北宋時誤國害民的賈似道，罷官後要回紹興，地方官關門不讓他入城；被貶婺州，該州群眾貼出通告，把他趕走，朝廷只得將他貶到高州。由於賈似道罪大惡極，人人痛恨，其中就有因受其迫害而主動要求押解他到高州的鄭虎臣。當時朝廷還寬赦不殺賈似道，但鄭虎臣還是把他殺了。一個與人民為敵的人，其下場活該如此。

事實上，有智慧的領導者，仰賴的是下屬的善意，而不是強橫的力量。古代的聖賢之所以為人稱道，是因為他們從來不認為自己有什麼了不起。他們自愛，但不自貴，心裡總是想著老百姓，所以，老百姓都真心擁戴他們，他們也因此獲得了好的口碑，為後世景仰。

# 第四十章：有生於無

## 【原典】

反者①道之動，弱者②道之用。天下萬物生於有③，有生於無④。

## 【注釋】

①反者：返回，循環。一說為相反、對立面。

②弱者：柔弱，渺小。

③有：道的有形質，指現實世界的形下之道。

④無：道的無形質，指超現實世界的形上之道。

## 【譯文】

　　大道的運動，表現在循環往復上；大道的效用，表現在柔弱上。天下萬物產生於形而下的有，有又產生於形而上的無。

## 【名家注解】

　　王弼：高以下為基，貴以賤為本，有以無為用，此其反也。動皆知其所無，則物通矣。故曰反者道之動也。有之所始，以無為本。將欲全有，必反於無也。

　　河上公：柔弱者，道之所常用，故能長久。天地神明，蜎飛蠕動，皆從道生。道無形，故言生於無。此言本勝於華，弱勝於強，謙虛勝盈滿也。

朱元璋：道行則被萬物，物足用而道歸我。反也其動字，既歸又將動也。世間萬物既有生，即有滅，理道自然，天地之綱紀也。所謂生於有，有生於無是也。

## 【經典解讀】

在本章中，老子用極其簡練的文字，講述了「道」的運動變化法則和「道」產生天下萬物的作用，並重申了大道與大德的關係。「道」無形象，無言語，無作為，我們所能認識到的，只是它的一種「德」，也就是「道」的屬性而已。

「反者道之動」一句，概括了自然和人類社會的現象與本質，是十分光輝和精闢的見解。它主要包括兩方面的涵義：一是矛盾著的對立物各自向著自己的對立面轉化；二是事物運動變化的規律是循環往復。老子承認運動，承認運動循環往復、周而復始。

當然，老子在認知上也有其不足之處。因為，對立面的互相轉化，必須在一定條件下，才能夠實現；不具備一定條件，是不可能實現轉化的。老子忽略了變化的條件性，認為不經過任何努力，不管在任何情況下，都會發生轉化，這多少帶有宿命論的色彩。

「弱者道之用」，是說「道」在發揮作用的時候，用的是柔弱的方法，這不完全是消極的，同樣也有積極性的一面。道創造萬物，並不使萬物感到有什麼強迫的力量，而是自然而然地發生和成長。用弱和用強，也就是「無為」和「有為」的區別。

「天下萬物生於有，有生於無」。有人認為，這一句可以概括出「無—有—萬物」的公式，並說萬物畢竟是從「無」而來的。其實，老子講「有」和「無」，未必是把「無」當做第一性的東西，而把「有」當做第二性的東西。他只是把「有」與「無」當成相互對立的哲學範疇，二者

都是道的屬性，是道產生天地萬物時由無形質落向有形質的活動過程。

【處世學問】

## 磨平自己額上的角

「道」有自己的運動方式，它循環往復地運動著，這一點我們可以從自然中看出來，月圓月缺，花開花謝，萬物草木春生而夏長，秋收而冬藏，如此循環不已。

「道」生長萬物卻不占有，滋養萬物卻不自恃。「道」無形象，不占有不自恃，所以說它是天下最柔的東西，沒有什麼東西能夠戰勝它。

由此可知，大道的德性就是循環往復、柔弱順應，而人只有順從自然之道，把握住循環往復、柔弱順應的德性，才能無災無害，一切順利。如此，便是要求我們為人處世要「藏器於身，待時而動。」

也就是說：有才能但不使用，而要待價而沽。天才無此器最難，而有此器，卻不知收斂，則鋒芒對於人，只有害處，不會有益處。所以古人說：「額上生角，必觸傷別人，不磨平觸角，別人必將力折，角被折斷，其傷必多。」可見天才的鋒芒就像人額上的角，既害人，也傷己！如此說來，還不如沒有。

如果有此器而視為無此器，必不會成為圓月，成為全開之花，自然就沒有缺、謝的危險了，這就是把握住了循環往復德性的結果。而有能力卻不與人爭，隱藏智慧，這就是把握住了柔弱順應德性的表現。

隋人薛道衡，13歲便能講《左氏春秋傳》。隋高祖時，作內史侍郎。煬帝時任潘州刺史。大業五年，被召還京，上〈高祖頌〉。煬帝看了頗不高興，說：「不過文詞漂亮而已。」這是因為煬帝自認文才高而傲視天下之士，不想讓他們超過自己。御史大夫乘機說薛道衡自負才氣，不聽訓

示，有無君之心。於是煬帝下令把薛道衡絞死了。

天下人都認為薛道衡死得冤枉，但他不正是違背了自然之道，喪失了「道」的德性，鋒芒畢露，以剛強應對人生而遭人嫉恨命喪黃泉的嗎？

一個人在事業上小有成就，就易招來別人的嫉恨。上古的時候人們砍伐樹木，只選擇那些幹直圓粗的樹木，而那些長得弱小的樹木就能免遭砍伐。所以，在複雜的社會中，要想成就大事，就不要鋒芒畢露，而應藏頭縮尾，等待最有利的時機。

# 第四十一章：大器晚成

## 【原典】

　　上士聞道，勤而行之；中士聞道，若存若亡；下士聞道，大笑之。不笑不足以為道。故建言①有之：明道若昧，進道若退，夷道若纇②。上德若谷，大白若辱③，廣德若不足，建德若偷④，質真若渝⑤。大方無隅⑥，大器晚成，大音希聲，大象無形，道隱無名。夫唯道，善貸⑦且成。

## 【注釋】

①建言：立言。也有人認為是古書名。
②夷道若纇（音類）：夷，平坦；纇，崎嶇不平、坎坷曲折。
③辱：黑垢。
④建德若偷：剛健的德好像怠惰的樣子。偷，懶惰。
⑤渝：變汙。
⑥大方無隅：隅，角落、牆角。最方整的東西卻沒有角。
⑦貸：施與、給予。引伸為幫助、輔助。

## 【譯文】

　　資質上乘的人一聽說道，就去努力實踐；資質一般的人聽說了道，時記時忘，將信將疑；資質較差的人聽說了道，大笑不已。不被這種人嘲笑，就不足以稱為道了。所以立言的人曾說：光明的道好似暗昧；前進的

道好似後退；平坦的道好似崎嶇。崇高的德好似峽谷；潔白好似黑垢；廣大的德好似不足；剛健的德好似怠惰；質樸而純真好似汙濁。最方整的東西沒有稜角，最大的器物往往最晚完成，最大的聲音幾乎沒有聲音，最大的形象沒有形狀。大道總是潛隱不露，沒有名稱。只有大道善於幫助一切成事。

## 【名家注解】

河上公：上士聞道，自勤苦竭力而行之。中士聞道，治身以長存，治國以太平，欣然而存之。退見財色榮譽，惑於情欲，而覆亡之也。下士貪狠多欲，見道柔弱，謂恐懼；見道質樸，謂之鄙陋，故大笑之。

朱元璋：君子與小人論道，小人若迷途者，與行道難甚。道本先天地之氣，人何見而不見，如善貸且成，當哉！失道之理，無所不益，萬物賴此而生，豈不借資與人物焉？

王弼：凡此諸善，皆是道之所成也。在象則為大象，而大象無形；在音則為大音，而大音希聲。物以之成，而不見其成形，故隱而無名也。

## 【經典解讀】

這一章列舉了一系列構成矛盾的事物雙方，表明現象與本質的對立統一關係。它們彼此相異，互相對立，又是互相依存，彼此具有統一性，揭示了事物相反相成的發展變化規律。

在這裡，老子講了上士、中士、下士各自「聞道」的態度：上士聽了道，努力去實行；中士聽了道，漠不動心、將信將疑，下士聽了以後哈哈大笑。說明「下士」只見現象不見本質，還要抓住一些表面現象來嘲笑，但道是不怕淺薄之人嘲笑的。

「上士」即高明的貴族，「中士」即平庸的貴族，「下士」即淺薄的

貴族。上、中、下不是就政治上的等級制度而言，而是就其思想認知水準的高低而言。「道」的本質隱藏在現象後面，淺薄之士是無法看到的，所以不被嘲笑就不成其為「道」了。

明白大道的人好像是糊塗的，進入大道的人好似在退步，走在平坦大道上卻好像走在那崎嶇小路上。但他們是真正具備「道」的德性的人，他們不會因別人的誤解而改變什麼。

「質真」、「大白」、「大方」、「大器」、「大音」、「大象」指「道」、道的形象或性質。最後，又用一句話加以歸納：「道」是幽隱無名的，它的本質是前者，而表象是後者。

總之，本章從有形與無形、存在與意識、自然與社會各個領域多種事物的本質和現象中，論證了矛盾的普遍性，是極富智慧的。

【處世學問】

### 厚積薄發，大器晚成

老子說：大器晚成。意思是，最大的器物往往最晚做出來。為什麼會這樣呢？因為最大的器物，需要更多的工夫去打磨。

蘇軾說，「博觀而約取，厚積而薄發」，也是這個道理。要經過長時間的準備和積累，才能把事情辦好。你看姜子牙年過古稀才出道，輔佐周文王、周武王開創了周朝八百餘年的基業，因德高望重而被尊為太公，成為齊國的國主。

「大器晚成」這個詞，一般都是用來形容成名比較晚的人。但它有著更深層的涵義，即要做成大事情，沒那麼簡單，不會是一帆風順，也不會是一蹴而就的。

《三字經》裡有一句話：「蘇老泉，二十七，始發憤，讀書籍。」這

位蘇老泉，就是「三蘇」之首的蘇洵。他字明允，號老泉，是北宋著名的散文家，是大文豪蘇軾與蘇轍的父親。

年輕的時候，蘇洵豪放不羈，喜好遊歷。19歲時，他與眉州的名門閨秀程氏結婚。27歲時，他已經是一女兩子的父親了，當時蘇軾3歲，蘇轍1歲。他對夫人說：「儘管我已到了中年，如果要讀書，還是可以成才的。」

從此以後，蘇洵開始刻苦攻讀，但屢考不中，他自覺不該為應試而讀書，憤而燒去平日所為文章數百篇，關門讀書五六年，並將研究所得撰寫為文。後來，他不僅精通「六經」百家之說，而且能寫出一手好文章。

此外，蘇洵對蘇軾、蘇轍的教育也竭盡全力，希望自己未能實現的理想和抱負能在自己的孩子身上實現。他在〈名二子說〉中鼓勵兒子要像「軾」一樣，登高望遠，積極上進，又要像「轍」一樣為人忠厚，處事穩妥，要做到養氣為文，治所養心。

後來，蘇洵與二子一同進京應試。他將自己所著的〈幾策〉、〈權書〉、〈衡論〉共22篇政論文章呈給歐陽修。蘇洵的散文論點鮮明，論據有力，語言鋒利，縱橫恣肆，具有雄辯的說服力。歐陽修稱讚他「博辯宏偉」，「縱橫上下，出入馳驟，必造於深微而後止」。

之後，蘇軾、蘇轍同時考中進士，蘇門三士，名動京師。許多文人學士都爭相傳誦和模仿他們的文章，時文為之一變。後人為了紀念他們，便在其家鄉四川眉山建了一座「三蘇祠」。

蘇洵在57歲時去世。對蘇洵的不幸早逝，上至天子宰臣，下至山野之士都非常惋惜，認為他不僅是「一時之傑」，也是「百世之家」。蘇洵與其子蘇軾、蘇轍同列「唐宋八大家」，傳為文學史上的一大美談！

與達文西、莫札特等少年得志的奇才們相比，愛因斯坦也是大器晚成型的。

從小開始，家人就鼓勵愛因斯坦發展自己的天賦和才能。因此，從兒童到青年，愛因斯坦一直興趣廣泛，還曾研究過宗教學和倫理學，但他當時並不癡迷於科學。

12歲時，愛因斯坦開始拉小提琴，這成為他貫穿一生的興趣。16歲時，父母就讓他參加中學考試，不幸的是他沒考上，但他並未就此沮喪。一年後，他進入了蘇黎世聯邦工藝研究所。

愛因斯坦的天賦，並沒有在正統教育中展現出來。從蘇黎世聯邦工藝研究所畢業後，愛因斯坦做過各種不同的工作，包括臨時教師、家長協會辦事員等。直到30多歲，他的思想和創造力，才透過學術界逐漸被大眾發現和認可。

孟子說：「故天將降大任於斯人也，必先苦其心志，勞其筋骨，餓其體膚，空乏其身，行拂亂其所為，所以動心忍性，增益其所不能。」我們要做的就是「十年磨一劍」，努力進取，然後順其自然。

**【職場應用】**

### 容忍同事的小錯誤

老子說：資質上乘的人一聽說道，就去努力實踐；資質一般的人聽說了道，時記時忘，將信將疑；資質較差的人聽說了道，大笑不已。不被這種人嘲笑，就不足以稱為道了。

在這裡，老子根據不同的人對道的認知和行為的不同，將人分為三個等次，即上士、中士、下士。又指出：「不笑不足以為道。」不被不明之人懷疑，不被愚笨之人嘲笑，那就不是真正的大道了。也就是說，不管別人怎麼去笑大道，大道也都不會有什麼改變。

也就是說，真理始終是真理，不會因別人錯誤的認知而隨之改變。因

此，身處職場，對於同事犯的那些認知上的小錯誤，也不必追究，讓人難堪。

戴爾·卡內基是美國著名的成功學家，也是處理人際關係的「高手」。然而，在年輕的時候，他也曾犯過不能容忍別人小錯誤的錯誤。

一天晚上，卡內基參加一個宴會。宴席中，坐在他右邊的一位先生講了一段幽默故事，並引用了一句話，意思是「謀事在人，成事在天」。那位健談的先生提到，他所引用的那句話出自《聖經》。然而，卡內基發現他說錯了，他很肯定地知道出處，一點疑問也沒有。

為了表現優越感，卡內基很認真又很強硬地糾正了過來。那位先生立刻反唇相譏：「什麼出自莎士比亞？不可能！絕對不可能！」那位先生一時心急，不禁有些惱怒。

當時卡內基的老朋友法蘭克·格蒙坐在他左邊。格蒙研究莎士比亞的著作已有多年，於是卡內基就向他求證。格蒙在桌下踢了卡內基一腳，然後說：「戴爾，你錯了，這位先生是對的。這句話出自《聖經》。」

那晚回家的路上，卡內基對格蒙說：「法蘭克，你明明知道那句話出自莎士比亞。」「是的，當然。」格蒙回答：「在哈姆雷特第五幕第二場。可是親愛的戴爾，我們是宴會上的客人，為什麼要證明他錯了？那樣會使他喜歡你嗎？他並沒有徵求你的意見，為什麼不保留他的臉面，說出實話而得罪他呢？」

在職場上，如果同事的一些小錯誤無傷大局，那就沒有必要去刻意糾正。這不僅能避免讓自己陷入不必要的煩惱和人事糾紛，而且也顧及到了同事的面子，更展現了你做人的雅量。

在職場上，尋找同事的缺陷，遠不如發現他們的優勢，稱讚他們。指責同事，遠不如去瞭解他們，理解他們，原諒和寬容他們。所以，大可不必總揪住同事的小缺陷、小錯誤不放，要多看看他們的優點和成績才好！

# 第四十二章：損之而益

## 【原典】

道生一①，一生二②，二生三③，三生萬物。萬物負陰而抱陽，沖④氣以為和。人之所惡，唯孤、寡、不穀⑤，而王公以為稱。故物或損之而益，或益之而損。人之所教，我亦教之。強梁者不得其死，吾將以為教父⑥。

## 【注釋】

①一：道。意指道是絕對無偶的。
②二：指陰陽二氣。「道」所包含的兩個對立方面。
③三：由陰陽二氣交感激盪所產生的第三種事物。
④沖：衝突，交融，交感。
⑤孤、寡、不穀：古時候君主用以自稱的謙詞。
⑥教父：教育的根本或指導思想。

## 【譯文】

大道衍生出初始的一，一又生出陰陽的二，陰陽交合而生三，三生出萬物。萬物皆背陰而向陽，陰陽二氣交感激盪達成新的和諧。人們最厭惡的，就是淪為孤家、寡人、絕後，而王公以此來稱呼自己。所以一切事物，有時是受損反而獲益，有時是獲益反而受損。別人教我的，我也用來

教導別人。蠻橫霸道的人難得善終，我把這句話當做施教的指導思想。

## 【名家注解】

王弼：萬物萬形，其歸一也。何由致一？由於無也。由無乃一，一可謂無。雖有萬形，沖氣一焉。百姓有心，異國殊風，而得一者，王侯主焉。以一為主，一何可舍？

朱元璋：以陰趨陽之道，皆以卑以就能成也。君子之習道如是乎。更逾以上古國王所稱孤寡不穀，此三字人人以為不貞之字，王者乃取名之，是謂謙也。

河上公：強梁，謂不信玄妙，背叛道德，不從經教，尚勢任力也。不得其死者，為天所絕，兵刃所伐，王法所殺，不得以壽命死也。

## 【經典解讀】

這一章的前半部分講的是老子的宇宙生成論。這裡老子說到「一」、「二」、「三」，乃是指「道」創生萬物的過程。宇宙萬物的總根源是「混而為一」的「道」，對於千姿百態的萬物而言，「道」是獨一無二的。

老子所說的一、二、三，並不是具體的事物和具體數量。它們只是表示「道」生萬物從少到多，從簡單到複雜的一個過程，這就是「沖氣以為和」。這裡老子否定了神的存在，從多元論的宇宙觀發展為一元論的宇宙觀，這是值得稱道的。此外，老子還講了柔弱退守是處事的最高原則，謙受益，滿招損。

為什麼說道生一？道的概念在前，道的存在在前，道中產生了萬物與萬象。物象多種多樣，多種多樣的物象卻具有統一性、完整性、整合性、相同的道性。道與一之間是有一個多字存在的，沒有多也就沒有一的命

名，沒有對於多的感受也就沒有對於一的尋找。正如此前講過的，有無相生，難易相成，長短相形，高下相傾，多與一也是相生相形相通的。

一生二，就是從整體中產生相反相成的事物或概念，即有無、陰陽、乾坤、天地等。這兩方面相交、相和、相激盪、相補充，便產生了第三個方面。於是，萬物萬象源源不絕，生而不絕，滅而不絕，一而多，多而一，萬象歸一，九九歸一，大道永遠。

值得注意的是，老子說的是「一生二」，而不是一分為二。一生二，是從一中派生出既對立又統一的兩個方面，原來的一可能仍然存在。一分為二，則是指一分裂成了互相對立乃至不共戴天的二，有了二以後，一就不復存在了。一分為二，強調的是爭鬥，一生二，強調的是和諧。

「強梁者，不得其死」，這句話老子講得有力道、很重、很直白、很露骨也很強烈，表現出他對於強梁者的憤怒。

萬物負陰而抱陽，是講萬物皆有陰陽的兩個方面，都是又背又抱。沖氣以為和，這裡有老子對於物質與精神、現象與本質的觀念。氣是無影無形的，變化無方，氣與氣相交合，才有了道生一、一生二、二生三、三生到萬物。

「損之而益，益之而損」的事例很多。如父母溺愛子女，適成其害；嚴格要求與批評責備，才是真正的增而益之。天花亂墜地為自己添彩，結果往往會降低自己的威望；實事求是地自我批評，表面上看是貶損了自己，其實是增益了自己的影響。

【處世學問】

### 強橫的人難得善終

老子說：蠻橫霸道的人難得善終。老子認為，人的死亡源於剛愎自

用和自以為是的逞強，它們造成自矜自伐與自見自彰的心理狀態與行為樣態，導致人們在經驗世界的衝突與對立，招來殺身的危機。

一句話，敢於逞強任性的，往往會為自己招來殺身之禍，而不逞強、安分守己的人，往往能苟全性命。

有些人天不怕，地不怕，連國家的法律他都不放在眼裡，對他們來說，法律是什麼，不就是寫在紙上的幾行字嗎？於是為所欲為，欺行霸市，殺人越貨，欺主亂政⋯⋯最終把自己送進了監獄，甚至惹來殺身之禍。

鰲拜，滿洲鑲黃旗人。他出身將門，自幼弓馬嫻熟，武藝高強，性情凶暴，隨清太宗皇太極征討各地，戰功赫赫，有勇士之稱號，得以封官晉爵。順治去世，遺詔命鰲拜與內大臣索尼、蘇克薩哈、遏必隆共同輔佐年僅8歲的康熙皇帝，為輔政四大臣之一。

按照當時的規矩：「皇帝年幼，由顧命大臣輔政。」順治帝臨終時指定鰲拜等四人為顧命大臣，輔助康熙皇帝，其中，鰲拜權勢最大，他並不把康熙放在眼裡，貪贓枉法、自行其是。

鰲拜大權獨攬，謹防有實力的大臣接近皇帝，並不斷派人觀察宮中的動靜，要使他成為一個名副其實的「孤家寡人」，這樣自己就可以「挾天子以令諸侯」。

一天，他看見康熙和一些少年在玩摔跤的遊戲，並未當成一回事，反而認為康熙胸無大志，只知玩耍。有一次鰲拜稱病，很久沒有去上朝，康熙便親自來到鰲拜府中探聽虛實。他來到鰲拜的臥室，發現鰲拜在席子下面藏有利刀，知道鰲拜懷疑自己對他起了疑心。但康熙很能沉得住氣，不但不加以責怪，反而安撫說：「滿洲勇士，身不離刀，乃是本色。」鰲拜聽了，覺得康熙是個糊塗蛋，更加為所欲為了。

康熙探病回宮，就把那群少年們找來，說：「大清朝已處在危急關

頭，你們聽我的，還是聽鰲拜的？」那些少年自然願意聽皇上的。於是，康熙就設下了陷阱，等著鰲拜落進來。

康熙召鰲拜進宮議事，鰲拜不知是計，便大搖大擺地來見皇上。康熙便命那些少年玩摔跤遊戲給鰲拜看。少年玩著玩著，一個個跌打翻滾到了鰲拜身前，這個抱腿，那個抓頭，頓時將鰲拜掀翻在地。但鰲拜也不是省油的燈，他號稱「滿洲第一勇士」，力大無窮，他猛一掙扎，那些少年都被他絆落在地，但這些少年都忠於康熙，儘管敵不過鰲拜，仍死命糾纏住他不放，正在危急關頭，康熙拿出藏匿在袖中的匕首，一刀刺進鰲拜的胸中，眾人蜂擁而上，將鰲拜擒住。康熙當即宣告：鰲拜謀反，令監禁聽審。

鰲拜終因欺主亂政、專橫跋扈而被拘禁，不久便死於幽所。後來，康熙肅清了權臣鰲拜的黨羽而親政。

鰲拜被封為輔政大臣，已經位極人臣，非但不知韜光養晦，避免皇家猜忌，反而剛愎自用，以強橫的態度對待他的上級──康熙皇帝，最後落得個身敗名裂的下場。與鰲拜相反，有些人為人處世謹小慎微，做什麼都怕違背了法律法規，處處循規蹈矩，雖然沒有得到高官厚祿，卻也一輩子平平安安，官司與他無緣，災難和他沾不上邊，倒也生活幸福，怡然自樂。

「強梁者，不得其死。」好好記住這一點吧，這是智者教給我們的處世之道，不妨把它當做為人處世的一個重要行動原則，時刻引以為戒。

一個人懂得了陰陽轉化、斟酌損益的道理，就不會到處去出風頭逞強了。不逞強任性，災難就會離得遠些，是是非非也不會找上門，他就會是一個快快樂樂、健健康康的人！

## 【管理實踐】

### 善用自我貶損的法寶

老子說，損之而益，益之而損。管理者越是在下面的人面前謙虛、誠懇，越是能夠獲取下面的人的支持和幫助。管理者要想得到這些「益處」，就要敢於先「自我貶損」。

美國總統羅斯福是個偉大的人，他從來不怕向民眾承認自己所犯的錯誤。當他還在紐約警備團第18中隊當隊長的時候，就表現出了這種非同凡俗的素質。

當羅斯福帶隊練操的時候，他常常在中途這樣喊一聲：「停一下！」他邊喊，邊從褲袋裡拿出一本教練手冊來，當著全隊所有人的面，他翻到某一面，找出他所要找的那一頁來，認真讀了以後，大家說：「剛才我做錯了一點，本來應當是這樣做的。」像這樣極端誠懇的人實在不多。有時候，對他的這種行為，同事們常常忍不住笑出聲來。

在羅斯福任紐約市市長的時候，經他的提議和努力，一個議案在國會透過了。但他卻發現自己判斷錯了。於是，他當著國會議員的面說道：「我感到很慚愧，當我極力贊成這項議案的時候，我當初確實是有一點隱情的，我不應當這樣做。」這種情況下，羅斯福竟然也敢於主動承認自己的失誤，真是難能可貴！

正因為羅斯福肯於坦率地承認自己的錯誤，並儘量去糾正它，從而贏得了眾多民眾的愛戴與擁護。他的這種做法不能不說是令人欽佩的。無獨有偶，美國總統威爾遜也是一個謙虛、誠懇，勇於「自我貶損」的人。

當威爾遜剛被選為紐澤西州州長的時候，有一次他應邀參加了「紐約南社」舉行的一次午宴，當別人介紹他時，說他是「未來的美國大總統」，這自然是對他的一種抬舉。

威爾遜講了幾句開場白後，接著說：「我感覺自己在某一方面類似於別人向我講的一個故事裡的人物。我有一個朋友和一群垂釣者在加拿大玩，其中有一位先生想嘗一嘗名叫『松鼠』的威士忌酒，聽說凡是喝了這種酒的人，都會去爬樹，這也就是這種酒取名『松鼠』的原因。他真是夠勇敢的。

　　這位先生喝得太多了，結果他和其餘的人在一起搭火車時，把方向弄反了。本來他應該是往北去，結果他卻坐上了往南的火車。他的夥伴們想把他弄回去，就打電報給那列往南的火車上的列車管理員：『請把那個叫詹森的小子送到往北的火車上來，他喝醉酒了。』

　　很快，列車管理員就給他們來了回電：『請再說一遍。車子裡有13個人，他們既不知道自己的姓名，也不知道目的地在哪兒。』我現在是確實知道我自己的名字的，可是我不能和你們一樣，確切知道我的目的地是哪裡。」

　　聽眾聽了之後哈哈大笑。威爾遜接著還講了另外一個他擅長的滑稽故事。聽眾們興奮起來，心中充滿了愉快的情感。就這樣，他透過「自我貶損」贏得了在場所有人的支持。

　　一個有地位的管理人員，每當接觸下面的人時，故意打趣自己，或是批評自己，這是多麼明智的行為！這樣可以使下面的人感到愉悅，甚至能使他們感覺自己比管理者更優越，而這也正是管理者得到他們支持的最有力法寶。

# 第四十三章：以柔克剛

## 【原典】

天下之至柔，馳騁①天下之至堅。無有入無間②，吾是以知無為之有益。不言之教，無為之益，天下希③及之。

## 【注釋】

①馳騁：奔馳，縱橫自如。

②無有入無間：無形的力量能夠穿透沒有間隙的東西。無有：指沒有形質的東西，無形的力量。

③希：稀少。

## 【譯文】

天下最柔弱的東西，能夠騰越穿行於天下最堅硬的東西中。無形的力量能夠穿透沒有間隙的東西，我由此懂得了無所作為是有益的。不用言辭的教化，無所作為的好處，天下很少有人能做得到。

## 【名家注解】

河上公：至柔者水，至堅者金石。水能貫堅入剛，無所不通。道無形質，故能出入無間，通神群生也。吾見道無為，而萬物自化成，是以知無為之有益於人也。

王弼：氣無所不入，水無所不出於經。虛無柔弱，無所不通，無有不可窮，至柔不可折，以此推之，故知無為之有益也。

朱元璋：無為之益，是不作為而有益。非不作為，大理無時而不運，言君子欲措安，無時不務道，雖不言，意已成矣。發則中節，如四序之交，時至而應物也。

### 【經典解讀】

這一章，老子主要講了柔弱可以戰勝剛強的道理。他認為，最柔弱的東西裡蘊蓄著無形的巨大力量。這種力量，即便最堅強的東西也無法抵擋。

「柔弱」是「道」的作用方式，是萬物具有生命力的表現，已不局限於「剛強」的對立面。實際上，對柔弱的讚譽也就是對超脫名狀而順任自然的推崇。老子所說的柔弱，是指出入各種「名狀」的自如，不可將它與「疲弱」混為一談。

「柔」，也可理解為「軟實力」。言語、思想、文化、生活方式，都是天下之至柔，都是上善若水，都是潤物細無聲的。

另外，老子還以「無有入無間」的道理，說明了「行不言之教」、「處無為之事」的益處。沒有間隙卻仍然能走進去、影響進去，靠的是無有，因為沒有間隙，任何有是進不去的。這裡的「無」其實是一種有的形式，它可以無影、無形、無聲、無重量，然而正因如此它才能無堅不摧，攻無不克，無不可入。

更深入地理解，其實老子要講的是深刻的，即矛盾雙方相互轉化的必然性。他並非一味要人「守柔」、「不爭」，而是強調要以弱勝強、以虛勝實、以無勝有、以智勝力、四兩撥千斤、借力打力、克敵於無形、勝敵於不知不覺中、不戰而勝。

無為與不言，為今後的有為與立言留下了足夠的空間。無為是保持在欲發未發狀態；是一切進入準備，只等一聲發令槍響的狀態；是微微一笑將言未言的狀態；是重心完全沉穩牢實，平衡完全得當，進可攻退可守，立於不敗之地的狀態。時刻保持無為狀態、準備狀態，掌握好重心，才能有效地迎接下一個挑戰。

　　如果你確實接近了大道，你就可能取得一定的成就。而那個無間的力量，如果脫離了大道，就可能最終垮臺或變異。換一個角度想，人不應該滿足於自己的無有，而應該有一點、多一點實績與影響。

## 【處世學問】

### 善用水滴石穿的柔力

　　老子說：天下之至柔，馳騁天下之至堅。水是柔和的，卻最接近於大道，可以與天下最堅硬的東西相抗衡。人們常說的水滴石穿，即是以柔克剛。

　　諸葛亮曾說：「善將者，其剛不可折，其柔不可卷，故以弱制強，以柔制剛。」意為：好的將帥應該具備的性格是剛強、剛烈，但不固執己見，溫和、柔順但不軟弱無力，即通常所說的剛柔相濟，才能以弱勝強，以柔克剛。這是一種避敵鋒芒，以溫和手段制勝的計謀。

　　第二次世界大戰中，法國人構築的馬其諾防線，可謂世界上工事構築最完善、障礙設置最完備、火力配合最嚴密的防禦體系，用老子的話說，堪稱「無間」，即沒有弱點。

　　但1940年5月，德軍攀越亞爾丁山區，經比利時繞過這條防線，很快占領了法國全境。被神話般信奉的馬其諾防線，最終成了無用的擺設和對戰敗者的諷刺。

德軍壓根就沒有去進攻、突破馬其諾防線，可謂「柔」到了極點。然而，正是這「至柔」，不費吹灰之力就戰勝了堪稱「無間」、「至剛」的馬其諾防線。這「以柔克剛」的典範，也完全合乎老子的「不爭之爭」，「無為而無不為」。

「以柔克剛」是兵法中的妙招，也是制服一個大發脾氣的人最好的辦法。對方愈是發怒，你愈發鎮定溫和；愈是緊張的場合，愈應保持頭腦冷靜。這樣，你才能發覺對方因興奮過度而顯露的種種弱點，而一一加以擊破。

這就好比瓦溝裡淌下的流水，一點一滴地落在堅硬的巨石上，最初還未見得有什麼不同，久而久之，巨石就會出現漏洞，並甚而斷裂。這就是滴水所爆發出的威力，不可阻擋啊！

在美國經濟大蕭條時期，有一位18歲的女孩好不容易才找到一份在高級珠寶店當售貨員的工作。

耶誕節的前一天，店裡來了一位30多歲的貧民顧客。他衣衫襤褸，一臉的悲哀、憤怒，他用一種不可企及的目光，盯著櫃檯裡貴重的高級首飾。

這時，女孩要去接電話，一個不小心，把一個碟子碰翻，六枚精美絕倫的金戒指落到地上。她慌忙撿起其中的五枚，但另一枚怎麼也找不著。這時，她看到那個30多歲的男子正向門口走去，頓時，她意識到戒指可能在哪裡。

當男子的手將要觸及門柄時，女孩柔聲地叫道：「對不起，先生！」

那男子轉過身來，兩人相視無言，足足有半分鐘。

「什麼事？」他問，臉上的肌肉在抽搐。

「什麼事？」他再次問道，充滿著一種說不出來的哀怨神情。

「先生，這是我第一個工作，而且現在找工作很難，是不是？」女孩

神色黯然地說，眼眶中充滿著哀傷的淚水。

男子長久地審視著她，終於，一絲柔和的微笑浮現在他臉上：「是的，的確如此。」他回答：「但是我想，您在這裡會做得不錯。」

停了一下，他向前一步，伸手與她相握，「我可以為您祝福嗎？」他轉過身，慢慢向門走去。女孩目送他的身影消失在門外，轉身走向櫃檯，把手中握著的一枚金戒指放回了原處。

沒有批評，沒有呵責，然而女孩卻成功地要回了那名男子偷撿的那枚金戒指，這是為什麼？不正是因為女孩的頭腦冷靜，避實就虛地以情動人，正是她這種似水、似風的柔情打動了那名男子的心。

「以柔克剛」不是以硬碰硬，以強力勝強力，它展現於特定的場合中與特定人物的迂迴。走路，經常會遇到各種障礙，對橫在面前的大石頭，是搬開它，繞著走，還是爬過去？只有權衡比較，才能得出正確的結論，才能胸有成竹地戰勝它們，順利前行。「以柔克剛」是智慧的、成功的做人處世之道。

## 【商海實戰】

### 夾縫中求生存的智慧

無論多麼剛強的東西，對於最柔弱的東西來說，都不過是一隻紙老虎；最柔弱的東西能在最剛強的東西裡往來馳騁，如入無人之境。

你看風多麼柔弱，可是這天底下沒有它進不去的縫隙。你看那水多麼柔弱，可是這天底下就沒有它滴不穿的石板；你看那繩子多麼柔軟，可是這天底下沒有它鋸不斷的樹木。

對於漂泊在茫茫商海中的商人或企業，尤其是實力相對弱小者來說，發揮「柔」的力量，運用「無有入無間」的功夫，當能在激烈的競爭中勝

於無形，在市場中謀得一席之地。相信下面這個故事定會對您有所啟發。

春秋爭霸，戰事不斷。宋國地處豫、魯、皖交界處，是中原各國通往東南吳越的交通要道，可謂兵家必爭之地，頻遭戰火。為了在大國爭戰的夾縫中求生存，宋國在對外政策上改變一度旗幟鮮明的做法，而採取調和策略。

在宋國的撮合下，晉、楚兩國在宋國都城西門外盟誓：「從此以後，晉楚不要以兵戎相見；必須同心同德，互相憐恤災患。若有別的國家危害楚國，晉國要起兵討伐；楚國對晉也是如此。兩國應讓聘使往來，使道路永不堵塞，並共同討伐不朝周王的國家。誰背叛了這次盟誓，將受到神靈懲罰，國家滅亡。」宋國由此得到了三年的和平。

多年後，宋國再次在諸侯中發起停戰運動。宋國先是向晉國表示：「戰爭向來使百姓遭到殘害，使各國的經濟蒙受損失，更是弱小國家的巨大災難。對於休兵罷戰的倡議，如果晉國不答應，楚國也勢必會答應。到那時，楚國以此號召諸侯，晉國將勢必失去盟主的地位。」晉國權衡利弊，便答應了宋國的請求。接著，宋國又爭取到了楚國的大力支持。獲得了晉、楚兩國的支持後，齊國和秦國迫於形勢，也先後同意休兵罷戰。

隨後，十幾個諸侯國的卿大夫或君主在宋國會盟。此後，與會國之間罷戰達十幾年之久，晉、楚兩個大國之間更是幾十年內未發生軍事衝突。宋國也因此避免了成為各大國交戰之地。宋國以柔弱之國發起停戰倡議，發動和平攻勢，成功地在大國爭霸的夾縫中求得生存。

在市場經濟中，面對強手如林的市場環境，學會在夾縫中求生存、求發展，從夾縫中衝出去，開拓市場，開闢新路，再展宏圖，不失為一種高明的謀略。一個商人也好，一個企業也好，要想成功地運用「無有入無間」的功夫，在夾縫中求生存求得生存的空間，除了要用「柔」外，還需要積極展示自己的「剛」，即優勢。

# 第四十四章：知止不殆

**【原典】**

名與身①孰親？身與貨②孰多③？得與亡④孰病⑤？甚⑥愛必大費⑦，多藏必厚⑧亡。知足不辱，知止不殆，可以長久。

**【注釋】**

①名與身：名譽和身體。

②貨：財富。

③多：重視。

④得與亡：獲得與喪失。

⑤病：有害。

⑥甚：過於，過分，過度。

⑦費：耗費。

⑧厚：重大，巨大，慘重。

**【譯文】**

名譽與身體，哪個更值得珍惜？命與財富，哪個更重要？獲得與喪失，哪個更有害？所以，過分地追名逐利必定要付出巨大的代價，過度積斂財富，必定會遭致慘重的損失。懂得滿足就不會受辱，懂得適可而止就不會有危險，這樣才能長久生存。

## 【名家注解】

王弼：尚名好高，其身必疏。貪貨無厭，其身必少。甚愛不與物通，多藏不與物散。求之者多，攻之者眾，為物所病，故大費厚亡也。

河上公：甚愛色，費精神；甚愛財，遇禍患。所愛者少，所亡者多，故言大費。生多藏於府庫，死多藏於丘墓。生有攻劫之憂，死有掘塚探柩之患。

朱元璋：其非理之名易奪，貨藏多而必恃，故厚亡。君子守有命之名，藏合得之物，是謂知足不辱，知止不危，可以長久，云永不壞也。

## 【經典解讀】

名利與生命、財富與生命、得名享利與保命全身，哪些更重要？答案是顯而易見的，生命最寶貴，為前者而丟棄後者是得不償失的。這個道理無人不懂，可惜大多數人都不免沾染私欲與貪婪的惡習，一到關鍵時刻，名利心一重，就忘乎所以，不由得走錯了路。

這是一個價值觀的問題，也是一個生命觀的問題。吝惜生命絕不是貪生怕死，而是說人要珍惜自身的價值與尊嚴，對待名利要適可而止。萬事萬物都有自己的發展極限，超出了這個極限，必然走向反面。

所以，老子告誡人們說：貪求的名利越多，付出的代價也就越大；聚斂的財富越多，失去的也就越多。對於名利和財富，只要能夠知道滿足，順其自然，不貪婪，那麼自然不會有什麼恥辱和失敗；只要能夠懂得適可而止，那麼也就不會走向滅亡，自然也就會保持長久而不敗了。

然而，貪欲的力量很大，淺薄的習俗也難以打破，愚蠢的腦筋更不易扭轉過來。因而，人生總難以擺脫試一試、爭取一下的衝動。因此，最終損失的不光是物質，還有人的精神和品格。

在老子看來，每個人都可以舒舒服服、自自然然地生活，卻往往由於貪欲，由於一心要「為」、要「言」而毀了自己。

總之，人生之旅是一個由多方面的相關追求所構成的系統化進程。在這個進程中，保持身心調適，不屈從於欲望和名利的逼迫而淡泊地行進是極其必要的。

## 【處世學問】

### 貪欲難捨終須捨

在本章中，老子將名和利，與人的自身價值進行了對比，啟發人自重、自愛。他認為，人要貴生重己，對待名利要適可而止，這樣才可以避免遇到危難；反之，為名利奮不顧身，爭名逐利，則必然會落得身敗名裂之可悲下場。

《增廣賢文》上說，名利是無情之物，你把它看得越重，它害你就越深。這句話可謂至理名言。古往今來，有多少人死於盛名之下，又有多少人死在錢袋子裡。

一個胖子和一個瘦子徒步外出旅行。他們正穿行在一個小沙漠中，沒多久就把帶的水喝光了。正當他們口乾舌燥之際，一個趕駱駝的人迎面走來，駱駝上還馱著兩大桶水。

兩人如遇救星，趕緊上前討水喝。那人說沒問題，但這沙漠裡的水比甘露還珍貴，得付費，一兩銀子一碗。胖子一聽，說：「只要有水喝，錢不是問題。」說完就直接走向水桶，擰開塞子大口地喝了起來。而瘦子則說太貴了，平時的水也不過兩三文錢一碗。

那人見他如此不爽快，就說二兩一碗，瘦子張大了嘴說：「什麼？」正想爭辯，那人馬上漲到三兩一碗……瘦子一次次和那人爭執，那人一次次地往上漲價，當漲到五兩銀子一碗的時候，瘦子憤怒地說道：「大不了不喝你的水！」

那人等胖子喝夠了水，收了錢就趕著駱駝走了。胖子在水的滋潤下如獲新生，腳下生風。瘦子則因為焦渴難耐，步履艱難，終於眼前一黑，暈倒在地。好在胖子沒有遺棄他，終於把他背出了沙漠。

　　留得青山在，何愁沒柴燒？在瘦子的眼裡，錢居然比生命還重要，多麼不明智啊！

　　還是老子說得好，甚愛必大費。欲望膨脹，必會喪失理智。於是，巧取豪奪的有之，殺人越貨的有之，父子失和的有之，兄弟相殘的有之，夫妻反目的有之，朋友絕交的有之……歷史上，因貪求名利而身敗名裂、家破人亡者數不勝數，和珅就是其中的一個。

　　和珅是歷史上知名的大貪官，由於精通逢迎拍馬之術，由一個少年家貧應試不中的文生員，經乾隆帝一手提拔，飛黃騰達。他是一等公、首輔大學士、領班軍機大臣，身兼多種要職，榮為皇帝的親家，真可謂位極人臣，榮華富貴無以復加。

　　乾隆晚年怡情聲色，大興土木，又好大喜功，連年用兵，耗資巨大。和珅遂乘機大飽私囊，各地官員也爭相賄賂和珅以求晉升，各級將領甚至拿軍餉來行賄。和珅貪得無厭，自由出入皇宮，見所喜好之物，直取之而去；四方貢物，上者送和珅，次者方進貢給乾隆。其黨羽、家人，甚至差役，亦到處招搖，貪汙索賄。

　　嘉慶登基後，和珅專權貪縱依舊。嘉慶礙於父親乾隆的面子，對和珅也是多加容忍、以禮相待。左右有人指責和珅的不是的，嘉慶也常為他開脫。

　　那年正月初三，乾隆壽終正寢。給事中王念孫上書嘉慶，彈劾和珅。嘉慶皇帝於正月十一宣讀遺詔之時，下令逮捕和珅治罪。

　　當查抄者把查抄和珅家的清單拿來，大家看了，無不吃驚。僅據籍沒入官的一百零九號本銀，可抵後來甲午、庚子兩次賠款的總額。也曾有

人計算，乾隆時，清廷歲入為七千萬兩，和珅為相二十年，他的這部分家產，有八億兩之鉅，比清政府十年收入的總和還要多。

當時在老百姓中流傳著這樣一句話：「和珅跌倒，嘉慶吃飽。」和珅死了，他搜刮的錢財也沒能帶走。他的所作所為，正驗證了老子所說的「多藏必厚亡」。

明代陳繼儒說：「透得名利關，方是小休息。」曾國藩也曾勸告人們說：世人只知道功名利祿會為人帶來幸福，殊不知功名利祿也會為人帶來痛苦。

功名利祿就像一張表面光鮮的羅網，一旦被它網住，再也難得逍遙。無功名利祿時，想得到；得到了小的功名利祿，又想得到更大的；得到了大的功名利祿，又害怕失去。如此患得患失，怎能體驗到人生的樂趣？

常言道，心底無私天地寬。一個人只有心無私欲，才能擺脫功名利祿的束縛，消弭煩惱於無形。然而，看破紅塵，是為了再入紅塵；不貪名利，不等於不建功立業。只不過，唯有擺脫了名利的束縛，才能超然物外，長生久視。

【職場應用】

### 不輕視自己就有希望

名譽與身體，哪個更值得珍惜？生命與財富，哪個更重要？獲得與喪失，哪個更有害？

老子透過這一連串尖銳的發問，提醒世人要貴身、要自重！這也給了身處職場的人一個啟示：不輕視自己就有希望。

的確，一個人要想在職場上有所建樹，就要能夠在工作遇到挫折時保持自信，保持一股能忍辱負重的韌勁。

曹沫是春秋時代魯國的大將，他曾三次領兵與齊國作戰，但都以失敗告終，使得魯國失掉了五百多里的國土。公卿大臣們對他十分不滿，紛紛指責曹沫不堪為將。曹沫卻鎮靜自若，率領敗兵回國，並與魯桓公商議奪回失去國土的計畫。

　　後來，齊桓公召集天下諸侯會盟，魯國也參加了。曹沫抓住機會，手持一把利劍，抵住齊桓公的心口。他沒有把齊桓公當人質要脅，而是正氣凜然，侃侃陳辭，各諸侯為之動容。結果，三次戰敗失去的土地，一下子全部被要了回來。曹沫當時所表現出來的大智大勇，不僅震懾住了「霸主」齊桓公，同時也震懾住了在場所有的人。他們在驚駭之餘，又不得不對他的行動表示讚歎。

　　三戰三敗，這對於一個上將來說，不能不說是一種恥辱。如果曹沫因為這種恥辱而失掉信心、輕視自己，甚至自暴自棄，那麼他就一定永遠是個敗軍之將。曹沫的聰慧，在於不爭一日之短長，不被失敗之恥辱打倒，從而保持理智，關鍵時刻挺身而出，奪回了魯國的失地，也洗去了昔日的恥辱。

　　在職場上，難免會遇到一些困難和問題。身處職場生涯的低谷，很容易感覺到困難的高大和自身的渺小，也就容易喪失信心和勇氣，進而忽視自身的價值。其實，天下事無難易之分，關鍵是我們以怎樣的心態去面對。以消極、自卑的心態去面對，前面只有死路一條；以積極、自信心態去爭取，前路一片光明。

　　在某公司的員工培訓課上，培訓講師沒講一句開場白。他做的第一件事，就是手中高舉著一張100美元的鈔票走上講臺；他說的第一句話，就是「誰要這100美元」。

　　幾乎每一位員工都舉起了手。看到這種情況，講師接著說：「我打算把這100美元送給你們中的一位，但在這之前，請允許我做一件事。」說

著，他便將美元揉成一團，然後問道：「現在，誰還想要它？」仍有很多員工舉起了手。

講師點了點頭，又說道：「那麼，假如我這樣做還會不會有人要呢？」話音未落，他就把鈔票扔到地上，接著用腳踩了幾腳。之後，他撿起那張鈔票，鈔票已經變得又髒又皺了。「現在，還有沒有人要？」還是有一些員工舉手。

培訓講師看著臺下的員工們，滿意地笑了。

他說：「親愛的朋友們，你們已經上了一堂很有意義的課。你們都已看到，無論我怎樣對待這張鈔票，還是有人希望得到它。為什麼？因為它並沒貶值，它依舊值100美元。在人生的旅途上，在不間斷的工作中，我們會無數次在逆境中跌倒，甚至被它碾得粉身碎骨。我們可能會因此而覺得自己一文不值，進而輕視自己。

「但是，朋友，記住吧！無論發生了什麼事情，我們永遠都不會失去價值。無論身處何種境遇，我們都是無價之寶。一個人生命的價值不在於其做了什麼，也不仰仗其結交了哪些人物，而是永遠取決於我們自身！所以，永遠別輕視自己！」

的確，一個人生命的價值取決於我們自身。除了自己，沒人能讓我們貶值。職場之上充滿了選擇，而一個人的心態決定著一切。你以什麼樣的心態對待事業，事業就會以什麼樣的形式回報你。你消極、自卑，事業就一片黯淡；你積極、自信，事業就充滿希望。

【商海實戰】

### 請把自己當成拿破崙

你是否遇到過這樣的情況：為了在一場考試、面試或是競賽中取得好

成績，你付出了巨大的努力，做了無數次的練習，熟練的程度讓你以為一定萬無一失了。然而，到了關鍵時刻，一切都變了。你完全無法發揮出平時的水準，頻頻失誤讓你最終與成功失之交臂。

其實，人生就好像一場場的球賽，外在的球技固然是贏球的因素，內在的心靈力量卻是決定你能否完全發揮球技的關鍵。對失敗的恐懼和對成功的懷疑，只是讓自己與成功分道揚鑣。當你相信自己的能力時，成功就在不遠處。

有個法國人，40歲了仍舊一事無成。他一度認為自己徹底完了：離婚、破產、失業……他不知道自己的人生有什麼意義，甚至開始懷疑自己的生存價值。他變得古怪、易怒而又相當脆弱。不過，一個偶然的事件，卻改變了他的人生軌跡。

那天，他看到一個人在巴黎街頭幫人算命，就走上前去讓那人替自己算一算。

算命的人看過他的手相後，很驚訝地說：「您是一個偉人，您很了不起啊！」

「什麼？」他更是大吃一驚：「我是個偉人？你不是在開玩笑吧？」

算命的人鄭重地對他說：「您知道您是誰嗎？」

「我是誰？」他想：「我是個倒楣鬼，是個窮光蛋，是個被生活拋棄、毫無希望的人！」

但他沒有說出口，反而問道：「您說我是誰呢？」

「您是偉人，」算命的人說：「您知道嗎，您是拿破崙轉世！您身上流的血、您的勇氣和智慧，都與拿破崙一樣的偉大啊！先生，難道您真的沒有發覺，您的面貌也與拿破崙很像嗎？」

「不會吧……」他說：「我離婚了……我破產了……我失業了……我幾乎無家可歸……」

「不要在意，那只是您的過去，」算命的人很肯定地說：「您的前途不可限量！如果您不相信，就先別付錢好了。不過，等您5年之後成了法國最成功的人，您可要加倍付錢給我啊。」

法國人半信半疑地離開，但他情不自禁地對拿破崙產生了濃厚的興趣。此後他設法找與拿破崙有關的一切書籍著述來學習。潛移默化中，他的整個心態都煥然一新——他有了一種從未有過的自信。漸漸地，他發現周圍的環境也變了，家人、同事、老闆都換了另一種眼光看他，事業也日漸有了起色。

其實，一切的改變都是因為他越來越相信自身的價值。他的膽魄、思維模式都在模仿拿破崙，就連走路說話都是如此。

就這樣，在十多年後他55歲的時候成了億萬富翁。他就是法國赫赫有名的成功人士——威廉·赫克曼。

信心就好比心中的指南針，無論你繞了多遠，無論你被阻擋得多嚴密，只要有信心在，你都會有實現目標的一天。

不輕視自己，連一個失敗者都有可能變為成功者，一個一貧如洗的人都有可能成為富翁。相信自己能成為億萬富翁，不見得就真的能實現；但是，絕大多數億萬富翁，都曾深信自己總有一天會成功。

信心能夠激發潛意識釋放出巨大的熱情、精力和智慧，進而轉化為物質、財富、事業等方面的有形價值。可以說，信心是創業的原動力，是任何一個意欲致富的人必備的心理素質。所以，任何時候任何情況下，都不要輕視自己。對自己有信心，就有成功的希望。

# 第四十五章：大巧若拙

【原典】

大成①若缺，其用不弊②；大盈若沖③，其用不窮。大直若屈④，大巧若拙，大辯若訥⑤。躁勝寒，靜勝熱⑥，清靜為天下正⑦。

【注釋】

①大成：最完美之物，極大的成就。

②弊：衰竭。

③沖：虛，空虛。

④屈：曲。

⑤訥：言語遲鈍。

⑥躁勝寒，靜勝熱：疾走可克制寒冷，安靜可化解炎熱。

⑦正：準則。

【譯文】

最完美的事物總好像有缺陷，但它的作用永不衰竭；最充盈的東西好似虛空一般，但它的作用無窮無盡。最剛直的東西好似彎曲的，最靈巧的卻彷彿最笨拙，最雄辯的人好似不善言辭。疾走能克制寒冷，安靜能化解炎熱。清靜無為可以作為天下的準則。

## 【名家注解】

河上公：大直，謂修道法度，正直如一也。如屈者，不與俗人爭，如可屈折。大巧，謂多才術也。如拙者，亦不敢見其能。大辯者，智無疑；如訥者，口無辭。

王弼：隨物而成，不為一象，故若缺也。大盈充足，隨物而與，無所愛矜，故若沖也。

朱元璋：清靜為天下正，此言理道之守甚嚴，謂君天下者既措安之後，當堅守其定規，勿妄為。妄為，或改前人之理道是也。改則亂，不改則天下平，是謂正。

## 【經典解讀】

這一章主要是從「人格」的角度，講述內容與形式、本質與現象的相互關係。意在說明，高尚的人格，不是外形上的表露，而是內在生命的含藏內收。

老子認為，「大成」、「大盈」、「大直」、「大巧」、「大辯」是人格的真實形態；「若缺」、「若沖」、「若屈」、「若拙」、「若訥」是人格的外在表現。在他看來，清靜是動盪搖擺所圍繞的穩態中心，是一般系統的理想狀態，也是行為體所要護持的常態。

何謂大成若缺？人無完人，物無完物，事無完功。物極必反，眾口難調。太坦直，容易得罪人。太謙虛，難與人交心。做事周到，略似圓滑。勇於負責，近於好表現。性情中人，不免略顯放肆。

何謂其用不弊？成就越大，越容易被評頭論足，但是其影響與作用卻是不容抹殺的。例如，那些曾在歷史上叱吒風雲的大人物，哪個是完美的？但是他們的作用與影響卻不容小視！大作家杜思妥也夫斯基，在世時曾備受貶抑，而今他的雕像卻矗立於莫斯科的繁華地段。

真正的飽學之士顯得虛空。但實際上他們經驗豐富、學問淵深、見識超卓，且為人慎重，不好賣弄。反而是那些一知半解的人，不甘寂寞，到處指手畫腳、自我表現。

俗話說，名醫不談藥，名將不談兵。真正的人富豪不會擺闊氣，真的掌權者不會裝腔作勢。這樣才稱得上大盈，其發揮作用是不會窮盡的。

何謂大直若屈？直，內在的標準，是符合大道、尊重事實，是勇於擔當、高度負責，是忍辱負重、獨立承擔，而絕不能是譁眾取寵、大言欺世。大直若屈，就是說內要「直」，外要「屈」，即外圓內方。

何謂大巧若拙？大巧，是大道的巧用巧為，是「不爭，故莫能與之爭」，是「後其身而身先，外其身而身存」，是「虛而不屈，動而愈出」，是慎重、謙卑、低調。這樣的境界不是一般人能達到和理解的，因而也就容易被認為是「拙」。

何謂大辯若訥？大辯者慎言，因而顯得木訥。老子認為沉默是金，提倡「不言之教」。即不到最需要的時候，不多說話。即使說話，也應雄辯沉穩、簡潔有力，而不應巧言令色、滔滔不絕地耍嘴皮子。

其實，也可以反過來說：大缺若成，大沖若盈，大屈若直，大拙若巧，大訥若大辯！

## 【商海實戰】

### 那些「最笨」的富翁

大巧若拙，即最靈巧的卻彷彿是最笨拙的。對於那些正在商海中搏擊風浪的人來說，如果能做到藏巧守拙，自會其用無窮。

古時候，有位經營酒店的商人，辛勞一生才攢下了東廂和西廂兩個酒店。商人有兩個兒子，大兒子名叫智人，生性聰明；小兒子名叫木星，

生性老實。商人臨終之前，把兩個兒子叫到床前，把東廂酒店交給智人經管，把西廂酒店交給木星經管，並囑咐兩人說：「商以德行，德以術勝，經商求術忌無德，切莫以術欺人。」

智人和木星開始按父親遺法獨立經營酒店。一段時間後，智人覺得按父親的老辦法賺不了大錢，於是便開始在酒中加進白水。這樣一來，智人的利潤大增，吃穿用度也闊氣了很多。木星沒有智人那麼靈巧的腦袋，只老老實實地做生意。

哪知時間一長，木星的生意也好了起來，賺的錢不比智人少。智人便懷疑弟弟也在酒裡摻了水，於是自己摻得更多。不料生意反而越來越差，後來竟連一個顧客也不去買他的酒了。

智人便去質問弟弟：「我做生意的頭腦和方法都比你強，怎麼會比不上你呢？」弟弟無言以對，旁邊有一位顧客碰巧聽見了，就對智人說：「正是因為你的頭腦和方法比木星強，所以你才會想到在酒裡摻水坑騙客人，你這樣做怎麼能不失敗呢？」

智人這才想起父親臨終時的囑咐，儘管他後來再沒往酒裡摻水，但顧客卻已不信任他了。

這是古代的一則巧與拙的故事。聰明的哥哥本想以巧獲利，可是最終聰明反被聰明誤；而老實的弟弟堅守拙笨的經營之道，結果卻以拙勝巧。

俗話說，文以拙進，道以拙成，一個「拙」字真是意味無限。拙非笨愚，實為拙樸。拙樸之美與靈巧之美同樣是美的境界，因為精巧別致就隱藏在拙樸之中。

赫里克是一位受人尊敬且聲名顯赫的駐法大使。他一生事業的起跑點，就是他在克利夫蘭擔任律師時做的一件「傻事」。

當時，赫里克的事業才剛剛起步。不幸的是，他很快便遇到了一件麻煩事。他代理的一樁官司敗訴了，不得不為當事人賠付一筆由他擔保的款

項。但是，依照法律規定，合約已在銀行營業員將帳單交給他的幾天前終止了。事實上，他在法律上已經不用再負任何責任了，這筆錢他完全可以不賠。

雖然如此，當時收入不多的赫里克仍然如數償還了這筆錢。因此，有些人說他「傻」，可是他自己卻不這麼認為，他覺得做人、做事都應該光明磊落。

令赫里克沒有想到的是，這樣一個「傻」舉動，卻立刻給他帶來了好運。那家銀行因他品行端正，將很大一筆業務交給了他，這不僅彌補了他的損失，而且還富餘很多。

赫里克是真正聰明的人，所以他才能在關鍵時刻做出別人眼中的傻事。正因如此，他才一步步走向了成功。

世上大多數人，都傾向於追求名利、財富等外在的東西。因此，在一些人眼裡，不去追求這些的人，就是木訥的、蠢笨的。對此，老子從大道的角度進行了否定，並指出，真相恰好與此相反。

不錯！與巧飾相比，拙樸的境界的確更高一層。巧飾來自人力，借助外物，掩蓋了真實本相，而拙樸之美出自天然純真。你瞧，陌上花黃，麥浪翻綠，柳絲嫵媚，天工無痕！人造園林雖美、雖巧、雖遊人如織，卻終究難免斧鑿之跡，怎比得上大自然的渾然天成？

## 【管理實踐】

### 以拙取勝的管理之道

「大直若屈，大巧若拙」，原意是最直的東西好像是彎的，最靈巧的東西好像是笨拙的。

我們取其精髓，可以理解為：最費工夫的辦法反而最巧妙，最愚蠢的

辦法反而最明智。

　　唐朝是盛世，其都城長安規模龐大、繁華無比、人口眾多，糧食供應一度頗為吃緊。雖然附近有號稱「糧倉」的關中沃野，但因耕地面積小，產糧少，無法滿足長安的用度。一旦遇到水旱災荒，不免糧價飛漲、餓殍遍地。

　　為此，從唐朝初年開始，就有從江南至長安的千里漕運，專門為長安供糧。後來，長安日漸繁榮，人口越來越多，對糧食的需求量也與日俱增，漕運的重要和困難都更加突顯。

　　當時的漕運，是由淮河經汴河入黃河，再轉渭河抵達長安。船行千里，困難重重，尤其是駛經北人門、中神門、南鬼門三門險峽時，經常發生船毀人亡的慘事。

　　在這種狀況下，唐代宗將千里漕運的重擔交給了理財能手劉晏。劉晏上任後，立即對沿途進行了勘察，以儘快找到解決漕運困難的辦法。劉晏找到的辦法很有效，但在常人看來，是最笨、最費工夫的辦法。

　　當時，很多河段多年未加疏浚，淤泥沉積，運糧船不易透過。他便調集民工，逐段予以疏通，工作量相當大。但這卻是個一勞永逸之舉，為今後船隻航行提供了便利。他瞭解到以往沉船，多因船身不堅，便專門建立了十個船廠，重金打造了2000艘異常堅固的「歇艎支江船」，每條船可裝運1000石米。

　　從前運糧，並非官府親自操辦。各州縣只是委託當地富戶代辦，稱之為「船頭」。「船頭」再組織民工運糧，稱為「船工」。「船工」的待遇極差，積極性不高。劉晏將漕運收歸官辦，訓練士兵擔任船工，出錢僱傭熟悉河道的人領船。船工和水手待遇都不錯，運輸十次不出事故還會得到獎勵。

　　據《新唐書》記載，劉晏採用的方法是：「江南之運積揚州，汴船之

運積河陽，河船之運積渭口，渭船之運入太倉。」如此分段運輸，雖然工作量很大，但有效地降低了風險。

劉晏主管漕運，雖耗費了不少人力與物力，但每年從江南運到長安的100多萬石糧食，再沒有發生沉溺事故。這使得長安的糧食供應充足，物價平穩，社會安定。為此，唐代宗李豫稱讚劉晏如同西漢開國功臣蕭何。

在解決漕運難的問題上，劉晏用的雖是些費時、費力的「笨辦法」，效果卻極佳，堪稱「大巧若拙」。「拙」，不是不動腦筋、不想辦法，恰恰相反，正是動足腦筋，想盡辦法，將「巧」用到了極致，才看上去像「拙」。而這個「拙」，是最能解決實際問題的。

一般來說，企業做廣告或舉辦新聞發布會，都是宣傳正面形象。可是，卻有這麼一家企業，竟然邀請廣大顧客為自己的產品揭醜！你說，這種行為是不是很「傻」？

韓國一家襯衣企業的產品一直很受市場歡迎，銷路相當不錯。令人費解的是，該企業竟然連續兩次在報上刊登廣告，邀請新舊顧客參加產品揭醜會！揭醜會開幕那天，很多顧客和好奇者都去參加。他們對該企業的襯衣，從款式、顏色、線頭、鈕釦、包裝等各個方面評頭論足，並雞蛋裡挑骨頭似的指出產品的問題所在……

這種新鮮事，新聞媒體當然不會放過，於是各報刊都對其進行了報導，無形中替該企業做了很多免費宣傳。這樣一來，企業的聲譽不降反升，並樹立了良好的形象。而該企業也接受了顧客的許多合理意見，進一步改進了產品品質，贏得了更多顧客的認同。

看來，這家企業非但不「傻」，反而精明得很。他們透過「揭醜」這一違反常理的舉動，贏得了媒體強勁的免費宣傳，更讓廣大顧客知道了他們是極為關注顧客利益和需要的。此舉成功地提高了企業的知名度和信譽度，更贏得了顧客的心，可謂「一箭雙雕」。

# 第四十六章：知足常足

【原典】

天下有道，卻①走馬以糞②；天下無道，戎馬③生於郊④。禍莫大於不知足，咎莫大於欲得。故知足之足⑤，常足矣。

【注釋】

①卻：屏去，退回。
②走馬以糞：用戰馬耕種田地。糞，此指耕種、播種，拉送肥料。
③戎馬：戰馬。
④生於郊：指雌性戰馬在郊野生馬駒。
⑤知足之足：知道滿足，並以此為滿足。

【譯文】

若能依循大道來治國而天下太平，就可以讓戰馬退回到田間去耕地了；若不能依循大道來治國致戰亂連年，懷孕的戰馬就只能在郊野產下馬駒了。沒有什麼禍患比不知足更大的了，沒有什麼過錯比貪得無厭更大的了。所以，知道滿足的這種滿足，就會永遠滿足了。

【名家注解】

河上公：人主無道也。戰伐不止，戎馬生於郊境之上，久不還也。人主有

道也。兵甲不用，卻走馬治農田。治身者卻陽精，以糞其身。

王弼：天下有道，知足知止，無求於外，各修其內而已，故卻走馬以治田糞也。貪欲無厭，不修其內，各求於外，故戎馬生於郊也。

朱元璋：明君賢臣在位立綱陳紀，夷來蠻貴貊賓，天下無爭，是謂有道。君好非仁之勇而尚強，及非理慕他人之寶，則戎馬生焉。人君若能知足，則天下國家不乏用矣，何他求焉。

## 【經典解讀】

老子在本章中闡述了其反戰思想。歷代史學家都說：春秋無義戰。的確如此，春秋時期的諸侯爭霸戰爭，無不是為了兼併土地和掠奪人民，致使黎民百姓飽受戰亂之苦，生活在水深火熱之中。

都說亂世出英雄，老子卻當他們是野心家。這些野心家奮鬥一生、征戰不休，勝者王侯敗者寇。可是，最終為他們的成功或失敗付出代價的，卻是小小老百姓。

在老子看來，正是上述「英雄豪傑」們的不知足、貪欲太強引起了諸多戰亂和禍端。如果他們懂得知足之樂，不過分貪求土地、人民、財產，也就不會野心勃勃、攻佔城池、吞併鄰國、禍害百姓了。「寡欲」、「知足」的提出，既是對當時統治階級貪得無厭的強烈抗議，同時又希望他們能自我克制，謹守清靜無為的戒條。

「知足」是「寡欲」的具體表現。道家把「知足」看得極其重要，認為「知足」可以決定人的榮辱、生存、禍福……不僅如此，他們還將「知足」作為從主觀上辨別貧富的標準。

如果知足，那麼雖物質財富不多，但主觀上卻可自認為富有，即「知足者富」、「富莫大於知足」。因此，知道滿足，並以此為滿足，就會永遠滿足了。永遠滿足了，當然可以看做富裕。反之，物質財富雖多，但主

觀上不知足，貪得無厭，便會對自己帶來大禍患。

由此可以看出，老子的財富觀，在於主觀的知足與不知足，亦即決定於「欲不欲」，帶有鮮明的唯心主義色彩。但他很重視客觀刺激對誘發欲望的作用，所以他才說「樂與餌，過客止」。

寡欲與知足是不可分割的。未有能寡欲而不知足者，亦未有不寡欲而能知足者。老子提出寡欲、知足，對當時貪欲無度的執政者有著警醒意義，對今人來說，也不啻當頭棒喝。它提醒今人，應對自力所得的福利感到滿足，不要貪欲過重，更不能貪圖非分之利。

## 【處世學問】

### 別這山還望那山高

老子說，禍害沒有比不知足更大的了，罪惡沒有比貪得無厭更大的了。這話很有見地。野心家「不知足」，篡權奪位，最終會落得身敗名裂。富有者不「知足」，揮金如土，便永遠填不滿欲壑。

感到滿足本身就是一種幸福。不僅身居高位要感到滿足，做普通百姓也要感到滿足；春風得意要感到滿足，處於逆境也要感到滿足；腰纏萬貫要感到滿足，身無分文也要感到滿足……如果永遠不知道滿足，過分地追求錢財、事業、名譽，結果必將是弊大於利。

甲、乙兩人同時到一個桃園摘桃。他們事先約定好，每人只摘一個桃子，最後看誰摘的大。甲進入桃園後，一直都在緊張地搜尋，但每當他看到一個大桃子時，就想：「一定還有比這個更大的！」結果他錯過了很多大桃子。等到快要走出桃園的時候，甲才意識到自己已經沒有多少機會選擇了，所以只好匆忙摘了一個並不大的桃子。乙則不然，他進桃園後不久，就發現一個很大的桃子，並果斷將其摘了下來，然後一路悠閒地欣賞

桃園風光，直到走出桃園。出桃園之後的兩個人一比，乙摘的桃子比甲的大多了。

　　人生在世，大多數人都想風風光光。當了百萬富翁想當億萬富翁。人的欲望是沒有止境的，得了五分六分，還想得個七分八分；得了七分八分，又想得個九分十分。殊不知水滿則盈，月滿則虧，登上頂峰，就意味著要走下坡路了。

　　1886年，托爾斯泰寫了一個短篇小說《一人需要多少土地》，講的是：貪心的農民帕霍姆要買一塊土地，人家告訴他只要他在太陽落山前能回到出發地，跑了多少地就能得到多少地，他跑啊跑，越大越好，越多越好，最後倒是在太陽落山前回到了出發地，但是人也累得吐血死了。人們把他埋了，他最後需要的土地其實只是埋他的那個坑那麼大。

　　這個故事的主旨，也正是老子的希望——「見素抱樸，少私寡欲」。老子深知人的欲望是永無止境的，禍患來自貪得無厭，人最大的災難就是不知足。

　　大事業家班傑明・富蘭克林深通其中的奧妙。他認為：「做一件有益人類的事業時，不該老是想著表現自己，因為這樣的話，難免會被人誤以為是沽名釣譽之徒。」

　　因而，富蘭克林總是能夠「功成不居」，對名譽看得很淡，即便做了某些有益社會的事，也保持低調，從不聲張。他創建費城圖書館，是借用朋友的名義。後來，他又建立了一個學院（即今天的賓州大學），並一直極力隱瞞自己是創始人的真相，而把它歸功於一群熱衷於公益事業的人。後來，真相大白，富蘭克林受到廣泛的好評。

　　正是由於富蘭克林不貪圖名譽，所以才能得到更好的名譽。其實，很多被人稱頌的大人物，他們處理問題的出發點都能以他人為重，而把個人的得失看得很淡。這就是知足！

知足實在是一種聰明的生存方式。不知足的人，總是這山還望那山高，一味地強求、奢望，最終只能是一場空。知足的人，在追求事業、名利、地位、信念、財富時，順任自然，不心存貪欲，反而常常能夠實現自己的願望。

**【商海實戰】**

米勒德的英明抉擇

　　有些人似乎生來只是為了做利欲的奴隸，永遠忙忙碌碌。其實一個人如果只為滿足欲望而活著，那他永遠也滿足不了。因為即使一種欲望得到了滿足，很可能同時又有十種、百種欲望隨之產生……

　　米勒德・富勒在30歲時賺到了百萬的身家，但他卻因此而失去了更珍貴的東西。而使他的美夢變成了噩夢的，恰恰是大多數人夢寐以求的巨額財富。

　　經過多年的奮鬥，米勒德在30歲時，已經擁有一幢豪宅，一間湖上小木屋，不少的地產，以及快艇和豪華汽車。而且，他還設計了更大的目標奮鬥——成為千萬富翁。他認為自己完全具備這種能力和基礎，因而自信滿滿、雄心勃勃。

　　可是，他不顧一切追求金錢的行為，卻對他的人生帶來了煩惱。繁忙的工作不僅影響了他的健康——得了嚴重的心臟病，也影響了他的家庭——妻子和兩個孩子很少見到他。他的事業不斷壯大，他得到了生不帶來死不帶去的金錢，卻使彌足珍貴的健康與家庭千瘡百孔。

　　有一次，米勒德心臟病發作，幾乎喪命。而他的妻子琳達也對他說，她已經感覺不到他還在她身邊，她也不能肯定自己是否還愛他，她不知道是該留下還是該離開。

米勒德聽到這些話時簡直不敢相信，他給了她富裕的生活，她怎麼會想著離開他呢？

　　一種從未有過的悲傷、悔恨排山倒海般地衝擊著米勒德的心。他意識到，對錢財的一味追求使自己失去了更為寶貴的東西。於是，他決定重新確定自己生活的目標。

　　米勒德請求琳達給他一個改過的機會。為了迎接這個新的開始，為了消除彼此間的隔閡，米勒德賣掉了公司、房子、遊艇……然後把所得收入捐獻給教堂、學校和慈善機構。米勒德的這些舉動，使他的朋友們認為他瘋了，但米勒德自己卻感覺比先前好多了。

　　之後，他與妻子一起訪問了克拉倫斯‧喬丹。克拉倫斯‧喬丹是一位穿工裝褲的神學家，他帶領米勒德參觀了喬治亞州西南部的小鎮亞美利卡斯，周圍鄉村那骯髒道路兩旁失修的棚屋，是成千上百個貧民的家。

　　米勒德、克拉倫斯以及其他幾人，開始為那些貧民窟的家庭建設新居。當米勒德看到簡樸而得體的房屋為這些家庭帶來的巨大影響時，被深深地感動了。此時，米勒德得到了巨大的精神安慰，真正感受到了自己生存的價值所在。

　　後來，他和妻子又到了中非的薩伊，與新教堂地區組織合作，用三年的時間成功地在全國為貧民建設了新的家園。1975年，他們返回喬治亞州，並倡議建設國際性的「人類家園」。

　　米勒德曾有一個目標，那就是擁有千萬家產。但後來他有了新的目標，即為一千萬人建設家園！其實，米勒德創建的不僅僅是房子，更是在為人們創建家庭、社區和希望。做這些事情的時候，米勒德和琳達覺得自己是世界上最富有的人。

　　如果一個人總是為滿足欲望而勞碌，為欲望未能滿足而煩惱，就活得太愚蠢、太辛苦、太累了。只有窺破利害、少私寡欲、知足長樂的人，才

是真正的聰明人，才能活得輕鬆、瀟灑。

## 【管理實踐】

### 讓員工獲得滿足感

故知足之足，常足。原意為，知道滿足的這種滿足，就會永遠滿足。也可理解為，只要內心體會到滿足的那種充實感，就會永遠感到充實。

在企業管理上，員工的工作滿足感會直接影響員工的工作行為、勞動效率及工作績效，且與員工的流失及其工作積極性之間存在著明顯的關聯，甚至影響到企業的凝聚力和發展。

石油大王洛克菲勒曾說：要想充分發揮員工的才能，就要努力提高員工的工作滿足感，讓員工在工作中獲得更大的滿足。

作為企業的管理者，有責任瞭解影響員工的工作滿足感的因素，以便採取有效措施，切實提高員工的工作滿足感，進而提高其工作積極性，增強企業凝聚力，謀求企業更大的發展。

艾恩堡是美國風靡一時的速食連鎖公司，擁有一支忠誠、高效的員工隊伍。公司沒有制定一些令人窒息的規定，且一直在利用各種手段激勵其數千名員工。公司員工有著公平的股份、豐厚的福利、深入的員工培訓、廣泛的晉升機會，並可以參與到公司每一方面的發展，廚師、管理者、設計者和美術人員都為每一家餐廳的「歷史」竭盡全力。在艾恩堡，許多人從基層做起，然後升任到管理職位。如果一名主管不培養出自己的接班人，就不會得到晉升。

美國著名心理學家愛德格·沙因認為：「如果員工感到滿意，並且過著受人尊敬的生活，你就可以使大家齊心協力。如果每位員工都不滿意，一切都是空談。」

美國國家罐頭食品有限公司總裁法蘭克・康塞汀也深通此道。他的信條是：「多跟員工進行交流，多給他們地位，讓他們感受到被認可和滿足，讓他們在一個溫馨的環境中工作，讓他們以企業的興衰為自己的榮辱。」

　　該公司在亞利桑那鳳凰城的新工廠生產效率很高。也難怪，這個工廠簡直是個歡樂的海洋，不僅充滿了家庭氣息，還有野餐，工作中更是洋溢著抒情的音樂！

　　為了進一步激起員工的滿足感，公司又建起了一個露天馬戲場，供他們在工作之餘娛樂。在馬戲場建起的當天，94名工人的日產量達到了100萬個罐頭的目標。而三年以後，工人們將日產量提高到了差不多200萬個罐頭。

　　為了能讓員工在心理上獲得滿足，工廠的管理人員認真分析每個工人的特點和長處，儘量把他們安排在合適的崗位上。這種滿足感，是他們不可能在其不能勝任的職位上得到的。

　　康塞汀常說：「我們公司也許不會成為同行業中最大的一家公司，但是只要我們誠心地對待職員，就能最大限度地激起員工對工作的自豪感，為公司創造相當多的財富。」

　　知足常樂，康塞汀在這一理念的指導下，為員工們創造了一個工作的天堂。他努力使員工感到滿足，使員工自動自發、盡心盡力地工作，使公司發展成為世界第三大罐頭食品公司。

　　總之，企業管理者要高度關注員工的工作滿足感，並儘量滿足其正當要求，以帶動其工作積極性，提高其工作績效，使企業在經濟發展的大潮中立於不敗之地。

# 第四十七章：不為而成

## 【原典】

不出戶，知天下；不窺牖①，見天道②。其出彌遠，其知彌少。是以聖人不行而知，不見而明③，不為④而成。

## 【注釋】

①牖（音友）：窗戶。
②天道：天地自然的運動規律。
③明：明白，明察秋毫。
④不為：不妄為，不刻意去做。

## 【譯文】

不出家門，就知道天下的事理；不望窗外，就懂得自然的規律。出門走得越遠，領悟的道理就越少。因此，聖人不必親身經歷就能推知事理，不必親眼看見就能明察秋毫，不必刻意去做就能成就功業。

## 【名家注解】

河上公：聖人不出戶以知天下者，以己身知人身，以己家知人家，所以見天下也。天道與人道同，天人相通，精氣相貫。人君清淨，天氣自正；人君多欲，天氣煩濁。吉凶利害，皆由於己。

王弼：無在於一而求之於眾也，道視之不可見，聽之不可聞，搏之不可得，如其知之，不須出戶，若其不知，出愈遠愈迷也。得物之致，故雖不行而慮可知也。識物之宗，故雖不見，而是非之理可得而名也。

朱元璋：不為而成者，謂道慮備，恩及萬物，即至不見其物，能知其名，所以哲。所以能成者，恩既施而物自化也。《書》不云乎：元首明哉，股肱良哉。聖人之心，其為道也，異乎？

## 【經典解讀】

老子認為：單純憑藉經驗認識事物，是難以深入事物的內部，認識事物的本質和全體的，而且還會擾亂人的心靈。想要正確認識事物，就要靠內在的自省，下功夫自我修煉。這樣才能領悟「天道」，知曉天下萬物發展變化的規律。

在老子看來，世上萬物都是按照一定的規律運行的，掌握了這種規律，便可洞察事物的真情實況。人心靈的深處是通透的，好像一面鏡子，這種本明的智慧，上面蒙著一層如灰塵般的欲念。人們需要反求諸己，積極提高自身修養功夫，淨化欲念，清除心靈的蔽障，以本明之智、虛靜之心觀照外物，瞭解外物及其運行規律。

老子是極富智慧的人，是天才的哲學家。在這裡，他只是想強調理性認識、間接知識的重要；只是想說明並不是非要親身實踐才能認識事物。那種認為「不出戶，知天下；不窺牖，見天道」帶有神祕色彩，認為人是生來就有知識、通天道的觀念，實屬望文生義，是極為膚淺、片面的。

茫茫人海，到處都是上下求索的人，可是有很多人忙碌了一輩子，一無所獲。而有些人，足不出戶，收穫卻多。這是為什麼呢？只因為那些瞎忙的人不懂「道」，抓不住問題的根本。

對於懂「道」之人來說，他們的最可貴之處在於能順其自然，**觸類**

旁通，以近知遠，見瓶水之冰而知天下之寒。其實「道」不遠人，人遠「道」，「道」就在我們的身邊，我們身邊的一草一木、一粥一飯無不是「道」的存在，無不是「道」的載體，可是平常人往往日用而不知，故總是覺得「道」遙不可及、高不可攀。

其實，只要你留心觀察、用心體悟，就能發現你正與「道」同在。身居斗室之中，不用打開天窗，就能感知天「道」所在，就能把握事物發展變化的規律。所以人們常說「秀才不出門，全知天下事」，這並非是憑空瞎說，是有根據的，因為他們悟了「道」，把握了規律，善於舉一反三。

一個不懂「道」的人好比一隻無頭蒼蠅，到處亂撞，到處碰壁，瞎忙了半輩子，最終卻一無所獲、一事無成。關鍵的原因在於他們遠離了「道」，所以「其出彌遠，其知彌少」。那些高明的聖人之所以能「不行而知，不見而名，不為而成」，是因為他們從來不逆「道」而行，他們與「道」同在，與「道」翱翔，一直在用「道」的法眼關注一切，所以這世間的一切都逃不過他們那雙慧眼。

【商海實戰】

### 靠天道致富的范蠡

聖人不行而知，不見而明。意思是說，聖人不必親身經歷就能推知事理，不必親眼看見就能明察秋毫。聽起來很玄，能不能實現呢？我們說，是可以實現的！靠什麼實現呢？靠的是「天道」，是對自然規律的認識和運用。

將這個原理用在商業經營上，即為：經商要認識市場規律，洞察市場走勢，按規律經營。歷史上被譽為「商聖」的范蠡就是一個明見「天

道」，善用「天道」致富的人。

范蠡，字少伯，楚國人。他出身貧賤，但博學多才，後投奔越國，輔佐越王勾踐興越滅吳，成為一代名臣。他在政治、軍事、外交等領域均有建樹，更是中國商人的鼻祖。

范蠡深諳商品貴賤之道，提出「論其有餘和不足，則知貴賤」。用今天的話說，就是商品價格是隨著供需關係的變化而波動的。另外，他懂得物極必反的道理，提出「貴上極則反賤，賤下極則反貴」，即商品貴到極點後就會下落，賤到極點後就會上漲。

這些都是很符合現代市場規律的。因為，一種商品價格上漲，人們就會更多地生產、供應市場，這就為價格下跌創造了條件；相反地，如果價格太低，就打擊了積極性，人們就不願生產，市場的貨物也就少了，又為價格上漲創造了條件。

對此，范蠡提出要「賤取如珠玉，貴出如糞土」，即在物價便宜時，像重視珠玉那樣重視降價的物品，儘量買進存貯起來；等到漲價之後，就像拋棄糞土那樣儘量拋售。另外，他還能見端知末，未雨綢繆，提出「水則資車，旱則資船」，即在水災時，要準備車輛待旱；在旱災時，要準備舟船待澇。

那麼范蠡是如何判斷商品價格是漲是落的呢？他靠的是知「天時」，也就是氣候規律，以及四季交替運行的規律。

范蠡生活在農業經濟時代，農產品是市場上最大宗的商品，也是他經營的最主要商品。當時的農業生產落後，受氣候的影響很大，可以說是靠天吃飯的。氣候、季節不同，糧食產量就不同，對市場價格有重大影響。

根據四時更替的規律，范蠡「知鬥則修備，時用則知物」，即據季節變化的需要，預知市場所需要的商品，提早加以儲備。

根據當時「六歲穰、六歲旱，十二年一大飢」的氣候規律，范蠡採

取了豐年收進糧食、災年售出糧食的策略。由於豐年和災年大致是輪換交錯的，糧食不會年年豐收，豐年收進的糧食不愁沒有機會售出；同樣，糧食也不會年年欠收，災年糧價上漲時，儘量拋售，不愁以後沒有進貨的機會。如此一來，他不但自己致富，也平抑了物價，避免豐年穀賤傷農，災年民不聊生，為後來歷朝歷代解決飢荒問題，提供了有價值的探索。

老子說「不為而成」，即不必刻意去做就能成就功業。這在范蠡身上也得到了明顯的體現。在山東一帶，范蠡經商的傳說很多，最著名就是范蠡販馬的故事。

范蠡在吳越地區生活了數十年，知道那裡好馬很少，而北方的好馬卻多得很。於是，他就想從北方販馬到吳越地區，這的確是一個能賺大錢的好生意。但是，從北方到吳越地區，何止千里，運送馬匹極為不易，不僅運輸成本很高，路上還有相當多的盜匪，可謂風險極大。

不過，范蠡並未就此放棄。經多方打聽，他得知齊國有個名叫姜子盾的大商人，勢力很大，經常販運麻布到吳越地區，與沿途的盜匪頗有來往，其貨隊通行無阻。於是，范蠡就寫了一張告示，張貼在姜子盾所在的城邑的正門上。告示上說：本人剛組建起一隻馬隊，開業酬賓，可免費幫人往吳越地區運送貨物。很快，姜子盾就主動找到范蠡，請他幫忙運麻布。范蠡很爽快地答應了。就這樣，范蠡與姜子盾一路同行，貨物連同馬匹都安全到達吳越。馬匹在吳越很快以高價賣出，范蠡大賺了一筆。

范蠡不愧為一代商業奇才，他想往吳越運馬，卻只貼了一張似乎與此無關的告示，就把本來很難辦的事辦成了，可以說是「不為而成」，也可以說是「曲則全」！

據史書記載，在范蠡從商的二十餘年中，他曾三次散盡家財，又三次重新發家。就是放在今天，這也是一個奇蹟！古人有「為富不仁，為仁不富」的說法，但范蠡可謂既富且仁。

范蠡的經商理念，在今天仍然有很大的借鑑意義：把握市場規律，把目光放長遠，積極研究市場行情，及時捕捉市場機遇，必然會財源滾滾。

## 【管理實踐】

### 巧妙利用間接經驗

老子說，聖人不行而知。難道「聖人」真的天生就無所不知？不是的！老子的意思是，「聖人」不必每件事都去親自實踐才能明白其中的道理。言外之意，「聖人」可以觸類旁通，可以借鑑他人的經驗或成果。

將這個觀點用在企業管理上，就是說，企業要善於借鑑其他企業的經驗——間接經驗來發展自己。模仿就是其中很有效的一種，它可以大大推進企業自主創新的進程。先透過模仿積累足夠的經驗，再進行自主創新，能大大提高成功率。

汽車產業是國民經濟的支柱產業，汽車製造技術向來都被各國視為核心機密。不管是世界排名第二的日本，還是後起之秀的韓國，汽車產業剛起步的時候都是一窮二白。它們是如何飛速趕超傳統汽車強國的呢？透過逆向工程！即買回競爭對手的產品，加以拆解、分析、重構，從而實現產品設計與製造的過程。

從20世紀50年代到70年代末，日本汽車廠始終在廣泛地借鑑著來自美國和歐洲的設計項目，並進行「日本化」的改進。逆向工程，使日本人和韓國人消化吸收並掌握了比較核心的汽車技術，並在此基礎上開創了日韓汽車的王國，催生出豐田、現代等世界名牌。

# 第四十八章：無為而治

為學日益①，為道日損②。損之又損，以至於無為。無為而無不為③。取④天下常以無事⑤，及其有事⑥，不足以取天下。

【注釋】

①為學日益：探求外物的知識，日求增益。只不過，「吾生也有涯，而知也無涯，以有涯隨無涯，殆已。」

②為道日損：領悟天地自然大道，日求消減個人的世俗偏見和各種欲望，最後達到無知、無欲、無為的境界。

③無為而無不為：不妄為，就沒有什麼事情做不成。

④取：治理之意。

⑤無事：不忘為，無擾攘之事。

⑥有事：執著於有所作為，騷擾民生。

【譯文】

探求知識，每天要增加一些；領悟大道，每天要減少一些。減少再減少，達到不妄為的境界。不妄為，就沒有什麼事情做不成。所以治理天下要靠不妄為。那些執著於有所作為的人，不能治理好天下。

## 【名家注解】

河上公：日益者，情欲文飾，日以益多。日損者，情欲文飾日以消損。損情欲，又損之，所以漸去。情欲斷絕，德與道合，則無所不施，無所不為也。治天下常當以無事，不當以煩勞也。及其好有事，則政教煩，民不安，故不足以治天下也。

王弼：有為則有所失，故無為乃無所不為也。

朱元璋：聖人不言暴取他人天下，言人君能安己平天下，即是善取天下是也。如不能安天下者，諸事擅興，民疲乏用，盜賊烽起，豪傑生焉，時乃整兵欲平之，可乎？未必也。

## 【經典解讀】

為學，是求取外在的知識和經驗，知識和經驗積累得愈多，私欲妄見也愈多。為道，即體悟事物的本質或運動規律，它不能靠積累知識，而要靠直觀體悟和理性思考。它可以使人去除私欲妄見，日漸返璞歸真，最終達到「無為而無不為」的境界。

「無為而無不為」是一個極富智慧的命題。它從哲學高度論證了「無為」的社會意義，把「無為」的思想發揮到極致。從表面上看，「無為」是一種後退的手段，但真正的目的卻在於避開前進中的衝突和問題，從而占據主動，實現「無不為」。連向來提倡「有為」的孔子也曾說：「無為而治者，其舜也與，夫何為哉，恭己正南面而已。」意思是，自己不做什麼事情而使得天下太平的人，大概只有舜了，他做了什麼呢？他只是端坐在王位上罷了。

更深一層講，本章是在講「減法」。多數人都追求加法，其實很多時候，減法比加法更加明智，更有必要，也更有益。事實上，人的一生，是創造和獲取、累積和發展知識、能力、經驗、財富、地位、成績與影響

力的過程，是做加法的過程；但也同樣是做減法的過程，要減少幼稚、貪欲、妄想、計較和不切實際……

沒有減法就沒有大道。做人、做事、為文、施政，都要減了又減。減成無為了，再也不做任何無聊、不智、不良與無效的事情了，你的境界當然高於常人很多。你至少會高雅、從容、沉穩一些，於是，就能做好各種有意義的、合乎大道的事情。

俗話說，畫蛇添足、越描越黑、越幫越忙、廢話連篇。可見，濫用加法，不講減法，是很可笑的。生活中也有很多這樣的例子，如果家裡添置的東西遠遠超過了實際的需要，就是不肯減省，必然會弄得自家既混亂又骯髒。

為道日損，是一個警句，是一個亮點，是一個智者的微笑，是一個高峰。要知道，生也有涯，知也無涯，事也無涯。有所放棄，有所不為，你才能變得更平和、更雍容、更沉著，也更智慧，你的人生才更有希望。

## 【處世學問】

### 學知識要每天多一點

老子說：「為學日益。」正因為學無止境，所以人們才要「活到老，學到老」。

古時候，有個叫薛譚的人跟隨大歌唱家秦青學習唱歌。一段時間後，薛譚自認為已經完全學會秦青的唱歌技巧。於是，他就去向秦青告辭回家。秦青心知薛譚的實際水準還差得很遠，但並沒有生氣，也沒有阻止他。秦青在郊外為薛譚餞行。在宴席上，秦青打著拍子唱起悲歌，美妙的聲音振動林木，似乎白雲都在停下來聽他唱歌。

薛譚深感慚愧，原來自己只是驕傲自大，殊不知自己還有很多高深技

藝絲毫不懂，簡直愚昧可笑，於是他向師父認錯謝罪，並請求留下來繼續學習。

這故事告訴我們，如果我們只是掌握一點知識的表皮，很快就可以做到，但是，如果要深入學習達到分析、探索事物本質的境界，須要用漫長的時間並付出相當多的努力才能夠做到。學無止境，講的就是這個道理。

古時候，有一個和尚學藝，認為自己十八般武藝都學會了，就找到師傅提出要下山。師傅取來一個木桶讓他裝滿石頭。做完後師傅問他：「裝滿了嗎？」他自信地說：「裝滿了。」師傅又問：「能不能再往裡面裝一些沙子？」弟子便又裝了一些沙子，而且特意填滿了石頭間的所有縫隙。於是走到師傅面前堅定地說：「這次真的裝滿了，不能再裝任何東西了。」師傅舀了一大碗水，竟然又全部倒了進去。弟子滿臉愧色，再不提下山之事了。

有道是，理無專在，而學無止境。研究學問是沒有終點的，知識是無窮無盡的。知識的無限豐富和不斷更新，決定了學習是永無止境的，這正是「學不可以已」。

當今社會，科技進步日新月異，面臨著許多新機遇和新挑戰。我們如果自滿和自高自大，對知識滿足於一知半解、淺嘗輒止，藉口工作忙不去學習新知或者敷衍了事，那麼思想就會受到束縛，行動就會停步不前。就會跟不上時代發展，就不可能做到保持和發揚與時俱進、開拓創新的時代精神，成為時代的落伍者，甚至難以在這個時代立足。

只有刻苦學習，掌握技能，增長本領，才能彌補不足，跟上時代的步伐，從容應對各種各樣的挑戰。只有刻苦學習，才會有紮實的理論功底，讓科學的信念、真理和崇高的理想在頭腦裡扎根。只有刻苦學習，才會有能力去評判、觀察、辨別事物的真偽，明方向、懂道理、有修養，進而完善自我，塑造高尚的道德情操、人格魅力。

如果你已經得到了一份稱心如意的工作，你一定會努力工作，為使工作做得更好，你一定會不斷學習，不斷進步，這就是「為學日益」的過程。當你的才幹已經可以使你的工作非常得心應手、遊刃有餘的時候，此時你就要追求完美了，到了這個時候就已經到了「為道日損」的階段了，距離成功和輝煌就不遠了。

## 【職場應用】

### 別被盲目和忙碌擊垮

老子說，為學日益，為道日損。這句話，對那些終日忙忙碌碌、難得停下來思考和總結的職場人士有著特別的警醒意義！工作有時候是很盲目和忙碌的，我們必須要經常性地進行分析和總結。否則，我們很快就會被那些盲目和忙碌擊垮。

有一天深夜，英國著名物理學家盧瑟福走進實驗室，看見一個研究生仍勤奮地在實驗臺前工作。他關心地問道：「這麼晚了，你還在這裡做什麼？」

研究生趕忙答道：「我在工作。」

盧瑟福又問：「那你白天做什麼了？」

研究生回答說：「白天也在工作。」

盧瑟福再次問道：「你整天都在工作嗎？」

研究生謙恭地回答說：「是的，導師。」

盧瑟福最後語重心長地說：「你勤奮工作，這很難得。可是我不得不提醒你：你整天都在工作，那你用什麼時間來思考呢？」

西方流行著一句十分有名的諺語，叫做「Use your head.」（用用你的腦子）。世界上所有的計畫、目標和成就，都是經過思考後的產物。你

的思考能力，是你唯一能完全控制的東西。我們需要養成運籌帷幄式的、理性的思考方式。

在全世界IBM管理人員的桌上，都會擺著一塊金屬牌，上面寫著「THINK」（想）。這個一字箴言，是IBM的創始人湯姆・華特森從多年的推銷經驗中總結出來的。

華特森在1895年進入NCR（國際收銀機公司）當推銷員。同事們告訴他，推銷不需要特別的才幹，只要用腳去跑，用口去說就行了。華特森的腳底都磨出了泡，但業績一直很不理想。後來，他改變了推銷的策略，把不少精力放在區域分析、客戶調查上。與此同時，他也非常注意一些推銷的技巧，隨時根據客戶的態度調整自己的言辭。幾個月後，他成了NCR的銷售冠軍。

1911年12月，華特森在NCR擔任銷售部門的高級主管。有一天，寒風刺骨，霪雨霏霏，會議室裡氣氛沉悶，無人發言，大家逐漸顯得焦躁不安。華特森突然在黑板上寫了一個很大的「THINK」，然後對大家說：「我們共同的缺點是，對每一個問題沒有充分思考，別忘了，我們都是靠動腦筋賺得薪水的。」在場的NCR總裁約翰・巴達遜對「THINK」一詞大為讚賞，當天，這個詞就成為NCR的座右銘。三年後，它隨著華特森的離職，變成了IBM的箴言。

著名成功學家拿破崙・希爾在《思考的力量》一書裡作了一個形象的比喻：「若把你的思想當做一塊土地，經過辛勤且有計劃的耕耘，就可以把這塊土地開墾成產量豐富的良田，或者也可以讓它荒蕪，任由它雜草叢生。」

一個思想有條理的人，在遇到問題時能分清主次，抓住問題的核心。一個思考有條理的人，能以簡明的方法，促使別人更瞭解自己。想要從你的思想中得到豐收，你必須付出種種努力並投入各項準備工作，這些工作

的安排和執行就是正確思考的結果。

　　只有認真思考，總結工作經驗，才能全面發現成績和優點，並繼續發揚，以利今後做得更好；只有認真思考，吸取教訓，才能深刻認識缺點與不足，並努力去克服，避免重蹈覆轍。

　　行成於思毀於隨。熱忱的行動只有播種在思考的土壤裡，才能開出最美麗的花朵。做工作不應只顧「日益」——盲目地忙忙碌碌，還應做到「日損」——多在腦子裡思考總結。

# 第四十九章：聖常無心

【原典】

聖人常無心①，以百姓心為心。善者，吾善之；不善者，吾亦善之，德②善。信者，吾信之；不信者，吾亦信之，德信。聖人在天下，歙歙焉③，為天下渾其心④。百姓皆注其耳目⑤，聖人皆孩之⑥。

【注釋】

①無心：沒有意念。心，意念、意願。

②德：就「德」之「本性」意，可引申為：本性展現出善（德善），本性展現出信（德信）。

③歙歙（音細）：意為吸氣，此處指收斂欲念。

④渾其心：使人心思化歸於渾樸。

⑤百姓皆注其耳目：百姓都各自專注於使用自己的感官、聰明、智巧。

⑥聖人皆孩之：聖人使百姓們都回復到嬰孩般純真質樸的狀態。

【譯文】

聖人總是沒有意念，以百姓的意念為自己的意念。對於善良的人，我善待他；對於不善良的人，我也善待他，這樣可使人人行善。對於守信的人，我信任他；對不守信的人，我也信任他，這樣可使人人守信。聖人治

理天下的時候，總是收斂欲念，使天下人的心思歸於渾然一體。百姓本都專注於使用自己的感官、聰明、智巧，聖人使他們全都回歸嬰孩般純真的狀態。

## 【名家注解】

河上公：聖人重改更，貴因循，若自無心。百姓心之所便，因而從之。百姓雖有不善者，聖人化之使善也。百姓為不信，聖人化之使信也。

王弼：夫以明察物，物亦競以其明應之，以不信察物，物亦競以其不信應之。夫天下之心，不必同其所應，不敢異則莫肯用其情矣。無所察焉，百姓何避，無所求焉，百姓何應，無避無應，則莫不用其情矣。皆使和而無欲，如嬰兒也。

朱元璋：聽其美汙之聲，目乃觀其善惡，所以聖人觀其所以，不欲身民如是，務秉之以道，常以心似乎小兒之無知，特守無為之道，故天下安。

## 【經典解讀】

本章是老子「虛心」思想的展現，也是「慈」的原則的具體貫徹。

以「道」治天下的「聖人」，能夠恰當地收斂自己的心欲，不放縱自己，不與民爭利，不以自己主觀意志而妄為。他們治理國家往往表現出渾噩質樸的特徵，對於注目而視、傾耳而聽，各用聰明才智甚至心機巧詐的百姓，能夠使他們回歸到嬰兒般無知無欲的純真狀態。

「常無心，以百姓之心為心」之說，可謂民主政治的先聲。「德善」、「德信」的做法，基本上拋棄了執政者在價值觀、真理觀上的強權地位。這樣一來，社會因保持寬容的多樣性而「渾心」，百姓們擺脫了事必請示的束縛，憑藉自己的主見而行，整個天下就像是一個慈母主持的大家庭。

以百姓之心為心，做起來並非易事。百姓要求的，聖人可能以為那只是眼前利益，並不符合長遠利益。這部分百姓要求的與另一部分百姓要求的可能恰恰針鋒相對。

以善應對不善，以誠信應對猜測與欺騙，做起來更難。因為人們常常會以眼還眼，以牙還牙；你對我不仁，就莫要怨我對你不義。這樣一來，一個汙點就會染黑一片，一個野蠻就會惡化全域，一個凶惡就會改變整體氣氛。

以暴易暴，以窮極對無聊，以小心眼對心眼小，往往會兩敗俱傷，是不足為訓的。而用光明正大回應陰謀詭計，用與人為善對待無端的敵意。還要用心平氣和回應氣急敗壞，卻可以使雙方化敵為友、化意氣之爭為君子之爭。

公道自在人心。惡性的果實必然是孤家寡人，而善良與誠信的果實是友誼長存、信任長存。而以惡來求善，以陰謀求誠信，以出氣求擺平，那就更是不可取的。

【處世學問】

### 愛你身邊的每一個人

善者吾善之，不善者吾亦善之，德善。意思是說，對於善良的人，我善待他；對於不善良的人，我也善待他，這樣可使人人行善。

聖人不會執著於平常人所說的是非善惡標準，他們依照大「道」的德性，把天地萬物看成一體，不做任何的區別，一視同仁地對待他們。對於善良的人，他會善待他們；不善良的人，他也會善待他們，在這種善良的態度感召下，善良的人會一如既往地向善，不善良的人也會受到感染，棄惡揚善。這樣，整個社會風氣就會整體向善了。

舉個例子說，一個人年輕時因不懂事而犯了法，坐了幾年牢，如今服刑期滿，重新走向社會。如果社會都以異樣的目光去看他，都孤立他，比如他來一家公司應徵時，主管招聘的負責人一見他有過服刑的經歷雖然錄用了他，卻又給他最低的待遇。他在公司裡到處都遭人白眼，沒有人相信他，每個人都看不起他，那麼即使他想做好人，他還能做成好人嗎？反過來說，如果大家都不把他看成是有過前科的人，一視同仁地對待他，有功則賞，有過則罰；如果他達到了升職的標準，就讓他晉級升職，大家都把他當正常人看待，他能不向善嗎？

　　同樣，對於誠信的人，聖人會信任他；對於不誠信的人，聖人也會信任他。這樣誠信的人會一如既往地誠信，不誠信的人因為得到了聖人的信任，會對自己的不誠信行為感到慚愧，變得誠信起來。如果是這樣，人與人之間也會變得非常誠信了。

　　戰國時期，魏國邊境靠近楚國的地方有個小縣，一個叫宋就的大夫被派往這個小縣去做縣令。

　　兩國交界的地方住著兩國的村民，村民們都喜歡種瓜。這一年春天，兩國的邊民又都種下了瓜種。

　　不巧這年春天，天氣比較乾旱，由於缺水，瓜苗長得很慢。魏國的一些村民擔心這樣旱下去會影響收成，就組織一些人，每天晚上挑水到地裡澆瓜。

　　連續澆了幾天，魏國村民的瓜地裡，瓜苗長勢明顯好起來，比楚國村民種的瓜苗要高不少。

　　楚國的村民一看到魏國村民種的瓜長得又快又好，非常嫉妒，有些人晚間便偷偷潛到魏國村民的瓜地裡去踩瓜秧。魏國的村民非常氣憤，也要去踩楚國村民的瓜秧。

　　宋縣令忙請村民們消消氣，讓他們都坐下，然後對他們說：「我看，

你們最好不要去踩他們的瓜地。」

村民們氣憤已極，哪裡聽得進去，紛紛嚷道：「難道我們怕他們不成，為什麼讓他們如此欺負我們？」

宋就搖搖頭，耐心地說：「如果你們一定要去報復，最多解解心頭之恨，可是，以後呢？他們也不會善罷甘休，如此下去，雙方互相破壞，誰都不會得到一個瓜的收穫。」

村民們皺緊眉頭問：「那我們該怎麼辦呢？」

宋就說：「你們每天晚上去幫他們澆地，結果怎樣，你們自己就會看到。」

村民們只好按宋縣令的意思去做，楚國的村民發現魏國村民不但不記恨，反倒天天幫他們澆瓜，慚愧得無地自容。

這件事後來被楚國邊境的縣令知道了，便將此事上報楚王。楚王原本對魏國虎視眈眈，聽了此事，深受觸動，甚覺不安。於是，主動與魏國和好，並送去很多禮物，對魏國有如此好的官員和國民表示讚賞。

魏王見宋就為兩國的友好往來立了功，也下令重重地賞賜宋就和他的百姓。

老子說，信者，吾信之；不信者，吾亦信之；德信。老子是在宣導全社會文明的新風尚，文中的「吾」是一個廣義的「我」字，代表社會的每一個成員。請設想一下，如果全社會都以善對待善、以善對待不善，以誠信對待誠信、以誠信對待不誠信，那將是一個什麼結果？就是我們所嚮往的和諧社會。

## 【商海實戰】

### 以德報怨才是上策

老子說：「善者，吾善之；不善者，吾亦善之，德善矣。信者，吾信之；不信者，吾亦信之，德信。」這段話從整體上來理解，就是以德報怨的意思。如果在面對競爭對手時，商人們能夠平和心態，寬以待人，能夠放棄不必要的爭鬥，以德報怨，許多商海翻船的慘劇是可以避免的，甚至可能會呈現一種雙贏的美麗結局。

在商場上，有些人有恩於你，有些人因傷害過你而與你有仇。那麼，該如何對待這些恩恩怨怨呢？以德報德，是沒有異議的。別人幫助了我們，我們自然要回報人家，這是做人最起碼的。對於怨呢？一種方式是「以牙還牙，以眼還眼」。別人傷害了我，我要同等報復他，這未免顯得睚眥必報，顯得我們和那些人一樣低劣了。另一種態度是「以德報怨」。別人傷害了我，我反過來還要給他笑臉和各種利益關照。這樣反顯得我們包容、博大。

卡爾是一位磚商，一直以來他的生意都不錯。不過，近來由於一個競爭對手造謠，他的生意陷入了困境。對方在他的經銷區域內定期走訪建築師與承包商，告訴他們：卡爾的磚塊品質不好，他的公司也面臨倒閉的危險。為此，卡爾不得不費了好大的力氣闢謠。客戶經他百般解釋，才相信他的話。

雖然卡爾成功挽救了自己的生意，但是這件麻煩事使他憤怒無比，他真想拿一塊磚來敲碎那個肥胖競爭對手的腦袋。

一個星期天早晨，卡爾到教堂做禮拜。牧師講道時的主題是：要施恩給那些故意為難你的人。每一個字都深深震撼著他的心，因為就在上個星期五，他的那個競爭者還使他失去了一份25萬塊磚的訂單。但是，牧師卻

教他要以德報怨，化敵為友，而且牧師舉了很多例子來證明他的理論。這讓卡爾陷入了矛盾中。

當天下午，他在安排下週日程表時，發現維吉尼亞州的一位顧客正因為蓋一間辦公大樓需要一批磚，而所指定的磚的型號卻不是他的公司生產的，卻與他競爭對手出售的產品很類似。同時，他也確定那位滿嘴胡言的競爭者完全不知道有這筆生意機會。

這使卡爾感到萬分為難，需要遵從牧師的忠告，告訴給對手這項生意的機會，還是按自己的意思去做，讓對方永遠也得不到這筆生意？卡爾的內心掙扎了一段時間，牧師的忠告終於占據了上風。最後，他拿起電話撥到競爭對手的家裡。

接電話的人正是那個惡意造謠的競爭對手。當卡爾禮貌地把維吉尼亞的商機告訴他時，那位競爭者一句話也說不出來了。他既為自己先前的行為感到羞愧，又對卡爾萬分感激。

最終，卡爾得到了驚人的結果。競爭對手不但停止散布有關他的謊言，而且還把自己無法處理的一些生意轉給卡爾做。卡爾的心裡比以前舒服多了，他與那個競爭對手之間的陰霾也消散了。

以德報怨，化敵為友。這就是迎戰那些終日與你為難的人的最上策。當他們傷害侵犯了你的商業利益時，既不以怨報怨，因為那樣就降低了自己的水準，與別人的錯誤做法對等混戰；也不以直報怨，因為那樣不但無助於減少這個世界上的是非或衝突，甚至可能助長罪惡。

古希臘與特洛伊進行了長達十年之久的戰爭，雙方元氣大傷，卻僅為爭奪一個女人；二戰後，以色列與阿拉伯國家之間無休止的流血衝突，給中東穩定及世界和平帶來災難性後果，也和雙方「互不相讓」和「睚眥必報」有關。雖然許多悲劇性事件的發生具有複雜的原因，但爭端無不起源於雙方的互不相讓。

# 第五十章：生生之厚

## 【原典】

出生入死①。生之徒②，十有三③；死之徒，十有三；人之生，動之於死地④，亦十有三。夫何故？以其生生之厚⑤。蓋聞善攝生⑥者，陸行不避兕⑦虎，入軍不被甲兵。兕無所投其角，虎無所用其爪，兵無所容其刃。夫何故？以其無死地⑧。

## 【注釋】

①出生入死：出世而生，入地而死。另一種解釋是，離開了生存必然走向死亡。

②徒：類。

③十有三：十分之三。

④人之生，動之死地：人本來可以活得長久些，卻意外地走向死亡。

⑤生生之厚：由於求長生的欲望太強，而營養過剩、奉養過厚。

⑥攝生：指養生之道，亦即保養自己的生命。

⑦兕（音寺）：古代一種似牛的野獸。

⑧死地：致命的要害。

## 【譯文】

人由出世而生，至入地而死。長壽的人，占十分之三；短命的人，占十分之三。本來可以活得長久些，卻意外地走向死亡的，也占十分之三。這是為什麼呢？是由於人們過分追求奉養生命的物質享受了。聽說，善於養護自己生命的人，在陸上行走不必躲避兕牛和老虎，在戰鬥中不會為兵器所傷。兕牛在他身上無處下角，老虎在他身上無處下爪，兵刃在他身上無處刺入。為什麼會這樣呢？因為他沒有致命的要害。

## 【名家注解】

河上公：死生之類各有十三，謂九竅四關也。其生也，目不妄視，耳不妄聽，鼻不妄嗅，口不妄言，手不妄持，足不妄行，精神不妄施。其死也反是也。

王弼：十有三，猶云十分有三分，取其生道，全生之極，十分有三耳。取死之道，全死之極，亦十分有三耳。而民生生之厚，更之無生之地焉，善攝生者無以生為生，故無死地也。

朱元璋：天道好還，如小人務尚奸邪，動輒致人於死地，所以好還者，彼雖避兕虎而入兕虎中，彼雖遠兵甲，而由兵甲而死。其還也如是，其得也必然，此皆動之死地耳。

## 【經典解讀】

本章是對「生生之厚」的貶斥，同時也是對「無死地」的「善攝生」境地的推崇。老子提醒人們，不要以奢侈的生活方式來過分善待自己，而應清靜無為、恪守「道」的原則，做到少私寡欲、清靜質樸、純任自然。

另外，老子生逢亂世，看到人生危機四伏，生命安全隨時隨地受到威脅。因此，他主張不要靠戰爭、搶奪來保護自己。不妄為，別人也就找不到對其下手的機會，這就能得長壽。

老子又說，生的因素占三成，死的因素占三成，過分致力於生反而加速了死亡的因素也占三成。這是一種憂患意識，是符合人生的況味的。人生不如意事常八九，人需要有這樣的準備、警惕、謹慎，不能老想好事、心存僥倖。

　　其實不僅是生死、攝生的問題。無論什麼事，求學問、做工作、追求身心健康與生活幸福等，成功的因素、機會都是三成，失敗的因素、機會也是三成。而由於激動、一帆風順、自視過高，而取得相反效果的可能性也是三成。

　　一個人若能經常取得三成的成功、效果、進展，那就應當心滿意足、心花怒放了。千萬不可事事求全，因為過分的貪欲、野心、妄想、大言、美夢，過多的操作、奔波、勞心、費力，結果只能是自取其辱，甚至自取滅亡。

　　行路不遇猛獸，作戰不怕武器，角、爪、兵器都奈何不得，這是一幅得道者、善攝生者的美麗風景。其實，老子所說的關鍵，在於一個人是否有死地，是否進入了死地，是否在做自取滅亡的傻事。也就是說，死不死，傷不傷，不在於猛獸、敵軍，也不在於武器，而在一個人自身，在其道行。

　　是否無懈可擊，不僅是個技巧問題，更在於一個人的境界、功夫、居心、高度、世界觀與價值觀、方法論與認識論，在於其接近與違背大道的程度。無懈可擊者比較有信心，有辦法，有可資審美的風姿，逢凶化吉，遇難成祥。

## 【處世學問】

### 自然圓通則無懈可擊

燕國大將樂毅聯合趙、楚、韓、魏等國伐齊。齊軍連連敗退，齊湣王和大臣們見勢不妙，紛紛外逃。齊湣王最後逃到莒城避難。在燕軍橫掃齊國時，田單也急忙從安平城逃亡，逃出前他特別囑咐家人將馬車的車軸鋸短，並包上鐵片。不久，燕軍破城而入，城內的人爭先恐後地逃竄，許多人由於車軸太長與其他車碰撞而折斷、翻倒，為燕軍所俘。只有田單等一行人順利脫逃，到達即墨城。

可見，田單是個深刻洞察事物發展規律，並能夠謀於未然、生存能力很強的人。無獨有偶，三國時期的徐庶也是一個對世事洞若觀火「善攝生」的智士。

赤壁之戰前夕，龐統向曹操獻連環計欲火燒赤壁。獻計成功後，他剛要上船。一個人一把扯住他說：「你好大的膽子！黃蓋用苦肉計，闞澤下詐降書，你又來獻連環計，只恐燒不盡燒不絕！你們這等毒計，只能瞞得過曹操，卻瞞不過我！」

龐統大吃一驚，急忙回頭看那人，原來是舊相識徐庶。徐庶說：「曹軍兵敗之後，亂軍中我也不免遭難，您不妨教我一個脫身之術。」龐統無奈，便為他出了個主意：在軍中散布謠言，說馬超準備攻打潼關，然後自己主動要求去守潼關。

徐庶憑藉此計，成功脫身而去。後來火燒赤壁，一點也沒燒到他！

生的因素三成，每個人都應充分地、自然而然地去靠攏、受用、發揮、親近、愛惜這三成生。死的因素三成，你應該謹慎對待，趨利避害，不可掉以輕心，不可有亡命徒心態，不可毫無準備與警惕。

人生在世，善於避害，才能保全生命。一個人要善於把喜怒哀樂藏在

口袋裡，不輕易展現出來給別人看。這樣的人，別人就不可能摸清他的想法，他也才有可能駕馭對方於無形。

　　唐朝太子李豫外表柔弱，但內心很有主見。當時，張皇后與其親信宦官李輔國共同把持朝政，權傾內外。李豫考慮到自己身單勢孤，因而行事十分小心，唯恐遭到陷害。張皇后與李輔國都心懷鬼胎，以致互相猜忌。李豫就乘機離間二人，最後使得李輔國率兵入宮，誅殺了張皇后。

　　後來，得到李輔國等人的擁立，李豫繼承皇位，史稱唐代宗。李輔國平素就專橫驕縱，欺壓群臣，這次擁立有功，更加張狂，竟公然對李豫說：「陛下只管住在宮殿裡，外面的事情任憑老奴處理。」李豫表現得很軟弱，大事小事都讓李輔國拿主意，並加官他為兼中書令，還稱呼他為「尚父」，暗中卻等待時機除掉他。李輔國對此毫無察覺，依舊橫行宮廷內外。

　　同樣擁立有功的程元振，官職不如李輔國顯赫，心中不滿。而李輔國又趾高氣揚，常借一些小事羞辱他，這令他很惱怒。得知程元振與李輔國暗生嫌隙，李豫就故意對程元振加官封賞，並暗示他抨擊李輔國。程元振自思有皇上支持，就大膽上表指責李輔國獨攬朝政，賣官鬻爵，製造冤獄，罪不容誅。群臣也紛紛藉機請求罷了李輔國的官。

　　李豫順水推舟，罷免了李輔國禁衛軍元帥一職，轉由程元振代替。此後，李輔國雖有所收斂，但李豫始終對他不放心，最後祕密派刺客將他刺死了。就這樣，李豫剷除了奸臣李輔國，鞏固了自己的政權。

　　不輕易表露自己的觀點、見解和喜怒哀樂，被稱為「深藏不露」。這是極其高明的處世之道。

# 第五十一章：尊道貴德

【原典】

道生之，德畜之，物形之，勢①成之。是以萬物莫不尊道而貴德。道之尊，德之貴，夫莫之命而常自然②。故道生之，德畜之，長之育之，亭之毒之③，養④之覆⑤之。生而不有，為而不恃，長而不宰，是謂玄德⑥。

【注釋】

①勢：自然界的各種力量。

②莫之命而常自然：無人命令而向來自然如此。另一種解釋是，不干涉或主宰萬物，而任萬物自化自成。

③亭之毒之：一本作成之熟之。

④養：愛養，護養。

⑤覆：維護，保護。

⑥玄德：即上德，深厚之德，神奇之德。

【譯文】

大道創生萬物，德性畜養萬物。外界環境賦萬物以形體，各種力量的相互作用促萬物以成長。因此，萬物無不尊崇大道而重視德性。道之所以被尊崇，德之所以被重視，這是無人命令而向來自然如此的。所以，大道創生萬物，德性蓄養萬物，進而成長、培育萬物，安定、成熟萬物，滋

養、庇護萬物。創生萬物而不加占有，蓄養萬物而不自恃有功，導引萬物而不加主宰，這就是奧妙玄遠的德。

## 【名家注解】

河上公：道生萬物，不有所取以為利也。道所施為，不恃望其報也。道長養萬物，不宰割以為利也。道之所行，恩德玄暗，不可得見。

王弼：道者，物之所由也；德者，物之所得也。由之乃得，故不得不尊；失之則害，故不得不貴也。

朱元璋：生之畜之長之育之成之熟之養之覆之，此言天經地式，即四時交泰之理道焉。以其細名之，春生夏長，秋收冬藏是也。君當使臣庶樂其樂而有其有，長其長而不自主，設官以理之，此玄德焉。

## 【經典解讀】

「道」生長萬物，「德」養育萬物，但「道」和「德」並不干涉萬物的生長繁衍，而是順其自然。「德」是「道」的化身，是「道」在天地間的具體作用。

萬物由「道」產生；「道」生萬物之後，又內在於萬物，成為萬物各自的本性；萬物依據各自的本性而發展個別獨特的存在；周圍環境的培養，使各物生長成熟。

「道」以「無為」的方式生養了萬物。「夫莫之命而常自然」中的「莫之命」，即孟子所說「莫之為而為者天也」。萬物是順應著客觀存在的自然規律，並各自我調整著自己所處的具體環境而生長的，根本沒有所謂的主持者加以主宰。

萬物生長，必須依據自然界的規律，所以「萬物莫不尊道而貴德」。「尊道」與「貴德」是一致的，但又有所不同。「尊道」是對最高典範的

尊崇，「貴德」是對向最高典範靠近的推崇。「貴德」意味著行為者不論離道有多遠，只要他在向道靠進，就值得肯定。

老子還提出了道、德、物、勢四位一體的命題。道是根本、本原，催生了這個世界。德是品性，是基本功能，是貢獻，是道的滋養，是最大的仁愛。世界並非一蹴而就，生於道以後，還要接受德的培育、滋養、充實，而且還要長之育之、亭之毒之、養之覆之。也就是說，萬物還需要一個成長、發育、穩定、成熟、結果、保護、存藏的過程。

以母雞孵蛋為例，胚胎與整個雞蛋的成分比例與構成是道，蛋白蛋黃是德，母雞的體溫與耐心孵化是勢，而雛雞的身體是物與器。母雞對於雛雞恩重於山，但從來就是生而不有、為而不恃、長而不宰的。為什麼一隻老母雞都具有的德，對於人來說卻是這樣困難呢？

這恰恰是因為人的自作聰明、自以為是、自我膨脹。人的萬物之靈地位使人產生了主觀性、目的性、優越感，產生了權欲、物欲、占有欲。人為什麼不多想想「天何言哉」，想想「道」是怎樣行事的？

「道」創造萬物，並不帶有主觀意識，也不抱有任何目的，而且不占居、不主宰萬物的生長、發育、繁衍，完全是處於自然狀態下。這就是「道」所展現出「德」的特有精神。

本章是對道與德的地位及其作用的闡述，也是對執政者別有深意的規勸。老子勸導人君要以慈母德範治世，要寬容涵納紛紜各異的各類存在，要謀求「莫之命而常自然」的尊貴。

### 【處世學問】

#### 付出而不奢求回報

生而不有，為而不恃，長而不宰，是謂玄德。意思是說，創生萬物而

不加占有，蓄養萬物而不自恃有功，導引萬物而不加主宰，這就是奧妙玄遠的德。

隋朝的李士謙，曾當過參軍，家裡頗有財產。他素來節儉，卻樂善好施。鄉鄰有無力經辦喪事的，他總是出錢出力幫著辦好；有兄弟之間因分家不均失和的，他總是拿出錢財，補給分得財物少的，這常使兄弟之間反覺愧疚，轉而推讓財產並和睦如初。

別人家的牛吃了他家的田禾，他卻把牛牽到陰涼處餵養，比牠的主人還要耐心。遠遠看到有人偷割他家的農作物，他就默然躲避。抓到偷糧的人，李士謙立即令家僕把人放走，並說：「都是窮困逼得他這樣啊，按照情理不應該責罰他。」

有一次，他拿出數千石糧食，貸給鄉民，碰到欠收之年，債家無法償還，都來道歉。李士謙說：「本是我家餘糧，原本想的是救濟，哪能用來求利呢？」於是將欠債的人全部叫來，準備酒飯，當面燒掉債契，說：「債已了結，請不要再把這事放在心上了。」第二年，糧食大豐收。當初欠他債的人紛紛上門還債，李士謙一點也沒有接受。

有一年，發生了大災荒，餓死很多人。李士謙竭盡家財，煮粥周濟災民，賴以活命的將近萬人。到了春天，他又拿出糧種，分給貧窮的人家。為此，鄉民們對他感恩戴德！

有人對李士謙說：「您為自己積了很多陰德啊！」他卻謙遜地答道：「所謂陰德，就像耳鳴，自己能聽到，而他人不知道。現在我所做的，別人都知道，哪裡有什麼陰德！」他還善談玄理，對因果報應之說見解獨到：「積善者有餘福，積惡者有後殃，這不就是善惡報應嗎？」

李士謙在66歲時去世。鄉中男女老少聽說後，都痛哭流涕地說：「老天為什麼不讓我們死，而讓李參軍死呢？」參加他的葬禮者達一萬多人，大家共同立碑銘記他的大德。

蓄養萬物而不自恃有功，是合乎自然大道的，是大德。而從萬物的角度來說，有來無往非禮也，你幫助了別人，為別人創造了價值。即便你不求回報，回報也會自然而來。

幾十年前，日本全國的電視機擁有量不到3000臺，每臺電視機售價高達23萬日元。當時，一般職員每月的薪水不過1萬日元。因而，若想買臺電視機，除非兩年不吃不喝。

由於電視機太少，企業當然不肯在電視上做廣告，因而開辦電視臺自然也無利可圖。有一年，日本首家開播的NHK（日本廣播協會）電視臺公布預算時，預計「第一年度虧損額為4億日元，第二年度則將達到5億日元」。

但日本第二家開播的電視臺——日本電視臺的創始人正力松太郎卻獨闢蹊徑，解決了觀眾不多的問題。正力松太郎在街頭、公園、車站等人潮穿梭之處設置了電視機，播放職業棒球、相撲、拳擊等各種節目。果不其然，人們紛紛為此所吸引，無不駐足觀看。

看到人們紛紛為電視節目所吸引，如醉如癡，各家酒吧、茶館，乃至澡堂和理髮店都競相購置電視機，以招攬生意。在東京銀座、新宿等大街上，凡備有電視機的店鋪，無不顧客盈門、生意興隆，反之則店面冷清、無人涉足。就這樣，儘管全日本只有數千臺電視機，而電視觀眾卻數以百萬計，於是，各家公司爭相到電視臺做廣告，電視臺很快便開始盈利了。

要想沒有痛苦和煩惱就應順從自然的規律，不占有、不自恃，像大道一樣，付出而不奢求回報。只有真誠地付出，才會被別人真正地接受，才會有美妙的收成。這不也正是老子的教導嗎？你雖是無為，卻成就了你的有為。

播種，並不僅僅為收穫。正如我們給予別人微笑時，不在意對方是否回以笑臉；付出真情時，不在意對方是否有感激的淚水。一切順其自然，

對於這樣的人誰又會不喜歡？誰又會不誠心以待呢？只問耕耘，不問收穫，你就是幸福的人。

　　在你周圍，友誼的光輝普照。你真心付出的，雖然並不企求回報，但你的確會得到更多真心的回饋。你會因此而被眾人所愛，生活在愛的平實、滿足之中。

# 第五十二章：塞兌閉門

## 【原典】

天下有始①，以為天下母②。既知其母，以知其子③；既知其子，復守其母，沒身不殆。塞其兌，閉其門④，終身不勤⑤；開其兌，濟其事⑥，終身不救。見小曰明⑦，守柔曰強⑧。用其光，復歸其明⑨，無遺身殃，是謂襲常⑩。

## 【注釋】

①始：本始，開端。

②母：母體，根源。這裡指「道」。

③子：孩子，衍生物。這裡指由「母」所生的萬事萬物。

④塞其兌，閉其門：堵塞嗜欲的孔穴，閉起欲念的門徑。兌，指口，引申為孔穴。門，門徑。

⑤勤：勞動。

⑥開其兌，濟其事：打開嗜欲的孔穴，去操持世事。

⑦見小曰明：能察見細微，叫做「明」。小，細微。

⑧強：強健，自強不息。

⑨用其光，復歸其明：光向外照射，明向內透亮。發光體本身為「明」，照向外物為光。

⑩無遺身殃：不給自己帶來麻煩和災禍。襲常：遵循常道。

【譯文】

天下有一個本始,它就是天地萬物的根源。知道了根源,也就能認知萬物;認知了萬事萬物,又把握住萬物的根本,那麼終身不會有危險。堵塞嗜欲的孔穴,閉起嗜欲的門徑,終身不受苦累;打開嗜欲的孔穴,去操持世事,終身不得安寧。能夠察見細微,叫做「明」;能夠持守柔弱,叫做「強」。運用目光觀察世界,又把這目光收回體內返照內在的明,不會對自己帶來災殃,這叫做遵循常道。

【名家注解】

河上公:始,有道也。道為天下萬物之母。子,一也。既知道已,當復立一也。已知一,當復守道,反無為。人當塞目不妄視,閉口不妄言,則終身不勤苦。

王弼:善始之則善養畜之矣,故天下有始則可以為天下母矣。母,本也,子,末也。得本以知末,不舍本以逐末也。

朱元璋:又云見小曰明,守柔曰強,蓋謂自己本有所見,猶恐不廣,卻乃所見甚大,我所守持者甚軟,將久勝強。言至謙下當得上上,是謂見小曰明,守柔曰強是也。

【經典解讀】

老子認為,自然萬物的生長和發展有一個總根源。人們認識事物不能離開這個總根源,不能一味向外奔逐,否則將會離失自我。在認識活動中,要去除私欲與妄見的蔽障,以真正把握事物的本質及規律。

在說明總根源與萬物的關係時,老子使用了「母」、「子」這對概念。「母」就是總根源、就是「道」,「子」就是萬物。母和子的關係,就是道和萬物,理論和實際,抽象思維和感性認識,本和末的關係。所謂

「既得其母，以知其子；既知其子，復守其母」，即是從理論與實踐的關係出發來認識具體事物。

「母」就是大道，就是自然，就是一。「母」是本質，是一切德性、一切智慧的總概括，知「母」就抓住了事物的根源，而一味追求「子」則會迷失方向。所以老子提倡「守母」，而不必為了萬象萬物這些「子」、這些衍生物、這些假象而傷腦筋、趕潮流……

言外之意在於，世人都好逞聰明，不知收斂內省，這是很危險的。而不一味外露，保持內蓄、收斂，就不會對自身帶來災禍。事實上，許多人的確是在庸人自擾，在無事生非，在自找麻煩。

老子對文化、歷史與發展、進步的觀念持否定態度，他推崇向後看，主張回到本真狀態。回到最初，回到起點，回到本源，這不失為認識真理的途徑之一。那麼，怎麼樣才能實現呢？

老子給出的辦法是閉目塞聰，杜絕有害資訊，實行「閉關」修煉。面壁而坐、閉關苦修，被稱為「心齋」，目的是讓心靈與感官齋戒。達摩老祖認為：「外止諸緣，內心無端，心如牆壁，可以入道」。相傳他曾面壁十年，鳥兒甚至在他肩上築巢，對面的石壁上竟印上了他的形象，栩栩如生，連衣褶都看得出來。「面壁十年圖破壁」，面壁十年，是修煉的功夫，是精心鑽研、苦心孤詣、尋求真理且達到的至境。

這是一種相當驚人的認識世界、認識自身的方式。當然，老子說的不是神祕的苦修，而是恢復到本初狀態、嬰兒狀態。他更著意於：戒貪欲，即要閉目塞聰，不受誘惑；不以物喜，不以己悲，即寵辱無驚。在老子看來，認識自身所具有的道行比認識世界更重要。

我們說沉得住氣，講有定力，說每臨大事有靜氣，說自有主張，說富貴不能淫、貧賤不能移、威武不能屈，都與老子幻想的「既知其子、復守其母」的命題相接近。在追尋與體悟大道的時候，一定要有守護的功夫、

堅持的功夫，有捍衛住自己恆常狀態的能力，有守護住可持續明明白白狀態的能力，要守得住自己內心這一片淨土。

心功很有魅力、很有用，但僅僅在這方面下工夫，甚至誇張地認為有了心功就是有了母、有了一切，認為回到嬰兒狀態就有了一切，就未免失之偏頗，有些走火入魔了。要知道：道法本為一體。道離開法就無所發揮作用，法離開道則會失去根本。

【處世學問】

### 簡單生活不為物役

老子說：堵塞嗜欲的孔穴，閉起嗜欲的門徑，終身不受苦累；打開嗜欲的孔穴，去操持世事，終身不得安寧。

「道」的法則是什麼？就是無欲無為。關閉自己心中的那扇欲望之門，不胡思亂想。那麼，你就不會被是非和煩惱所困擾，只要你做到了無欲無為，那麼，你這輩子就可以過得開開心心。

相反，如果不關閉自己那扇欲望之門，任其敞開，讓所有的欲望充斥其中，那麼，你將一輩子被欲望役使。有了嬌妻，還要想美妾；有了錢，還想要權；有了權，還想……人的欲望一旦到了這個程度，那就無可救藥了，最終難免葬身嗜欲的火海。

老子的高明就在於他早認知到了這一點，向外求是永遠也求不到一個終點的。這一點對於我們的人生是一大啟示。人往往就是那樣，對功名、財富的追求永遠也不會滿足，欲望就像是一條鎖鏈，牽著一個永遠也無法達到的終點。

一位禁欲苦修的僧人，為了能使修行的效果更好，毅然決定離開了自己所住的村莊，到無人居住的山中去隱居修行。他只帶了一塊布當做衣

服，就一個人進山居住了。

後來，當他穿著的這塊布很髒了的時候，他才發現自己需要另外一塊布來換著穿。於是，他就出山回到了村裡向村民們化緣。村民們都知道他是虔誠苦修的僧人，於是很爽快地送給他一塊布。

當這位苦修的僧人回到山中之後，發覺在他居住的茅屋裡面多了一隻老鼠。在他專心打坐的時候，這隻老鼠常常來咬他的衣服。他早就發誓一生遵守不殺生的戒律，因此他不願去傷害那隻老鼠，但是他又沒有辦法把牠趕走。所以，他又回到村莊中，向村民討了一隻貓。

有了貓之後，他又得給貓準備食物了。貓要吃什麼呢？苦行僧並不想讓貓去吃老鼠，但總不能跟他一樣只吃水果或野菜吧！於是他又跑回去向村民討了一頭乳牛，這樣貓就可以靠牛奶維生。

就這樣，在山中居住了一段時間以後，他發覺每天都要花很多的時間來照顧那頭乳牛，影響了修行。於是，他又從村裡帶來一個無家可歸的流浪漢回到山中，讓他幫著照顧乳牛。

那個流浪漢在山中居住了一段時間之後，跟修道者抱怨說：「我跟你不一樣，我需要一個太太，我要過正常的家庭生活。」修道者想一想也是，他不能強迫別人跟他一樣，過禁欲苦修的生活⋯⋯

後來，這位苦修的僧人覺得自己需要的東西太多，實在沒法在山裡住下去了，於是便返回了村子裡。他隱居苦修的生活也宣告失敗！

一個禁欲苦修的僧人尚且難以擺脫欲望的煩惱，我們這些普通人更是易為欲望所困擾。要明白：向外追求永遠沒完沒了，而我們的生命之舟載不動太多的物欲和虛榮。因此，我們要時刻注意禁止欲望的膨脹，並且必須懂得知足，學會輕舟而行。

一個人一生一世，熙熙攘攘，挑肥揀瘦，朝三暮四，為了什麼？還不是在為自己選擇一條鎖鏈嗎？老子告訴我們：每個人都有欲望，但欲望太

多了，人生就變得疲憊不堪，每個人都應學會輕載，因為生命之舟載不動太多嗜欲。

## 【職場應用】

### 別眼睛只盯住薪水

對職場人士來說，「塞其兌，閉其門」就是要不為薪水所累。沒有了薪水，人們無法維持生計。但眼睛緊緊地盯住薪水，看不到薪水以外的東西也是不可取的。

生計當然是工作的一部分，但在工作中充分發揮自己的潛力，使自己的能力得到最大的發掘，這是比生計更可貴的。生命的價值不能僅僅是為了麵包，還要有更高的需求和動力，不要放鬆自己，要時刻告誡自己，要有比薪水更高遠的目標。

一直想薪水的人會執著於金錢，工作起來會斤斤計較，總是採取一種應付的態度，能少做就少做，能躲避就躲避，敷衍了事，以報復他們的雇主。他們只想對得起自己賺的薪資，從未想過是否對得起自己的前途，對得起家人和朋友的期待。之所以出現這種狀況，是因為人們對於薪水缺乏更深入的認識和理解。

一個人的一生都在成長，在職場的成長所包含的內容更多、更複雜。薪酬的提高只是一個方面，此外還有知識和技能的增加，事業和社會地位的發展與提高等。

一些心理學家發現：金錢在達到某種程度之後就不再誘人了。即使你還沒有達到那種境界，但如果你忠於自我的話，最明智的方法就是選擇一份即使酬勞不多也願意做下去的工作。當你因熱愛自己的工作，而培養起高超的業務能力後，更豐厚的酬勞就會自己找上門來。

一個人如果只為薪水而工作，沒有更高尚的目標，最終受害最深的不是企業，而是他自己。一個以薪水為個人奮鬥目標的人難以走出平庸的生活模式，因為他在工作中能收穫的絕不只有裝在信封中的鈔票。

老闆支付給你的薪資也許是微薄的，沒有達到你的期望，但你可以在工作中令微薄的薪資增值，那就是寶貴的閱歷、豐富的工作經驗、能力的外現和品行的鍛造。這些顯然是不能用金錢來衡量的，也不是簡單地用金錢就能買到的。

所以，不要刻意考慮薪資的多少，而應珍視工作本身對你創造的價值。要知道：只有你才能賦予自己終身受益無窮的「薪水」。

## 【商海實戰】

### 從細微處中看商機

老子說：能夠察見細微，叫做「明」。不錯！成功總是垂青於那些能夠從細枝末節中發現問題，並能透過細緻分析準確找出原因，從而想出高明的解決之道的人。這樣的人涉足商業，常能乘風破浪，直濟滄海。

摩根當年從歐洲漂泊到美國時，窮得幾乎一無所有。後來，經過百般努力，他與妻子兩個人才開起了一家賣雞蛋的小店。摩根自認為頭腦聰明，哪知賣起雞蛋來，卻遠遠不及妻子。

摩根覺得很奇怪。後來，經過一段時間對賣雞蛋的細節觀察，他終於弄清楚了原因。原來當他用手掌托著蛋時，由於他的手太大，人們自然會覺得雞蛋比較小；而他的太太用纖細的小手托起雞蛋時，雞蛋被纖細的小手一反襯，自然顯得大些。

於是，摩根馬上改變了賣蛋的方式。他把蛋放在一個淺而小的拖盤裡，這樣人們對比看來，就會覺得蛋很大。此後，他賣雞蛋的銷量果然趕

上了妻子。

這一個小小的事件，讓摩根看到了經營學問的博大精深，進而激發了他對心理學、經營學、管理學等的研究。後來，他創建了鼎鼎大名的摩根財團。

無獨有偶，日本東京的一個咖啡店老闆，利用人的視覺對顏色產生的誤差，減少了咖啡用量，從而增加了利潤。他給30多位朋友每人4杯濃度完全相同的咖啡，但盛裝咖啡的杯子顏色則分別為咖啡色、紅色、青色和黃色。

結果朋友對完全相同的咖啡評價則不同：認為青色杯子中的咖啡「太淡」；黃色杯子中的咖啡「不濃，正好」；咖啡色杯子以及紅色杯子中的「太濃」，而且認為紅色杯子中咖啡「太濃」的占90%。從此以後，老闆將其店中的杯子一律改為紅色，既大大減少了咖啡用量，又讓顧客留下極好的印象。結果顧客越來越多，生意也隨之蒸蒸日上。

手掌的差別不大，卻成就了摩根財團；紅色和青色的差別，足以一個讓咖啡店生意蒸蒸日上。這些細微的差別，不能引起大多數人注意的事情，卻往往有其關鍵的作用。用心去發現身邊的小事和細節吧，也許下一個摩根就是你。

涉世不深的青年人面對現實，往往激情滿懷，意氣風發，下定決心，非大事不做。孰不知，大事與小事並無明顯的鴻溝。小事扎扎實實做好了，不知不覺就成了大事。微薄的利潤源源不斷地積累，不知不覺就變成了大財富。

俗話說，聚沙成塔，集腋成裘。做生意的訣竅不是坑蒙拐騙，而是積微成鉅，積少成多。其實，很多時候，人們缺的並不是賺「大錢」的本事，而是缺少賺「小錢」的智慧與遠見。欲做大生意，賺大錢，必先做小生意，賺小錢，從細微處入手！

# 第五十三章：行於大道

【原典】

使我①介然②有知，行於大道，唯施③是畏。大道甚夷④，而人好徑⑤。朝甚除⑥，田甚蕪，倉甚虛。服文綵，帶利劍，厭飲食⑦，財貨有餘。是謂盜誇⑧，非道也哉！

【注釋】

①我：指有道之士。

②介然：堅固，確實。另一種解釋為：微小的樣子。

③施（音以）：邪路。另一種解釋為：彎曲的樣子。

④夷：平坦。

⑤徑：斜徑，小徑，引申為邪曲小路。

⑥除：腐敗之意。

⑦厭飲食：飽得不願再吃。厭，飽足、滿足、足夠。

⑧盜誇：一本作「盜竽」，指大盜、盜魁。

【譯文】

假如我確實有所認知，就會順著大道行進，只是擔心會誤入歧途。大道十分平坦，但人君卻喜好走邪路。朝廷裡十分腐敗，田地間一片荒蕪，倉庫中空空如也。而人君還是身著華服，腰懸利劍，酒足飯飽，錢財有

餘。這就叫做強盜頭子，根本就不是正途啊！

【名家注解】

河上公：使我介然有知於政事，我則行於大道，躬無為之化。獨畏有所施為，失道意。欲賞善，恐偽善生；欲信忠，恐詐忠起。

王弼：凡物不以其道得之則皆邪也，邪則盜也。誇而不以其道得之，竊位也，故舉非道以明非道，則皆盜誇也。

朱元璋：有等非君子者，不知務本，朝掃堂上塵甚勤，其禾苗郊間盡荒。又一等非君子，倉庫甚無糧物，卻乃遍身衣錦繡。又等非良民者，持刃以食羊羔，多積貨財。以上比云無他，皆言人不務大道，而務非理，惜哉！

【經典解讀】

在本章中，老子給無道的執政者們畫了一幅像。他們憑藉權勢和武力，對百姓恣意橫行，搜刮榨取，終日過著荒淫奢侈、腐朽靡爛的生活，而民間卻田地荒蕪、倉藏空虛，人民忍飢挨餓。老子稱他們是「盜誇」，即強盜頭子。

老子警告那些自私的「盜誇」們，永遠渴望著財貨有餘，就會對自己埋下極大的隱患。「禍莫大於不知足，咎莫大於欲得」，他們這樣做是違背「天之道」的，而「不道早已」。

老子站在人民群眾的立場上，從社會穩定與發展的角度，抨擊當政的暴君為「盜誇」。這與莊子提出「竊鉤者誅，竊國者侯」的觀點是一致的。「聖人不死，大盜不止」，這是從被壓迫勞動者的利益出發而發出的吶喊。

老子還發現，理論常與實際情況脫節。儒家講仁義道德、仁政、以德治國，可是標榜尊孔的歷代執政者，有幾個人做到了呢？道家講清靜無

為，講以百姓之心為心，有誰真正做到呢？基督教提倡的寬恕，佛教提倡的慈悲，誰又能切實奉行呢？

大道的效果雖強，但其發揮作用需要時間，而一些邪路、小道、後門的收效卻常常立竿見影。因此，人們常常誤將小道看做捷徑，難以經受住它們的誘惑。何況還有世俗風氣上的不足，為各種斜徑小道開了方便之門。比如說關係，你學識再好，能力再強，若沒有關係，好辦事嗎？當然不靈光了，這也就難以責備很多人一心忙於經營關係了。

再來就是，面對客觀世界的千變萬化，老子以不變應萬變，將大道用之於修身、齊家、治國、平天下。追求的是共同性、一貫性、整體性。

時時保持清醒，有自己的選擇、自己的堅守。時間不斷地逝去，歷史不斷地發展，投機者、逢迎之徒、無恥小人，或快或慢，總會暴露自己的面目，成為笑柄，成為反面教材。明朝開國重臣劉伯溫曾有「金玉其外，敗絮其中」名句，說的就是一些堂堂皇皇、張牙舞爪的人物，其實內裡非常空虛。這與老子的說法一脈相承，是應當引為教訓的。

## 【職場應用】

### 輕信捷徑難免誤入歧途

老子說：大道雖然平坦，可是人們卻喜好走小道。有很多職場人士偏偏就那麼怪，明明有一馬平川的大「道」在眼前，但他們就是想要抄近路、走捷徑，結果一不留神就誤入歧途、掉入陷阱。

有這樣一個故事：

一個週末，一群同事相約去爬山。下山的時候，前面出現一條羊腸小徑。順這條小道望去，遠遠地就看見山下的停車場，大家一致認為這應該是一條下山的捷徑！於是，他們便沿著這條道往下走。正當大家慶幸時，

眼前出現一道斷崖，而捷徑在此突然轉向，伸向遠方的一個小山村。大家一籌莫展，只得先向山村方向走，中途再踏上另一條小道……曲曲折折的，浪費了許多力氣才到達目的地。

貪圖走「捷徑」，很可能是踏上彎路的前兆。現在，職場中這樣的人不少，他們不甘心與同齡的人一樣努力奮鬥，希望走捷徑。可是他們不明白，人生之路是沒有捷徑可走的，現在走了捷徑，將來也許會繞更多彎路。如果一定要說職場上有捷徑的話，唯一的捷徑就是儘量在最短的時間裡去面對最多的問題。

職場上沒有一步登天的捷徑，唯有靠嘗試和積累。不斷地嘗試失敗，於是你積累了經驗；不斷地嘗試成功，於是你積累了信心。職業生涯就是一個過程，積累、迸發，再積累、再迸發，最終建構起完美的職場人生和豐富經驗。

職場的路有很多條，每個人只能走一條。走出去，便再也沒法回頭。職場的路上布滿誘惑，每個誘惑背後都是個岔路口，人很容易被引入歧途。職場之上沒有捷徑，所謂的捷徑只是離失敗最近的那條路！

## 【管理實踐】

### 沒有充分準備就是蠻幹

職場之上沒有捷徑可走，企業的經營管理也同樣沒有捷徑可走。對於企業管理者來說，浮躁和急功近利是很危險的，好走捷徑者最容易在毫無準備的情況下蠻幹。

有一段時間，「策劃」這兩個字被許多企業天天掛在嘴邊，對它幾乎迷信到了無可救藥的地步。好像一家企業一經策劃，馬上就會脫穎而出，從此躋身一流企業的行列一樣。

的確，一個好的策劃方案，一個新穎的創意，確實會使企業在某個階段得益。但要想成為真正意義上的一流企業，僅僅依靠策劃是遠遠不夠的。那些把希望全都寄託在策劃身上的企業，往往是既浮躁又急功近利。結果，最多也只能是各領風騷三五年。

　　無數的事實已經說明，一流的企業不是策劃出來的，做好充分的準備工作，穩步推進，才有可能發展成為一流企業。在這方面，韓國的三星公司「十年磨一劍」而成就輝煌的例子，極其值得企業管理者學習。

　　在美國《商業週刊》2004年的企業排名中，三星僅次於索尼，成為亞洲第二大品牌。而在此前的若干年中，三星曾一度是廉價貨的代名詞。

　　在洛杉磯的電子行業出口產品評價會議上，三星把自己的產品，與對手的產品放在一起進行比較。結果顯示，三星的產品無論是設計還是性能上都遠遠落後於競爭對手，只能甘拜下風。痛定思痛，三星提出了「學習」與「準備」的發展策略。

　　三星的電子業以索尼和松下為學習的對象；重工業則是以三菱為範；庫存管理學習的是西屋電器、蘋果電腦和聯邦快遞……

　　與此同時，三星還逐步將生產基地，由國內轉移到其他生產成本較低的國家和地區；而將研發、設計、研究所等，陸續遷至歐美發達國家，以站在技術的最前沿。此外，三星還大規模啟用了一批在海外經營中培養出豐富實戰經驗的人員。

　　正是靠著扎扎實實地穩步推進，三星才得以全方位地發展，躋身世界一流企業之林。從三星公司的崛起中，我們不難看出，只有踏踏實實、按部就班地沿著大道前行，才能站穩腳跟，並得到全面、長遠的發展。

# 第五十四章：修之於身

善建者不拔，善抱①者不脫，子孫以祭祀不輟②。修之於身，其德乃真；修之於家，其德乃餘③；修之於鄉，其德乃長④；修之於邦，其德乃豐；修之於天下，其德乃普。故以身觀⑤身，以家觀家，以鄉觀鄉，以邦觀邦，以天下觀天下。吾何以知天下之然哉？以此。

【注釋】

①抱：抱持，固定，牢固。

②子孫祭祀不輟：子子孫孫若能遵守「善建」、「善抱」之道，則後世的香火就不會斷絕。輟，停止、斷絕、終止。

③餘：富餘。

④長：長久，久遠。

⑤觀：觀察。

【譯文】

善於建樹的不可拔除，善於抱持的不會脫落，子孫持守此道則祭祀不絕。以之修身，德行就會純真；以之齊家，德行就會有餘；以之治鄉，德行就可長久；以之治國，德行就會豐厚；以之治天下，德行就會普及。所

以，要透過觀察自身來觀察他人，觀察自家來觀察別家，觀察本鄉來認識他鄉，觀察本國來認識別國，觀察今日的天下認識過去和未來的天下。我靠什麼知道天下大事呢？就靠以上的方法和道理。

## 【名家注解】

河上公：善以道立身立國國者，不可得引而拔也。善以道抱精神者，終不可拔引解脫。為人子孫能修道如是，長生不死，世世以久，祭祀先祖宗廟無絕時。

王弼：固其根而後營其末，故不拔也。不貪於多，齊其所能，故不脫也。子孫傳此道以祭祀則不輟也。以身及人也，修之身則真，修之家則有餘，修之不廢，所施轉大。

朱元璋：五觀者，大概不欲君天下者以身為身，而國為國是也。當以身為國，以國為身，終子孫不壞也，所以云天下之然哉以此。

## 【經典解讀】

本章主要講了修身的原則、方法和作用。在老子看來，修身的原則是「善建」、「善抱」，即抱持「大道」；修身的方法是「以身觀身，以家觀家，以鄉觀鄉，以邦觀邦，以天下觀天下」，即推己及人；修身的作用則是「知天下」，即知曉天下大事。這就是老子主張認識世界的方式和途徑。

善建者不拔，講的並不是建築學問題，而是講道的修養。同樣，講抱持也不是講勞動或運動，講的同樣是道，講道怎麼樣才能如身、如心、如我，而從不背離、從不遺忘、從無須臾脫軌、從無毫釐偏差。

在老子看來，人、大道與創建是一體化的。你創建的如果是根深葉茂、與天地同在、與大道同一的東西，怎麼可能被拔除呢？善抱的結果，

是人、大道與被抱持者一體化了，也就不存在掉不掉得下來的問題了！

試看古今中外那些偉大的建築，萬里長城、泰姬陵、金字塔、凱旋門；那些偉大的作品和思想，以及那些堪為榜樣的先賢，他們是永遠不會被拔除、不會脫落、不會被遺忘的。

「子孫」指的是生命的延續、生命的本質化，即生命與大道的一體化，當然也就不存在是否祭祀不輟的疑問了。

本章說到「以身觀身，以家觀家，以鄉觀鄉，以邦觀邦，以天下觀天下」。這一句是從一身講到天下。使人不自覺地想起《大學》中所講的「修身、齊家、治國、平天下」。可見，道家與儒家都認為立身處世的根基是修身。莊子也說：「道之真，以治身，其餘緒，以為國」。所謂為家為國，應該是充實自我、修持自我以後的自然發展；而儒家則是有目的性地去執行。兩者一為自然的，一為自持的，這是其差別所在。

本章肯定了修道積德對維護事業永繼不衰的巨大效能，提出了在社會政治領域進行修道積德的倡言。老子勸導執政者，為保持事業的承繼不衰，要從個人做起，讓整個社會在身、家、鄉、邦，乃至整個天下各個層面都修道積德。

【處世學問】

### 以己心推想他人的心意

要透過觀察自身來觀察他人，觀察自家來觀察別家，觀察本鄉來認識他鄉，觀察本國來認識別國，觀察今日的天下認識過去和未來的天下。簡單點說，就是「推己及人」。

那麼，什麼叫「推己及人」呢？我們先來看看下面這個故事。

春秋時期的一個冬天，齊國下大雪，接連三天三夜都沒停。齊景公披

著狐腋皮袍，坐在廳堂賞雪，覺得景致新奇，心中盼望再多下幾天。晏子走過去，若有所思地望著飛舞的雪片。

景公對晏子說：「下了三天雪，一點都不冷，倒是像春暖的時候啦！」

晏子見景公把皮袍裹得緊緊的，就故意問道：「真的不冷嗎？」景公點了點頭。

晏子知道景公沒明白自己的意思，就委婉地說道：「我聽聞古之賢君：自己吃飽了要去想想還有人餓著，自己穿暖了還有人凍著，自己安逸了還有人累著。」景公慚愧得一句話也答不出來。

齊景公只考慮自己的處境，不能推想到老百姓的生活境遇，不是「推己及人」；晏子則能設身處地為別人著想，就叫做「推己及人」。

能夠「推己及人」的人，常懷慈悲之心，且有著博大的胸懷和崇高的思想境界。他們總是把自己的命運與人民、國家的命運聯繫起來。在歷史的長河中，這樣的人不勝枚舉。

大禹治水，三過家門而不入。是因為他總能由自己挨餓想到天下飢餓的人，由自己被水淹而想到天下被水淹的人。

詩聖杜甫在〈茅屋為秋風所破歌〉一詩的開頭寫道：「八月秋高風怒號，卷我屋上三重茅。」八月秋深，狂風怒號，風捲走了我屋頂上好幾層茅草。他在結尾處寫道：「安得廣廈千萬間，大庇天下寒士俱歡顏，風雨不動安如山！嗚呼！何時眼前突兀見此屋，吾廬獨破受凍死亦足！」怎麼才能得到千萬間寬敞高大的房子，普遍地庇覆天下間貧寒之人，讓他們個個都開顏歡笑，房子不為風雨中所動搖，安穩得像山一樣？唉！什麼時候眼前出現這樣高聳的房屋，即使唯獨我的茅屋被吹破，自己受凍而死也甘心！

由自己的茅屋被秋風吹破，而推想到：若使天下所有的貧寒之人都

有房子住，再也不受風雨之苦，即使自己一個人住在破漏的茅草房裡被凍死，也心甘情願。這是何等崇高的境界！

有一次，白居易新做了一件裘皮大衣，穿在身上非常暖和，他立刻聯想到天下的百姓是否都能穿上裘皮大衣呢？於是便揮筆寫道：「安得萬里裘，裹蓋四周垠。天下無飢寒，溫暖皆如春。」

這些人的思想何等高尚，胸懷何等寬廣，他們總是設身處地替別人著想，總是能由自己而想到他人。推己及人這種思想，無論是在古代還是在現代社會，都是積極的、進步的。

孟子曾說過：「老吾老以及人之老，幼吾幼以及人之幼。」如果你能夠從別人的角度著想，你就不難找到妥善處理問題的方法，你就會成為一個通情達理的人，而得到別人的肯定。

清代著名書畫家鄭板橋，52歲得子，鍾愛之情自不必說。鄭板橋由愛自己的兒子，推及到愛僕人的兒女。他在山東做官時，給鄭墨的家書中寫道：「家人（僕人）兒女，都是天地間一般人，當一般愛惜，不可使吾兒凌虐他，凡魚飧果餅宜均分散給，大家歡喜雀躍。」

鄭板橋身為官員，卻能將僕人的兒女與自己的兒子同等看待，切實踐行了「幼吾幼以及人之幼」這句話。如果人們都能像鄭板橋一樣，能夠「不獨親其親，不獨子其子」，那麼「老有所終、壯有所用、幼有所長、鰥寡孤獨廢疾者皆有所養」的和諧社會，也就離我們不遠了。

孔子曾說：「己所不欲，勿施於人。」可以理解為：「我不欲人之加諸我也，吾亦欲無加諸人。」反過來說，就是「己欲立而立人，己欲達而達人」。

無論做怎麼事，都要以自己的感受去體會別人的感受，以自己的處境去想像別人的處境；放在對方的位置上，將心比心，把別人當成自己對待，設身處地為對方著想。你不喜歡別人傷害你的自尊心，你就不要傷害

別人的自尊心；你不喜歡別人欺負你，你就不要欺負人；你不願意有聲音干擾你讀書學習，別人讀書寫字時，你的動作就要放輕……

## 【商海實戰】

### 利天下者，方能利己

老子說：以「道」治天下，德行就會普及。「道」的特性是什麼？前面已經說過，在於「推己及人」，在於「己欲立而立人，己欲達而達人」，在於「損有餘以補不足」。

一個國家要想「祭祀不輟」，就必須「予民以惠」。在競爭激烈的商海中，一個企業要想永續生存，也要保持「惠民」的良好公眾形象。這樣才會生意興旺，才能實現打造「百年老店」的長遠目標。

同仁堂藥店為什麼能享譽神州？為什麼其中藥在海內外都能贏得很高的信譽？其成功固然離不開產品品質的優異，但同仁堂高明的「惠民」手法也是一個不容忽視的因素。

清代，北京城內每年都要用一個月的時間挖一次城溝。同仁堂便抓住這個機會，在城門附近挖溝的地方高懸燈籠，為行人照路。燈籠上「同仁堂」三個大字在夜色中分外耀眼，過路行人在感激的同時，也加深了對「同仁堂」的印象，產生了好感。此外，同仁堂還熱心參與慈善事業，冬天設粥棚，夏天送暑藥，興辦義學，施捨棺木，更提高在貧民中的聲譽。

同仁堂透過廣泛的「惠民」活動，贏得了社會各階層的關注與好感，從而取得了極佳的宣傳效果，牢固地樹立了良好的企業形象。可稱得上是「善建者不拔」了。慈善的義舉固然是出自商人的仁義之心，但這一義舉的另一客觀效果則是為商人樹立了良好的形象，樹立了一塊無價的金字招牌。

李嘉誠在商場上成功了，但他並沒有捂緊自己的錢袋，而是做善事，向社會捐贈大量財物。他不僅做到了「修之於鄉」，還做了「修之於邦」、「修之於天下」。

他在家鄉捐建了汕頭大學，以及潮安、潮州兩所醫院。他慷慨解囊、善舉義行在家鄉廣為流傳，樹起一座心碑。尤令人稱道的是，他淡泊名譽，保持低調。他不同意以他的名字為潮安、潮州兩醫院命名，甚至不願意參加剪綵儀式。有一年，汕頭遭遇強颱風災害，李嘉誠還以個人名義捐了500萬港幣。

一天早晨，李嘉誠正吃著早餐聽廣播。驚聞中國華東地區發生百年未遇的特大水災消息後，他立即通知以自己旗下四大公司的名義捐出5000萬港幣賑災，同時倡議全港市民捐款救災。李嘉誠的善行義舉顯示了其崇高的人格和品德。但誰又能否定，李嘉誠的高尚形象沒有為他的商業事業帶來效益呢？

做生意，誰不想找一個人格高尚、信譽卓著的人合作？誰願意與奸商交朋友呢？李嘉誠的善舉是他在商業活動中的無形資產，而這個無形資產所帶來的有形收益卻是難以估量的。

日本「拉鍊大王」吉田忠雄，也是一個善於透過「立人」而「立己」，透過「達人」而「達己」的商人。他出生在日本富山縣，少時貧窮，做過多種微賤工作，直到而立之年，才與人合資創辦公司，專做拉鍊生意。

吉田雖然沒讀過多少書，卻自有一套經營思想。他將其歸納為「善的循環」。吉田認為：做生意，賺錢固然重要，但是如果你不為他人著想，自身也就不可能受益。

對待消費者，吉田除了在品質和服務上讓他們滿意外，還千方百計在價格上為他們著想。據統計，1950年每米YKK拉鍊售價為106.5日元，

到1980年在物價、薪資及其他費用都上漲的情況下，YKK每米的價格卻下降至不足70日元。

對待員工，吉田也以紅利相贈，他鼓勵員工購買公司股票，每股可得18%的股息。員工退休，可得年退休金330萬日元。

對待其他製造拉鍊的廠家，吉田也讓之以利，讓他們做自己的代理商比製造商更有利。正是這種「善的循環」，使吉田登上了「拉鍊大王」的寶座。

後來有人問吉田忠雄：「貴公司的拉鍊占全世界總產量的35%，每年生產的拉鍊，可以在地球與月亮之間接上四個來回，你們是如何取得這樣輝煌成功的呢？」吉田回答說：「我信奉『利天下者，方能利己』的哲學。」

吉田解釋說：「我一貫主張辦企業必須賺錢，多多益善。但是利潤不可獨吞，我總是將利潤分成3份，1/3以品質較好的產品及低廉的價格給大眾消費者，1/3交給銷售我們公司產品的經銷商及代理商，1/3用在自己的工廠。」

先「讓利」而後獲利，使「善的循環」為人為己帶來好處，也許就是吉田成功的根本。

不為別人的利益著想，就不會有自己的繁榮。如果我們散播善的種子，予人以善，那麼，善還會循環給我們，善在我們之間不停地循環運轉，使大家都得到善的實惠。

# 第五十五章：含德之厚

## 【原典】

含德之厚，比於赤子。毒蟲不螫，猛獸不據①，攫鳥②不搏③。骨弱筋柔而握固，未知牝牡之合而朘④作，精之至也；終日號而不嗄⑤，和⑥之至也。知和曰常，知常曰明，益生⑦曰祥⑧，心使氣曰強⑨。物壯⑩則老，謂之不道，不道早已。

## 【注釋】

①據：猛獸用爪抓物。

②攫（音決）鳥：用腳爪獵取食物的猛禽，如鷹、隼等。

③搏：撲擊。

④朘（音娟）作：男性的生殖器勃起。朘，男性的生殖器。

⑤嗄（音煞）：聲音嘶啞。

⑥和：陰陽二氣合和的狀態。此處為極其和諧之意。

⑦益生：貪圖生活享受。

⑧祥：妖祥，不祥。

⑨強：逞強，強暴。

⑩壯：強壯，強大。

【譯文】

懷有深厚德性的人，如同嬰孩一樣純真。毒蟲不來刺他，猛獸不來抓他，凶惡的鳥不來撲擊他。他筋骨柔弱，可是小手抓東西很緊；還不懂男女交合之事，可是小生殖器勃然而起，這是極為專注的緣故；整天啼哭，嗓音卻不會嘶啞，這是極其和諧的緣故。懂得和諧的作用，叫做恆久。認識到恆久的意義，叫做明智。貪圖生活的享受，叫做災禍。被欲念操縱了體力，叫做逞強。事物過於壯盛就會衰老，這叫做不合常道，不合常道就會終結。

【名家注解】

朱元璋：含德之厚，即養德也。比於赤子者，言初生小兒無知，天性未曾開之，故老子以此為首，發章之端。為何？不過教人持身行道如是而已。

王弼：赤子無求無欲，不犯眾物，故毒蟲之物無犯之人也。含德之厚者，不犯於物，故無物以損其全也。含德之厚者，無物可以損其德，渝其真，柔弱不爭而不摧折者，皆若此也。

河上公：心當專一和柔，而氣實內，故形柔。而反使妄有所為，和氣去其中，故形體日以剛強也。萬物壯極則枯老也。老不得道。不得道者早已死也。

【經典解讀】

本章以嬰兒為喻，說明「精」與「和」統一，才能達致厚德境地。嬰孩才出生就握緊雙拳，意味著它生而通大道，大道的作用是大德。大德廣遠深厚，只可握而藏之、保之、持之，不可掉以輕心，不可須臾放棄。

說到嬰孩雖柔弱，卻不受毒蟲、野獸、猛禽的攻擊，展示的仍然是弱的哲學。寧失之於柔弱，莫失之於剛強。嬰兒與環境和諧無爭而善於自保全身，雖柔弱卻善於朘作為剛、握固為強，終日啼哭卻不會氣機渙散而傷

和。所以，他們能達致「精之至」與「和之至」的統一。

「精之至」是形容精神極其專注的狀態，「和之至」是形容心靈凝聚和諧的狀態。保持這兩種狀態，就能防止外界的各種傷害和免遭不幸。如果縱欲貪生，使氣逞強，就會遭殃。

嬰兒渾樸無知，其核心在於「和」。「和」所表示的統一，包含著對立在內，是有永恆性的，所以說「知和曰常」。其他章節的「和其光」、「沖氣以為和」中的「和」，也是在談統一，講「混成」，談和諧，講平衡。一時勝利、獲益，是容易的；難得的是，永遠勝利、獲益。

老子對男嬰的生殖器自動挺起的描述，說明既然「精」蘊其中，不需外力挑逗自然就會動起來。嬰孩的啼哭是一件自然而然的事情，想哭就哭，哭累了自然就休息，因而終日號哭也是不會啞的。生殖器也好，嗓子也好，自有章法，該起則起，該止則止，行藏有道，起伏在我，和諧平衡，這樣才可實現持續穩定。

老子再次強調自然，反對心力交瘁，反對爭強好勝，反對意氣鬥狠，反對霸氣十足。他讓人們警惕那種高亢狀態、傲視狀態、凌駕狀態、橫行狀態，認為誰處於那種狀態，也就失掉了大道，就會走向衰落與滅亡。這對於稱王稱霸者、盛氣凌人者，是極有教益的。

取態柔和，能使人保持恆常、清靜內明；過分強求，則使人氣機渙散、好勝逞能，並導致過早地衰亡。所以，老子希望人們能夠精不傷和，以和養精。

## 【處世學問】

### 盲目進補會傷身

老子說：貪圖生活的享受，就會導致災禍。這不禁令人想到中醫中

「氣有餘，便是火」的說法。補益元氣不能過頭，否則就會陰陽失衡，有害身體健康！

進補要因時、因地、因人制宜，盲目進補會導致失眠、消化道出血、流鼻血等。市面上常見的補氣藥膳，如薑母鴨、羊肉爐、十全大補湯等，不適合口乾、舌燥、便祕者等燥熱體質者；若不加節制，就會有反面效果出現！

一般而言，身體虛弱的小孩、老人、病人，以及長期工作疲勞需調養或手腳冰冷、畏寒體虛的人，可以藉由進補的方式來促進營養吸收。但是，在進補同時，要特別小心，切勿食用過寒過燥、大辛大熱的藥膳。

另外，高脂肪、高碳水化合物攝入過多，會造成人體內的血液汙染，引發疲勞、頭暈、記憶力減退、胸悶心悸等疾病，甚至危及生命。所以，平時應控制飲食、宣導科學合理的膳食結構，增加運動。

很多人還會買些營養補品來改善體能。一些營養補品對於某些營養不均衡的人，的確可以發揮功效。但人們在使用營養補品時，一定要注意其安全性及服用方法。

一位老先生，因體檢發現肝功能指數異常而到醫院就診。醫生詢問他的病史，發現他並無慢性肝炎或其他重大疾病，而且生活很有規律。後來，醫生經過詳細詢問瞭解到，他每天有服用深海魚油的習慣。

深海魚油富含不飽和脂肪酸與維生素 A 與 E。這位老先生為求增加保養功效，將每天建議攝取劑量1~2顆擅自調高到3~4顆。醫生懷疑他的肝功能指數異常可能與此有關，因此，醫生建議他暫時減少或停用深海魚油。經過一段時間後，這位老先生的肝功能指數果然恢復了正常。

營養補充品雖有改善身體機能的效果，但它們無法完全取代天然食物，因為天然食物具有綜合的營養成分，且含有膳食纖維，可以幫助預防便祕、心臟病與糖尿病產生，加上天然食物含有營養補充品所沒有的植物

性化學物質，有助於防範慢性疾病產生。

補充不當會產生不良的副作用。每天攝取維生素A超過3000毫克，將損傷肝臟，還會導致嬰兒先天性缺陷；過量補維生素E，雖能降低缺血性心臟病和缺血性心肌梗塞的發病危險，但也會加大腦出血的危險性。補鈣若超過了血液的溶解能力，便會在人體其他組織中沉積，若沉積在心臟會引起傳導障礙，導致心律紊亂。

另外，許多女性在月經過後，會燉四物湯、生化湯調養身體。四物湯具有補血、活血的作用，生化湯可以幫助月經徹底地排出，達到活血化瘀的效果。但如果補得太過頭反而出現長青春痘、口乾舌燥、焦煩不安、失眠等症狀。

總之，應依個人體質、症狀來補身體，以免造成身體的另一種不平衡。在忙碌的工作及激烈的生存競爭下，尤其要堅守「三低一高」（低油、低膽固醇、低鹽、高纖維）的健康飲食原則，還要多多補充水分，抽時間做些運動，這樣就可以增加身體的抵抗力，遠離疾病。

【職場應用】

### 身處職場別逞強

老子說，心使氣曰強。意思是，被欲念操縱了體力，叫做逞強。這無論是對即將進入職場，還是已經身處職場的人，都是一個警示：不可過分逞強。

某醫藥公司一則招聘業務女助理的廣告，吸引了120多位應徵者前來。「如果你給我一個發揮的空間，我一定能讓你有N倍的收益。」一聽到這樣的表述，該公司的人事經理就覺得很煩，現在的大學生心氣都太高了！

從用人單位來看，他們既希望找做事能力強的助手，但是又擔心太強的人搶了自己的地位。所以，不少人都喜歡招一些女性助手，威脅相對小一些。對於一些能力強的女生，除了恰如其分地展示自己的能力外，不妨讓自己表現得低調一些。這樣的姿態更能讓用人單位接受。

隨著社會競爭的加劇、工作壓力的逐步加大，一種叫「白領嗜貪症」的心理病症越來越多地出現在白領一族中，這不能不引起人們的重視。

「白領嗜貪症」是強迫症的一種，一旦受挫很快表現出明顯的歇斯底里，甚至自虐自傷。凡是「白領嗜貪症」患者，無一不是「事業心過強」、「絕不甘心後進」的逞強好勝者。

年輕的小金在一家大型電子商務網站擔任普通業務員，工作時間雖然不長，但成果很可觀。可是，近來與他合住的同事發現，一向「心比天高」的小金常常長時間地待在房間裡，一遍又一遍地數著他那幾本銀行存摺或者一疊剛到手的現金，臉上還掛著某種怪誕的笑容。他還在宿舍的房間牆壁上掛起「年度財富總數上升圖」、「個人財富指數表」、「個人收入近期規劃」之類莫名其妙的圖表，還經常趴在上面塗塗畫畫，有時甚至又哭又笑。

這是典型的「白領嗜貪症」。若常以「知足者常樂」等諺語警句來寬慰自己，保持良好心態，對於預防此病，或者及時擺脫此病的徵兆很有作用。

可以說，無論是預防還是治病，必要的自制都是先決條件。其方法主要有：及時泯滅自己的貪嗜念頭；多肯定自己，少與人攀比；竭力轉移自己的興趣目標；在日常生活和工作中，儘可能避免接觸易於使人焦慮和抑鬱的事，以防誘發此病。

# 第五十六章：知者不言

【原典】

知者不言，言者不知①。塞其兌②，閉其門③；挫其銳，解其紛；和其光，同其塵④。是謂玄同⑤。故不可得而親，不可得而疏；不可得而利，不可得而害；不可得而貴，不可得而賤。故為天下貴。

【注釋】

①知：明白，懂得。

②兌：嗜欲的孔竅。

③門：嗜欲的門徑。

④挫其銳，解其紛；和其光，同其塵：收斂了銳氣，消解了紛爭；調和了光芒，混同於塵垢。

⑤玄同：玄妙的大同境界，此處指「道」。

【譯文】

真懂的人不多說話，誇誇其談者往往不是真懂。塞堵住嗜欲的孔竅，關閉起嗜欲的門徑；收斂了銳氣，消解了紛爭；調和了光芒，混同於塵垢。這叫做玄妙的大同。達到了這種境界，就誰也無從與他親近，誰也無從與他疏遠；誰也無從讓他得利，誰也無從讓他受害；誰也無從令他高貴，誰也無從令他卑賤。因此他得到天下人的尊重。

## 【名家注解】

河上公：知者貴行，不貴言也。駟不及舌，多言多患。塞閉之者，欲絕其源。情欲有所銳為，當念道無為以挫止之。紛，結恨不休，當念道無為以解釋之。

王弼：無所特顯則物無所偏爭也。無所特賤則物無所偏恥也。可得而親，則可得而疏也。可得而利，則可德而害也。可得而貴，則可得而賤也。無物可以加之也。

朱元璋：又六不字，蓋言前數事皆是大人君子幽微之大道，人欲親，不可見著。若欲疏，其形無。若欲得，其象不實。若欲害，則無體。若欲尊之，則無從。若欲賤之，則不得。

## 【經典解讀】

本章文字，蘊意很深，主要講怎樣保持常態的「和」。在老子看來，得「道」的聖人，能夠「挫銳」、「解紛」、「和光」、「同塵」，達到「玄同」的最高境界。因此，他提醒人們，要加強自我修養，排除私欲，不露鋒芒，超脫紛爭，混同塵世，不分親疏、利害、貴賤，以開闊、無偏見的心胸去對待一切人和物。

尖銳的東西是容易斷折不能長保的，把尖銳的東西磨去了，可以避免斷折的危險。

人從各自的視角出發，堅持自己的意見，排斥他人的意見。是非紛紜，無所辨清。解紛的辦法，就在於大家都放棄片面的意見，全面地看問題。

有陽光能照射到的地方，就必然有它照射不到的陰暗一面存在。只看到了它照射著的一面，而忽略它照射不著的另一面，不能算是真正懂得光的道理。

宇宙間到處充滿著灰塵，人世間如此紛繁複雜，超脫塵世的想法與做法是不現實的，要另類的想法與做法是行不通的，這些都是只懂得對立面的道理，不懂得統一面的道理。

　　只有破除成見、毫無私心的人，才能對於好的方面，不加阻礙地讓它儘量發揮作用；對不好的方面，也能因勢利導，善於幫助它發揮應有的作用。同其塵，是對立統一的終極運用。

　　不可得而親、疏、利、害、貴、賤，是金玉良言，其意彌深，其格彌高。在老子所處的那個風雲激盪的年代，人受外力和環境的支配，忽為座上客，忽為階下囚，忽擁黃金屋，忽成乞討兒，處處被動，任人宰割，難以自處。而有了穩定的環境、穩定的精神狀態、穩定的自我，才能彰顯大道，才有發展，才有一切的美好。

　　外力與環境對你的親近與疏遠、予利與加害、提升與貶低，都是來擾亂你的清靜理智，降低你的人格尊嚴，增加你的貪欲或恐懼，取消你的主體性的。你能抵禦得住這一切，不受外力的親疏利害貴賤的左右，就是至人、聖人、哲人了！

　　人之貴，貴行於大道，而不是貴於親疏遠近榮辱得失貴賤禍福。可以說，做到這一點的人是天下最高貴、最珍貴、最有價值的人。無欲則剛，無欲則刀槍不入、金剛不壞，也就是天下之至貴了。

## 【處世學問】

### 不做淺薄的誇誇其談者

　　老子說：真正明白的人不多說話，誇誇其談的人往往不是真明白。人們常會對膚淺的表象進行關注，而忽視深層的本質。淺薄的人喋喋不休，無知的人誇誇其談，沒有思想的人口若懸河，講話講得最多的人，卻往往

對事情最不瞭解。

　　默默無聞的人，並不能排除他對某些方面有真知灼見的可能，而他的那種姿態或許正是認知真相的最佳途徑。誇誇其談者，並不見得在某方面有高明的見解，說不定他恰恰是要以這種形式掩飾自己的無知和淺薄呢。誇誇其談的人，看似能夠左右逢源，實則令人生厭。

　　有一次，子禽向老師墨子請教：「老師，您認為多說話有好處嗎？」墨子回答道：「你看那生活在水邊的蛤蟆、青蛙，還有逐臭不已的蒼蠅，牠們不分白晝黑夜，總是叫個不停，以此來顯示自己的存在。可是，牠們即使叫得口乾舌燥、疲憊不堪，也沒有誰會去注意牠們到底在叫些什麼，人們對這些聲音早已是充耳不聞了。現在你再來想想司晨的雄雞，牠只是在每天黎明到來的時候按時鳴叫。然而，雄雞一唱天下白，天地都要為之振動，人人聞雞起舞，紛紛開始新一天的勞動。兩相對比，你以為多說話能有什麼好處呢？只有真正把握好說話的時機和火候，努力把話說到重點上，才能引起人們的注意，收到預想的效果啊！」這番見解，讓子禽佩服萬分，頻頻點頭稱是。

　　其實，在現實生活中，那些像蛤蟆、青蛙和蒼蠅一樣，不顧時間、地點與場合，整日喋喋不休，廢話連篇的人還是不少的。這樣的人，應當從這篇寓言中吸取教訓，改掉誇誇其談的壞毛病。班傑明・富蘭克林青年時期，為了改正自己正在形成誇誇其談的壞習慣，他選擇了「沉默」，要求自己做到只講於人於己有利的話，避免自以為是的空談。

　　我們都需要向上面故事中司晨的雄雞和富蘭克林學習，順應時勢，尊重規律，恪盡職守，多做實事，少說空話。但現實中，卻有很多誇誇其談、不切實際、只會「紙上談兵」的人。

　　戰國時期，趙國大將趙奢有個兒子名叫趙括。趙括從小孜孜不倦地攻讀兵書，與人論起行軍布陣，總是口若懸河，頭頭是道。大家聽他談論兵

法，都十分佩服，認為他將來一定會有大作為。但趙奢卻不以為然，他認為趙括只會紙上談兵，不堪為將。

不久，趙奢撒手人寰。秦國趁機派大將白起統兵百萬攻打趙國。秦軍來勢凶猛，趙王忙命老將廉頗統領40萬大軍抵擋秦軍。廉頗足智多謀，看到秦軍雖兵多將廣，但他們有致命的弱點——糧草運輸困難，難以久戰。於是，他按兵不動，森嚴壁壘，憑險固守。

秦、趙兩軍在長平對峙日久，白起無計可施，眼看糧草不濟，焦急萬分。這時，有人向白起獻計——派人到趙國散布謠言：「廉頗老了，膽子也小了。他根本不是白起的對手，只能按兵不動。如果讓趙奢的兒子趙括為將，可就不同了。」趙王中計，很快點了趙括為將。

趙括的母親得知消息，馬上進宮面見趙王說：「趙奢生前曾說，趙括只會紙上談兵。如果讓他統兵作戰，會對趙國帶來大災難。」但趙王固執己見，堅持讓趙括為將。正在家中養病的藺相如聽說此事後，也立即萬分焦急地進宮，勸說趙王收回成命。但趙王根本聽不進藺相如的意見，仍一意孤行地讓趙括接替了廉頗。

趙括到長平後，一改廉頗舊制，又撤換了許多能幹的將領。結果，他在率軍與秦軍正面交鋒時中了埋伏，幾十萬趙軍全部覆沒。趙國自此元氣大傷，不久便被秦國滅掉了。

紙上談兵，現在多用來比喻空談理論，不能解決實際問題；也比喻只是空談，不能成為現實的事物。誇誇其談的人，隨時標榜自己，以自我為中心，常常會忽略別人的感受，在虛榮心的膨脹下忘乎所以，尤其喜歡在人多的時候表現自己，這樣不僅暴露了其淺薄無知，也暴露了其虛偽，反而讓人瞧不起。

# 第五十七章：以正治國

## 【原典】

以正①治國，以奇②用兵，以無事取③天下。吾何以知其然哉？以此：天下多忌諱④，而民⑤彌貧；民多利器，國家滋昏；人多伎巧⑥，奇物⑦滋起；法令滋彰，盜賊多有。故聖人云：「我無為，而民自化⑧；我好靜，而民自正；我無事，而民自富；我無欲，而民自樸。」

## 【注釋】

①正：正規，堂堂正正。也可理解為清靜、無為之道。

②奇：奇巧，詭祕。引申為奇謀詐略。

③取：治理。

④忌諱：禁忌，避諱。

⑤民：一本作「人」，指人民、民眾。

⑥伎巧：技巧，智巧。

⑦奇物：邪事，奇事。

⑧自化：自我化育，自我發展。

## 【譯文】

用堂堂正正的方法來治理國家，用奇謀詐略來指揮作戰，用不擾害百

姓的辦法來治理天下，才能取得成功。我怎麼知道是這樣的呢？根據下面
這些：天下禁忌越多，百姓就越貧窮；百姓的利器越多，國家就越昏亂；
百姓的技巧越多，怪事就越增加；法令越繁苛，盜賊反而更多。所以聖人
說：「我無所作為，百姓就自我化育；我愛好清靜，百姓就自己端正；我
不張羅折騰，百姓就自然富足；我沒有過多欲望，百姓就自求淳樸。」

## 【名家注解】

河上公：天使正直之人，使至有國也。天使詐偽之人，使用兵也。以無
事無為之人，使取天下為之主。聖人言，我修道承天，無所作為，而民自化成
也。

王弼：立正欲以息邪，而奇兵用多；忌諱欲以恥貧，而民彌貧；利器欲以強
國者也，而國愈昏多。皆舍本以治末，故以致此也。

朱元璋：正謂端正，治國文實，奇非譎詐用兵，謂施仁德於外，及盈布於
敵，使慕而效順來歸，則彼此不傷物命。善平禍亂，善安天下，即以奇用兵。
奇，奇於布德也。

## 【經典解讀】

老子生活的時代，社會動亂不安，嚴峻的現實使他感到執政者依仗權
勢和武力肆意橫行、為所欲為，造成了天下「民彌貧」、「國有滋昏」、
「盜賊多有」的混亂局面。對此，他將天道自然的思想，推之於人道，提
出了「無為」、「好靜」、「無事」、「無欲」的治國方略。

老子主張以正道治國，以奇道用兵。治國是對待本土的百姓，必須堂
堂正正、實實在在，不能耍花招、使心眼。用兵則不然，它是一種詭祕、
奇詐的行為，因而要想奇法、設奇計、出奇謀，要出奇制勝。「以奇用
兵」實際就是要變化莫測、神出鬼沒。

老子關心國計民生，並認為「天下多忌諱，而民彌貧；人多利器，國家滋昏；人多伎巧，奇物滋起；法令滋彰，盜賊多有」。他重視「無為」，重視「質樸」，重視「勤儉」，而把智巧認定為導致社會禍亂、盜賊多有的原因。客觀地講，老子並不是籠統地、絕對地反對智巧，他主要反對的是執政者藉智巧奴役百姓、積斂財貨，過奢侈豪華、醉生夢死的荒淫生活，並不反對老百姓求富，所以他說「我無事，而民自富」。

以無事取天下，很精彩、高雅、智慧。歷史上有這方面的反例，如秦始皇統一六國，書同文，車同軌，修長城，築阿房宮，整頓思想，消弭兵器，圖萬世基業，卻只傳了兩代！

規定越多越細，百姓就越貧窮，民生就越困難。各種財貨寶貝越多，越是爭個天昏地暗。勞動者的技術熟練程度越高，不靠譜的事就越多。法令越來越嚴格，違法的罪犯也隨著增多。

僅僅透過控制、管理、禁止、設防等手段，不能實現有效管理；頭痛醫頭、腳痛醫腳，反而會引發更多的問題。管理者最好深察更本質的原因，並採取更多的治本措施。

【管理實踐】

### 無為而治與自我管理

很多老百姓都沒有讀過多少書，但他們能以自己的淳樸與「道」契合，從而順「道」而行。冬天休耕，他們不會去插水稻；春天該種稻育苗，他們絕不會偷懶。正因為如此，聖人非常信任他們，總是尊重其意願，讓其根據自己的經驗去做該做的事。

所以，老子說：「我無為，而民自化；我好靜，而民自正；我無事，而民自富；我無欲，而民自樸。」高明的執政者之所以會採取清靜無為的

方略治理國家，是因為老百姓的事歸根結底還得靠百姓自己去處理。作為執政者，能創造一個和平安寧的環境給老百姓，不生事，不擾民，就是對他們最大的恩典。

這就提醒我們的管理者，不能過分地集權，不可對下屬全程監控，抑或事無鉅細自己動手。這樣辦事效率很低，也會使自己很疲勞。而如果管理者能下放權力，更重視事情的結果而不是過程，那麼下屬就有很大的自由度充分發揮潛能，促成目標的實現。

總部設在芝加哥的比特麗公司，是美國一家大型聯合公司，下面設有幾百個分公司，經營著幾千種產品，其中許多產品，如克拉克棒糖、喬氏中國食品等，都是名牌產品，公司年銷售額達百億美元。

比特麗公司奉行積極進取戰略，不斷購買其他公司來壯大自己，因而取得了快速發展。公司規模的擴大，必然對管理帶來一定的難度。比特麗公司卻能遊刃有餘，他們是如何做到的呢？每購買一家公司，比特麗都保持其原有的產品線，使其成為聯合公司一個新產品的市場。最關鍵的是，比特麗對下屬各分公司都採用分權管理，允許新購買的分公司保持其原來的生產管理結構，不受聯合公司的限制和約束。這種戰略，使其發展成了一個由許多擁有充分自主管理權的分公司組成的、成功的聯合公司。

在實行分權管理方面，美國惠普公司也做得非常出色。惠普確保了員工在企業中的主體地位，充分調動了員工的工作積極性，把蘊藏在員工中的聰明才智充分挖掘出來。

在惠普公司管理層的支援下，各類人員各負其責，自我管理。公司鼓勵員工暢所欲言，要求員工瞭解其工作情況對企業大局的影響。惠普公司對職工十分信任，如實驗室備品庫中的電器和機械零件，工程師們不但可以在工作中隨意取用，而且還可以拿回自己家使用！惠普公司認為，不管工程師用這些設備所做的事，是不是跟他們正在做的研發有關，反正他們

無論是在工作崗位上，還是在家摸索這些零件，都能學到一些東西。就是這種精神和理念，讓員工感到自己是整個惠普的一部分。

分權管理與自我管理是密不可分的。印度雷繆爾集團總經理，倫敦商學院、歐洲INSEAD商學院、瑞士國際管理發展學院訪問教授帕瑞克博士曾經說過：「除非你能管理『自我』，否則你不能管理任何人或任何東西。」

帕瑞克對管理的發展歷程是這樣看的：管理最初關注的是「透過機器增加工作成功，提高工作品質」，接著是「透過人力增加工作成果，提高工作品質」，現在的重點則應是「如何透過工作發展自我」。

在哈佛商學院學習了兩年MBA課程之後，帕瑞克回到了印度。他努力讓自己做得更多，做得更好，不斷獲得進步與成功。但同時，他也變得越來越焦慮。他發現周圍那些能幹的、成功的商界人士，包括他自己，都處在極大的壓力之中，他們把自己局限在狹小的生活領域內，既不健康也不快樂。

經過冥思苦想，帕瑞克終於找到了原因：學校教育經常教我們怎樣去管理他人和事物，卻缺少教育我們怎樣去管理自我。因此，他潛心研究「自我管理」之道，並把很多時間用於在全世界講授「自我管理」課程。他認為，一個人最重要的是發現自我。

在生活中，帕瑞克經常透過集中訓練來進行自我管理。所以，儘管他全年都在全球飛來飛去，卻仍能保持精力充沛、心境平和。這也許就是自我管理的妙處吧！

管理好自己的生活，這是自我管理能力中最重要的。如果一個人連自己的生活起居都管不好，我們很難想像他能夠管好一家大企業。

# 第五十八章：禍兮福倚

## 【原典】

　　其政悶悶①，其民淳淳②；其政察察③，其民缺缺④。禍兮，福之所倚；福兮，禍之所伏。孰知其極？其無正也。正⑤復為奇，善復為妖⑥。人之迷，其日固久。是以聖人方而不割，廉⑦而不劌⑧，直而不肆⑨，光而不耀⑩。

## 【注釋】

①悶悶：昏昏昧昧的狀態，有寬厚之意。

②淳淳：淳樸厚道。

③察察：嚴厲，苛察。

④缺缺：狡黠，抱怨，不滿足。

⑤正：確定的標準。

⑥妖：邪惡。

⑦廉：銳利，稜角分明。

⑧劌（音貴）：割傷。

⑨直而不肆：直率而不無所顧忌。

⑩光而不耀：明亮而不耀眼。

## 【譯文】

人君政施寬厚，人民自然淳樸；政施苛察，人民就會狡詐。災禍啊，幸福依傍著它；幸福啊，災禍隱伏在它裡面。誰知道它的變化有沒有終點？福禍沒有確定的標準。正常可再變為反常，善良可再變為邪惡。人心的迷惑，由來已久了。因此，聖人端莊方正而不傷人，稜角分明而不害物，直率而不無所顧忌，明亮而不光芒耀眼。

## 【名家注解】

王弼：善治政者，無形無名，無事無政可舉，悶悶然，卒至於大治，故曰，其政悶悶也。其民無所爭競，寬大淳淳，故曰，其民淳淳也。立刑名，明賞罰，以檢奸偽，故曰察察也。殊類分析，民懷爭競，故曰，其民缺缺也。

朱元璋：故復云悶悶，言淳樸守無事，民俗實，君福也。亦言察察，謂苛政也。民多不足，此君之禍也。故聖人守正而不改，強不恃能。道行焉，道成焉，民安物阜。

河上公：聖人行方正者，欲以率下，不以割截人也。聖人廉清，欲以化民，不以傷害人也。聖人雖直，曲己從人，不自申之也。聖人雖有獨知之明，常如暗昧，不以耀眩人也。

## 【經典解讀】

本章講的是政治、社會、人生方面。

老子反對為政苛細，明察秋毫，包攬一切，干預一切。我們有一些說法，如抓大放小、寬以待人、宜粗不宜細等，也是這種思路。相反，事必躬親、無微不至、心細如髮，是修錶、精密儀器等行業從業者必備的素質，但是對於領導人、管理者來說，未必總是正面的特性。

緊接著，老子透過對悶悶與察察的辨析，順勢引出禍福的轉化問題。

悶悶看似不佳，卻能使人民自然淳樸。察察看似精明強悍，卻會使人民變得狡詐。做人做事，切不可只看一面而忘了另一面。

「禍兮，福之所倚；福兮，禍之所伏」一句，是極為著名的哲學命題。禍可以轉化為福，福也可以轉化為禍，但只能在一定的條件下才能如此。不具備一定的條件，是不能轉化的。

正所謂「反者道之動」，是正是奇，是善是妖，都只是一時之道、權宜之道，不是常道。認知到這一點並不難，難的是如何在不利的局面下，儘快扭轉局面。同時，在你被認為是正是善的情勢下，怎麼樣警惕復化為妖、復化為奇，怎麼樣防止再次陷入逆境。

至於「聖人方而不割，廉而不劌，直而不肆，光而不耀」，與孔子的「怨而不怒，哀而不傷，樂而不淫」有異曲同工之妙，都是在提倡一種美德，同時防止它的過分與極端化。老子提醒方正的人，要注意不割傷旁人；提醒銳氣十足的人，注意不刺痛別人；提醒直言的人，要把握好分寸；提醒風光無限的人，別自我炫耀。總之，一切要適可而止、見好就收。

【處世學問】

### 努力把壞事變好事

老子說：災禍啊，幸福依傍著它；幸福啊，災禍隱伏在它裡面。誰知道它的變化有沒有終點？福禍沒有確定的標準。老子看透了矛盾雙方可以相互轉化，深刻認識到壞事可變成好事，好事也可變成壞事。

對於講尊嚴的人來說，精神上的折磨比肉體折磨更殘酷、更難以忍受。可是，很多成就非凡的大人物，卻正是因為他們受到了無法忍受的輕視與譏諷，從而奮發圖強，終成大業的。

林肯就是因為不斷地遭受打擊而最終飛黃騰達的。他人的輕視不過是替林肯預備了一架登天的梯子，使林肯登上了榮譽的頂峰。

　　當年，林肯還是一個青年律師。他為了一個很重要的案件到了芝加哥。但是，他毫無聲望，沒有人理會他。那些有名的老律師，看不起他這種初出茅廬又來自外地的律師，甚至認為和他在一起會降低自己的身份。他們無論到什麼地方，總是盡量躲著林肯，甚至不允許他和他們一起吃飯。這對於年輕氣盛的林肯來說，絕對是不小的打擊。

　　被人輕視成了林肯奮發向上的巨大動力，督促著他不斷向前，好超過那些看不起他的人。林肯成功了，直到他做了美國的總統，那些律師還只是些律師而已。

　　可見，對於有骨氣的人來說，輕視與譏諷恰恰好似通天的梯子。我們尊敬林肯，是因為他面對輕視不自棄，透過努力登上美國總統的寶座。無獨有偶，拿破崙也是因為被歧視，而奮發向上，透過許多艱苦卓絕的努力而改變命運的。

　　小時候，拿破崙在貴族學校上學。不過，拿破崙的父親是一個高傲而又窮困潦倒的科西嘉貴族，雖然他把拿破崙送進了貴族學校，可是，他並不能讓拿破崙和同學們一樣，過富家子弟的生活。因此，他必須忍受同學的輕視與譏諷。

　　每一種嘲弄、欺侮、輕視的態度，都使拿破崙增加了一種決心，那就是一定要好好努力，以實際行動讓這些愚蠢的富人們看看，他確實比他們優秀。

　　在拿破崙16歲的時候，他就當上了少尉。但就在這一年，他父親去世了。於是，他不得不從自己那本來就少得可憐的薪水中，抽出一部分幫助他母親。

　　在部隊裡，拿破崙的同伴們一有時間就去追求女人或賭博。拿破崙個

頭矮小，不受女人歡迎；而他的貧困，也使他失掉了參與賭博的資格。於是，他就埋頭讀書，長了不少學問。長官看到他頗有些學問，就常派他做些需要進行複雜計算的工作。他把這些工作完成得十分出色，於是他更加受到重用。他的同齡人仍在追逐享樂的時候，拿破崙已經走在通往成功的路上了。

拿破崙之所以能成為偉人，除了得益於他的天分外，很大程度上源於他能變打擊為動力，並透過艱辛的努力把壞事變成好事。如果當初拿破崙像別的孩子那樣擁有順利的生活，世界上很可能就會缺少一個婦孺皆知的英雄。

狄摩西尼是古希臘卓越的演說家。但誰能想到，這位偉大的演說家天生就聲音微弱、吐字不清！尤其是「R」這個字母，他怎麼也說不清楚。當他面對大眾演講時，他吐字不清的毛病完全暴露出來，聽眾們都大肆嘲笑他。

為了克服自己的缺陷，為了使人們不再嘲笑自己，他把石子含在嘴裡……對著大海演講，一邊向山上跑一邊演講，強迫自己一口氣念好幾十字，站在鏡子面前演講以矯正自己的姿勢。

此外，他還特意建了一個地洞，每天在裡面練習他的聲音和演說的姿勢，以此來抗拒外界的紛擾。狄摩西尼的堅持終於取得了成果，人們給予他的不再是嘲笑，而是經久不息的掌聲。狄摩西尼用他的行動證明了，只要努力，世間沒有什麼不可能！

那些能在譏諷、輕視中取得成功的人，是值得稱頌和尊敬的。他們面對困難，面對壞事，不是選擇逃避，而是想辦法變難為易、變壞事為好事。那麼，我們呢？難道就自甘沉淪？別忘了，只要不放棄，就一切皆有可能。

## 【管理實踐】

### 不做至察無徒的人

其政察察，其民缺缺。就是說，一個國家政令苛察黑暗，其人民就會怨聲載道。執政者苛察治國，積極地「有為」，可能會暫時收到一定的效果，但終將民不聊生、自食惡果。

周厲王為政苛察，使得國人連話都不敢說，只能在路上互遞眼神來打招呼，終於導致國人暴動，推翻了他的統治。明朝之所以滅亡，很大原因在於廠衛特務機構干預司法、行政和人們的日常生活，嚴苛的政治氛圍令人們難以承受。又如希特勒執政時期的德國，雖然在短時期內造成一度繁榮的表面假象，背後則是民不聊生、人人自危，更談不上「人權」、「自由」、「平等」了。這些違背寬宏的治道的做法，用老子的話說，是「不道」，必會「早已」。

同樣的道理，如果一個管理者太自負，大事不糊塗，小事也精明，事事都精於算計，就不可能擁有很多朋友，也不可能發現和培養更多的人才。

上述說的都是為政苛察的壞處，下面說說寬宏為政的好處。為政以寬，百姓就可以安居樂業，達到「民皆樂其生而遂其性」的境界，使社會風氣歸於淳樸厚重。

寬宏的政治展現在「我無事而民自富」，執政者所要做的非常簡單，只是不矜、不貪、不欲、清靜、節儉。不矜，可以不爭；不貪，就沒有聚斂；不欲，那麼百姓可以得到安寧；國家富強，崇尚節儉，那麼百姓可以富足；執政者淳樸厚重，那麼社會風氣就會比較淳厚。西漢初年，曹參曾經推行這種治國方略。漢文帝和漢景帝時繼續實行，並且大見成效，開創了為後世稱道的「文景之治」。

《大戴禮記・子張問入官》中說：「水至清則無魚，人至察則無徒。」實際上是在勸告人們，待人要少苛求、多寬容。這對於管理者的啟示是：不要計較被管理者的缺點和小錯。

　　組織用人，不是在尋求聖人、賢人，而是尋求對組織有用的適合相應工作崗位的人。被管理者中儘管有的人有這樣那樣的毛病，只要不危害組織的利益，不必過分關注和追究。

　　西楚霸王項羽之所以失敗，很大程度上是因為他對下屬過於苛察。殷王司馬卬背叛項羽，項羽派陳平等人去攻打他，以迫使他投降。然而，不久後司馬卬卻投靠了劉邦。項羽認為陳平在這件事上未能盡心盡力，就要追究其責任，結果導致陳平也投了劉邦。

　　陳平投靠劉邦後，就有人告他的狀。說他在家時與他嫂子私通，投靠項羽不被重用，投靠漢王後又收受賄賂等等。劉邦找到陳平問清情況。陳平說：「這些事都有。我哥哥死後，為了侄子我娶了嫂嫂；項羽不重用我，我才離他而去；到你這裡後，你還沒給俸祿，我只好收禮養家。我可幫你打天下，但我不是聖賢，你要找聖賢我可以辭職。」劉邦還是把他留下了。後來，陳平當了漢朝的丞相，並在保漢室、滅諸呂的政治爭鬥中發揮了關鍵作用。

　　相形之下，劉邦的部屬中有許多人曾反對過他或投降過項羽，均未受追究。所以，項羽雖常勝，人卻越打越少；劉邦雖常敗，人卻越戰越眾。

　　不苛察的意思是指小事糊塗，大事聰明。例如，一個中小企業的老闆，關鍵的技術、主要的客戶、原材料和產品的購銷網路一定要親自掌握，定期或不定期地進行檢查。至於具體的生產活動，則不必親自參與。

　　但是，不「苛察」並不是說管理者就要當「老好人」。面對一些問題和糾紛，管理者如果漠然視之、放任自流，就非但不能換來「人緣」，反倒容易引起大多數人的反感。因為迴避問題和糾紛，縱容缺點和錯誤，

最終必然會損害大多數人的利益。對這種不講原則的「老好人」式的管理者，人們又怎麼會發自內心地信服呢？

察，並且及時、適度，就能把問題化解於萌芽狀態，是負責的表現。察，要注意兩個方面。一方面，要注意範圍與重點，事關立場、作風、精神狀態、人品道德等原則問題，就需要細察真究，絕不含糊；而對那些雞毛蒜皮、無關宏旨、純屬個人性格方面的枝節問題，則不必「察」之過細、責之過嚴。另一方面，要實事求是，力求做到持之有據、言之成理，不捕風捉影，不無中生有，不誇大其辭，不簡單粗暴，不以權壓人。

管理者往往肩負著使事業興旺發達、加速發展的神聖使命。其責任和義務都要求他們不斷修正錯誤、不懈追求真理；要求其有寬廣的胸襟，對小事不斤斤計較；又要有求真務實的作風，在大是大非的原則問題面前，講真理不講面子，講原則不講私情，敢於直言不諱，勇於認真強硬。正所謂「為官避事平生恥」，當寬則寬，當察則察，才是領導者應有的情懷。

總之，作為一個管理者，在管理中要審時度勢、寬嚴有度。該管的要管，不該管的事就不要管，要「一半清醒一半醉」。既要堅持原則，又不能絕對化；對待他人，既要真誠批評幫助，又要注意團結。「察」到如此境界，自然就不會有「無徒」之憂了。

# 第五十九章：長生久視

【原典】

治人事天①，莫若嗇②。夫唯嗇，是謂早服③；早服是謂重積德④；重積德則無不克；無不克則莫知其極；莫知其極，可以有國；有國之母⑤，可以長久。是謂深根固柢，長生久視⑥之道。

【注釋】

①治人事天：治人，治理百姓；事天，事奉上天，又有保養天賦、養護身心之意。

②嗇：吝惜，愛惜，保養。

③早服：早做準備。

④重積德：不斷地積累稟賦。

⑤母：根本原則。

⑥長生久視：長生久存。

【譯文】

治理百姓，事奉上天，沒有比吝惜更重要的了。正因為吝惜，可以說是早有準備；早有準備，就能不斷積累稟賦。不斷積累稟賦，就沒有什麼不能克服的；沒有什麼不能克服的，就沒有人知道他的極限；誰都不知

道他的極限，他才可以擔負起治理國家的重任。掌握了治理國家的根本原則，才可以使國家長治久安。這是加深與穩固根基，以求長生久存的道理。

## 【名家注解】

河上公：治國者當愛民財，不為奢泰；治身者當愛精氣，不為放逸。夫獨愛民財，愛精氣，則能先得天道也。先得天道，是謂重積德於己也。重積德於己，則無不勝。

王弼：唯重積德不欲銳速，然後乃能使早服其常，故曰早服謂之重積德者也。國之所以安謂之母，重積德是唯圖其根，然後營末，乃得其終也。

朱元璋：治人苛以法，事天祈乃福，苛則人變，祈迷禍生。若能治人省苛，事天祀以理，廣德以安民，則其德厚矣。雖不祈於天福，乃天福也。

## 【經典解讀】

本章講治國與養生的原則和方法。老子把嗇當做修身養性的重要美德加以頌揚，而不是專指財物的吝惜。他認為，嗇就是在精神上注意積蓄、養護、厚藏根基，培植力量。真正做到精神上的「嗇」，只有靠積累雄厚的德。有了德，也就接近了道，這就與聖人治國聯結到一起了。

其實，「嗇」在這裡既可以解釋為治國安邦的根本原則，也可解釋為「節儉」。因為老子是十分重視「儉」德的，而這也是道家一貫的主張和作風。老子把「儉」當做「三寶」之一，他說：「我有三寶，持而保之：一曰慈，二曰儉，三曰不敢為天下先。」

老子認為，大到維持國家的統治，小到維持生命的長久，都離不開「嗇」這條原則，都要從「嗇」這條原則做起。所以說它是「長生久視之道」。嗇與儉當然符合「無為而無不為」的思想；不過，若認為它是一種

消極、退守的哲學，則未免流於表面，未能看到其精神實質。

在老子的思想中，所謂「不爭」、「無欲」和「無為」，是所有生物均可採用的方式。而對於人類來說，要使這樣的行為能夠得到具體落實，則需要有比較堅強牢固的心理支撐點。關於「無為」的支撐點，老子在其他章已經反覆提及，就是無欲。我們已經知道在老子心中欲望之源是：文字、技巧、發明、智慧、知識、權力、財貨等，所以，老子在此所提到的消除和減少欲望的基本原則，就是「嗇」的運用。

## 【處世學問】

### 對自己「吝嗇」一點

老子說：「治人事天，莫若嗇。」「嗇」是「愛」的意思，在此可以引申為吝惜、節省、保養或收藏。「嗇」就是早做準備，早做準備就是不斷積德，不斷積德就什麼都可以戰勝，什麼都可以戰勝就可以享有一個國家，享有一個國家並擁有了治國法則就可以長治久安了。

老子在此把「嗇」作為治國和治人事天的準則，把「嗇」的特質作為國家的根本，國家或個人從「嗇」做起，逐漸擴大為重積德，無不克，莫知其極，就等於為國家或個人逐步建立了牢固的基礎。其實細想一下我們身邊的有識之士大都善於以「嗇」來嚴格要求自己。

愛因斯坦還沒有成名時，一位朋友在紐約街頭碰見他，問他：「你怎麼穿得這麼破？」他回答道：「沒關係，反正這裡沒有人認識我。」幾年後，愛因斯坦成了全世界聞名的大學者。一次，那位朋友在紐約街頭又碰見了他，驚異地問：「你怎麼還穿得這麼破舊呀？」愛因斯坦笑了笑說：「反正這裡的人們都認識我了。」

愛因斯坦崇尚節儉，不講求物質享受。因而他能夠清心寡欲，把精

力投入到科學研究事業上，終成一代物理學大師。不過，知識精英崇尚節儉者甚多，不足為奇。難得的是，有些富可敵國的大商人也能做到節衣縮食。

香港「船王」包玉剛，有著數以億計的財富。但他崇尚簡樸，不追求奢華也不鋪張浪費。

有一次，他的大女兒看見同學穿了雙漂亮的紅皮涼鞋，很是羨慕，就央求父親也給她買一雙。包玉剛就問她說：「你腳上穿的什麼呀？」女兒說：「皮涼鞋啊！」包玉剛問：「你有涼鞋穿還買什麼涼鞋？」

另一次，女兒褲子的膝蓋處磨破了，包夫人就替她補了兩塊補丁，女兒嘟起嘴不願穿。她便對女兒說：「你瞧，你爸的睡衣上也打著補丁呢？」

這位船王省吃儉用，卻將成萬成億的捐款支持家鄉的建設。他多次回故鄉，建大學、辦工廠、開醫院、修機場……

「嗇」是一種品德，也是一種智慧。凡有識之士，必不把金錢作為自己的終極追求目標，更不會當守財奴。

一個能夠做到對自己「吝嗇」的人，即使他還沒能徹底消除欲望，也已經把欲望減少到相當的程度了。極端節儉的人，固然未必能斷絕七情六欲，卻必定是個懂得收斂欲望的人。他們對地位、名聲、權力、金錢、財貨及女色等並不狂熱，因此為自己做人及成功建立了牢固的基礎，自然能夠遠離各種危害。

【管理實踐】

### 打好基礎才能走得更遠

老子說：打好根基，鞏固蒂柄，是長久保持成就的途徑。萬丈高樓平

地起，第一要打好根基。基礎不牢，地動山搖；基礎牢靠，根深葉茂。

現實中，很多管理者存在著嚴重「忽視基礎」的毛病，因此常定位不準，導致高耗低效。要想改變這種狀況，只有「打好基礎」才行。明朝開國皇帝朱元璋深知根深蒂固、長生久視的道理，因此他才將「廣積糧」作為一大戰略。

當時，朱元璋盤踞在江淮一帶，軍隊的給養主要來自於「捎糧」。所謂捎糧，就是說軍隊的糧草都要「取之於民」。當時自然災害頻繁，青壯年又都去參軍打仗了，農村缺乏勞動力，再加上戰亂帶來的破壞，糧食普遍匱乏。更何況朱元璋有幾十萬大軍，老百姓有限的糧食如何供養得起？

「水可載舟，亦可覆舟」的道理，揭竿反元的朱元璋比任何人都明白。他深知：「捎糧」只是自己一廂情願的，老百姓並不願意「給」。長此下去，百姓的不滿情緒難免會爆發，那時就不好收場了。既然「捎糧」靠不住，那只有另尋新法，於是屯田制度產生了。

朱元璋任命康茂才為都水營田使，由他負責興修水利，要求做到高地不怕旱、窪地不怕澇。接著，他又命令各部隊在駐地開荒種糧，並規定以產量的多少來定賞罰，要求各部隊除了供給自身的需要外，還要做到有存糧。同時，他還將民間的部分壯丁編為民兵，農時耕種，閒時練兵。

一場轟轟烈烈的「大生產運動」開始了！康茂才所部當年就產糧一萬多石，且有餘糧。對此，朱元璋感到非常滿意，立即下令褒獎。同時，他還不失時機地向全軍說明，要解決糧食不足的困難，就必須把屯田工作做好。在此後的幾年裡，朱元璋的部隊完全可以自給自足了。後來，朱元璋又下令禁止徵收糧食，曾對百姓帶來沉重負擔的捎糧政策就此完全取消。

「廣積糧」的結果，使朱元璋在短期內迅速從缺糧的窘境中解脫出來，在此後的漫長戰爭中，朱元璋再也不用煩惱糧草的問題了。「廣積糧」的意義，絕不僅僅在於為朱元璋的部隊解決了糧草問題，它還有更深

層次的意義。

　　朱元璋部隊的存在和強大，為百姓帶來了實惠，贏得了廣大群眾的
支持和信賴，他們源源不斷地向朱元璋輸送兵員。另外，群眾免除了「捎
糧」之苦，有了充足的糧食，進而激發出做好各種生產的積極性，從而繁
榮了經濟。而經濟的繁榮，又為朱元璋政權帶來更多的稅收，也就形成了
「良性循環」。

　　可以說，朱元璋能在元末征戰中立於不敗之地，並奪得最後的勝利，
「廣積糧」的政策無疑發揮了根本性的作用。

　　根基是做事的關鍵。凡是在管理領域中有建樹的人，必定懂得打好基
礎的重要性。對一名管理者來說，最重要的基礎莫過於「民心」了。管理
者若能不斷地積累美好的品德，就能樹立良好的形象，建立深厚的群眾基
礎。有了深厚的群眾基礎，就能無往而不勝。

# 第六十章：其鬼不神

治大國，若烹小鮮①。以道蒞②天下，其鬼不神③。非④其鬼不神，其神不傷人。非其神不傷人，聖人亦不傷人。夫兩不相傷⑤，故德交歸焉⑥。

## 【注釋】

①小鮮：小魚。本句喻意為政之要重在安靜無擾。

②蒞：臨，治理。

③神：顯靈。

④非：不唯，不僅。

⑤兩不相傷：神和聖人都不干擾人。

⑥德交歸焉：自然的稟賦全都得以回歸。交，雙雙、先後、全都之意。

## 【譯文】

治理大國，就像煎烹小魚一樣。用大道來領導天下，那些鬼怪就不能顯現了。不僅鬼怪都不顯現，神也不能干擾人了。不僅神不會干擾人，聖人也不會干擾人。神和聖人都不干擾人，因此自然的稟賦就都回到人民身上了。

## 【名家注解】

河上公：治國煩則下亂，治身煩則精散。以道德居位，治天下，則鬼不敢見其精神以犯人也。其鬼非無精神也，邪不入正，不能傷自然之人。

王弼：道洽則神不傷人，神不傷人則不知神之為神。道洽則聖人亦不傷人，聖人不傷人則不知聖人之為聖也。夫恃威網以使物者，治之衰也。使不知神聖之為神聖，道之極也。

朱元璋：善治天下者，務不奢侈，以廢民財，而勞其力焉。若奢侈者，必宮室臺榭諸等徭役並興擅動，生民農業廢，而乏用國危，故設以烹小鮮之喻，為王者馭天下之式。

## 【經典解讀】

本章主要講治國的道理。其中，「治大國，若烹小鮮」一句大大有名，傳頌甚廣。這句話用了比喻的手法，以煎魚喻治國。「烹小鮮」就是煎小魚，小魚很鮮嫩，用刀亂切或在鍋裡頻頻攪動，肉就碎了。這提醒執政者，治理國家也要像煎小魚那樣，切莫常常折騰。

此外，這一章還講到了鬼神，但這並不是說老子是有神論者。其實，老子並不相信鬼神。這裡是說：鬼神都不傷害人，治理國家的執政者，就更不能夠傷害、煩擾人民了。

這段話流傳極廣，幾千年來都深刻影響著中國的政治家們。這段話從治國為政的角度來說，從「無為而治」的道理裡面，提出無神論傾向的見解。無為而治的思想，是老子無為的主張在政治上的運用。老子很看重「無為」，提出「為無為」，提出「無為而無不為」，反覆說明這個道理，多方運用這個道理，這是「道法自然」的見解與發揮。把這個道理運用在治國為政一方面，主張「處無為之事，行不言之教」，當「民忘於治，若魚忘於水」，就不需要再用宗教來輔助政治而謀之於鬼，於是鬼神

無靈了。鬼神不再有任何作為，是為政的人「無為」的結果，符合於「道法自然」無為的規律。

　　確實是這樣，這段話還指出了為政的關鍵所在，即安靜無為，不擾害百姓，否則災禍就要降臨。要保證國家的穩定，執政者就必須小心謹慎，認真嚴肅，不能以主觀意志隨意左右國家政治。老子用極其形象、簡潔的語言，概括了這個極其複雜的治國謀略。如果以個人的主觀願望去改變社會，朝令夕改、朝三暮四、忽左忽右，老百姓就會無所適從，國家就會動盪不安。相反，如果國家制定的政策法令能夠得到堅定不移的貫徹執行，就會收到富國強兵之效。如此，則一切外在的力量，都不至於導致禍難的發生。

## 【處世學問】

### 乘坐飛機的「神人」

　　「以道蒞天下，其鬼不神。非其鬼不神，其神不傷人。」這是老子在本章闡述的一個重要觀點。「道」是萬事萬物本身固有的內在本質規律，「以道蒞天下」用現代的語言來描述，就是按照「科學規律」行事。

　　那麼，在「道」沒有「蒞天下」的時候呢？也就是說，在大量的自然現象還沒有被揭示出來，科學知識還沒有武裝人們頭腦的時候呢？我們先來看一個真實的故事。

　　第二次世界大戰期間，美國海軍為了贏得在太平洋戰場上的優勢，於1943年占領了南太平洋上的一個小島。這個島上住著一些土著人，他們過著原始的部落生活。在美國海軍陸戰隊上島之前，他們從來沒有接觸過外來的現代文明。他們困守在這世界的一隅，只有藍天、海鷗和無盡的波濤與之為伴，一直生活得比較艱苦。

美國海軍陸戰隊上島以後，一下子帶來了很多發達的科學技術。轟隆隆飛行的飛機降落在新修的簡易機場上，運來了大量的物資。尤使土著人感興趣的是，飛機運來了各種食物。在他們眼裡，那些穿著稀奇古怪服裝的海軍陸戰隊成員，每天幾乎不用工作就能吃上好的食品。他們覺得，所有的奧妙都來自那些飛機，飛機可以自動生產出各種食物，就像神話中的「聚寶盆」，好東西一直往外搬，就是搬不完。

　　不過，沒過多久，美軍出於戰略上的考慮，放棄了這個小島。土著人懷著複雜的心情看著那些「神人」坐著飛機，消失在茫茫的碧海藍天之間。這個小島很快被現代文明遺忘了，再沒有人去注意它的存在。然而，小島上的土著居民卻永遠忘不了現代文明帶給他們的衝擊。

　　幾十年後，一支考察隊終於登上了這個小島。眼前的情景卻使他們大吃一驚，這些島上的居民竟然憑著記憶力，用草木紮成了一個飛機模型，還在這個飛機模型前修了一條如同飛機跑道一樣的路。不僅這樣，他們還每年在飛機模型旁舉行隆重的宗教祭祀活動，眼巴巴地盼著那些駕著飛機的「神」能再一次光臨小島。

　　很明顯，美國海軍陸戰隊隊員成了小島居民心目中的「神」，飛機則被看成了「神器」。那些年老的土著人，每當祭祀時，就會向年輕的一輩講述這樣一個「神話」：很久以前，有一些神人，騎著飛龍，光臨了我們這個小島……

　　人們在不斷探索事物的奧祕，科學知識也在不斷發展，人們對事物的認知也在不斷接近其本質。之所以能夠產生一些鬼神邪說，就是因為人們對一些自然現象得不到科學的解釋。但隨著科學的發展，很多自然現象的面紗不斷被揭開，鬼神邪說就越來越站不住腳了。老子在兩千多年前就能提出如此精闢的觀點，實在不愧為一位偉大的哲學家！

## 【商海實戰】

### 把「道」置於心中

聖人用大道去治理天下，使每一個人都把大道的德性置於自己的心靈之中，那麼各種自私、邪惡、不正當、非法的意念就不會再在人們的心靈中產生。道德在人們的心靈中存在，使那些不正當的東西根本沒有容身之地，因此它們再也不能敗壞人們的心靈並誘使人們墮落了。

一句話，境由心生。一個人的心，決定了其作為。他的心若被道德占據著，自然就會依照道德去行事；反之，他的心中如果充滿了自私、邪惡的念頭，自然就會做出一些悖德之事。清代著名的紅頂商人胡雪巖就是把道德置於自己心靈之中的典範。

胡雪巖的阜康錢莊開業不久，就接待了一位特殊的客戶。這個人名叫羅尚德，是駐杭州綠營兵的千總，他存入阜康一萬兩銀子，既不要利息，也不要存摺。

原來羅尚德以前非常喜歡賭錢。他與未婚妻定下婚約卻一直不提結婚的事，反而因好賭輸掉了岳父家一萬多兩銀子，最後岳父家提出只要他同意退婚，寧可不要他還那一萬多兩銀子了。這個提議對於處在山窮水盡境地的羅尚德來說無疑是件好事，可是這也深深刺傷了他的自尊心。他不僅同意退婚，並發誓做牛做馬也要還上這筆銀子。

羅尚德後來投軍，辛辛苦苦十多年熬到六品武官的位置，又省吃儉用，積蓄了這一萬兩銀子。前幾天接到命令，要到江蘇與太平軍打仗，因為沒有親眷相託，因而存入阜康錢莊。他既不要利息，也不要存摺，因為他既相信阜康錢莊的信譽，也因自己去打仗生死難料，存摺帶在身上是個麻煩。

得知這一情況後，胡雪巖當即決定：雖然對方不要利息，自己也仍以

三年定期的利息照算；雖然對方不要字據，也仍立字據交由錢莊檔手（相當於現在的總經理）劉慶生代管。

羅尚德後來在戰場上陣亡了。臨死之前，他委託兩位老鄉將自己在阜康的存款提出，轉給老家的親戚。兩位同鄉沒有任何憑據就來到阜康錢莊，辦理轉移手續，原以為會遇到一些刁難或麻煩，甚至阜康會賴帳。他們卻沒想到，一經證人證實他們確是羅尚德的同鄉，沒費半點周折，就從阜康錢莊連本帶利把錢提了出來。

其實，羅尚德手上沒有任何字據，幫他來辦理這筆款的人，也與他沒有很大關係，倘若否認這筆存款，當然無可厚非，在商場上也並不是沒有前例。但胡雪巖卻不肯這樣做，從這一點上，我們能夠看出胡雪巖仗義而守信的人品。

兩個幫羅尚德辦理取兌的同鄉回到軍營，講了他們的經歷，遂使這件事情流傳開來，使阜康和胡雪巖的聲譽一下子在軍營裡傳開了。許多官兵把自己的積蓄甘願長期無息地存在阜康錢莊，從而引來了大批錢存進。

胡雪巖將道德置於自己的心靈之中，所以，他能取信於人、生意興隆。但縱觀我們周圍，表面上有道德、內心卻奸詐無比者甚多，這樣的人去做事，哪怕像那「烹小鮮」的小事也不會成功，甚至會有大的損失。

一個人只有將道德置於自己的心中，他的心中才不會有自私、邪惡、不正當的意念。倘若一個人只是表面上裝作有道德的模樣，即使他裝得很逼真，也終有露餡的那一天，終會被他心中的無德所害。

# 第六十一章：大者宜下

## 【原典】

　　大國①者下流②，天下之牝，天下之交③也。牝常以靜勝牡，以靜為下。故大國以下小國，則取小國；小國以下大國，則取大國。故或下以取④，或下而取。大國不過欲兼畜人⑤，小國不過欲入事⑥人。夫兩者各得其所欲，大者宜為下。

## 【注釋】

①國：一本作邦。
②下流：下游，水匯聚之處。
③交：會集，會總。
④或下以取：有時大國靠謙下而取信於小國。下，謙下。取，借為聚。
⑤兼畜人：聚養人，即把人聚在一起加以養護。此處指網羅小國。
⑥入事：侍奉，順從，歸附。

## 【譯文】

　　大國如同居於江河的下游，處在天下雌柔的位置，充當天下的匯集之地。雌柔常以安靜守定而勝過雄強，因為安靜才可處於下位。所以，大國對小國謙下忍讓，就能取得小國的信賴；小國對大國謙卑恭敬，就能見容於大國。所以，有時大國靠謙下而取信於小國，有時小國因謙卑而取信於

大國。大國不過是想網羅小國，小國不過是想歸附大國。這樣兩者都能實現各自的願望，而大國尤其應當謙下忍讓。

## 【名家注解】

河上公：治大國者當如居下流，不逆細微。大國，天下士民之所交會。牝者，陰類也。柔謙和而不昌也。女所以勝，屈於男，陰勝陽以安靜，不先求之也。陰道以安靜為謙下。

王弼：唯修卑下，然後乃各得其所。小國修下自全而已，不能令天下歸之，大國修下則天下歸之。故曰，各得其所欲，則大者宜為下也。

朱元璋：大國治小國，十分以撫懷之，則小國永臣而悅進焉。若小國能守臣分，朝貢以時，務其理則永保分茅胙土於一方，則常親大國矣。

## 【經典解讀】

本章文字較為淺顯，易於讀懂。在本章中，老子針對當時兼併戰爭頻發的狀況，講到如何處理好大國與小國之間的關係，表達了其治國，以及處理國與國關係的政治主張。此處的國，指的是大大小小的諸侯國。

老子認為，國與國之間是否能和平共處，關鍵在於大國。所以，他才說大國要謙下，不可以自恃強大而凌辱、欺壓、侵略小國。在老子看來，大國應該「知雄守雌」，像湖海一樣，謙居下流，自處下位，天下才會樂於歸附。

春秋末期，諸侯國林立，大國爭霸，小國自保，戰爭頻仍，對人們的生活帶來極大災難。有人認為，這裡老子講的大國領導小國，小國奉承大國，是希望小國大國維持春秋時期的情況，不要改變，他希望社會永遠停留在分散割據狀態，這是和歷史發展的方向背道而馳的。這種說法，自然有其道理。因為，老子學說的主要內容之一，本就是小國寡民；老子提倡

的本就是，國與國之間相安無事、和平共處。

然而，再深入一步看待這個問題，我們卻能感到老子的另外一種考慮。古今中外，人類社會能否得到安寧與和平，往往取決於大國、強國的國策。大國、強國所希望的，不過是要兼併和畜養小國、弱國；而小國、弱國的願望，則是與大國修好，和平共處。在這兩者的關係中，大國、強國是主要的方面。所以，本章在開頭和結束部分，老子一再強調大國應該謙下包容，不可恃強凌弱。只有這樣，才能真正讓小國信服。

老子對國與國的關係的定位，對人與人之間交往也有著深刻的啟示。強者對弱者謙下，才能得到弱者的真心佩服和擁護；弱者對強者謙下，才能得到強者的尊重和維護。

## 【處世學問】

### 天下大德「謙」為首

老子說：大國對小國謙下忍讓，就能取得小國的信賴；小國對大國謙卑恭敬，就能見容於大國。

首先，大國對待小國應該謙下，這樣才能使得小國真心歸附。唐太宗李世民運用的就是這種方法，使國家出現了空前的和平、繁榮。

唐太宗即位不久，大敗突厥，俘獲頡利可汗，東突厥滅亡，唐朝的版圖擴大到了今天的貝加爾湖以北。原屬突厥的部落有的北逃，有的西奔，其餘的都投降了唐朝，達十多萬人之多。如何處置這批降眾，就成了一個難題。

中書令溫彥博力主將他們遷到水草豐美的河套地區，保全他們原有的部落，順從他們的生活習俗。他認為：這樣既可以充實空虛之地，又可以加強北邊的邊防力量。而且，天子對萬事萬物，應該像天覆地載一樣無有

遺漏，不宜將這些走投無路的突厥人拒於千里之外。

唐太宗十分贊同溫彥博的主張，並補充說：「自古以來都是貴中華而賤夷狄，只有我對他們都是愛之如一的！」於是，他在河套地區設立了定襄和雲中兩個都督府，統管突厥降眾。還拜歸附的各級酋長為將軍、中郎將等，朝廷中五品以上的少數民族官員就達一百多人。此外，相繼遷入長安的少數民族居民將近萬家。因此，周邊很多少數民族都十分擁護和愛戴唐太宗，尊他為「天可汗」（像天一樣偉大的領袖），對他敬若神明。

其次，小國謙下地對待大國，才能得到大國的尊重。這是治國策略，也是全身保命的生存哲學。錢俶歸宋，使人民免於戰禍，使自己和子孫得續榮華，用的就是這一策略。

錢俶是五代時期吳越國的君主，他秉承祖訓，對中原政權恪盡臣禮，經常納貢，自稱藩屬，獲得中原政權的承認和支持，為國內經濟發展和社會穩定營造了良好的外部條件。

後來，趙匡胤發動陳橋兵變，建立宋朝，錢俶立即上表稱賀，同時將自己的名字弘俶改為俶，以迴避趙匡胤父親趙弘殷的「廟諱」。錢俶還幾乎每年都向宋朝進貢錢物，每次進貢黃金白銀動則幾萬、十幾萬兩。每逢歲末、新春等例行節日以及宋朝皇帝、皇后、皇子生辰或是祖先忌日，錢俶都要上表稱賀或祭奠，態度非常謙恭。後來，宋朝興兵南征滅掉了南唐。期間，錢俶親率士兵五萬人進攻常州、宜興、江陰，有力地支持了宋軍。

錢俶還曾率王后、世子及部分臣子親赴開封朝觀宋太祖，受到熱情接待。宋太祖在開封城內建禮賢宅供其居住。兩個月後，錢俶啟程南返。臨行時，宋太祖將一個黃包袱交給他，裡面全是大臣們建議扣留錢俶的奏摺。錢俶讀後真是又恐懼又感動，從此對宋朝更加謙恭。

兩年後，錢俶再次率領妻妾和九個兒子，以及部分臣子赴開封朝觀宋

太宗趙光義。當時除吳越外，江南各分裂政權都已被宋朝消滅，客觀形勢已使得吳越政權難以繼續存在。而且，如與宋朝兵戈相見，不僅會破壞江東的經濟發展及社會穩定，還會使錢氏家族面臨滅門之災。

因此，錢俶就向宋太宗上表，主動獻出土地和人口，要求取消吳越政權，並廢除自己的所有封號。宋太宗馬上就「恩准」了，同時還頒賜「誓書」給錢俶：「錢俶將三千里錦繡山川，十三郡魚鹽世界，全部貢獻給宋朝。普天下之，錢氏族人若犯罪在押，不論罪行輕重，一律赦免釋放。即使殺了人，殺死一至七人的也赦免開釋，任其到各地僧寺道觀自由安歇。祖輩當過官的，子孫可以蔭襲。正在做官的可以破格升遷。」

事實表明，錢俶對宋朝示以謙下，並主動獻出國土，取消吳越政權，是非常明智的舉措。宋太宗改封錢俶為淮海國王，授予他的子弟們節度使、刺史、觀察使、團練使等官職，給予了非常高的政治和經濟待遇。

《周易》中對「謙」卦的評價是「亨，君子有終」。意思是說：通達順利，道德高尚的人有好的結局。若一個人處處謙讓，時時虛心，事事謹慎，就能不斷進步，有所發展。相反地，一個人若整天傲慢無禮，則必定難有所成。

另外，謙下有恭敬、謙遜、謙卑、謙恭、謙和之意。見人就低頭哈腰、處處討好，不是正直的謙下，而是虛偽諂媚、心裡發虛、極無自信。真正謙下的人，必定品行端正、思想高尚、行事得體，絕不會沒有骨氣、沒有良心、沒有正氣。總之，為人處世宜取謙下、棄傲慢。

# 第六十二章：美言可市

## 【原典】

道者，萬物之奧①，善人之寶，不善人之所保。美言可以市②，尊行可以加人③。人之不善，何棄之有？故立太子，置三公④，雖有拱璧以先駟馬⑤，不如坐進此道。古之所以貴此道者何？不曰：求以得⑥，有罪以免邪？故為天下貴。

## 【注釋】

①奧：深，隱藏；庇蔭。也可理解為不被人看見的地方。

②美言可以市：美妙的言辭，可以換來別人的尊重和敬仰。

③尊行可以加人：高尚的行為可以見重於人。

④三公：中國古代朝廷中最尊顯的三個官職合稱，即太師、太傅、太保。

⑤拱璧以先駟馬：拱璧，指雙手捧著貴重的玉。駟馬，四匹馬駕的車。古代的獻禮，輕物在先，重物在後。

⑥求以得：有求即可獲得。

## 【譯文】

大道是萬物的庇蔭，是善良人的法寶，也是不善良之人的依靠。美妙的言辭能換來別人的尊重，高尚的行為可以見重於人。人就算有不善的，大道又怎麼會捨棄他們呢？所以人們擁立天子，設置三公，即使在四匹駿

馬之前獻上巨大的寶璧，也不如安安穩穩地進獻這個大道。古人為何重視
這個大道呢？不正是說：有求即能獲得，有罪即可免除嗎？所以大道才為
天下人所重視。

## 【名家注解】

河上公：古之所以貴此道者，不日日遠行求索，近得之於身。有罪，謂遭
亂世暗君，妄行刑誅，修道則可以解死免於罪耶？道德洞遠，天下覆濟，全身
治國，恬然無為，故可為天下貴也。

王弼：道無所不先，物無有貴於此也。雖有珍寶璧馬，無以匹之，美言之
則可以奪眾貨之賈，故曰，美言可以市也，尊行之則千里之外應之，故曰，可以
加於人也。

朱元璋：奧者幽深巨室，囊括萬物之所，大道利濟萬物，君子以為至寶，
惡人雖可暫得，不可常保。以其心不善也，即不善人之所保是也。

## 【經典解讀】

在上一章中，老子強調的是「和」的思想在國與國之間關係上的運
用。在這一章中，老子則再次宣揚了「道」的好處和作用，強調「道」蔭
庇世間一切事物，並說明了其在人際關係上的運用。

老子認為，世人在「道」面前一律平等。清靜無為的「道」，不但是
善良的人的法寶，就是不善的人也必須依靠它生存。「道」保護善的人，
但也不拋棄不善的人。它有求必應，有過必除。這是「道」的可貴之處。

老子堅信那些被現行價值觀認為「不善」的人，可以透過良善的言行
予以挽救。他勸導執政者要少做自詡自封、自高自貴之事，根本拋棄「拱
璧以先駟馬」的管理方式，以慈臨民，以無為治世，並像「道」那樣幫助
人民達成目的，避免過錯，因而成就「莫之命而常自然」的尊貴。其根本

目的，在於曉諭人君行「無為」之政。

「道」是天地間最可貴的東西。它之所以可貴，就在於「求以得，有罪以免邪？」也就是說，善人化於道，則求善得善；有罪的人化於道，則免惡入善。「道」不僅能為善的人所領悟，有罪的人也並不被道所拋棄，只要他們一心向道，深切體會「道」的精髓要義，即使有罪過也是可以免除的。

老子在這裡為人們，包括有罪的人，提供了新的出路，是非常有意義的。這種想法與孔子所言「君子過而能改」的說法是頗為相近的。君子不怕犯錯誤，只要能認真改正，就不算錯誤，而且，這是只有君子才可以做到的。

此外，老子還從主客觀兩個方面為犯錯者提供了出路。「道」不嫌棄犯錯者，肯定會給他改錯的機會；而犯錯者本人也必須體道、悟道，領會道的真諦，主客觀這兩方面的條件一個都不能少。

**【商海實戰】**

### 尊重那「不起眼」的人

老子說：良好的行為可以見重於人。尊重別人，才能被人尊重。善待別人，別人才會善待你！對一名商人來說，生活中充滿著許許多多的機緣。每一個機緣都可能使你結識一位新朋友，拓展你的商業網絡，將你推向一個新的高度。

心理學家指出，一個人不會對鄙視自己的人抱有好感，而只會對尊重自己、承認自己和重視自己價值的人抱有好感。誰都希望別人不僅接受、承認自己，而且進一步發現自己的價值。與此相反，誰都極度厭惡別人輕視或無視自己。

現代商人中近視眼、勢利眼很多，他們看近不看遠，看富不看貧；對於地位比較低的人頤指氣使，對於比自己地位高的人則盡力巴結奉承。這樣的人看到的只是眼前的利益，成不了大氣候。真正有智慧的商人，則對事情看得夠透，眼光夠遠，從不輕忽小人物。

一個風雨交加的夜晚，一對老夫婦艱難地走進一家燈火通明的旅館，向服務生申請住宿。

正值夜班的喬治·波特十分抱歉地說：「實在對不起，今天的房間已經沒了。」老夫婦聽了喬治的話非常失望，準備另找一家旅館住宿。喬治攔下了老夫婦說：「下這麼大的雨，你們兩位老人家就別四處奔波了，今晚就住我的房間怎麼樣？它雖然不是豪華的套房，但還是蠻乾淨的，因為我必需值班，可以在辦公室裡休息。」喬治很誠懇地向這對老夫婦提議。

老夫婦很高興地接受了喬治的建議，並一再感謝他。

次日一早，老先生前去結帳時，喬治親切地告訴老人：「昨天您住的房間並不是飯店的客房，所以我們不會收您的錢，也希望您與夫人旅途愉快！」

老先生不斷地向喬治致謝，並且稱讚道：「你真是一個非常好的員工，或許哪天我可以幫你蓋家旅館。」喬治聽了微微一笑，只當老先生是在說一些感激的話，並沒有記在心上。

幾年後，喬治收到一封掛號信，信中敘說了那個風雨交加的夜晚一對老夫婦的故事。另外還附有一張邀請函和一張紐約的來回機票，邀請他到紐約一遊。

在抵達紐約曼哈頓後，喬治在第5街及34街的路口遇到了那位當年的老先生。這個路口正聳立著一棟華麗的新大樓。老先生告訴他：「這是我為你蓋的旅館，希望你來為我經營！」

喬治驚訝不已，連連追問：「您為什麼選擇我呢？您到底是誰？」

「我叫威廉・阿斯特，你正是我夢寐以求的員工！」老先生鄭重地告訴他。

那家旅館就是紐約最豪華、最著名的華爾道夫飯店。它是旅客們極致尊榮地位的象徵，也是各國高層政要造訪紐約時下榻的首選，而喬治・波特就是奠定華爾道夫世紀地位的那個人。

要想能夠在商海上優遊自如，就要學會尊重每一個人，哪怕他是最不起眼的、最卑微的人，哪怕他不是你心裡所想像和期待的人。事實上，那些真正的成功人士，都是對最卑微的人畢恭畢敬的！不要小瞧那些不起眼的人，他們很可能是帶你駛進財富之海的領航員。

# 第六十三章：為大於細

## 【原典】

　　為無為，事無事，味無味①。大小多少②。報怨以德。圖難於其易，為大於其細。天下難事必作於易，天下大事必作於細。是以聖人終不為大③，故能成其大。夫輕諾必寡信，多易必多難。是以聖人猶難之，故終無難矣。

## 【注釋】

　　①為無為，事無事，味無味：把無為當做作為，把無事當做有事，把無味當做有味。

　　②大小多少：把大看做小，把小的看做大；把多看做少，把少看做多。

　　③不為大：是指有道的人不自以為偉大。

## 【譯文】

　　所作為的，是沒有作為；所從事的，是無所從事；所品味的，是恬淡無味。把小的看做大的，把少的視做多的，用德行去回報怨恨。解決困難宜從容易處入手，成就大事宜從細小處開始。天下的難事，一定是從容易處做起的；天下的大事，一定是從細微處開端的。所以聖人始終不自以為偉大，因此才能成就他的偉大。輕易作出承諾的，一定很少能夠兌現；把事情想得太容易的，一定會遭遇很多的困難。因此聖人總把事情設想得困難些，所以永遠沒有辦不成的事。

【名家注解】

朱元璋：為無為，事無事，謂當可為之事，先利時而為之已盡，免致後多繁為而不安也。又無事之時，常恐有非理之事及於身，故先若有事而備之，乃得安於無事也。

河上公：因成循故，無所造作。預有備，除煩省事也。深思遠慮，味道意也。陳其戒令也，欲大反小，欲多反少，自然之道也。修道行善，絕禍於未生也。

王弼：以無為為居，以不言為教，以恬淡為味，治之極也。小怨則不足以報，大怨則天下之所欲誅，順天下之所同者，德也。以聖人之才猶尚難於細易，況非聖人之才而欲忽於此乎，故曰，猶難之也。

【經典解讀】

「無為而無不為」，這是一種十分玄妙的方法論，也是一種高明的處世哲學。老子向來反對以繁瑣的規章制度等，去捆縛人們的手腳，限制和擾亂人們的生活。他認為：不管是執政者還是普通人，要想有所作為，就必須順任自然而採取行動，必須以平和的心態對待生活。在這裡，老子特別提醒人們，做任何事情都有一個從小到大、由少到多、由易到難的過程。

「為無為」也就是順應自然的規律去做事、去採取行動。老子理想中的「聖人」治理天下，都是持「無為」的態度。將這個道理應用於人類社會的日常事務中，就是抱著「無事」的精神去辦事。

所謂「事無事」，就是希望人們從客觀情況出發，不要過於執著於目標，關鍵是要準備條件。只要條件成熟了，想要做的事自然就水到渠成。老子反對執政者亂用主觀意志，隨心所欲地發號施令，強行要求人們做這個做那個。

「味無味」以生活中的常見情況作喻，給人們一個相當生動、具體的認識。老子的意思是：人要知味，必須首先從品嘗無味開始。把無味當作味，這就叫做「味無味」。

老子又說：圖難於其易，為大於其細。這是提醒人們：做難事，須從容易的地方著手；做大事，必須從細微的地方入手。「難之」，這是一種慎重的態度，即所謂的「慎終如始，則無敗事」。它要求人們做事的時候，要縝密地思考，細心地操作。細節決定成敗，對於人們來講，無論是在生活中還是在工作中，都是不易的真理。

必須提醒大家的是：這裡所講的「無為」，並不是讓人們無所事事、無所作為，而是要以「無為」的方法求得「無不為」的結果。這正如老子所說：「聖人終不為大，故能成其大」。可以說：老子所提倡的「無為」，更多展現在做人、做事的心態和方法上，即不要強求、蠻幹，而應順其自然地達成「有為」的目的。

【職場應用】

### 每桶4美元的標準石油

要想做成大事，就得踏踏實實地從小事做起。因為大事是由眾多的小事積累而成的，忽略了小事就難成大事。對於職場人士來說，把不起眼的工作做好，逐漸積累才幹，才能贏得上司的認可，也才有機會做出一番大事業。

從小事做起看易實難，那是需要大智慧、恆心和忍耐力的。很多人都做不到這一點，他們往往放著自己應該做的事不做，而總是去做一些大而不切實際的事。有這樣一則寓言：

一群老鼠開會，討論怎樣預警貓的襲擊。一隻大家公認很聰明的老鼠

提出：「替貓的脖子上掛一個鈴鐺。這樣，貓走到我們附近的時候，鈴鐺就會響。我們聽到鈴聲，不就可以及時跑掉了嗎？」大家一致認為這是一個好主意。可是，怎麼樣才能把鈴鐺掛在貓的脖子上呢？又由誰去掛呢？這些細節問題根本無法解決。於是，「替貓掛鈴鐺」就成了空話、笑話。

「關鍵因素存在於細節中」，任何一個戰略決策和規章法案，都要考慮細節、重視細節。那些好高騖遠、不能踏踏實實地做工作的人，是永遠做不成大事的。從小事做起，付出自己的熱情和努力，才有可能把工作做得儘量完美。

賓館服務員每天做的，就是對顧客微笑、回答顧客的諮詢、打掃房間之類的小事；士兵每天做的，就是進行列隊練習、戰術演練、巡邏排查、擦拭槍械等小訓練；公司職員每天做的，就是打打字、接接電話、整理整理檔案、製作一些圖表等小事。如果一個人能很好地做好這些小事，將來就很有機會成為商界翹楚、職場精英……

阿奇博就是一個特別注意踏踏實實地從小事做起的人。在他還是美國標準石油公司的一個小職員時，無論是出差住旅館，還是平時寫信給客戶，他總是在自己簽名的下面附帶著寫上「每桶4美元的標準石油」字樣。同事們都因此笑稱他為「每桶4美元」。

公司的董事長洛克菲勒知道這件事後，高興地說：「竟然有職員如此努力宣傳公司的產品，我要見見他。」於是，他特意邀請阿奇博共進晚餐。後來，阿奇博接任洛克菲勒成了美國標準石油公司第二任董事長。

在簽名的時候，附帶著寫上「每桶4美元的標準石油」的字樣。在一般人看來，這完全是一件小事，並且這件小事還不在阿奇博的工作範圍之內。但是，阿奇博不但自覺地做了，還將這種小事做到了極致。

成功絕非一朝一夕之功，凡事必須從小做起，只有做好小事情，才能成就大事業。沒有人可以一步登天，平步青雲的背後大多是紮紮實實的

努力。別以為自己的步伐太小、無足輕重，要知道「企者不立，跨者不行」！其實，只要將每一步都踏穩，就能逐步實現目標、攀上成功之峰。

　　追求細節，需要高度的責任心、敬業精神和嚴謹求實的態度。它要求你必須付出數倍於人的努力。追求細節，還需要有一顆平常心，有了這顆平常心，做任何事就都不會好高騖遠，就能耐心踏實地去做好眼前每一件小事。

**【商海實戰】**

### 價格5美分的薄荷口香糖

　　古人說，一屋之不掃，何以掃天下？仔細想想，這天底下的大事，哪一件不是從細微的地方著手把它完成的？做不得小事，不屑於從細處做起，終究難成大器！

　　很多有大成就的商人，從來不標榜自己是幹大事的人。相反地，大家都不願去生產的小零件，都不屑於去占領的小市場，他們反而能在其中淘到真金。所以，商人也好，企業也好，都宜抱著精細的態度，認真對待每一件小事，不忽略任何一個細節。

　　美國的貝爾特拉摩公司就是透過在細節上下工夫，從而獲得顧客青睞的。下面這個故事，就充分說明了這一點。

　　一天，一位顧客來買一箱酒，以備晚宴的時候用。付款的時候，顧客遞給售貨員一張美國運通公司的信用卡。誰知電話那頭運通公司業務繁忙，售貨員花費了三四分鐘時間，才獲得該公司對信用卡的證實。為了表示對耽誤顧客時間的歉意，售貨員在把信用卡還給顧客的時候，隨手從櫃檯裡的糖果盒中取出一枚5美分一條的薄荷口香糖送給顧客，並說：「實在抱歉，耽誤了您的寶貴時間！要知道，我們非常看重您的惠顧。希望您

再次光臨！」

很明顯，刷卡慢並不是售貨員的過錯。但售貨員主動把這個責任承擔起來，並透過道歉和贈送小禮品的細微舉動，消除顧客心中的焦躁和不滿，贏得了顧客的信任！類似的貼心細節服務在這家店裡比比皆是，對這家店心生好感的顧客也越來越多，其銷售額也不斷攀升。

貝爾特拉摩公司就是這樣一家公司，善於從小事上贏得顧客的信任。由此可見，要想在商海中獨佔鰲頭，就一定要意識到「服務中的細節」的重要性。要知道，購買商品的是顧客，而做好細節上的服務是最能打動顧客的，也能很好地營造持久的競爭優勢。

世界上，想做大事的人很多，但願意把小事做細的人很少。雄韜偉略的戰略家固然難得，精益求精的執行者也不易得。我們身邊生活有很多小事，縱然它們都微不足道，但從這些小事中能充分體現一些企業家成功的祕訣——為大於細。

這是一個細節制勝的時代，細節已經成為商業競爭最重要的表現形式。

# 第六十四章：未兆易謀

## 【原典】

其安易持，其未兆①易謀；其脆易泮②，其微易散③。為之於未有，治之於未亂。合抱之木，生於毫末④；九層之臺，起於累土⑤；千里之行，始於足下。為者敗之，執者失之⑥。是以聖人無為故無敗，無執故無失。民之從事，常於幾⑦成而敗之。慎終如始⑧，則無敗事。是以聖人欲不欲，不貴難得之貨；學不學⑨，復⑩眾人之所過，以輔萬物之自然而不敢為。

## 【注釋】

①兆：跡象。

②其脆易泮（音盼）：物品脆弱就容易破除。泮，破除、打散、消解。

③散：化解。

④毫末：細小的萌芽。

⑤累土：堆土。

⑥為者敗之，執者失之：妄為將招致失敗，強求將會希望落空。

⑦幾：將要，馬上。

⑧慎終如始：指在最後階段，也要像開始時一樣謹慎。

⑨學：這裡指辦事有錯的教訓。

⑩復：反、扭轉，引申為糾正。

## 【譯文】

局面安定時易於把握，事情尚無跡象時易於圖謀；事物脆弱時易於破除，事物微細時易於化解。要在事情尚未發生時就處理妥當，要在動亂尚未出現時就控制確實。合抱的參天大樹，是從細小的幼苗長成的；九層的巍峨樓臺，是從堆積土塊開始的；千里的行程，是從腳下走出來的。任意妄為將會招致失敗，執著強求將會使希望落空。因此，聖人無所作為，也就不會招致失敗；無所執著，也就不會使希望落空。人們做事情，總是在即將成功時失敗。如果在最後階段，能像開始時那樣謹慎，也就不會失敗了。因此，聖人想要的就是沒有欲望，不重視那些稀有的珍寶；想學的就是沒有知識，來補救眾人所犯的過錯，以此助成萬物自己如此的狀態，而不妄加干預。

## 【名家注解】

河上公：治身治國，安靜者易守持也。情欲禍患，未有形兆時易謀正也。其未彰著，微小易散去也。欲有所為，當於未有萌芽之時塞其端也。治身治國，於未亂之時，當預閉其門也。

王弼：好欲雖微，爭尚為之，興難得之貨雖細，貪盜為之起也。不學而能者，自然也。喻於學者，過也。故學不學，以複眾人之過。

朱元璋：經云大小多少報怨，此六字皆道理之未當，故有此，若能無此六過不足之怨，惟德是應，方成君子，超乎世人之上。凡世人之為事，多有中途而罷其事而不為者，往往有之。又戒慎終如始，則無敗矣。

## 【經典解讀】

這一章緊接上一章，談的仍然是事物發展變化的看法。把這兩章連在一起讀，便可發現，上一章的「為無為，事無事，味無味」，「為難於其

易，為大於其細」正與本章相合。在老子看來，大的事物總是由小的事物發展而來的，任何事物的出現，都有自身生成、變化和發展的過程。

老子認為，人們應該瞭解這個過程，對可能出現問題的環節予以特別關注，以杜絕禍患。他從「大生於小」的觀點出發，具體地說明了「合抱之木」、「九層之臺」、「千里之行」等大事物、大舉動，都是以「生於毫末」、「起於累土」、「始於足下」等小事物、小行為開端的。同時，他也告誡人們：做任何事情都必須具有頑強的毅力，從小事做起。只有打好堅實的地基，才能平地起高樓。

依據自己的人生體驗和對萬物的洞察，老子提出「民之從事，常於幾成而敗之」。的確，很多人都不能持之以恆，總是在事情快要成功的時候失敗。為什麼會出現這種情況呢？主要在於缺乏韌性，快成功的時候，人們往往不夠謹慎，開始懈怠。沒有了剛開始的那種熱情，老子開出的藥方就是「慎終如始，則無敗事」，即在最後關頭要像一開始時那樣謹慎從事，就不會出現失敗的事情了。

在本章的後半部分，有三個排比句：「合抱之木，生於毫末；九層之臺，起於累土；千里之行，始於足下。」由此，我們不禁想到荀子〈勸學篇〉中的幾句話：「積土成山」、「積水成淵」、「不積蹞步，無以致千里；不積小流，無以成江海」。他們的思想觀點明顯有相同之處或承繼關係。荀子吸取了老子「量變產生質變」思想的精華，從「為學」的角度進行了具體的闡發。

但荀子是儒家學派的大師，老子是道家學派的創始人，他們的世界觀根本上是相異的。荀子說「鍥而不捨，金石可鏤」，人要像蚯蚓那樣「用心一也」，雖然「無爪牙之利，筋骨之強」，也要「上食埃土，下飲黃金」，提出積極進取的主張。而老子則主張「無為」、「無執」，實際上是讓人們依照自然規律辦事，樹立必勝的信心和堅強的毅力，耐心地一點

一滴去完成，稍有鬆懈，便很可能前功盡棄、功虧一簣。

【管理實踐】

### 把危機扼殺在搖籃中

老子指出，「其安易持，其未兆易謀；其脆易泮，其微易散」，從而得出「為之於未有，治之於未亂」的結論。就是說要在事情尚未發生時就處理妥當，要在動亂尚未出現時就控制到位。如果等到事情來了再去應付，那就太遲了。

的確，一般而言，土壤在霜凍來臨之前，最容易翻動；事態在比較平穩的時候，最容易把持；不祥的徵兆在還沒有出現之前，最容易防範。但實際上，在管理中缺乏遠見的人比比皆是。從下面故事中的這隻青蛙的身上，我們可以看到他們的影子。

美國康乃爾大學做過一個「青蛙試驗」。把一隻青蛙扔進一鍋煮沸的水中，青蛙會本能地從鍋中跳出。但把這隻青蛙放在一鍋常溫下的水中，然後將水緩緩加熱，一開始青蛙游得自由自在，待水溫緩緩升高，青蛙想跳出去，卻已沒了力氣……

青蛙在安逸的環境下沒有覺察到危機的臨近，等水已經熱到牠難以承受的程度時，卻為時已晚。這就啟發管理者，需要著力培養敏銳的觀察能力、思想上的遠見，以及把危機扼殺在萌芽狀態的智慧。

對於可能發生的危機事件，管理者應積極主動地把握時機去解決；相反，抱任何的僥倖心理都是有害的。翻開歷史看看，那些大的動亂，如「七國之亂」、「八王之亂」、「安史之亂」，不都是在經歷了長久的太平盛世後爆發的嗎？太平日久，執政者便會認為不會有什麼大危機發生。於是，享受的享受，爭寵的爭寵，奪權的奪權，喝酒的喝酒，看戲的看

戲。而在朝野上下都掉以輕心的時候，大的危機就來了。

所以，在事態安穩時，管理者要想到危險發生的可能，要未雨綢繆，防患於未然。管理者要在問題還沒有徹底激化之前，就提前加以疏導。把危機消滅在萌芽狀態，是成本最低的危機管理方式。而有些管理者心存僥倖，缺乏危機管理意識，往往造成十分嚴重的後果。

孟子曾說：生於憂患，死於安樂。用現代管理語言來說，就是要有「危機意識」。堅固的防守才是防範危機的根本途徑，妥善地解決問題固然可喜，把危機消滅於萌芽狀態才是全勝。

有多少看似非常強大的企業在一夜間成名，叱吒風雲三五年，卻往往在遭遇到一兩個似乎很小的麻煩後，便一瀉千里，不可收拾。

今天的危機，明天的災難。但正如老子所說：禍兮福之所倚。今天的危機，處理得當，也可以轉化為明天的優勢。

繩子為什麼能鋸斷樹木？滴水為什麼能穿透石板？因為，量變到質變總是從點滴開始，在不知不覺中完成的。一粒沙子很微小，一口氣就能把它吹跑，可是要是很多沙粒淤積起來，就足以淤塞河道或形成沙塵暴。

高明的管理者，要有見微知著、預見事態發展趨勢的智慧，有做好有效的應對計畫並嚴格執行的能力，而不是想當然地抱著僥倖心理。

# 第六十五章：將以愚之

## 【原典】

古之善為道者，非以明①民，將以愚②之。民之難治，以其智③多。故以智治國，國之賊④；不以智治國，國之福。知此兩者亦稽式⑤。常知稽式，是謂玄德。玄德深矣，遠矣，與物反矣⑥，然後乃至大順⑦。

## 【注釋】

①明：智巧，偽詐。

②愚：敦厚、樸實，無巧詐之心。

③智：巧詐，奸詐。不是指智慧、知識。

④賊：禍患。

⑤稽式：法式，法則，一本作「楷式」。

⑥與物反矣：反，通返。此句意為「德」和事物一起復歸於真樸。

⑦大順：完全順乎自然。

## 【譯文】

古代善於奉行大道的人，不是教導人民智巧、偽詐，而是教導人民淳厚、樸實。人民之所以不好管理，是因為他們智巧、偽詐的心機太多。靠智巧、偽詐來治理國家，那是國家的禍患；不用智巧、偽詐來治理國家，

那是國家的福氣。懂得了這一反一正兩種治國方式的差別，就是明白了治國的法則。總是處於明白法則的狀態，就叫做最高的德性。最高德行深不可測，遠不可及，與萬物一起復歸於真樸，這樣之後才能完全順乎自然規律。

## 【名家注解】

河上公：使智慧之人治國之政事，必遠道德，妄作威福，為國之賊。不使智慧之人治國之政事，則民守正直，不為邪飾，上下相親，君臣同力，故為國之福也。

王弼：當務塞兌閉門，令無知無欲，而以智術動民。邪心既動，復以巧術防民之偽，民知其術，防隨而避之，思惟密巧，奸偽益滋，故曰，以智治國，國之賊也。

朱元璋：有德之君，絕奇巧，卻異財，而遠聲色，則民不爭浮華之利，奇巧無所施其工，皆罷虛務而敦實業，不數年淳風大作，此老子云愚民之本意也，非實癡民。

## 【經典解讀】

本章主要講為政的原則。其中有「非以明民，將以愚之」、「民之難治，以其智多」數句，若停留在文字的表面意思上，難免會認為老子所講的是「君人南面之術」，也就是「為統治階級出謀劃策，而且謀劃的都是陰險狡詐之術」。對於這種觀點，我們不敢苟同。

古代的執政者對人民群眾實行「愚民政策」，即使與老子「非以明民，將以愚之」的思想有關，也只能是一種理解上的偏差，是誤解了老子的思想。因為就老子的本意來講，他絕不會為迎合執政者的需要，而提出一套愚民之術的。他是「願人與我同愚，泯除世上一切階級，做到物我兼

我的大平等，這樣自可減少人間的許多齟齬紛爭」。

也有人認為：老子的愚民思想後來被法家吸取，成為日漸荒謬的愚民政策，而且一脈相承下來，以至於形成以樂觀和不怒、不爭為特點的國民性。對此，我們是不太認同的。

老子希望人們不要被智巧、爭奪搞得意亂神迷，不要泯滅原始的質樸、淳厚的人性，要順應自然。其實，本章的「愚」，就是質樸、自然的另一種表述。

## 【處世學問】

### 純樸做人乃成功之道

人們為何會產生那些本末倒置的虛偽追求？為何又甘願悖離本性而追逐那些與生命無關的事物？國家為何會越來越陷於混亂狀態？

老子認為：這是由於人們心智太多所致。他還強調：那些善於以大道來治國的人，「非以明民，將以愚之」，即不教人以聰明巧智，而教人以純樸、厚道。因為他們懂得：以大巧治國是災，以大愚治國是福。經常奉行這一準則，就能具備「玄德」了。

治國如此，處世也是這樣。一個人心智太多、過於精明，就會變得不誠實、不厚道。

當初，摩根先生加盟一家名叫「伊特納火災」的小保險公司，並成為股東。只是因為該公司不要求他馬上拿出現金，只需在股東名冊上簽名即可，這正符合他當時現金不足的情況。

不幸的是，不久便有一位在伊特納火災保險公司投保的客戶發生了火災。如果照規定完全付清賠償金，保險公司就會破產。因此，股東們個個驚慌失措，紛紛要求退股。

摩根先生思考再三，認為做人要厚道，信譽比金錢更重要！於是，他四處籌款，甚至賣掉了自己的房子，低價收購了那些要求退股的股東股份，並如數賠償了投保的客戶。

這使摩根成了保險公司的所有者，但他已傾家蕩產，公司也瀕臨倒閉。不過，摩根講誠信的做法，令伊特納火災保險公司很快聲名鵲起。摩根趁機打出廣告，再到伊特納火災保險公司投保的客戶，保險金一律加倍收取。

即便如此，客戶還是很快蜂擁而至。原來在他們的心目中，伊特納公司已經成為最講信譽的保險公司，這使它比許多有名的大保險公司更受歡迎。伊特納火災保險公司從此崛起。多年以後，摩根成了美國華爾街金融帝國的主宰者。

一場火災，讓摩根瀕臨破產。但也正是這場火災，給了他展示自己純樸、厚道、講誠信的機會。正是憑藉著比金錢更寶貴的信譽，摩根最終登上財富巔峰。

純樸、厚道是一個人最可寶貴的德行。這樣的人很容易獲得別人的信賴和支持，因此他們即使遇到了大災大難，也會常常能得到眾人的幫助，從而轉禍為福、轉敗為功。

## 【管理實踐】

### 不以智巧偽詐來治國

老子說，以智治國，國之賊。即靠智巧偽詐來治理國家，那是國家的禍患。老子是希望人們不要被智巧、偽詐搞得心迷神亂，不要泯滅原始的質樸、淳厚的人性，要順應自然。

老子生逢亂世，感覺到世事紛亂的根源，就在於大家攻心鬥智、競相

偽飾。因此，他呼籲人們揚棄世俗價值的糾紛，返璞歸真，並期望執政者能夠導民以「愚」。與老子不以智巧偽詐來治國的觀點相對應，《莊子》中有這樣一個故事。

庚桑楚是老子的弟子，且獨得老子真傳。他居住在北方的畏壘山中，善用「以愚治國」的管理之道。如果奴僕中有人炫耀才智，他就打發其離去；如果侍婢中有人標榜仁義道德，他就讓她們遠離自己。他只和敦厚樸實的人住在一起，只用任性自得的人作為他的役使。他在畏壘山居住了三年，那一帶便獲得了大豐收。

因此，那一帶的人民紛紛相互傳言：「庚桑楚剛到畏壘山時，我們都略感吃驚、詫異。現在，我們按天計算收入雖還稍嫌不足，但計算一年總的收益卻富足有餘。庚桑楚恐怕就是聖人了吧！我們何不一起像供奉神靈一樣供奉他，像對待國君一樣敬重他呢？」

大家的談論傳到庚桑楚耳中後，他坐朝南方，心裡很不高興。弟子們感到很奇怪。

庚桑楚說：「你們對我有什麼感到奇怪呢？春天陽氣蒸騰，百草生長；秋天作物成熟，果實累累。春天與秋天，難道是無所遵循就能夠這樣的嗎？這是自然規律運行與變化的結果。我聽說：道德修養極高的人，像沒有生命的人一樣淡泊寧靜地生活在斗室中，而百姓放任自流都不知道該做些什麼。如今畏壘山一帶的百姓私下議論，想將我當做賢人來加以供奉，我難道希望成為眾所矚目的人嗎？我正因為遵從老子的教誨，而對此大不高興。」

弟子說：「不是這樣的。大魚無法在小水溝裡迴轉身體，可是小小的泥鰍卻能迴轉自如；大的野獸無法在小山丘上隱匿軀體，可是妖狐卻正好能在那裡棲身。況且尊重賢才、授權能人，以善為先給人利祿，從堯舜時代起就這樣了，何況畏壘山一帶的百姓呢？先生您還是順從大家的心意

吧！」

　　庚桑楚說：「小子你過來！口能含車的巨獸，一旦獨自離開山野，就難以免於羅網之災；口能吞舟的大魚，一旦離開水裡，連小小的螞蟻也能讓其困苦不堪。所以鳥獸不厭山高，魚鱉不厭水深。善於保全本性的人，隱匿自己的身形，不厭幽深高遠。至於堯、舜二人，又有什麼可值得稱讚和褒揚的呢？堯、舜那樣明辨世上的善惡賢愚，就像是在胡亂地毀壞好端端的垣牆，而去種上沒有任何用處的蓬蒿。揀選頭髮來梳理，數著米粒來烹煮，計較於區區小事，又怎能有益於世事啊？尊賢重能，百姓就會相互傷害；任用智巧，百姓就會相互欺詐。這種種做法，都不能為百姓帶來好處。人們向來都十分迫切地謀求私利。為了私利，有兒子殺父親的，有臣子殺國君的，有大白天搶劫的，有光天化日之下在別人牆上打洞的。我對你說，天下大亂的根源，肯定產生於堯、舜的時代，而其流毒和遺害又一定會留存到千年之後。千年之後，甚至還會人與人相食呢！」

　　正如老子所認為的，政治的好壞常繫於執政者的用心和做法。執政者真誠質樸，才能導出良好的政風。有了良好的政風，社會才能趨於穩定。如果執政者機巧點滑，就會產生敗壞的政風。政風敗壞，人們就相互欺詐、彼此賊害，而社會也就沒有安寧之日了。

# 第六十六章：不爭之爭

## 【原典】

江海所以能為百谷王①者，以其善下之，故能為百谷王。是以聖人欲上民②，必以言下③之；欲先民，必以身後之。是以聖人處上而民不重④，處前而民不害。是以天下樂推⑤而不厭⑥。以其不爭，故天下莫能與之爭。

## 【注釋】

①百谷王：百川峽谷所歸附的地方。王，歸附。

②上民：居於人民之上。即統治人民。

③下：謙下。

④重：重負，負擔。這裡指累、有負擔、不堪重負。

⑤推：推戴，擁護。

⑥厭：厭惡，嫌棄。

## 【譯文】

江海之所以能成為百川匯聚之地，是因為它甘居百川的下游，這樣才能讓百川歸往。因此，聖人若想居於人民之上，一定要言辭謙下；若要居於人民之前，一定要退身於後。如此，聖人位居人上，而人們不覺得有負擔；站在人前，而人們不覺得有妨礙。於是，天下人都願意推戴而非嫌棄他。正因為他不與人相爭，所以天下沒有人能夠與他相爭。

## 【名家注解】

河上公：江海以卑，故眾流歸之，若民歸就王。欲在民上，法江海處謙虛。欲在民之前也，先人而後己也。聖人在民上為主，不以尊貴虐下，故民戴而不為重。聖人在民前，不以光明蔽後，民親之若父母，無有欲害之心也。聖人恩深愛厚，視民如赤子。故天下樂推進以為主，無有厭也。

朱元璋：江河湖海至處低，所以能納天下諸山川之小水，戒為君子為國家者，能容而且納，大事成矣。若不處卑而處高，物極則反，高者低，低者高，理勢之必然。是以昔聖人勞身心而安天下，所以民親之愛之不怨，無有謀者。若失此道而他為，將有咎焉，人或爭之不解。

## 【經典解讀】

在老子看來，執政者應該處下、居後，這樣才能對百姓寬厚、包容。「聖人」要「處下」，是老子的一貫主張。他曾在前文中，借大國與小國關係，講了「大者宜為下」的道理。本章則用江海來比喻人的處下、居後，同時也以江海象徵人的包容、大度。

有人認為：老子這是向執政者獻言，是一套利用人民、統治人民的權術。但也有人認為：老子的主張反映的是農民小生產者的願望。「聖人」要想統治人民，就得用言辭對人民表示謙下；要想領導人民，就得把自身放置在人民後面。最後，要做到「居上而民弗重也，居前而民弗害也」。這不正是廣大基層百姓們的迫切願望嗎？

聖人之所以為聖人，是因為他們從來不自以為是，從來不高高在上。他們總是以謙虛的態度去對待老百姓，凡事都要問老百姓答應不答應、高興不高興，老百姓不答應的事、不高興的事，他們從來不會去做。

本章還講了「不爭而爭」的哲學。碰到好事，聖人從來不捷足先登，總是讓老百姓先得到好處，老百姓沒有吃飽他們不吃，老百姓沒有穿暖他

們不穿。他們不與民爭食，也不與民爭衣，所以，百姓都很推崇他們。結果他們眾望所歸，被大家推向臺前，甘願讓他們領導，服從他們的調度，接受他們的指揮。正因為他不爭，所以天下沒有哪一個能與他相爭。

以不爭爭，以無為為。當然，老子只能把這種思想作為建議，進獻給他理想中遵循「道」的「聖人」。所以說：即使老子是在為執政者獻計、獻策，那也是站在勞動者的立場上，是為國家和百姓的利益而吶喊。這種立場和觀點，與儒家孔孟所講的「君末民本」的思想多少有些相似，都是在為社會的發展做長遠的打算。

【處世學問】

### 謙下者得天下人心

老子說：江海之所以能成為一切河流所匯往的地方，是由於它甘願處在低下的地方，因而能成為百川之王。

正所謂「欲得人心，理當卑身虛心，誠心待人」，這也正合於老子的「善用人者，為之下」。從信陵君的禮賢下士中，我們當可明白這個道理。

信陵君，名無忌，「戰國四公子」之一。他為人仁愛而謙卑，非常尊重門下客。因此，天下的賢士都爭相投奔他。他折節下交的故事頗多，其中最膾炙人口的，莫過於他與侯嬴、毛公、薛公的結交。

侯嬴，賢士，大梁城東門的守門人，70歲了。信陵君慕名前往拜訪，並帶去一份厚禮。侯嬴卻拒收禮物，他說：「我修身潔行數十年，絕不因窮困而接受公子的財物。」

一次，信陵君邀請侯嬴去赴宴。他空著車上左邊的上座，親自趕車前去迎接侯嬴。侯嬴上了車，毫不謙讓地坐在上座，想以此試探信陵君的態

度。哪知，信陵君的態度愈加恭謹。

車騎經過一段路時，侯嬴說：「我有一位朋友在鬧市裡，想順道去看看他。」於是，信陵君趕著車進入鬧市。侯嬴下車去見自己的朋友朱亥，故意長時間地與他談話，一邊偷看信陵君的表情，信陵君始終非常有耐心地在等候。大街上的人都圍觀信陵君為侯嬴執轡趕車，隨從人員都在暗中罵侯嬴。侯嬴見信陵君始終和顏悅色，這才向朱亥告辭上車。而這時，在信陵君的宅邸，魏國的將相、宗室、賓客已經就座，正等著他回來開宴。

到家後，信陵君把侯嬴請到上座，賓客都十分驚訝。酒過三巡，信陵君起身向侯嬴祝壽。侯嬴對信陵君說：「今天太煩勞公子了。我不過是一個守門人，而公子親自為我趕車。我之所以讓公子長時間站在鬧市中，是想讓人們都把我當成小人，而認為公子禮賢下士。」又說：「我所訪的朱亥也是個賢者，他隱居於屠間，不為世人所知罷了。」

侯嬴這樣做，不僅是試探公子能否尊士，也是為宣傳公子尊士的聲譽。而途中訪朱亥也使公子能與賢者結交。後來，正是在侯嬴與朱亥的幫助下，信陵君才能成功地「竊符救趙」。

救趙後，信陵君因盜竊兵符而不敢回國，便留在了趙國。後來，他聽說趙國有兩位賢士：毛公和薛公。毛公是個賭徒，薛公是個賣漿者。信陵君卻不因他們身份卑下而嫌棄，想見他們，兩人卻躲起來不肯相見。信陵君探訪到其住處後，便主動登門拜訪，並與兩人交往甚歡。

趙國的平原君聽說此事後，對他的夫人（信陵君的姐姐）說：「我原以為你的弟弟天下無雙，如今卻跟賭徒和賣漿者交遊，看來他只不過是個徒有虛名的人罷了。」

夫人將這話告訴了信陵君。信陵君說：「我原以為平原君是個賢人，所以才來救趙國。現在看來，平原君重賢愛才不過是裝裝樣子罷了。毛、薛二人是賢士，我跟他們交往，還擔心他們不願意。平原君反把這當成恥

辱，平原君這人是不值得交往的。」於是整理行裝要走。

　　夫人把這些告訴了平原君，平原君趕忙向公子道歉，挽留公子。平原君門下賓客聽到了此事，有一半離開平原君歸順了信陵君，天下有才能的人更是紛紛投奔他。

　　得賢才國家昌盛，失賢才國家衰亡。信陵君本人就是個大賢才，因其卑身虛心待客，又善於識士，故天下士人，都願竭智盡力為之排憂解難。他能集眾智眾力，故能顯名於天下。

　　曾國藩曾說：「吾輩總以誠心求之虛心處之，心誠則靈。」從上述典故中，我們不難體會到這一點。只有平時多折節下交，到了用人之際，那些賢士才樂意為你盡全力、效死命。

【管理實踐】

### 善待比自己地位低的人

　　要想用「玄德」來管理民眾，那就要學習江海的智慧。江海之所以能成為百川之王，是因為它非常謙遜，總是處於卑下的地方。

　　管理之道如是，管理者若想讓人們相信他、擁戴他，使自己位居人上，他就必須對人親切一些、謙和一些；管理者若想站在人前，就必須把自身利益置於人後，對人多關心、多體貼。人們覺得他可以信賴，自然會把他尊為領袖。

　　人才往往都很有個性，要想攬為己用，必須謙下待之。比如為了表示誠意，就應該主動前去拜訪，一次不行就兩次，兩次不行就三次，而且一次比一次虛心，何愁招攬不到賢才？

　　一代霸主齊桓公曾去拜訪一位名叫稷的隱士，一天去三次都沒有見到。他的隨從說：「擁有萬乘車輛大國的國君，拜訪一個布衣之士，一天

連去三次都沒見到，還是算了吧。」

　　然而齊桓公卻說：「這樣說不對。因為用驕傲的態度對待官職和蔑視爵祿的士人，當然瞧不起他的國君；他的國君用驕傲的態度對待霸業王業，也就瞧不起士人。即使這位先生輕視官職和蔑視爵祿，我哪敢輕視霸業呢？」於是，齊桓公第五次前往拜訪，終於見到了稷。

　　齊桓公「五顧小臣稷」的消息傳開，各國諸侯都說：「桓公對布衣之士還如此尊重，何況國君呢？」於是各國諸侯紛紛前來朝拜歸附。可以說：齊桓公之所以能稱霸於天下，是與他尊敬和重視賢士分不開的。

　　還有一個知名的例子，就是劉備三顧茅廬的故事。因劉備「三顧」之誠，使諸葛亮獻出「隆中策」，出山相輔，對劉備成就帝業達到了難以估量的巨大作用。

　　能折節下交、聘人以禮，是最真誠的用人手段。不要在意身份的差距，學一學齊桓公和劉備的低姿態吧。如果自命德高望重、學識豐富或經驗老到，而不把別人放在眼裡，將來的景況是可想而知的。一個有大志的人，若能對人虛懷若谷、禮賢下士，必能打動對方的心。

　　同理，一個企業管理者，只有善待員工、贏得他們的景仰與信任，才能排除潛在的障礙而促進企業發展。日本企業家永野重雄曾感慨地說：「經營者和職員如同一輛車上的兩個輪子。在企業的內部，沒有經營者和職員之間協調一致的巧妙配合，企業這部車就難以正常運行。」

　　要做到協調一致、巧妙配合，管理者就必須做到謙和，對員工關心、體貼，重視員工的利益。員工是企業的根基，是其發展的內部動力。優秀的管理者，不會因自己地位高或錢財多，而傲視普通員工；相反地，他們對待員工常常像慈母對待自己的孩子一樣。一個企業就像一部機器，管理者善待員工，員工才有幹勁；協調好勞資關係，企業才能正常運轉、蒸蒸日上。

# 第六十七章：我有三寶

## 【原典】

　　天下皆謂我大①，似不肖②。夫唯大，故似不肖。若肖，久矣其細也夫。我有三寶③，持而寶之。一曰慈，二曰儉④，三曰不敢為天下先。慈故能勇；儉故能廣⑤；不敢為天下先，故能成器長⑥。今舍慈且⑦勇，舍儉且廣，舍後且先⑧，死矣。夫慈，以戰則勝，以守則固。天將救之，以慈衛之。

## 【注釋】

①大：非常大。「道」之大，至大無外，包含一切在內。

②似不肖：不像任何具體的事物。肖，相似。

③三寶：指三件法寶或三條原則。

④儉：儉約，指要收斂並約束欲望。

⑤廣：大方。也有推廣之意。

⑥器長：萬物的首長，這裡指眾人的領袖。

⑦且：取。

⑧後、先：後，退讓。先，爭先。

## 【譯文】

天下人都說我講的「道」太大了，似乎不像任何具體事物。正因為它

太大，所以才不像任何具體事物。如果它像任何一種具體事物，也就變得渺小了。我有三件法寶，固守且小心珍藏著。第一件是慈愛，第二件是儉約，第三件是不敢居於天下人的前面。對人慈愛，所以能產生勇氣；有了儉約，所以能大方；不敢居於天下人的前面，所以能成為眾人的領袖。如果捨棄慈愛，而一味地好勇鬥狠；捨棄了儉約，而一味地鋪張浪費；捨棄了甘居人後，而總是站在眾人前面，就會走向死亡。慈愛的人，用來作戰就能獲勝，用來防守就能鞏固。上天要救助一個人，就用慈愛來呵護他。

## 【名家注解】

河上公：老子言天下謂我德大，我則佯愚似不肖。唯獨名德大者為身害，故佯愚似若不肖，無所分別，無所割截，不賤人而自貴。

王弼：夫慈，以陳則勝，以守則固，故能勇也。節儉愛費，天下不匱，故能廣也。唯後外其身，為物所歸，然後乃能立，成器為天下利，為物之長也。

朱元璋：三寶之說，因慈勇於行道，利濟萬物，因儉倉庫實，不敢為天下先，言諸事物不肯先得先樂，乃成王基。若舍慈而勇，必貪必奢必狠。舍儉且廣，言廣用無時，舍後且先，志盡矣。

## 【經典解讀】

本章是對《德經》三十八章以來的一個小結，講的是「道」的原則在政治、軍事方面的具體運用。老子說，「道」的原則有三條，就是：「慈」，即愛心加上同情心；「儉」，即含藏培蓄，不奢侈，不妄為；「不敢為天下先」，即「謙讓」、「不爭」。執政者若能善用這三條原則，就能取得非常好的效果；否則，便會自取滅亡。

本章包括兩層內容：一是講「道」的偉大，二是講法寶的妙用。這兩層前後呼應，有內在關聯。天下人都說「道」偉大，不像任何具體事物

的樣子。這個偉大的「道」給人們什麼護身的法寶呢？那就是「慈」、「儉」、「不敢為天下先」。

「慈」，是「無為」的另一種表述，包含有柔和、愛惜之意。「弱者道之用」，「天下之至柔，馳騁天下之至堅」，「守柔曰強」，「清靜為天下正」，「牝常以靜勝牡」等內容，無不包含在「慈」中。「慈」是三寶的首要原則，用「慈」進攻可以得勝，退守則可以鞏固。所以，老子才說：如果上天要救護誰，就用「慈」來保護他。

「儉」的內涵有兩層，一是節儉、吝惜，二是收斂、克制。它與「治人事天，莫若嗇」中的「嗇」，有著相同的含義。它要求人們不僅要節約人力、物力，還要聚斂精神、積蓄能量、等待時機。

「不敢為天下先」也有兩層涵義，一是不爭、謙讓，二是退守、居下。前面講到的「大邦者下流」、「善下」，都指不為天下先的意思。這符合於「道」的原則。

總之，「慈」、「儉」、「不敢為天下先」等「三寶」，是老子對於「道」和「德」的社會實踐意義上的總結。老子身處戰亂時代，目睹了太多的暴力場面，深深地感到治國安邦離不開這「三寶」，因而才極力加以闡述和發揚。

【處世學問】

### 善於使用三件「法寶」

老子說：我有三件法寶，固守且小心珍藏著。一是慈愛，二是儉約，三是不敢居於天下人的前面。

老子視「慈」為立身處世的第一要義。「慈」，即愛心加上同情感，就是對天下萬事萬物都抱有一種慈悲為懷的心態，能夠幫助則盡力幫助。

一個人只要仁慈寬厚，上天一定會扶持他得到幸福。對於「慈」，美國的成功學家卡內基曾講過一個這樣的故事。

有個人被帶去觀賞天堂和地獄，以便比較之後能聰明地選擇他的歸宿。他先去看了地獄。第一眼看去他十分吃驚，所有的人都坐在酒桌旁，桌上擺滿了肉、水果、蔬菜等各種佳餚。

然而，當他再仔細看那些人時，他發現每個人都皮包骨頭、無精打采，沒有一個是愉快的。而且，每人的左臂都綁著一把叉，右臂綁著一把刀，刀、叉都有很長的把手。因此，儘管美食在前，他們卻吃不到。

然後，他又到了天堂，景象與地獄類似。同樣的食物、刀、叉，以及很長的把手。然而，這裡的人卻都在唱歌、歡笑。他很不解，為什麼情況類似，結果卻大相徑庭。不過，他馬上就看到了答案：天堂裡的每個人都餵對面的人吃東西。他們心懷慈愛，互相幫助，皆大歡喜。

所以，如果你肯慈悲一點，幫助他人獲得所需之物，他們也會幫你取得想要的東西。可見，「慈」對我們立身處世的確意義重大。它是人際關係的潤滑劑，是使人幸福快樂的法寶，千金難買。

「儉」的內涵有兩層，一是節儉、吝惜，二是收斂、克制。儉就是「嗇」，它不僅指人們對人力、物力的節約，還指精神的聚斂、能量的積蓄和時機的等待。

漢高祖劉邦打天下所用的人中，張良、陳平等都是學道家的才俊。道家思想最初登上政治舞臺，也是在漢初，如休養生息、蕭規曹隨、文景之治，甚至包括用「柔」的和親政策等。

其中，最為世人稱道的，便是漢文帝、漢景帝父子以「黃老」之學開創的「文景之治」。他們在位期間，國家繁榮、民族安定，文化昌盛，奠定了漢朝四百年政權的深厚基礎。

漢文帝精通「黃老」之學，對其認識極為深刻，將其運用得極為有

效。匈奴犯邊，他只向其領袖單于寫了封只有寥寥數語的信，就將一場戰爭消解於無形，這不就是以「柔」克剛？

漢文帝貴為天子，一件袍子竟然一穿二十年，補了又補，就是捨不得換一件新的。這不是矯揉造作、不是做給世人看的，而是完全出於道德修養、是對老子「儉」思想的奉行。

此外，他還儘量減輕刑罰，減免稅賦，為政寬大到了極點。漢文帝當了二十幾年皇帝，監獄中幾乎沒有犯人，這就是「文景之治」的景象，展現了對老子「慈」思想的踐行。

清人張英說：「老子以儉為寶。不只是錢財應該儉，一切事都要常思節儉的意義，才能有餘地。儉對於吃喝來說，可以養脾胃；儉對於嗜欲來說，可以集中精神；儉對於說話來說，可以培養氣息；儉對於交朋結友來說，可以擇友少過失；儉對於應酬來說，可以養息勞。」

不敢為天下先。就是提醒世人，持身處世應學會謙卑一點，切忌不可鋒芒畢露、自高自大、自以為是。否則，只會讓別人敬而遠之，只會為自己設置人生的絆腳石和成功的阻礙。

總之，「慈」、「儉」、「不敢為天下先」等「三寶」，是老子對於「道」和「德」社會實踐意義上的總結。以「慈」持身，人就會友愛於人，不自私自利；以「儉」持身，人就會富足長久，絕不貪婪；以「謙」持身，人就會自謙益人，不自炫耀。「慈」、「儉」、「不敢為天下先」，與戒除極端、戒除奢侈、戒除過度相對應，的確是立身處世的奇方妙法。

### 天將救之，以慈衛之

老子說：慈愛的人，用來作戰就能獲勝，用來防守就能鞏固。上天要救助一個人，就用慈愛來呵護他。對一名管理者來說，如果懂得慈愛的價值，並能夠善用慈愛的力量，將無往而不勝。

一次，秦穆公乘車外出，車子壞在了半路。在修車的時候，一匹馬又跑丟了。秦穆公一路尋來，發現馬已經被一批鄉民殺了，他們正吃馬肉。面對如此情景，他不僅沒有發怒，反而上前對鄉民說：「吃了馬肉，一定要再喝點酒，不然會傷身的。」他看著大家喝了酒才回去。

一年後，秦穆公與晉惠公在韓原交戰，不小心被圍困。在這緊要關頭，當初那些殺馬吃肉的鄉民衝進戰陣。他們個個奮勇當先，保護著秦穆公的車子拚命殺敵，終於突出重圍。

秦穆公之所以能夠死裡逃生，很大程度上是因為有那些鄉民為他死命拚殺。而他們之所以肯如此賣命，只是因為一年前秦穆公對他們的寬大、慈愛。

在一個人落難、處於低谷時，得到過他慈愛的人，是不會嫌棄他、對他落井下石的。相反地，他們會真誠地、全力地回報他。

多年以前，經濟危機在美國肆虐，眾多公司深受影響而紛紛倒閉。加州的哈理遜紡織公司更是禍不單行，一場突如其來的大火焚毀了整個工廠。幾千名員工垂頭喪氣地回到家裡，等待著公司宣布破產，等著失業風暴的襲來。

但等來的消息，卻讓員工們驚喜萬分，公司決定繼續向員工支付一個月的薪酬！他們紛紛打電話或寫信向董事長亞倫‧博斯致謝。

一個月後，正當他們為下個月的生活發愁時，董事長卻又宣布，再支

付員工一個月的薪酬！員工們得知消息後，不再是意外和驚喜，而是熱淚盈眶。他們紛紛擁向公司，自發地清理廢墟、修理機器；還有一些人主動出差，去聯絡被中斷的貨源。

三個月後，哈理遜公司重新運轉了起來。對這一奇蹟，當時的報紙是這樣報導的：員工們使出渾身解數，夜以繼日地賣力工作，恨不得一天工作25小時。當初勸亞倫·博斯領取保險公司賠償金一走了之，以及批評他感情用事、缺乏商業精神的人開始佩服他的明智了。

可以說，正是慈愛的力量使得哈理遜公司得以起死回生。後來，哈理遜公司發展成為美國最大的紡織品公司，其分公司遍布五大洲的60多個國家。

上面的事例足以說明，領導人、管理者慈愛的付出，能換來更多、更大的回報。所以，正視慈愛的力量，並積極主動地去運用它吧！這將能大大提高你的管理境界，並對你的管理實踐活動大有助益。

# 第六十八章：善戰不怒

## 【原典】

善為士①者不武②，善戰者不怒③，善勝敵者不與④，善用人者為之下。是謂不爭之德，是謂用人之力，是謂配天⑤，古之極⑥也。

## 【注釋】

①士：即武士，此處特指將帥。
②不武：不崇尚武力。
③不怒：不輕易發怒。
④不與：不爭，不正面衝突。
⑤配天：順應天意，符合天道。
⑥古之極：自古皆然的自然法則，最高準則。

## 【譯文】

古代善於做將帥的人，不崇尚武力；善於爭鬥的人，不輕易發怒；善於克敵制勝的人，不與敵人正面衝突；善於用人的人，對人態度謙下。這叫做不與人爭的品德，這叫做利用別人的力量，這叫做順應天意的做法，這是自古已有的最高準則。

**【名家注解】**

河上公：貴道德，不好武力。善以道戰者，禁邪於胸心，絕禍於未萌，無所誅怒也。善以道勝敵者，附近以仁，來遠以德，不與敵爭。善用人自輔佐者，常為人執謙下也。謂上為之下也，是乃不與人爭之道德也。能身為人下，是謂用人臣之力。能行此者，德配天也。是乃古之極要道也。

王弼：士，卒之帥也。武，尚先陵人也。後而不先，應而不唱，故不在怒。不與爭也。用人而不為之下，則力不為用也。

**【經典解讀】**

這一章主要講了用兵的戰略戰術和用人的原則，意在闡明上一章所講的「夫慈，以戰則勝，以守則固」的道理。老子要求人們不逞強好勇，不輕易被激怒，要避免和敵人正面衝突而以智取勝，要善於借助他人的力量，以不爭的方法達到爭的目的。在老子看來，這是符合天道的，是自古皆然的最高準則。

在本章中，老子透過講用兵作戰的道理，為其思想提供論據。或者說，本章的文字既是在講用兵打仗，又是在講哲學思想。實際上，軍事本身也是一門十分深奧的學問。但如果就此認為《道德經》是一部兵書，那就極大地曲解了它的內涵。

關於「善戰者，不怒」，《孫子兵法》中寫道：「主不可以怒而興師，將不可以慍而致戰。」也就是說：國君不能因一時的憤怒而發動戰爭，將帥不能因一時的氣憤而出兵開戰。這與老子在本章裡所講的內容基本上是一致的。

戰爭是國力、物力、人力的較量，更是智慧的較量。「武」、「怒」是軍事指揮者暴烈、失去理智的表現。一旦「怒」上心頭，就會失去冷靜，也就難以客觀地分析、研究敵我雙方的優勢與劣勢，而代之以主觀臆

斷和憤怒的情緒。這樣，勢必會給國家和軍隊帶來極大的危害與災難。這樣的事例在古今中外的戰爭史上屢見不鮮。

軍事上如此，人生也是這樣。遇事不急躁、不衝動，平心靜氣地認真思考，細心分辨客觀現象，才能找到問題的癥結所在，從而求得正確的解決之道。

## 【處世學問】

### 不戰而屈人之兵

老子反對戰爭，但他卻精通用兵之「道」，是位不折不扣的戰略家。他說：古代善於做將帥的人，不崇尚武力；善於爭鬥的人，不輕易發怒；善於克敵制勝的人，不與敵人正面衝突。

的確如此，真正善於格鬥的人不逞匹夫之勇。比如春秋時期的晏子，用兩個桃子就殺死了齊國最有名的三個勇士。

真正善於作戰的人，善用智謀取勝，絕不輕易動怒。《三國演義》中有這麼一段故事。夏侯淵氣勢洶洶領兵前來罵陣，罵了黃忠的祖宗八代，連好多士兵都聽不下去了，黃忠卻不為所動。夏侯淵罵累了，便下馬休息。他的士兵這麼罵，對方都不出戰，也都放鬆了警惕。黃忠抓住戰機，率兵突襲。夏侯淵措手不及，被黃忠一刀砍下了腦袋。蜀軍大獲全勝。

真正善於用兵的人，一般不和敵人正面硬拼，而常常出奇制勝。曹操和袁紹在官渡決戰。袁紹兵多將廣，幾次正面交手，曹操都沒占到便宜。於是，他採用許攸的計謀，派出一支輕騎，迂迴敵後，到烏巢燒掉了袁軍的糧草。袁紹聞訊大驚，軍心大亂，曹操趁勢發起攻擊，袁軍大敗。曹操乘勝追擊，袁紹從此一蹶不振。這就是老子所說的「善勝敵者，不與」。

善於運用智慧的人，能發現與對方直接相關的重大利害，並以此為突

破口打動對方，使其誠心誠意地接受自己的意見。少年甘羅智勸張唐，並智取趙國五城的故事，就是以智取勝而不以力取勝的典範。

秦國文信侯呂不韋打算聯合燕國進攻趙國，以擴大自己在河間的封地。他派蔡澤到燕國說服工作，最終使燕國同意與秦國結盟，並讓太子丹到秦國為人質。

隨後，呂不韋請張唐到燕國擔任相國。張唐卻推辭說：「到燕國必須經過趙國，我曾經帶兵攻打趙國，趙王非常恨我，曾說誰抓住我，獎賞土地一百里。」為此，文信侯很不高興。

甘羅看見了，就說：「君侯為何不高興？」文信侯把事情簡要說了一遍。甘羅說：「我有辦法讓他高高興興地前往燕國。」文信侯懷疑地說：「我親自請他還不肯去，你小小年紀能有什麼辦法讓他去？」甘羅說：「我雖然只有12歲，但不訪先讓我試試。」

於是，甘羅去見張唐，問他道：「您與武安君，誰的功勞大？」張唐說：「武安君戰勝攻取，不知其數；攻陷城邑，不知其數。我的功勞不如武安君。」甘羅又問：「應侯和文信侯相比誰的權力大呢？」張唐答道：「應侯不如文信侯權力大。」甘羅說：「應侯打算討伐趙國，武安君認為不能取勝拒不從命，被應侯賜死。現在文信侯請您到燕國任相國，您不肯去，恐怕您要大禍臨頭了。」張唐聽了一驚，馬上說道：「請你轉告文信侯，說我願意到燕國去。」

於是，張唐開始準備車馬，並確定啟程日期。但在張唐啟程之前，甘羅又對呂不韋說：「請給臣五乘車馬，讓我先替張唐通知趙國。」

甘羅到了趙國，問趙王道：「您聽說燕太子已經到秦國做人質了嗎？」趙王答道：「聽說了。」甘羅又問：「聽說過張唐要到燕國擔任相國嗎？」趙王答道：「聽說過。」

甘羅說：「燕太子到秦國做人質，表明燕國不欺騙秦國；張唐到燕國

擔任相國，表明秦國不欺騙燕國。秦國與燕國一條心，趙國就危險了。燕秦聯合對付趙國，沒有別的原因，文信侯只是為了擴大他河間的封地。如果您願意獻出五座城池，我會讓文信侯送回燕太子以斷絕秦燕結盟，並促成秦國與趙國的聯盟去攻打燕國。」

權衡利弊之後，趙王答應割讓五座城池給文信侯，同時要求秦國與燕國絕交。隨後，趙國攻打燕國，占據了燕國上谷郡的幾十個縣，並將其中一部分送給了秦國。

少年甘羅智慧過人，用寥寥數語便說服了張唐，使他愉快地服從命令。他還使得文信侯不動一兵一卒就擴大了河間封地，真可畏「不戰而屈人之兵」了。

由此可見，老子要求人們不逞勇武，不輕易激怒，避免與人正面衝突，充分發揮人的才智，善於利用別人的力量，以不爭達到爭的目的，是符合天道的，是極為合理的準則。

## 【管理實踐】

### 靠謙遜贏得下屬心

老子說：善於用人的人，對人態度謙下。這話是極富哲理的。那些自高自大、自以為是，喜歡抬高自己，貶低下屬的管理者，是難以影響下屬、策動下屬的；而那些甘於「為之下」的管理者，常能得到下屬的稱頌和擁戴。

一個管理者能否成功，很大程度要看他能否刺激下屬提供一些寶貴的意見，並從這些意見中得到益處。樂於徵求並接受下屬的意見，是優秀管理者身上所具有的一種普遍特性。

美國總統羅斯福「不恥下問」，經常設法徵求下屬的意見。他常常就

一件要事去找有關人員細談，有時還不遠千里把一些人召集來徵求意見，為的就是能把問題的各方面都弄清楚。

不要以不需要別人的幫助、不聽取別人的意見而自傲。事實上，你可以從四周許多人那裡得到幫助；如果你習慣自視高大、蔑視他人，結果最終遭受損失的是你自己。

在第一次世界大戰中，羅賓遜上校的隊伍裡有兩個上尉。他派遣其中的一名上尉帶一隊人馬到德軍的前線抓兩個俘虜回來。結果這名上尉失敗而歸，並且和他一起去的士兵都犧牲了。羅賓遜又派另一名上尉去執行這個任務。這名上尉沒有執行這種任務的經驗，便找了一個在這方面很有經驗的老兵，向他請教完成這類任務的方法，以及應該如何應對突發問題。結果他很快便抓回了兩個俘虜。

可見，一名管理者若能意識到下屬在某方面比他更有經驗，並能夠放下架子去請教，能少走彎路，避免失敗。其實，求助於比自己地位低的人並不是一種恥辱，反而是一種睿智。

卡內基曾說：「把一切名譽統統歸於自己的人，是不會成就什麼偉大事業的。」一個真正偉大的管理者，不會時時追求名利，而是盡可能將其讓給下屬，以贏得下屬的支持和忠誠！

至於不善管理的庸人呢，他們不僅難以容忍那些難以駕馭的下屬，甚至不願意把權力稍微下放。他們從來不注意自身的不足，以為世上只有自己能把事情做好。他們已把「自我」提高到了無以復加的地步。這樣的管理者，怎能不失敗呢？

# 第六十九章：哀兵必勝

## 【原典】

用兵有言：吾不敢為主①，而為客②，不敢進寸，而退尺。是謂行無行③，攘④無臂，扔⑤無敵，執無兵⑥。禍莫大於輕敵，輕敵幾喪吾寶⑦。故抗兵相加⑧，哀⑨者勝矣。

## 【注釋】

①為主：主動進擊，攻打敵人。
②為客：被動退守，不得已而應敵。
③行：行列，陣勢。
④攘：奮臂。
⑤扔：面臨，面對。
⑥兵：兵器，武器。
⑦寶：指三寶，即慈愛、儉約、不敢為天下先。
⑧抗兵相加：敵對雙方實力相當。
⑨哀：悲憤，哀痛。

## 【譯文】

兵法家曾說：我不敢主動進犯，而寧願採取守勢；不敢前進一寸，而

寧願後退一尺。這就叫做雖然有陣勢，卻像沒有陣勢可擺一樣；雖然要奮臂，卻像沒有臂膀可舉一樣；雖然面臨敵人，卻像沒有敵人可打一樣；雖然有兵器，卻像沒有兵器可以執握一樣。沒有任何禍患比輕敵更大的了，輕敵將會喪失我的法寶。所以，當敵對雙方實力相當的時候，悲憤的一方可以獲勝。

## 【名家注解】

河上公：彼遂不止，為天下賊，雖行誅之，不成行列也。雖欲仍引之，心若無敵可仍也。雖欲執持之，若無兵刃可持用也。何者？傷彼之民，罹罪於天，遭不道之君，憫忍喪之痛也。

王弼：言吾哀慈謙退，非欲以取強，無敵於天下也。不得已而卒至於無敵，斯乃吾之所以為大禍也。寶，三寶也，故曰：幾亡吾寶。

朱元璋：非慈而不戰，於心慈於眾士之命，不得已而戰，故守城必堅，縱被困圍，天必加護，何知加護？以其心有所不忍戰傷人命。奉天討偽，將不妄為，存仁厚德，君將無憂，而禍平矣。

## 【經典解讀】

本章是從軍事學的角度，談以退為進的處世哲學，意在闡明哀、慈、柔的道理，以明不爭之德。老子認為：戰爭應以守為主，以守而取勝，表現了其反對戰爭的思想，同時也表明了其處世哲學中的退守、居下原則。

這一章講到「哀兵必勝，驕兵必敗」的道理，成為千古兵家的軍事名言。有學者認為，「今人或謂老子以退為進的方針，在軍事方面，則表現為以守為主，以守取勝的主張。這條總體作戰原則是不對的，但老子提出的不可輕敵和雙方兵力差不多相等的條件下，悲憤的一方將獲勝等見解，還有它合理的地方。」

不過，本章所談論的用兵之道，並不是對軍事指揮官而言的統兵打仗之道，而是一個當政者如何對待兵、如何動用兵的政治準則。綜觀全書，老子一直是在政治層面上，談論執政者應如何對待、如何護養、如何持藏、如何動用他「手臂」的問題，而不是在教導「手臂」該怎樣揮舞。

　　可以說：從本書的每一章中，都可以讀出為政、經營、處世、管理、用兵之道……這是老子的思想具有普遍的概括性、關涉性的原因，並不能因此就認定老子是在專門談兵或專論哪門具體的學問。

　　從本章內容看：老子是反戰的。他認為：如果是被迫捲入戰爭，就應該採取完全的守勢，這是他把謙退忍讓、無為靜柔的哲學思想，透過軍事再次表述出來，而老子並不是兵家，並不是就軍事論軍事。

## 【處世學問】

### 最大的災禍就是輕敵

　　老子說：沒有任何禍患比輕敵更大的了。簡單來說，就是「驕兵必敗」。戰爭是不得已而為之的事，老子是不贊成動用武力的。但到了必須戰鬥的時候又不得不戰。在戰鬥中，輕敵是可怕的，一旦輕敵，那麼失敗的命運就不可避免。

　　漢朝初年，韓信進攻齊國。楚王派猛將龍且率領20萬大軍援助齊國。於是齊王和龍且兩支隊伍合在一起對付韓信。

　　有人向龍且提建議說：「漢軍遠征，歷經數戰，大獲全勝，來勢凶猛不可阻擋，意在速戰速勝。齊、楚是在自己家門口作戰，軍心容易渙散而被打敗。不如深溝高壘，堅守不戰，以避其鋒。讓齊王派他的得力能臣去招撫已經降漢的城邑。這些城邑知道齊王還健在，而且又有楚國大軍相救，必定會再度反漢歸齊。漢軍遠離後方幾千里，客地作戰，一旦齊王所

有城邑倒戈，他們必然勢孤，軍糧也無處籌措。這樣齊、楚就可以不戰而勝。」

龍且對這個建議不屑一顧，反而傲慢地說：「我知道韓信的為人和本領，容易對付。況且，救齊國而未經戰鬥，即使韓信投降，我又有什麼功勞可言？如果透過戰鬥勝了韓信，就可以得到齊國的一半土地，為什麼要停止戰鬥？」

因此，龍且不願意堅守不戰，而採取了主動出擊的戰略。結果韓信派兵用沙袋堵住濰水上游，又假裝失敗誘使龍且追擊，等龍且的大軍還未渡過濰水河時，韓信叫人放水，並進行反擊。最後龍且被殺、齊王被俘、楚兵全部投降。

輕視敵人的災禍是很大的，「幾喪我寶」。什麼是法寶？就是不爭而善戰的法寶，勝不驕、敗不餒之寶。龍且驕傲輕敵，不僅喪失了不戰而勝的戰機，而且招來了殺身之禍。

曹操煮酒論英雄，對天下豪傑之士品頭論足，認為袁紹、劉表、孫策都不算什麼，唯獨對劉備另眼相看，說「天下英雄唯使君與操耳」。可是如此英雄的劉備，卻因為犯了輕敵的錯誤，而使蜀國大傷元氣。

關羽被東吳殺害後，劉備感念兄弟之情，為了替關羽報仇，便率領精兵進攻東吳。剛開始的時候，劉備指揮得當，將士用命，吳軍節節敗退。

面臨這個重大危機，孫權大膽起用書生陸遜統帥大軍。劉備聽說孫權用一個書生為帥，差點笑掉大牙，根本不把陸遜放在眼裡，天天讓人前去罵陣挑戰。這陸遜卻並非普通的書生，他的才能堪比已故東吳統帥周瑜，腹有良謀，精通韜略。他任由劉備叫罵，只是堅守不戰。

蜀軍自開戰以來，節節勝利，見吳軍不敢出戰，便產生了輕敵思想。天氣漸熱，劉備便將軍營移到山上，連營七百餘里。陸遜見蜀軍移營山上，又見山上樹木叢生，於是當機立斷，決定用火攻。戰鬥打響，吳軍放

火燒營，蜀軍被燒死無數。幸虧有趙雲領軍前來接應，劉備才得以脫身，逃到白帝城，不久便鬱鬱而終。

兩軍對抗，力量大致相當，驕傲的一方常常會失敗。東吳實力本就相當強大，戰爭之初，東吳之所以起初節節敗退，是因為孫權沒有想到劉備會起傾國之兵投入戰鬥，在軍事上準備不足。如果劉備此時見好就收，那麼他就是最大的贏家，但他被一時的勝利沖昏了頭腦，以為用不了多久，就可以滅掉吳國，拒絕議和，最後遭致重大失敗。

其實，不僅用兵是這樣，為人處世也是這樣，驕傲自大的人往往會大意失荊州，招致失敗。而處處以弱者自居，忍辱負重的人，往往能絕地反彈，取得最後的勝利。

在21世紀的今天，各種競爭都加激烈，這就要求我們永遠保持清醒，洞察競爭對手的一舉一動，制定出相應的對策，在競爭中取勝，不斷地發展和壯大自己。切忌以為自己已取得了一定的成績而驕傲自滿，這樣只會招來大的失敗，甚至是自取滅亡。

# 第七十章：被褐懷玉

## 【原典】

吾言甚易知，甚易行。天下莫能知，莫能行。言有宗①，事有君②。夫唯無知③，是以不我知④。知我者希，則⑤我者貴。是以聖人被褐⑥懷玉⑦。

## 【注釋】

①言有宗：言論有宗旨。宗，宗旨、主旨。

②事有君：辦事有一定的根據。君，根據。

③無知：不理解。

④我知：理解我。

⑤則：效法。

⑥被褐：被，穿著。褐，粗布，引申為粗布衣服。

⑦懷玉：懷裡揣著美玉，此處指胸中滿懷知識和才能。玉，美玉，引伸為知識和才能。

## 【譯文】

我的言論很容易理解，很容易施行。天下人卻沒有辦法理解，也沒有辦法施行。不同的主張各有宗旨，不同的行為各有根據。正因為人們互相間不理解，所以沒有人理解我。理解我的人很少見，能效法我的人就更顯珍貴了。因此，聖人總是外穿粗布衣服，懷內揣著美玉。

河上公：老子言，吾所言省而易知，約而易行。人惡柔弱，好剛強也。夫唯世人之無知者，是我德之暗，不見於外，窮極微妙，故無知也。

王弼：可不出戶窺牖而知，故曰：甚易知也。無為而成，故曰：甚易行也。惑於躁欲，故曰：莫之能知也。迷於榮利，故曰：莫之能行也。

朱元璋：言有宗，文有首也。事有君，借物為主也。經云夫惟無知，言人不知我。知我者希，老子方貴，戲云聖人，被布袍，懷抱美玉，以其外賤內貴也。

【經典解讀】

老子提出的政治主張，很容易理解、很容易實行，卻沒有人理解和實行。這使得他不免流露出對當時的執政者的失望情緒。其實，老子的那一套治天下的理想，只有他幻想中的「聖人」才能實現。因為任何治國方案，都必須適應執政者的利益，否則，他們便不會採納，更不會去遵行。

老子所提出的靜、柔、儉、慈、無為、不爭等，都是合乎道、本於自然的主張，理應是容易被理解、被遵行的。然而，人們卻貪圖名利，急於躁進，因而不能理解和遵行。

老子試圖對人們的思想和行為進行探索，對於萬事萬物作根本的認識和注解。他以淺顯的文字講述了深奧的道理，正如身著粗衣而懷揣美玉一般。但不能被人們理解，更不被人們實行，因而他感嘆道：「知我者希。」

對此，有人說：「他自以為很高明，頗有懷才不遇、曲高和寡的苦悶。其實他唱出的是沒落階級的輓歌。並不是人們不瞭解他，而是歷史拋棄了他。」也有人持不同的觀點：「歷史卻並沒有冷落他……莊子頌揚他『古之博大真人哉！』以尹文為代表的稷下學人又繼承了他的思想而發展為黃老學派。西漢初年，黃老之學一度居於統治地位。東漢時，老子更是

被神化為道教的始祖。」

其實，討論的標準不同，觀點上就有差異。比如：怎樣才算是被歷史拋棄了的問題。前者的意思是：在老子生活的那個時代，他提出的政治主張不被人們理解和採納，因而感到政治抱負難以施展，頗有懷才不遇、曲高和寡的苦悶，從這個意義上講，老子被時代拋棄了。

後者則是從老子之後的若干年、幾百年乃至上千年的歷史長河中，去研究老子是不是被歷史所拋棄的問題。在歷史上，那些懷才不遇、難以施展其政治抱負的君子，往往被後世看重，孔子是這樣，老子也是這樣！

因此，老子雖然被他所處的時代拋棄了，其政治主張不能實行；但他又被後世的人們認可，他的思想學說、政治主張，有些被執政者接受了、實施了，有些被推向至尊之地，被奉為道教經典。

【處世學問】

### 堅持做自己認為對的事

老子說：正因為人們互相間不理解，所以沒有人理解我。理解我的人很少見，能效法我的人就更顯珍貴了。這就提醒世人，即使他人都不理解自己，也要有堅持己見的膽識和魄力。

在情況萬變、強手如林的競爭之中，誰富有膽略、敢於標新立異、敢於堅持自己的意見，誰就能抓住機遇、走向成功。真理有時候就是掌握在少數人手中的，如果自己的意見有理有據，即使大多數人的意見與己相左也一定要堅持。

小澤征爾是世界著名的音樂指揮家。一次，在一場大賽中，他按照指定的樂譜指揮演奏，卻突然覺得哪裡有點不對。他以為是演奏者的錯誤，就讓重新演奏了一遍，但還是覺得不對。他就認定是樂譜出了錯。可是除

了他之外，所有的人都說樂譜沒問題。但是，他還是堅持說道：「這個樂譜有錯誤！」實際上，這是為評測指揮家的信心所做的測試。

堅持己見不容易。因為，人很容易受周圍大多數人的影響，有時候即使知道自己的意見是正確的，最後也往往會順從多數。這就是所謂的從眾心理、隨波逐流的心理。

堅持己見需要勇氣。我們周圍時時刻刻都在發生著許多事情，每個人對每件事都有不同的看法，假若自己的意見是對的，即使是處於危險的處境中，也應該勇於堅持。

秦二世時，丞相趙高為了立威，就把一隻鹿獻給秦二世，並執意說是匹馬。秦二世笑著說：「丞相弄錯了吧？把鹿說成馬了。」趙高就問其他大臣，大臣中有的不吭聲，有的說是馬，有的說是鹿。事後，趙高便將說「鹿」的大臣殺了。

鹿就是鹿，馬就是馬。雖然說「鹿」的大臣被殺了，但他們不向佞臣折腰，死得其所。

14世紀的歐洲處於教會的統治下，人們全都相信「地心說」，即地球是宇宙的中心。但波蘭天文學家哥白尼根據多年的觀察和研究，提出了「日心說」，認為地球是繞太陽轉的。這就掀起了軒然大波，大家都無法接受他的這一說法，有的人甚至認為他是在故意製造混亂。

哥白尼在提出了「日心說」後，雖然受到了很大的壓力，連生命也受到了威脅，但他並未就此屈服，並未放棄對真理的追求。最後，他被貴族元老吊死在絞刑架上。哥白尼死後，不斷有人驗證他的觀點，終於證明了「日心說」的正確性。

作為一名科學家，瞭解到事情的真相卻不能說出來是一件非常痛苦的事，於是他們寧願選擇為真理獻出生命，也不願生活在這「眾人皆醉我獨醒」的虛假世界中。

自從亞里斯多德提出了「物體越重，下落得越快」，這一說法便在人們的思想中根深蒂固近兩千年，直到伽利略說出它是錯誤的，並在比薩斜塔上做了實驗。這威脅到教會的統治，教會便將他關了起來，直到他死去。

在教會統治下的黑暗時期，哥白尼和伽利略敢於追求真理，敢於為科學事業獻身，真是難能可貴。他們的精神鼓舞著後人，不論何時何地，都要堅持自己的正確主張，不能因壓力或其他的干擾而放棄對真理的追求。

一個人固然應該有堅持自己的正確意見的勇氣，但切忌剛愎自用。否則，就會變成「固執己見」，就會有害無益，就會喪身亡命。

三國時，馬謖鎮守街亭，準備把大軍駐紮在山上。老將王平力勸他在山下當道紮營，但馬謖卻固執己見，導致蜀軍被敵軍圍山斷水，不戰自亂。馬謖也依軍法被處斬，身首異處。

其實，馬謖並非無能之輩。他自幼熟讀兵書，曾獻計於諸葛亮，使其七擒孟獲；又設計離間魏主曹叡與司馬懿，使司馬懿被罷官歸田。街亭之敗，主要因他狂妄自大、剛愎自用。

前事不忘，後事之師。對我們來說，一方面：做任何事情都要有自己的觀點和主張，不能因為大多數人堅持別的觀點而隨聲附和。另一方面：我們在決策、辦事時，也不能盲目自信，要擇善而從，虛心聽取他人的意見，這樣才能少走彎路、獲得成功。

## 【管理實踐】

### 企業要保護好商業祕密

聖人被褐而懷玉。即聖人總是外穿粗布衣服，懷內揣著美玉。可理解為：善用謀者，謀不外洩，志不譁眾，深藏不露，以免讓對手知悉己方的

謀略。這是一種以虛掩實的競爭之術。

　　如果對自己的競爭謀略保護不力，那麼無論你的謀略有多高明，都起不了任何作用，甚至反而會遭殃。因此，對企業管理來說，就自然產生了保守企業商業祕密的問題。

　　商業祕密是指機密性的技術資訊和經營資訊，包括產品配方、製作工藝、製作方法、管理訣竅、客戶名單、貨源情報、產銷策略、招投標中的標底及標書內容等。

　　在現實經濟生活中，侵犯企業商業祕密的事件不斷增多，涉案金額也越來越大。

　　因此，企業不單要意識到商業祕密的重要性，還要建立起相應的商業祕密保護制度。如何建立並完善商業祕密保護制度呢？在這方面，韓國企業的做法，對我們有一定的參考價值。

　　第一，加強人事管理。在聘用員工前，就對其道德品行進行考查，把好入門關；錄用時，必須讓員工簽訂誓約書和合約，保證嚴守企業機密；員工進入企業後，不得從事本職以外的兼職業務；離職時，以書面合約的形式由其承諾保密義務，同時由企業向其支付相應的「保密費」。

　　第二，強化資訊管理。將公司機密劃分為若干等級，確定相應保密期限，加蓋機密印章後存入特殊安全裝置。儲存機密的電腦，設置專門的調出密碼且經常變更，嚴格限制外部人員接近。設立機密管理登記簿，對機密材料的閱讀、複印、借出詳加記錄，杜絕洩密漏洞。

　　第三，在企業內部設立專門機構，負責保密事務。還採用「機密報告制度」和「補償制度」，對嚴守機密者給予獎勵，對失密者及時加以處理和教育。

# 第七十一章：病病不病

## 【原典】

知不知①，上②；不知知③，病。聖人不病，以其病病。夫唯病病④，是以不病。

## 【注釋】

①知不知：知道卻不自以為知道。
②上：上等，高明。
③不知知：不知道卻自以為知道。
④病病：以病為病，即把缺點當做缺點。病，毛病、缺點。

## 【譯文】

知道卻不自以為知道，這是很高明的；不知道卻自以為知道，這就是缺點了。聖人沒有缺點，因為他把缺點當做缺點。正是因為他把缺點當做缺點，所以他沒有缺點。

## 【名家注解】

河上公：知道言不知，是乃德之上。不知道而言知，是乃德之病。夫唯能病苦眾人有強知之病，是以不自病也。聖人無此強知之病者，以其常苦眾人有此病。

王弼：不知知之不足任則病也。

朱元璋：君子所為惟務無轍跡，果然，使人不知，乃上。本不可教人知，使彼知道，是謂之病。如此者，人本不知我，將謂人知，把做知道備，乃無病矣。故聖人行道，終世而無病，為守道之堅，持身以律。

## 【經典解讀】

這一章短小精微、堪稱經典的格言，其論述的核心問題是「人貴有自知之明」。

在社會生活中，有一些人自以為是，不懂裝懂，剛剛瞭解了一些事物的皮毛，就以為掌握了宇宙變化與發展的規律；還有一些人，沒有什麼知識和思想，只是憑藉權力和地位，就招搖過市，擺出一副智者的架勢，用大話、假話來欺騙人、蒙蔽人。對於上述兩類人，老子很看不上眼，對他們進行了尖銳的批評。

在有關「自知之明」的問題上，中國古代哲人們的觀點是非常相近的。比如，孔子就曾說過：「知之為知之，不知為不知，是知也。」孔子講求的是實事求是，知道就是知道，不知道就是不知道。而老子在這裡面融進了一個「謙」字。在他看來，真正領會「道」之精髓的聖人，不輕易下斷語，即使是對已知的事物，也不會妄自臆斷，而是把已知當做未知，這是虛心的求學態度。只有這個態度，才能使人不斷地探求真理。

所以，老子認為：「知不知」，才是最高明的。在現實生活中，剛愎自用、自以為是的人並不少見。這些人缺乏自知之明，剛剛學到一點知識，就以為了不起，從而目中無人、目空一切，甚至連自己的老師也不放在眼中。他們肆意貶低別人、抬高自己，以為自己天下第一。說到底，如果不是道德品格問題，那就是沒有自知之明。老子對此提出發聾振聵的警示，從這個角度講，老子著的這本書真可謂是一部極富智慧的處世之作。

## 【處世學問】

### 不自作聰明才聰明

老子說：知道卻不自以為知道，這是很高明的；不知道卻自以為知道，這就是缺點了。在這裡，可以理解為：不自作聰明，才是真聰明。

老子教導世人，知道要像不知道那樣，才真正稱得上高明。老子是一個智者，他懂社會、自然、政治、軍事、哲學、歷史，但他卻抱樸守拙、大智若愚。

古希臘大哲學家蘇格拉底一再告誡門徒：「你只知道一件事，就是你一無所知。」英國政治家查士德斐爾則對自己的兒子說：「要比別人聰明，但不要告訴人家你比他聰明。」

為了顯示你的聰明，無論你採取什麼樣的方式指出別人的錯誤：一個蔑視的眼神，一種不滿的腔調，一個不耐煩的手勢，都有可能帶來不良後果。你以為對方會樂於接受你的提醒嗎？不會的！你否定了他的智慧和判斷力，你打擊了他的自尊心，並傷害了他的感情。

所以，班傑明·富蘭克林在自傳中說：「我立下一條規矩，絕不正面反對別人的意思，也不讓自己武斷。我甚至不准自己表達文字上或語言上過分肯定的意見。我絕不用『當然』、『無疑』這類詞，而是用『我想』、『我假設』、『我想像』。當有人向我陳述一件我所不以為然的事情時，我絕不立刻駁斥他，或立即指出他的錯誤，我會在回答的時候，表示在某些條件或情況下他的意見沒有錯，但目前來看好像稍有不同。

我很快就看見了收穫。凡是我參與的談話，氣氛變得融洽多了。我以謙虛的態度表達自己的意見，不但容易被人接受，衝突也減少了。我最初這麼做時，確實感到困難，但久而久之，我養成了習慣。所以，50年來，沒有人再聽到過我講過太武斷的話。這種習慣，使我提交的新法案能夠得

到同胞的重視。儘管我不善於辭令，更談不上雄辯，遣詞用字也很遲鈍，有時還會說錯話，但一般說來，我的意見還是得到了廣泛的支持。」

其實，富蘭克林在這裡並沒有提出什麼新的觀念——這只不過顯示了他人格成熟的重要標誌：寬容、忍讓、和善與不自作聰明。

遺憾的是，現實生活中，大多數人都做不到這一點。他們常常會自我膨脹，並在情不自禁間表露出自命不凡的神態，結果常為自己帶來麻煩。這種自以為聰明的人，其實是愚蠢透頂的，而只有不自作聰明的人才是真正聰明的。

## 【職場應用】

### 留一隻眼睛看自己

老子說：正是因為他把缺點當做缺點，所以他沒有缺點。在這裡，老子對我們的職場人士提了醒，那就是要常常反躬自省。

日本古代一流的劍客宮本武藏曾說：「要想成為一流的劍客，就必須留一隻眼睛看自己。」一個劍客如果只注視劍道，而不知道反觀自己、反省自我，那麼他永遠成不了一流劍客。細細品味，慢慢琢磨，這句話與老子的觀點不謀而合。

留一隻眼睛看自己，就是常常反思自己，反思自己的道德、品格、學問和行為。一個人之所以能夠不斷地進步就在於他能夠不斷地自我反省，找到自己的缺點或者做得不好的地方，然後不斷改正，以追求完美的態度去做事，從而取得一個又一個的成功。

早在兩千多年前，哲人們就已經為我們樹立了「留一隻眼睛給自己」的榜樣。孔子說：「見賢思齊焉，見不賢而內自省也。」曾子說：「吾日三省吾身：為人謀而不忠乎？與朋友交而不信乎？傳不習乎？」荀子說：

「君子博學而日參省乎己，則知明而行無過矣。」他們在為人處世和道德學問修養方面始終貫穿著「自我反省」的理念，進而立功、立德、立言，所以被尊為聖人，成為後人學習的楷模。

英國著名小說家狄更斯對待工作總是能夠不斷自省、改進。他對自己有一個規定，那就是沒有認真檢查過的內容，絕不輕易地讀給公眾聽。每天，狄更斯會把寫好的內容讀一遍，每天去發現問題，然後不斷改正，直到六個月後才會讀給公眾聽。

事實上，每個人在工作中都要持有自我反省、自我修正的態度，並盡力把工作做到最好。一個善於自我反省的人，往往能夠發現自己的優點和缺點，並能夠揚長避短，發揮自己的最大潛能。對職場人士來說，首先該反躬自省的是領導者。

在這方面，唐太宗是最好的榜樣。他曾對大臣們說：「人要看到自己的形象得照鏡子，皇帝要想知道自己的過失得靠忠臣。如果皇帝拒絕群臣進諫而且自以為是，群臣用阿諛奉承的辦法順著皇帝的心意，皇帝就會失去國家，群臣也不能自保！」

只有留一隻眼睛給自己，才能保持清醒的頭腦，才能激發自己的鬥志，才能不斷克服困難，才能不斷開拓進取，才能不斷完善自我。

# 第七十二章：無厭所生

## 【原典】

民不畏威①，則大威②至。無狎③其所居，無厭④其所生。夫唯不厭⑤，是以不厭。是以聖人自知不自見⑥，自愛不自貴⑦，故去彼取此。

## 【注釋】

①威：指統治者的鎮壓和威懾。

②威：指人民的抗爭。其帶來禍亂的嚴重程度，令人難以想像。

③狎：狎通閘，意為截斷、關閉。

④無厭：不壓制，不壓迫，不阻塞。

⑤不厭：指人民不厭惡、反感統治者。

⑥自見：自我顯揚，自我表現。

⑦自貴：自顯高貴。

## 【譯文】

人民不畏懼權威，那麼大的禍亂就要降臨了。不要打斷人民的日常生活，不要壓制人民的謀生之路。只有不壓制人民，才不會招來人民的厭惡。因此，聖人瞭解自己卻不自我表現，愛惜自己卻不自視高貴。所以，應捨棄那些錯誤的做法，採取這些正確的態度。

朱元璋：王臣及士庶修身謹行，止務大道焉。君天下者，以暴加天下，初則民若畏，既久不畏，既不畏方生，則國之大禍至矣，莫可釋。

王弼：清靜無為謂之居，謙後不盈謂之生，離其清淨，行其躁欲，棄其謙後，任其威權，則物擾而民僻，威不能複製民，民不能堪其威，則上下大潰矣，天誅將至，故曰，民不畏威，則大威至。

河上公：自知己之得失，不自顯見德美於外，藏之於內。自愛其身，以保精氣也。不自貴高榮名於世。去彼自見自貴，取此自知自愛。

【經典解讀】

本章接續前章，仍講自知之明的問題。不過，這裡著重講執政者要有自知之明，反對採取高壓政策，反對無限度地壓榨人民。老子認為，人民一旦不再畏懼執政者的高壓統治，那麼轟轟烈烈反抗暴力的動亂就要爆發了。他希望執政者要自知、自愛，要拋棄自見和自貴，這樣也就不會遭致人民的反抗。

這裡的「不自貴」，與前面所講的「貴身」、「名與身孰親」有不同的內涵。「貴身」講維護人的尊嚴，自重自愛，不讓榮辱憂患和其他身外之物損害了自身的尊嚴；「名與身孰親」則是說人的價值比虛名和貨利更可寶貴，不要為爭奪身外的名利而輕生傷身。

老子不希望暴亂，不管是執政者的高壓暴政，還是人民的抗爭。他重點反對的是執政者的高壓政策和自見、自貴的政治態度。因為人民的抗爭有一個前提，那就是執政者對人民實施暴政、殘酷壓迫和掠奪人民。所以老子警告執政者：對待人民必須寬厚，「無狎其所居，無厭其所生」。如果只是憑藉暴力手段，使人民群眾無法照舊生存下去的話，那麼老百姓就會掀起巨大的暴動，反抗執政者的暴政。

然而，老子對當時的執政者們失去了信心，而把希望寄託在理想中的「聖人」身上，只有「聖人」才懂得這個道理。聖人有自知之明，有自愛之心。他們不會自我顯示、抬高，這樣就可以取得人民群眾對他的擁護和支持。由此可見，在這一章中，老子真正表達了人民的願望。

## 【處世學問】

### 當有清濁並容之雅量

老子說：聖人都是「自愛不自貴」的。意思是：聖人愛惜自己，卻不自視高貴。這提醒世人：自命清高要不得。

如果一個人自命清高，自認為已經看透了人生，甚至產生了「跳出三界外，不在五行中」的想法，那麼他就已經脫離了生活。自命清高的人，總感覺生活中到處充滿著汙穢與庸俗。

他們其實不懂得怎樣去生活。他們心胸狹窄，鄙視奸詐的人，也瞧不起善良的人。他們又是最不現實的，總相信一個正義可以打敗無數個邪惡，一盞孤燈可以照亮整個黑暗的世界，一個真理可以壓倒一切謊言……

自命清高的人不高尚也不偉大，他們與現實格格不入，只不過是在懦弱地逃避。他們的下場往往很可悲，因為他們從一開始就走向了一個死路、一個孤立的局面。

嵇康是三國時魏國的名士，曾做過小官，後因看不慣司馬氏的所作所為，便到鄉下隱居。好友山濤寫信勸他不要頂撞司馬氏，要克服自己恃才自傲、自命清高的脾氣，好繼續去做官。

嵇康讀完信後，立即提筆寫了一封回信，這就是有名的〈與山巨源（濤）絕交書〉。在信中，他說「君子百行，循性而動，各附所安」，並要與山濤絕交。

嵇康寫完信後，讓好友阮籍看。阮籍看後，竟雙手顫抖，淚光瑩瑩，哽咽著對嵇康說：「我從你身上看到了人真正的骨氣，你真是一個與邪惡勢力格鬥的勇士！」

可是，嵇康卻為自己的自命清高付出了沉重的代價。後來，他被司馬昭以「輕時傲世、亂群惑眾」的罪名殺害了。

嵇康以高尚的氣節留名青史。他的死，雖說是因為惡勢力的迫害，但也與他自己的清高不無關係。也許他的智慧很高，但他恃才傲物，看不起別人，難免惹人反感。山濤出於友情寫信勸他，本是好意。即便他不認同山濤的觀點，也大可不必拒絕其心意吧？

很多人在聽到這個故事的時候，或許會很佩服嵇康。但是，如果你的身邊有這麼一個人，他在面對你的時候，把臉揚得很高，特別看不起你，你會喜歡他嗎？一個人如果總覺得自己清且高，覺得別人濁且俗，就難以做到與人為善，別人自然就會反感他。

《菜根譚》中說：君子當存含垢納汙之量，不可持好潔獨行之操。意思是君子應該有容忍庸俗的氣度和寬恕他人的雅量，絕對不可因自命清高不跟任何人來往而陷於孤獨。

元末名士倪瓚，擅繪畫，通詩文，且好潔，其文房四寶都有專人經管，隨時都要保持潔淨。他家的庭院前有棵梧桐樹，因為他吩咐家人每天都要用水沖洗兩次，硬是把那棵樹折騰死了。

張士信是反元義軍領袖吳王張士誠的弟弟。他非常喜歡倪瓚的畫，派人送去重金求畫一幅。哪知倪瓚非但不畫，還大發脾氣說：「倪瓚不能為王門畫師。」讓張士信恨得直咬牙。

一天，張士信和一班文人墨客泛舟太湖。船到中流，對面一艘小船上傳來縷縷異香。張士信說：「如此異香，必有高人雅士在其中。」隨即吩咐將船靠過去看個究竟。

不料，船上的人正是倪瓚。看到倪瓚後，張士信大怒，拔刀就要殺了他。隨從苦苦勸說，他才改將倪瓚打了一頓板子了事。倪瓚被打得很痛，不過，他始終沒有吭一聲。

後來有人對他說：「打痛了，應該叫一聲才是呀！興許打的人下手還會輕一點。」哪知倪瓚卻說：「要是叫出聲來，那就太俗了，那我還能叫名士嗎？」

古人云：厚志隱行謂之潔。而有些人，清高自負，孤芳自賞，甚至只為博「清高」之名，其內心修養和人生境界相當有限。其實，一個高境界的人，絕不會缺乏容人之雅量；一位智者，絕不會煢煢孑立，讓自己形影相弔。

清高，很大程度上是一種刻薄，是對別人的不敬；博納，則是一種美德，是一種與人為善的智慧。拋棄清高，才能讓自己的人生境界更高一層！要知道，能心容天下的人，才能為天下人所容。所以，我們立身處世，當有清濁並容的雅量，當有「厚德載物」的胸襟。

## 【管理實踐】

### 堅持人本的法治管理

治國者若用苛政暴刑來威懾人民，但當人民不怕這種威懾的時候，必然反抗作亂，那麼可怕的事情就會發生。

這「大威」，輕則消極怠工、罷工、抗議、遊行，重則亡國、亡業、喪身。片面的法治，極易激化問題。這類衝突平時是潛伏的，因此管理者常會看到一種假象：法治很靈、很有效，人們在「大棒」面前很聽話，管理很有秩序。

然而，潛伏的問題就像一堆乾柴、一座即將爆發的火山。稍有不慎，

乾柴會瞬間燃起,火山會轉眼爆發,管理即刻由有序變成無序,令人猝不及防。事情發展到如此地步,就難以收拾了。秦王朝短命覆滅的教訓,充分說明了這一點。

兩千多年前,李斯、韓非把荀子的學說帶到了秦國,改頭換面,取其極端,捨棄並且仇視仁義和王道以投報秦王室所好,推行殘刻寡恩的嚴刑峻法,以致殃民的苛政變本加厲。

秦國以超級暴力為後盾,威脅、利誘、驅使民眾,使其最大限度地為擴張王權奉獻一切,一時間國力頗為強盛。隨後,秦始皇以氣吞山河之勢統一天下,真可謂英雄蓋世。

但秦帝國僅僅存在了十幾年,是中國歷史上可數的短命王朝之一。其中最主要原因就是始皇帝推行了許多不合理的政策,過多地干擾了老百姓的生活。

例如,他大興土木,修建秦皇陵,把沉重的賦稅、繁重的兵役和徭役強加在百姓身上,實行「族誅」、「連坐」等酷刑,使得民不聊生、怨聲載道。他為了保障那建立在極端暴力基礎上的帝業傳之萬世,進而焚書坑儒,以為愚民之計。

無奈秦二世即位不過兩年,陳勝振臂一呼,天下回應,義旗四舉,舉國大亂。秦帝國這個龐然大物,最終淹沒在平民起義的怒濤中,其建立的鐵壁江山轉瞬間土崩瓦解。秦始皇企望承傳萬世的皇位,只傳到二世就氣數已盡。

唐代詩人杜牧在〈阿房宮賦〉中說得好:「族秦者,秦也,非天下也。」假使秦得天下後,能夠改弦更張,施行仁政,與民休養生息,則民心凝聚,國力日增,怎會這般異乎尋常地短命?

李斯步商鞅後塵,被腰斬於市;強大的秦帝國頃刻瓦解,均非歷史的偶然。直到今天,很多人還把商鞅、李斯當做現代法治的祖師爺加以膜

拜，視之為英雄，豈非南轅北轍？

　　民眾之所以敢於冒死一拚，是因為執政者施政過於嚴苛，對民眾壓迫過甚。民眾不畏懼死亡，那用死亡來威脅他們還有何用？民眾如果不畏懼威壓，那麼執政者的大禍就要降臨了。

　　隋煬帝是隋朝的第二代君主，他生活奢靡，不惜民力，營建東都洛陽。他還蒐集長江、五嶺之間的奇材異石至洛陽，又搜求海內佳樹異草、珍禽怪獸來充實皇家園林。官吏督建各項工程也嚴酷急迫，服役的壯丁死亡近半。

　　此外，他還幾次發動對外戰爭，都因對方的激烈抵抗而受挫。最後，財力耗盡，國庫空虛，百姓疲憊，雞犬不寧，隋王朝也隨之土崩瓦解。

　　因此，老子告誡管理者：「夫樂殺人者，則不可得志於天下矣。」那些以殺人為樂者，與眾人為敵的人，是不可能實現統治天下的願望的。其實，在管理中，執法、懲罰，絕不是管理的目的，只是「不得已而用之」的手段，管理者絕不可以此為樂、為癮。否則，其事業必將夭折。

　　不過，老子並不反對必要的法治，而是主張適度的法治。那就是：如果人民真怕死的話，那麼一有人做壞事，我就抓起來殺掉、懲罰，誰還敢再做壞事？

　　這充分展示了老子的思想，他既反對嚴刑酷法，又不否認必要的法治；他既肯定法治的必要性，又指出它的運用是有前提的。這個前提，就是「民常畏死」。當被管理者懼怕法治的威懾時，法治才會有效、可用。

　　老子不僅抨擊了片面的法治苛政，主張不可蓄怨於民，還從積極的方面指出管理者要以德化民。他說，重積德，則無不克。意思是，如能厚積德，那就沒有什麼不能勝任的，沒有什麼困難不可克服。

　　由此可見，老子在管理上是主張以人為本的。

# 第七十三章：勇於不敢

## 【原典】

勇於敢①則殺，勇於不敢②則活。此兩者或利或害③。天之所惡，孰知其故？是以聖人猶難之④。天之道⑤，不爭而善勝，不言而善應，不召而自來，繟然⑥而善謀。天網恢恢⑦，疏而不失⑧。

## 【注釋】

①敢：勇敢，剛毅，堅強。

②不敢：柔弱，軟弱，謹慎。

③或利或害：一個於己有利，一個對己有害。

④聖人猶難之：就連聖人在這件事情上也為難。另一種解釋為，聖人也難以解說這一問題。

⑤天之道：自然的法則。

⑥繟（音產）然：坦然，安然。

⑦天網恢恢：天網指自然的範圍。恢恢，廣大、寬廣無邊。

⑧疏而不失：雖然疏落卻並不會有任何遺漏。疏，稀疏、疏落。

## 【譯文】

果決剛毅而勇於敢作敢為，就會惹禍被殺；謹慎小心而勇於自我克制，就能全身保命。這兩種做法一個於己有利，一個對己有害。上天所憎

惡的，誰知道其中的原因？因此就連聖人在這些事情上也慎之又慎，難以決斷。自然的法則是，不爭鬥而善於取勝，不言語而善於回應，不召喚而自動到來，坦然而善於安排籌畫。自然的羅網廣大無邊，雖疏疏落落卻無任何遺漏。

## 【名家注解】

河上公：天不與人爭貴賤，而人自畏之。天不言，萬物自動應以時。天不呼召，萬物皆負陰而向陽。天道雖寬博，善謀慮人事。修善行惡，各蒙其報也。

王弼：誰能知天下之所惡，意故邪，其唯聖人，夫聖人之明，猶難於勇敢，況無聖人之明而欲行之也，故曰：猶難之也。

朱元璋：治天下務專常道，以利群生，勿尚苛暴。若苛暴，民為所殺者多矣。若果而行此，是謂勇。當法天地，施大道，如四時之常經，居動以時，順其事而賞罰焉。則民被恩，活者多矣。

## 【經典解讀】

在這裡，老子講了自然無為的人生哲學，細細讀來，頗能啟迪人的心靈。第一層的意思是柔弱勝剛強，第二層的意思是天道自然無為。這兩層意思之間是相互溝通、一體承之的。

在老子看來，自然的規律是柔弱不爭的。因此，同樣是勇，利與害大相徑庭。勇氣建立在妄為的基礎上，就會遭到殺身之禍；勇氣建立在謹慎的基礎上，就可以活命。

老子的主張很明確，勇與柔相結合，人們就會得到益處；勇與妄為相結合，人們就會遭受災禍。他認為，自然之道，貴柔弱，不貴強悍妄為；貴卑下，不貴高上貴重。而自然之道又是不可違背的，自然界的萬事萬物，只要依照自然規律變化和發展，都會有好的結果，不會有什麼疏漏。

有人便就此認為，老子只注重自然規律，而忽視人的主觀因素；不講人主觀努力的作用，是在宣揚退縮、膽小怕事的生活態度和命定論的思想。其實，當然不是這樣。

人們立身處世是不能違背自然規律的。勇而敢是不遵循自然規律的肆意妄為，並不僅是我們現在所說勇敢堅強的含義。勇而不敢是順應自然規律，不以主觀意志取代客觀實際，並不是懦弱和軟弱的代名詞。毫無疑問，我們立身行事，宜選擇後者而拋棄前者。

## 【處世學問】

### 忍耐一時，風光一世

老子說：果決剛毅而勇於敢作敢為，就會惹禍被殺；謹慎小心而勇於自我克制，就能全身保命。一個人能否成就大事，關鍵就看其是否懂得自我克制，是否能「忍」。忍，是一個人成大事的手段，而不是毫無進取的態度；偏安一隅，是為了蓄勢待發，而不是苟且偷生。要知道：忍耐一時，才能風光一世。

西漢末年，綠林赤眉起義爆發，劉秀與哥哥劉伯升也在南陽起兵。在戰爭中，劉氏兄弟逐漸顯示出過人的膽識，尤其昆陽一戰，劉秀臨危不亂，以少勝多，威名遠播。

然而大勝之後，卻有人對義軍領袖劉玄說：「劉秀兄弟才識過人，且屢立戰功，勢力越來越大。此時不除，後必為患。」劉玄覺得言之有理，便殺掉了劉伯升，劉秀也面臨大禍。

劉秀對哥哥的死非常悲痛，而他也是性命懸於一線。若起兵自立，自己勢力尚弱。而選擇逃跑，身家性命或許能夠保住，千秋大業則付之東流。思來想去，劉秀決定採用以柔克剛之策。

當時，他急令收兵，匆匆趕回宛城叩見劉玄。一到殿上，他就「撲通」一聲跪伏在地，向劉玄連聲謝罪，流著淚說：「我們兄弟沒有聽從陛下的旨意，是天大的罪過。我們百死莫贖！」劉玄本就覺得殺害功臣有些過分，見劉秀如此自責，反而不知如何是好。

為了表明立場，劉秀故意疏遠那些說話激憤的舊部，不但沒參加哥哥的喪禮，甚至沒表現出一點的悲痛之意。他總是飲酒作樂，絕口不提自己的功勞，還總自責有負於劉玄。

這使得劉玄的警惕之心漸漸鬆懈下來。結果，劉秀不但躲過了大劫，還被封為破虜大將軍。後來，他看準時機，離開了劉玄，在河北建立了自己的軍隊，最終掃蕩群雄，一統天下。

劉秀之所以能取得成功，主要在於他懂得運用「忍」的智慧。為了積聚力量，他低三下四、忍辱負重，上天不負苦心人，最後他成功了。

堅忍者，能以倔強之品性抵擋人生之逆境。人，沒有堅忍之性，則難以求成。一個人要擺脫逆境，成就一番大事，必須靠堅忍的品格和寬廣的心胸來支撐自己。

富弼是北宋仁宗時的宰相。年輕時，他聰明伶俐，巧舌如簧，常在無意間得罪人，事後又深感不安。經過長時間的努力，他的性格終於變得寬厚而謙和。

有一次，一個秀才想當眾羞辱富弼，就當街攔住他，假意向他請教問題。富弼知道來者不善，但也不能不理會，只好答應了。

秀才問富弼：「請問，欲正其心必先誠其意，所謂誠其意即毋自欺也，是即為是，非即為非。如果有人罵你，你會怎樣？」富弼想了想，答道：「我會裝作沒聽見。」秀才大笑而去。

富弼的僕人認為對秀才太過謙讓。富弼卻說：「此人輕狂，若與他以理辯論，必會言辭激烈，無論對錯，都是口服心不服。書生心胸狹窄，必

會記仇，徒勞無益，又何必呢？」

幾天後，富弼又在街上遇見那個秀才。秀才大聲說：「富弼只不過是一隻縮頭烏龜！」有人對富弼說：那個秀才在罵他。富弼卻說：天下同名同姓的人太多了，不是在罵他。因而，他絲毫不去理會秀才。秀才自討沒趣，只好匆匆走開了。

當了宰相後，富弼常教育子孫說：「『忍』之一字，是辦好一切事情的竅門。倘若一個人清正節儉，再加上這一『忍』字，做任何事都會勢如破竹，沒有什麼能難住他的。舉凡朝廷用人，唯才是舉；但在任用宰相時，又以『大度』二字衡量。所謂相者，要有天地之氣魄，能容萬物。如果不能忍，何異於蛙，一觸即跳，一跳便叫。」

忍一時風平浪靜。最大的智慧隱藏於中，絕不顯現於外。富弼完全做到了這一點。一個人若不能「忍」，就會衝冠一怒，氣貫長天，比如項羽，最終烏江自刎。懂得運用「忍」的智慧，比如劉邦，終為天下之主。

忍，是一種以退為進的心理能量；忍，是一種積蓄力量、待機而發的戰略戰術。刀不露鋒，叫「忍」。心中刀刃鋒芒畢露，不是「忍」。心中無刃，空空蕩蕩，也不是「忍」。只有刃鋒磨隱了，刃鋒藏在心胸的刀鞘裡，才算是真正懂得「忍」的智慧。

【職場應用】

### 不做剛硬暴虐的上司

勇於敢則殺，勇於不敢則活。這句話可理解為：勇於表現剛強，片面堅持以剛強行事，就會自我葬送；反之，勇於表現柔弱，善於以柔勝剛，則能生存發展。

這就提醒我們的主管們、上司們，對待下屬要多用懷柔政策、多施

恩義，這樣才能得到下屬的支持，使自己的事業根基堅實、蒸蒸日上；相反，剛硬暴虐、刻薄寡恩只會自毀前途。

古語云：「人固有一死，或輕於鴻毛，或重於泰山。」一代名將張飛，氣概非凡，英勇無敵。可是，他卻因剛愎自用而死於部下之手，讓我們在扼腕痛惜之餘，不禁生出自警之心。

《三國演義》的張飛，是驍勇善戰的猛將。傳說他曾一聲大吼，喝斷橋樑，使河水逆流。關羽曾誇讚他，於百萬大軍中取上將首級如探囊取物。可是，張飛有個致命的缺點——脾氣暴虐，部下小有過失，便加重罰。手下將士只能忍氣吞聲，心中是又恨又怕。

關羽被殺後，張飛痛不欲生，常常拉著部將們借酒澆愁。酒醉之後，心情更壞，稍不順心就對身邊的人加以鞭撻，有的甚至被鞭打致死，軍中上下敢怒不敢言。

為了替關羽報仇，張飛親自率兵伐吳。他命范疆和張達在三日內辦齊白旗白甲，三軍將士盡為關羽掛孝。范、張二人估計三日不夠，便回覆說：「三天時間恐怕太少，請寬限幾日。」張飛卻大怒，呵斥道：「我說三日就三日！」

范、張二人覺得時間實在太緊，再次懇求道：「我們說的是實情，三日實在是太倉促了……」「難不成我說的就是虛情了？你們竟敢違抗我的命令！來人！將這兩個人綁在樹上，各鞭打五十，」並嚴令道：「定要按我說的備齊，若超過時限，定斬你二人首級懸於此處！」

范、張二人被打得皮開肉綻，而且性命堪憂。范疆說：「此人性如烈火，要是到時候備不齊，我們性命不保！」張達說：「就算我們備齊了，保住了性命，恐怕日後也要死在他的亂鞭之下。與其讓他殺了我們，倒不如我們先殺了他！」兩個人計議已定，暗中等待時機。

張飛當晚大醉，臥於帳中，鼾聲如雷。范、張二人各執短刀，潛入帳

中將其殺死。

　　一代猛將，由於自己性格上的缺陷，就這麼窩囊地死於部下手中。

　　剛強過頭是暴虐，專權背後是貪腐，暴力最後的結果很可能是施暴者的滅亡。所以，身處職場的主管們、上司們，最好能對下屬仁慈一些，剛硬暴虐對自己沒有好處。

# 第七十四章：代斲傷手

## 【原典】

民不畏死，奈何以死懼之？若使民常畏死，而為奇①者，吾得執②而殺之，孰敢？常有司殺者殺③。夫代④司殺者殺，是謂代大匠斲⑤。夫代大匠斲者，希⑥有不傷其手矣。

## 【注釋】

①為奇：指為邪作惡、為非作歹之人。奇，奇詭、詭異。
②執：捉住，拘押。
③司殺者：指專管殺人的人，即行刑者。
④代：代替。
⑤斲（音卓）：砍，削。
⑥希：同「稀」，少。

## 【譯文】

若人民不畏懼死亡，則以死來恐嚇他們又有何用？若人民真的害怕死亡，對於為非作歹者，我就把他抓來殺掉，誰還敢為非作歹？通常應當由行刑者來殺他們，代替行刑者去殺人，好比代替高明的木匠砍木頭。代替高明的木匠砍木頭的人，很少有不砍傷自己手的。

## 【名家注解】

河上公：治國者刑罰酷深，民不聊生，故不畏死也。治身者嗜欲傷神，貪財殺身，民不知畏之也。人君不寬刑罰，教民去情欲，奈何設刑法，以死懼之？當除己之所殘克，教民去利欲也。

王弼：詭異亂群謂之奇也。為逆順者之所惡忿也，不仁者人之所疾也。故曰，常有司殺也。

朱元璋：王者陳綱紀，各有所司，司之以道，民有可罪者，乃有司責之，官守法以治之，然如是猶有過誤者，故違者君有所不赦。

## 【經典解讀】

老子在這一章中，主要講了自己的政治主張。他認為：當時的執政者施行苛政和酷刑，壓制人民，濫殺無辜，有朝一日人民不堪忍受，就不會再畏懼死亡。

正所謂「司殺者殺」，在老子看來：人的自然死亡是由天道掌管的，但殘暴無道的執政者卻把人民推向死亡線上，這從根本上悖逆了自然法則。因此，老子對於當時嚴刑峻法，逼使人民走向死途的現象，提出了嚴正的批評與抗議。

此外，老子還提到：如果人民真的害怕死亡，對於為非作歹者，就把他抓來殺掉，誰還敢為非作歹？有人便就此斷章取義地認為：「老子經常講退守、柔順、不敢為天下先，這是他的手法。他對待起來造反的人民可是不客氣，是敢於動刀殺人的。只是他看到用死來嚇唬人沒有用，所以才說出一句真話：『民不畏死，奈何以死懼之？』過去有些人為了掩蓋老子敵視人民的凶惡形象，故意說老子是不主張殺人的。」

其實，老子指出了人民已經被殘暴的執政者壓迫得不堪其苦，死都不怕了，何必還用死來恐嚇他們？如果不對人民使用嚴刑峻法，人民各得其

所，安居樂業，就會畏懼死亡。在那種情形下，對於為非作歹之人，把他抓起來殺掉，還有誰再敢做壞事呢？

老子的主張是，把主觀與客觀兩方面的情況考慮周全，並採取寬容的政策；如果不按天道自然辦事，草菅人命，就會遺禍無窮。儘管本章中有好幾個「殺」字，但仔細體會老子的原意，他絕不是要用殘酷的手段隨意殺人，這一點是應當分清楚的。

## 【商海實戰】

### 敢於拿心術不正者開刀

老子說：對於為非作歹者，我就把他抓來殺掉，誰還敢為非作歹？

一個商人應怎樣在員工中樹立威嚴呢？一般來說，嚴能生威。對於不苟言笑、滿臉肅穆的上司，職員就害怕他們。這種上司，一上任燒三把火就容易有威。如果這種辦法還鎮不下來，那就要付諸行動：殺一儆百，威風也就上來了。

以上的這種方法，也就是我們常說的「殺雞儆猴」。它是一種高超的領導智慧，歷史上許多著名的商人，都非常善用這一智慧。

有一次，胡慶餘堂的一個採購人員不小心把豹骨誤作虎骨買了進來，而且數量還頗大。進貨阿大知道這個採購人員平日做事特別牢靠，加上自己手頭正忙，也未加詳察就把豹骨入庫備用。有個新被提拔的副檔手（相當於助手）知道了這事，覺得這又是一個晉升的機會，於是，他就直接向老闆胡雪巖打了「小報告」。

胡雪巖馬上就親自帶人到藥庫查看了這批藥材，發現確實把豹骨誤作虎骨了，就命藥工全部銷毀。眼看由於自己的工作失誤，對老闆帶來了巨大的經濟損失，進貨阿大不安地遞了辭職信。

不料，胡雪巖卻很和氣地勸他說：「忙中出錯，是難免的，以後小心就是了。」但他卻對那位自以為舉報有功、等著提拔的副檔手開了刀，直接將其辭退了。

在胡雪巖看來，身為副檔手，發現偽藥不及時向進貨阿大彙報，已是瀆職，而背後打上級的小報告更是心術不正。如果不嚴懲他反而獎勵他，今後大家必然紛紛效仿，這樣勢必就會造成上下隔閡。

胡雪巖這一招「殺一儆百」用得乾脆俐落，沒有縱容心術不正的員工。打那以後，胡慶堂再也沒有發生過類似打小報告的事情，上下同心，生意做得越來越好。

嚴格地講，殺一儆百是一種心理上的戰術，是一種馭眾的手段。在現實中，不少人「不見棺材不落淚」，只有給他們來點真的教訓，才能使其改邪歸正。

「殺一儆百」固然有其價值，但一個商人必須謹記：只有讓員工感到有所依靠，你的舉措才有威嚴。你要愛惜你的員工，切忌胡亂顯示威嚴。要知道，玩斧不當，反而會砍傷自己。

**【管理實踐】**

### 殺一儆百能收震懾之效

殺一儆百，讓大家都知道為禍社會就不會有好下場，從而珍惜生命，對死亡感到恐懼，各務其業，各盡其職，社會秩序不就正常了嗎？天下不就安定了嗎？

兩漢時期，有一個叫尹翁歸的人，治理社會治安特別有方。他在任東海太守時，每隔一段時間，都從各縣抓幾個刁民加以懲罰。一般，他抓人時，或者在秋冬課吏大會中，或者在他巡察時，有意製造聲勢，其所管轄

地區的不良吏民無不畏懼而改過自新。

今天的法治仍然沿用這一古老的方法，殺雞給猴看，以典型案例教育、震懾社會上潛在的不安分子，達到良好的效果。

在歷代統治階級及領導者的管理方法中，殺一儆百是最常使用的方法，它的作用遠遠勝於其他的統治方法，因而受到許多人的推崇。下面的這個事例是人們所熟悉的，它所說明的道理相信大家讀後自有體會。

清朝康熙帝晚年多病，不能勤政，而且確立皇儲的問題攪得朝中一片混亂。因此，朝中官員漸漸疏於政務、因循敷衍、懶散拖沓、貪汙行賄，弄得到處烏煙瘴氣，一直到雍正初年。

雍正即位後，決心全面整頓吏治，改變朝廷大臣怠忽職守的狀態和消極懶散的作風。他清楚這種作風已經有很長時間了，徹底廢掉不是輕而易舉的事情。但如果僅僅對大臣們宣傳一些大道理，恐怕也收不到什麼好的效果。

雍正想來想去，決定來個「殺雞給猴看」：揪出典型，重加懲處，震住其他大臣。但是，到哪兒去揪出這隻「雞」，成了一個難題。不過，沒過多久，雍正便找到了問題的突破口。

一天，雍正讓手下趁別人不注意時，把刑部大門上的匾額拿回來，藏在屏風後面。然後雍正耐心地等待，看看刑部有什麼反應。

一天過去了，刑部沒有什麼異常。兩天過去了，刑部依然像什麼事都沒有發生一樣。又過了幾天，刑部依然沒有動靜。雍正再也沉不住氣了，他馬上召見了刑部主管官員。

一見面，他就問道：「你們衙門外的大匾額還在嗎？」官員不知雍正是何用意，畢恭畢敬地回答說：「在！」

可是當他們抬頭看時，只見雍正臉色陰沉，頓時嚇得面如土色，慌忙補充說：「應該在吧！」說完，便不再言語了。

雍正向近旁的侍從招招手，兩個內侍便把刑部大門外的匾額從屏風後抬出來。刑部主管官員一看，嚇得直哆嗦，一時不明白究竟是怎麼回事。

雍正指著放在大殿中央的匾，厲聲說道：「這塊匾額已經放在這裡七天了，可是你們卻沒有任何人發現匾額沒了！這麼大的問題你們居然都沒有注意，不知你們平日會疏忽多少錯誤？堂堂刑部尚且怠忽職守到如此地步，又怎麼能以身作則、教導下面的人勤於公務呢？！」

雍正大發脾氣，刑部主管嚇得雙腿發軟，連連叩頭，俯首請罪。他在皇上面前立下誓言，決心痛改前非，整頓吏治，提高效率。雍正對其他部門什麼都沒說，但自從這件事傳開後，朝中大臣們拖拖拉拉的辦事作風很快就有了起色。

正如老子所說：要想使老百姓害怕死亡，最好的辦法不是以死相威脅，而是讓他們感受到生命的可貴。尤其是對那些擾亂社會治安、影響老百姓正常生活的人要嚴懲不貸。情節惡劣的，要將他們遊街示眾，然後公然處決。這樣做，能維護老百姓正常的生活秩序，必定會得到他們的擁護。

# 第七十五章：無以生為

民之飢，以其上食稅之多，是以飢。民之難治，以其上之有為①，是以難治。民之輕死，以其求生之厚②，是以輕死。夫唯無以生為③者，是賢④於貴生⑤。

【注釋】

①有為：有所作為，強作妄為。引申為施行繁苛之政。

②以其求生之厚：由於統治者奉養過於豐厚奢侈。

③無以生為：不要使生活上的奉養過於豐厚。另一解釋是，不刻意追求生活優渥。

④賢：勝過、超過之意。

⑤貴生：厚養生命，過分追求生活享受。另一解釋是，重視生命。

【譯文】

人民陷於飢餓，是由於統治者設置賦稅太多，所以才陷於飢餓。人民不好治理，是由於統治者喜歡有所作為，因此才不好治理。人們把死看得很輕，是由於統治者奉養過於豐厚，因此才把死看得很輕。只有不使奉養過於豐厚的人，才比過分追求生活享受的人高明。

## 【名家注解】

朱元璋：治國務欲民實，無得重斂而厚科，若重斂而厚科，則民乏用矣。民既乏用，則盜賊之心萌，盜賊之心既萌，將必持戈矛而互相戕，是謂難治。

王弼：民之所以僻，治之所以亂，皆由上不由其下也，民從上也。

河上公：人民輕犯死者，以其求生活之道太厚，貪利以自危。以求生太厚之故，輕入死地也。夫唯獨無以生為務者，爵祿不干於意，財利不入於身，天子不得臣，諸侯不得使，則賢於貴生也。

## 【經典解讀】

在上一章中，老子對嚴苛的政治壓迫進行了無情的抨擊，要求執政者善待民眾。這一章裡，他又對繁重的經濟剝削進行了指責，對執政者提出了嚴正警告。

老子揭示了老百姓與執政者之間的衝突對抗。他認為，寬容的政治，比暴虐的政治要高明得多。因為執政者賦稅太重，多行暴政、貪圖奢侈，人民就會因此遭受飢餓、難以治理、輕視死亡，終而鋌而走險、紛紛造反，執政者也就面臨垮臺、死亡的命運了。

從根本上講，人民的反抗是由執政者的苛政和沉重的租稅所引起的。也就是說，剝削與高壓是政治禍亂的最深層原因。面對深重的壓迫，為了生存，老百姓沒有選擇的餘地，只有奮起抗爭這一條路可走。死亡，在他們看來已經不再可怕。

對於這一點：唐太宗李世民看得比較清楚，他曾對大臣說：「民之所以為盜者，由賦繁役重，官吏貪求，飢寒切身，故不暇顧廉恥耳。」那如何才能減少人民的苦難，使人民安居樂業，不去鋌而走險呢？

老子給出的方法是：「夫唯無以生為者，是賢於貴生。」執政者不把自己的生看得太重要，就是愛護百姓和自己生命最好的方法。唐太宗給出

的方法是：「去奢省費，輕徭薄賦，選用廉吏，使民衣著有餘，則自不為盜，安用重法邪！」

總之，人民的飢荒，是執政者沉重的租稅造成的；人民的輕生，是執政者無厭的聚斂造成的。這種說法，同貫穿全書的「無為」思想是相通的。它反映了被壓迫人民的要求，是作為群眾主體廣大平民階級思想的流露。

【處世學問】

### 學會拒絕物質誘惑

老子告誡執政者：只有不使奉養過於豐厚的人，才比過分追求生活享受的人高明。

的確，物欲橫流的時代，向人們展示了太多的誘惑。行走其間，很有必要保持一份清醒的淡泊。然後，在淡泊中尋找自己、陶冶自己，在紛亂的滾滾紅塵中學會拒絕物質誘惑。

一條小魚問大魚：「媽媽，我的朋友告訴我，釣餌上的東西是最美的，但就是有一點危險。怎樣才能嘗到這種美味而又保證安全呢？」

「我的孩子！」大魚說，「這兩者不能並存的，最安全的辦法就是絕不去吃它。」

「但他們說，那是最便宜的，因為它不需付出任何代價。」小魚說。

「這可完全錯了。」大魚說：「最便宜的很可能是最貴的，因為它希圖別人付出的代價是整個生命。你知道嗎，它裡面裹著一支釣鉤？」

「要判斷裡面有沒有釣鉤，必須掌握什麼樣的原則呢？」小魚問。

「那原則就是你剛才說的。」大魚說：「一種東西，味道最美，又最便宜，似乎不用付出任何代價，釣鉤很可能就藏在裡面。」

現實生活中，有很多這樣的誘惑，手握大權是誘惑，獲取暴利是誘惑，愜意享受是誘惑，痛快玩耍也是誘惑。在生命的旅程中，我們唯有學會拒絕誘惑，才能到達成功的彼岸。

陶淵明辭棄官職，居住在一個寧靜的村莊，因此有了「采菊東籬下，悠然見南山」的獨立人格；周敦頤拒絕官場腐敗，才有了「出淤泥而不染」的潔身自好；王冕淡泊名利，留下了「不要人誇好顏色，只留清氣滿乾坤」的佳話。他們都學會了拒絕名利與金錢的誘惑，是我們的楷模，因此流芳千古。

物質享受方面要求多了，會妨礙精神境界的提高。因此，在對待物質生活與精神生活的關係時，要善於引導自己追求更高精神生活，努力提高自己的精神境界，而在物質享受方面，則不宜要求太高、太多。

在拒絕物質誘惑方面，孔子與老子有著相似的觀點。他曾說：「士志於道，而恥惡衣惡食者，未足與議也。」一個人總以吃穿不好為恥，心思都放在追求物質享受方面，那就很難談得上樹立遠大的理想了。

孔子讚揚學生顏回說：「賢哉回也，一簞食，一瓢飲；在陋巷，人不堪其憂，回也不改其樂」。在孔子看來，顏回灑脫淡泊，而不去計較個人物質生活的困難，是個有志向的人。

他還說，「飯疏食飲水，曲肱而枕之，樂亦在其中矣。不義而富且貴，於我如浮雲。」吃粗糧，飲冷水，彎著胳膊當枕頭，樂在其中，用不正當的手段得到的富貴，對於我來說，就如同浮雲一樣。

此外，孔子還教導學生「謀道不謀食」、「憂道不憂貧」，「見小利則大事不成」，他認為一個有遠大抱負的人，不應迷戀和陶醉於眼前的物質享受，更不能為追求一時享樂而去貪圖不義之財，而葬送自己的前途。

話雖如此，但很多年輕人意志薄弱，貪圖玩樂享受，常常是白了少年頭，空悲切！

這是不懂得拒絕愜意享受、痛快玩耍的誘惑惹的禍。他們可曾想到，這種追求不過是物質生活「金玉其外，敗絮其中」的表現，這樣的生活就如同一杯白開水，毫無意義可言。

讓我們學會拒絕誘惑，讓生命更有意義；讓我們學會拒絕誘惑，創造一個和諧美好的社會；讓我們學會拒絕誘惑，擁有更加美好的生活。

## 【商海實戰】

### 一把算盤要兩面打

世界上無論哪類商業交易，僅有一方占利、另一方完全無利可圖的例子是沒有的，一定要讓利互惠才行。做生意，謀利是根本目的，但不能太貪心，而且對於如何謀利一定要懂得變通，這才是高明的經商之道。

胡雪巖常說：「一把算盤要兩面打，先為自己打算，然後再為合作夥伴打算。」所以，在生意中，當合作夥伴無利可圖時，他或是讓利，或是寧可不做。

胡雪巖的想法，帶有一種「吃虧是福」的味道。讓利於人，一把算盤兩面打，是一種高瞻遠矚的戰略。不能舍眼前小利而爭取長遠大利的商人，註定是難以在商道上大有作為的。

眾所周知，生意人都有趨利的本性。如果能把眼光放長遠，肯於吃點小虧，讓合作對象得利，就能最大限度地調動其合作的積極性，幫助你把事業做得更加興旺發達。

美國人克洛克原本一貧如洗，為養家糊口，他沒讀完中學就去打工了。他先是在一家工廠做推銷員，業績很好，不僅有了一定的收入，還結識了不少朋友，積累了一些經營之道。

他一直想創辦自己的事業，並且十分看好速食業。他認為，餐飲業亟

需改革，以適應速食文化。可是，一分錢難倒英雄漢，對於剛剛走出貧困的克洛克來說，開辦餐館談何容易！

好在，他終於想出了一個辦法。他在做推銷員時，認識了開速食店的麥當勞兄弟，就決定憑雙方的交情先進入他們的速食店學習，以最終實現自己的偉大抱負。

在過去的接觸中，克洛克深知這兩位老闆愛占小便宜。因此，他主動向麥當勞兄弟提出，想到他們店裡當店員並兼做原來的推銷工作，並承諾把推銷收入的5％讓利給他們。麥氏兄弟見有利可圖，又考慮到店裡確實需要加些人手，便十分爽快地答應了。

進入速食店後，克洛克工作勤奮，任勞任怨，很快便取得麥氏兄弟的信任。他是那麼坦誠、謙遜、讓人信賴，而他的每一項建議都使餐館的生意更好，得到麥氏兄弟的由衷讚歎。最終，麥氏兄弟把餐館的經營管理權全部交給了克洛克。

後來，克洛克從麥氏兄弟手中買下了這個餐館，並憑藉出色的經營管理使餐館很快享譽全美。又經過20多年的苦心經營，其總資產已達42億美元，成為國際十大知名餐館之一。

克洛克成功的關鍵，就在於他瞭解麥氏兄弟的性格，僅以讓利5％就輕易打入了麥氏快餐館。所以說：「吃虧是福」，錢是永遠都賺不完的，更不可能被某個人獨享。一心只為利，得到的只能是小利、短暫的利；心胸開闊地處世，方能得到大利、恆久的利。

聰明的商人會爽快地與對方成交，寧肯讓對方多占些利，他們更關注的是長遠大計。精明的商人卻常常錙銖必較，為了些許蠅頭小利而與對方爭執不休，常鬧得不歡而散，雙方都無錢可賺。

古人說「吃虧就是佔便宜」，有著精深的文化內涵。常常是，吃的虧是明顯的、表面的，但占的便宜卻是無形的、長遠的。

# 第七十六章：木強則折

## 【原典】

人之生也柔弱①，其死也堅強②。萬物草木③之生也柔脆④，其死也枯槁⑤。故堅強者死之徒⑥，柔弱者生之徒⑦。是以兵強則滅，木強則折。強大處下，柔弱處上。

## 【注釋】

①柔弱：指人活著的時候身體柔軟。

②堅強：指人死了以後屍體僵硬。

③萬物草木：萬事萬物，一草一木。借指除人之外的任何事物。

④柔脆：用以形容草木的柔軟脆弱。

⑤枯槁：用以形容草木的乾枯。

⑥死之徒：屬於死亡的一類。徒，類的意思。

⑦生之徒：屬於生存的一類。

## 【譯文】

人活著的時候身體是柔軟的，死了以後屍體就變得僵硬。萬物草木活著的時候都很柔軟脆弱，死了以後就乾枯變硬了。所以，堅硬的東西屬於死亡一類，柔弱的東西屬於生存的一類。因此，兵勢強大就會滅亡，樹木高大就會摧折。所以，強大的居於劣勢，柔弱的處於優勢。

朱元璋：能知柔弱柔脆而皆生，堅強枯槁而皆死，其知修救乎？若君及臣庶，君用此道天下治，臣用此道忠孝兩全，匡君不怠，庶人用此，家興焉。反此道者，豈不堅強枯槁？

王弼：強兵以暴於天下者，物之所惡也，故必不得勝。

河上公：強大之兵，輕戰樂殺，毒流怨結。眾弱為一強，故不勝。木強大，枝弱共生其上也。興物造功，大木處下，小物處上，大道抑強扶弱，自然之效。

【經典解讀】

在這一章中，老子透過一些常見的生活現象，反覆論證了這樣一個觀點：柔弱勝剛強。貴柔、處弱，是老子的一貫主張。他以直觀的眼光，從自身的經驗出發，看到了人剛生下來的時候身體是柔弱的，死了之後就變得堅硬了；草木剛長出來的時候也是柔弱的，死了以後就變得枯槁了。

由此，老子得出結論：世界上的東西，凡是堅強的都是死的一類，凡是柔弱的都是生的一類。將這個觀點運用到為人處世上，老子認為：人生在世，不可逞強鬥勝，而應柔順謙虛，有良好的處世修養。可以說：這種對社會與人生的深刻洞察，正是老子貴柔、處弱思想的根源。

這種思想來源於對自然和社會現象的觀察與總結。這裡，無論柔弱還是堅強，也無論「生之徒」還是「死之徒」，都是事物變化發展的內在因素在發揮作用。這個結論還蘊含堅強的東西已失去生機，柔弱的東西則充滿著生機之意。

老子在這一章裡所表達的思想是極富智慧的，他以自然和社會現象，形象地向人們提出奉告，希望人們不要處處鋒芒畢露，不要時時爭強好勝。事實上，在現實生活當中，有不少這樣的人，這種例子不勝枚舉。當

然，這也符合老子一貫的思想主張。

聰明的人應從中吸取教訓和智慧：做人不能強硬，而要柔弱一些。「強大處下」，強大的就會走下坡路。因為強大到了極點，無法再強大，「盛極而衰」，所以就開始走下坡路了。另外一個原因是，強大以後很容易驕傲自滿，甚至不思進取，「滿招損」，所以也會走下坡路。

## 【處世學問】

### 化百煉鋼為繞指柔

老子說：堅硬的東西往往屬於死亡的一類，柔弱的東西屬於生存的一類。他還提出，強大處下，柔弱處上。即強大的居於劣勢，柔弱的反而處於優勢。

老子用他那深邃的目光，看到了「物極必反」的規律。歷史上，有過不少弱國戰勝強國、小國戰勝大國的例子，所以說，在特定的條件下，「柔弱」是可以勝過「剛強」的。

你看秦始皇，他併吞四海、一統宇內，何其強大！他處處耀武揚威，「卻匈奴七百餘里」，以至於「胡人不敢南下而牧馬，士不敢彎弓以報怨」。可是，他死後不到三年，他一手創建的「強大」帝國，就灰飛煙滅了。你看拿破崙、希特勒，他們的軍隊不是號稱天下無敵嗎？可是，最終不也都慘敗而歸了嗎？

國事、軍事如此，為人、處世也一樣。堅硬強大，是衰敗之兆；知強守弱，是明智之舉。

有一次，明武宗南巡，提督江彬護駕。江彬率領的都是西北壯漢，身材魁偉，虎背熊腰，力大如牛。南京兵部尚書喬宇，也讓親信在江南拳師中，挑選一百多位矮小精悍的高手隨行。

雙方相約在校場比武。西北壯漢自恃力大，出拳極重，可是總打不中目標。那些江南拳師，雖身材矮小卻跳躍如飛。結果，西北壯漢不是被莫名其妙地撞了肋骨，就是稀裡糊塗地被擊中了其腰部，全都敗下陣來。

　　喬宇所率領的江南拳師，用的就是「守柔」的策略。從表面上看來，江南拳師是以弱對強。實際上，他們是化弱為強，巧妙地將自身的劣勢化為對敵的優勢，結果反而能擊敗強敵。

　　所以，千萬別小看柔弱，柔弱者往往具有極為強大的生命力。你看那蚯蚓，多麼柔弱，可是它們的生命力是極強的。一條蚯蚓被斬成兩段，可是牠還是能動、還是能活，原因就在於牠至柔至軟、沒有骨力。所以，太過強硬常是死亡之兆，而至柔至弱則是勃發之機。

　　真正強大的人，從不顯示自己的強大，他們會內斂鋒芒、示人以弱。大家都知道，真正的武林高手不會隨便出手，只有街頭的混混才天天喊打喊殺；汪汪大叫的狗不敢咬人，真敢咬人的狗通常都不叫。這叫內斂；這叫引而不發，不發則已，一發必中。

　　所以，不要故作剛強，不要恃強使氣。即使你真的很強，也要內斂幾分。

　　柔弱者知道自己很弱小，所以奮而進取；智商平平者知道自己不夠聰明，就笨鳥先飛早入林。因此，我們要善於把自己放在一個「柔弱」的位置，以「柔弱」的態度來對待自己，以「柔弱」的方式來處理問題。這樣，我們才能有大的進步，才不會因為強盛而走下坡路。

# 第七十七章：為而不恃

【原典】

天之道①其猶張弓與？高者抑②之，下者舉之；有餘者損③之，不足者補之。天之道，損有餘而補不足。人之道④則不然，損不足以奉⑤有餘。孰能有餘以奉天下？唯有道者。是以聖人為而不恃⑥，功成而不處⑦，其不欲見賢⑧。

【注釋】

①天之道：自然界的規律、法則。

②抑：抑制，壓低。

③損：抑損，消減。

④人之道：人類社會的規律、法則。

⑤奉：供給，供奉。

⑥恃：仗恃，倚仗。這裡指不仗恃己力。

⑦處：居。這裡指自居有功。

⑧見賢：表現自己的智慧和才幹。

【譯文】

自然的法則，不是很像拉弓弦嗎？拉高了就把它壓低一些，拉低了就把它抬高一些；拉得過滿了就放鬆一些，拉得不夠滿就補充一些。自然的

法則，是削減有餘的而補益不足的。人世的法則就不是這樣了，它是削減不足的來供給有餘的。誰能削減有餘的，來供給天下的不足呢？只有領悟了自然法則的人才能做到。因此，聖人有所作為而不自恃己力，有所成就而不自居有功，這是他不想表現自己的智慧和才幹。

## 【名家注解】

河上公：言張弓和調之，如是乃可用。夫抑高舉下，損強益弱，天之道也。天道損有餘而益謙，常以中和為上。世俗之人損貧以奉富，奪弱以益強也。

王弼：與天地合德，乃能包之，如天之道。如人之量，則各有其身，不得相均，如惟無身無私乎，自然然後乃能與天地合德。唯能處盈而全虛，損有以補無，和光同塵，蕩而均者，唯其道也。是以聖人不欲示其賢以均天下。

朱元璋：天道惡盈而好謙，所以大化如常，無昂而中不下，其功安在？乃損有餘而補不足是也。凡治天下，國足用而無餘，若乃有餘，民窮矣。誠能以有餘給民之不足者，則天下平，王道昭明焉。

## 【經典解讀】

在本章中，老子將「天之道」來與「人之道」進行了對比，主張「人之道」應該效法「天之道」，透露出一種朦朧的、模糊的平等與均衡社會理想。

老子把自然界保持生態平衡的現象，歸之於「損有餘而補不足」。因此，他要求人類社會也改變「損不足以奉有餘」的不合理、不平等現象，「損有餘以奉天下」。這展現了他社會財富平均化和人類平等的觀念。

老子將天道比做拉弓射箭，太高了就放低一點，太低了就舉高一些，拉得太滿了就減損一點，拉得不夠就補充一些。意在表明：自然大道有餘而益謙，也就是說大道對滿的、強的損之，對謙的、弱的益之，始終保持

中和。

　　自然之道如此，但人們做事卻恰恰相反，喜歡減去不足而補充有餘。越有錢的越追求錢財，越有權的越追求權力，貪婪的欲望永無止境。結果，使得窮人越來越窮，不得已揭竿而起，推翻壓迫者，重新分配。

　　但有智慧的聖人就不同了。當自己滿足時，他們絕不去炫耀，反而會貶損自己。一旦自己有餘時，就會把多餘的東西補給那些欠缺的人。這樣貶損了自己，別人也得到好處，那麼你與別人的關係自然也就好了，自然不會產生什麼衝突、爭鬥了。

　　一個人貶損自己而不去炫耀，他就不會自滿，不會因驕傲自大而失敗。一個人減損多餘，如頭上的光環，諸多的錢財、權力等，給予那些需要的人，那他就會獲得更多的人情。誰如果同時具備了以上兩者，那他就會過得幸福而美滿。

　　整體上來說，這一章是對「民不畏死，奈何以死懼之」、「民之飢，以其上食稅之多」這一思想的繼續和發展，表達了老子對執政者推行苛政的痛恨，對老百姓生活艱難困苦的同情。

## 【處世學問】

### 合上功勞簿就是平凡人

　　老子說：聖人有所作為而不自恃己力，有所成就而不自居有功。不以功自居，堅守「功高不蓋主」的正道，是終保榮華、平安的一個關鍵因素。所以，在下者對在上者，切忌以功自居，不居功才能有功。

　　楚國將軍子發率軍攻打下蔡得勝歸來。楚宣王親自到郊外迎接，並賞賜給他土地百頃和最高的爵位。子發卻堅絕不接受。

　　楚宣王十分奇怪，問道：「將軍為什麼不接受寡人的賞賜，難道是

嫌寡人的賞賜太輕了嗎？」子發說：「大王，您的賞賜太厚重了。」楚宣王問：「難道你的功勞不值得這樣的賞賜嗎？」子發說：「臣自知功勞太小，不足以擔當如此賞賜。」

楚宣王說：「將軍連年率軍東征西戰，屢戰屢勝，為我們楚國立下了汗馬功勞。這樣的功勞還不夠高嗎？」

子發說：「治理國家，樹立國威，讓各諸侯不得不重視中國，這是君主您的功勞；行軍打仗，發號施令，我們軍隊還沒有到達，敵人就望風而逃，這都是將領們的功勞；士兵們在戰場上，奮勇殺敵，戰勝敵人，這是士兵們的功勞。楚國軍隊屢戰屢勝，這都是大家的功勞。沒有大家的支持，我又怎麼能率領軍隊屢戰屢勝呢？利用大家的功勞為我個人謀取功名富貴，這不是仁人之道。」楚宣王感嘆道：「好啊！」

關於此事，有人曾經向莊子請教：「楚宣王用最高的爵位賞賜子發，子發為何不接受呢？」莊子說：「大功告成而不居，正是因為不居功，才能確保功業永存，這才是為臣之道。」

劉秀起兵之初，潁川的馮異就投奔他做了主簿。馮異忠心耿耿，辦事能力強，讓劉秀留下了很好的印象。

當時，劉秀兵力並不強大，糧草供應也十分窘迫。有一次，劉秀率兵奇襲饒陽，正值三九嚴寒，又兩天未吃飯，真是飢寒交迫！馮異硬是設法，為劉秀準備了一碗熱食。

後來，劉秀覺得馮異是大將之才，便讓他帶兵。馮異治軍有方，愛護士卒，深得部屬擁戴。不久，馮異征戰有功，被封為應侯。

大戰之後，劉秀總要論功行賞。這時各位將軍便紛紛邀功請賞，爭得不可開交。馮異卻從不爭功，每次都獨自靜坐在大樹下，任憑劉秀評定。他因此得了個「大樹將軍」的雅號。

劉秀稱帝後，令馮異從洛陽率兵西進，以平定關中地區。馮異率領大

軍，一路安撫百姓，宣揚劉秀的威德，所到之處，紛紛歸順，不久便平定了關中地區，又一次立下了汗馬功勞。

後來，馮異被拜為征西大將軍。又連續平定數地，威勢寰宇。可是，馮異一直到去世，都盡忠王事，且從來不自居其功，安然得以善終。

其實，不居功是一種生存策略，是一種為人處事的妙法，更是一種崇高的精神修養。

功，是事業成功的展現，是一個人對事業作出貢獻的記錄，為人民的事業作出重大貢獻者，叫功臣。所以，功臣是受人尊敬的。搶功、爭功不可取，功過分明為正常，可有功不居功，就更加突顯有功者人格的高尚。

【職場應用】

### 獨享榮耀就會獨吞苦果

老子「為而不恃」、「功成不處」的思想，對職場人士也是極具啟發意義的。身處職場，成績往往是大家同心協力取得的。即便功勞實際上都是你的，也不能全部據為己有。懂得分享榮耀，才更能團結下屬、同事和上司，從而使自己在工作中更進一步；反之，獨享榮耀，就難免惹人嫉妒或仇視，最終反而會吞下苦果。

西元前478年，年輕的貴族卡阿尼斯與其他三名貴族一起，乘勝追擊波斯侵略者。眾人浴血奮戰，很快便奪回了被波斯占領的島嶼和市鎮。他們以無畏的勇氣和出人意料的戲劇性表現，贏得雅典人的敬重。勝利而歸的他們，受到了人們的熱烈歡迎。

然而，在慶祝的酒會上，卡阿尼斯卻獨攬了風光。他接受了最高的榮譽和獎賞，而與他一同戰鬥的其他貴族卻被冷落一旁。被冷落的貴族憤憤不平，便散布謠言，說卡阿尼斯與波斯共謀摧毀斯巴達。最終，卡阿尼斯

這位昔日的英雄，被憤怒的人們燒死在一個小屋中。

一有了榮耀，就自我膨脹、得意忘形，那你也就離遭殃不遠了。因為你風頭正健，他們不得不忍受你的光芒四射。可是慢慢地，他們會在工作上有意無意地阻撓你，讓你碰釘子。

所以，當你因工作成績突出而受到嘉獎時，千萬別獨享榮耀，否則將很可能給你帶來人際關係上的危機。為了讓這份榮耀為你帶來助益，你首先要感謝上司的提拔、指導、授權，還要感謝同事的協助、下屬的支持。

一個小女孩，終於到了神往已久的美國迪士尼樂園，而且她幸運地遇到了樂園的創辦人迪士尼先生。小女孩激動地說道：「您真偉大！您創造了這麼多可愛的動畫朋友！」

迪士尼微笑著回答：「不，那些是很多叔叔阿姨們創造出來的，不是我的功勞！」

小女孩好奇地又問：「那些可愛、有趣的故事應該是您創作的吧？」

老人還是平靜地笑著：「也不是，是許多聰明的富有想像力的作者和製作員想出來的！」

口頭分享有必要，實質的分享也不可少。別人並非要分你一杯羹，只是你的分享能讓他們感覺受到尊重。小榮耀請吃糖，大榮耀請吃飯，吃了、喝了你的，誰還好意思與你作對？

不獨享榮耀，說穿了就是不去威脅別人的生存空間，因為你的榮耀會讓別人變得黯淡，產生一種不安全感，而你的感謝、分享、謙卑，正好讓旁人吃下一顆定心丸！

# 第七十八章：受國之垢

【原典】

　　天下莫柔弱於水，而攻堅強者，莫之能勝。以其無以易之①。弱之勝強，柔之勝剛，天下莫不知，莫能行。故聖人云：受國之垢②，是謂社稷主；受國不祥③，是謂天下王。正言若反④。

【注釋】

①無以易之：沒有什麼能夠替代它。易，替代、取代。
②受國之垢：承擔國家的屈辱。垢，屈辱。
③受國不祥：承擔國家的禍患。不祥，災難、禍害。
④正言若反：正面的言論如同反話一樣。

【譯文】

　　天下沒有什麼比水更柔弱的了，而攻擊堅固強大之物，卻沒有什麼可以比得過它。因為它是任何東西都無法替代的。弱小的勝過強大的，柔軟的勝過剛強的。天下沒有人不懂得這個道理，卻沒有人能踐行。所以聖人說：承擔國家的屈辱，叫做國家的君主；承擔國家的禍患，叫做天下的君王。這些正面的言論聽起來如同反話一樣。

## 【名家注解】

河上公：圓中則圓，方中則方；擁之則止，決之則行。水能懷山襄陵，磨鐵消銅，莫能勝水而成功也。夫攻堅強者，無以易於水。水能滅火，陰能消陽。舌柔齒剛，齒先舌亡。知柔弱者長久，剛強者折傷也。君能受國垢濁者，若江海不逆小流，則能長保其社稷，為一國之君主也。君能引過自與，代民受不祥之殃，則可以王有天下。此乃正直之言，世人不知，以為反言。

朱元璋：石堅而不堅，水不能入，由氣先而水後，如此者雖堅無不透，雖剛無不柔，雖強無不弱，此即大化流行，不言而治矣。君天下者體，為臣下者效，士庶以此而律身，則世無惡矣。聖人量同天地，大德不吝，惠及生民，則天下衛社稷矣。君能寅畏上下，臣若時懼神明，士庶畏法奉祖，則君君臣臣，海內康寧，樂哉乎士庶，天下王。

## 【經典解讀】

本章內容主要包括兩點：一是對水的讚美，二是「正言若反」。

本章先是以水為例，說明弱可以勝強、柔可以勝剛的道理。老子之所以舉水的例子是人們日常生活中最常見的。前面曾講到「水善利萬物而不爭」，可與此處結合起來閱讀。

老子認為：水表面上最為柔弱，但柔弱的水可以穿山透石、淹田毀舍，任何堅強的東西都阻止不了它、戰勝不了它。因此，老子堅信柔弱的東西必能勝過剛強的東西。

不過，對於老子柔弱似水的主張，應該加以深入理解，不能停留在字面上。老子在這裡所說的柔弱，是柔中帶剛、弱中有強，堅韌無比，並不是軟弱無力。

由於水性趨下居卑，因而老子又闡揚甘於卑下屈辱，實際上反而能夠保持高高在上的地位，具有堅強的力量。由此推而言之，老子認為，體悟

道的聖人就像水一樣，甘願處於卑下柔弱的位置，對國家和人民實行「無為而治」。

篇末「正言若反」一句，則高度概括了老子相反相成的辯證法思想，其涵義十分深刻、豐富。例如，「大成若缺」、「大盈若沖」、「大直若屈」、「大巧若拙」、「大辯若訥」、「明道若昧」、「進道若退」、「大白若辱」、「廣德若不足」、「質真若渝」、「大方無隅」、「大器晚成」、「大音希聲」等，都是在說明這個道理。

上述語句中所提到的前後兩種性質，本來是彼此相異、互相排斥、對立的。但在某種條件下，事物的某種性質和其對立面有了統一性，二者互相包含、互相融合、互相滲透、彼此同一。這充分展現了概念的靈活性，只不過這種靈活性是有條件的，老子的這句話也只在一定條件下才有意義。

【處世學問】

### 忍辱負重才能成大事

受國之垢，是謂社稷主；受國不祥，是謂天下王。即承受得起國家屈辱的人，才能夠做國家的君主；承受得起國家災難的人，才配做天下的君王。可見，忍辱負重，才能成大事。

事實上，古今中外許多大人物，都是忍常人難忍之屈辱、突破重重阻礙，才走向成功的。任何困難與屈辱，都不足以讓堅忍者心灰意冷，反而更能鼓舞其士氣，激發起其成事的欲望。

在中國歷史上，有很多能忍辱成事的大人物，張良就是其中之一。《史記·留侯世家》記載：秦末，張良在博浪沙謀刺秦始皇未遂，逃到下邳隱居。

一天，他在城外石橋上遇到一位白髮長鬚、手持拐杖、身穿褐色衣服的老人。老人的鞋子掉到了橋下，便命令張良去撿上來。張良很氣憤，甚至想揍人，但見對方年老體衰，便克制住了怒氣，到橋下幫他撿回了鞋。老人不僅不道謝，反而得寸進尺地伸出腳說：「替我把鞋穿上！」張良乾脆好人做到底，忍著氣替他穿上了鞋。

　　張良的行為，得到老人「孺子可教」的認可。又經過幾番考驗，老人終於將兵家奇書《太公兵法》送給了張良。張良得到這本奇書後，成了滿腹韜略、智謀超群的人物。

　　張良克制自己的不快，為老人拾鞋、穿鞋，看上去好像很窩囊，但這並不是軟弱的表現。他明知自己比老人身強力壯，而不與老人爭執，處處禮讓，展現了高尚的品格和過人的胸襟。

　　無論是在國家大事上，還是在個人事業上，能夠忍辱負重的人，往往是能笑到最後的人。

　　張良的忍辱負重，成就了自己「運籌帷幄之中，決勝千里之外」的千古美名。是我們學習的榜樣，其忍辱負重，讓遭到困難與屈辱的人看到了希望，明白了一個深刻的道理——忍辱負重者能成大事。

【職場應用】

### 做個勇於挑重擔的人

　　老子說：承受得起國家屈辱的人，才能做國家的君主；承受得起國家災難的人，才配做天下的君王。身處職場，不能只圖名譽和地位，而害怕承擔責任。凡有識之士，面對榮譽都能保持理智和清醒，面對責任和過失都能勇於承擔。他們絕不會見名譽和功勞就搶，遇到問題就推卸責任。只有具備了這樣的品行和修養，才稱得上是稱職的主管、稱職的員工。

西元前496年，勾踐即位成越王，同年大敗吳師。西元前494年，勾踐被吳軍敗於夫椒，被迫向吳投降，做了吳王的臣僕。此後二十年間，勾踐臥薪嚐膽，忍辱負重，任用賢臣，繁息人口，發展生產，重建武裝，越國重新強大起來，最終滅掉吳國，統一了東南一帶。後來勾踐又北上爭霸，橫行江淮，號稱霸王。

西施是越王勾踐的臣民。她天生麗質、傾城傾國，美貌與智慧並重。那時候，越王勾踐正臥薪嚐膽，意圖復國。在國難當頭之際，西施忍辱負重，以身許國，與鄭旦一起由越王勾踐獻給吳王夫差。成為吳王最寵愛的妃子後，西施把吳王迷惑得眾叛親離、無心於國事，達到了瓦解敵方陣營的重要作用，表現了一個愛國女子的高尚思想情操。相傳，吳國被勾踐所滅後，西施與范蠡泛舟五湖，悠悠山水，不知所終……

勾踐能「受國之垢」，稱得上是稱職的領袖；西施能「受國不祥」，完全是合格的子民。

美國田納西銀行前總經理特里認為：勇於擔當是一個人最大的力量源泉；推卸責任和扭曲事實，是一個人思想和心靈未得淨化的表現。

美國前總統卡特也是一位勇於擔責的智者。在營救駐伊朗的美國大使館人質的作戰計畫失敗後，卡特即在電視裡鄭重聲明：「一切責任在我。」僅僅因為上面那句話，卡特總統的支持率驟然上升了10%以上。

卡特的事例說明，下屬對一個上司的評價，往往決定於他是否有責任感，勇於承擔責任不僅使下屬有安全感，而且也會使下屬進行反思，反思過後會發現自己的缺陷、改進工作。

做下屬的最擔心的就是做錯事，特別是花了很多精力又出了錯，而在這個時候，上司來了句「一切責任在我」，那這個下屬又會是何種心境？

從表面上看，上司是把責任攬在了自己身上，使自己成為受譴責的對象。實質上，卻是上司提高自身威信，並在部門內部進行身教的妙招。一

旦上行下效，形成勇於承擔責任的風氣，便會杜絕互相推諉、上下不團結的局面，使部門有更強的凝聚力，從而更有競爭力。

所以，要想在現代職場上獲得成功，就必須努力培養自己在工作中勇於承擔責任的意識，主動為自己設定工作目標，並不斷改進方式和方法，在工作中犯了錯誤也要勇於承認。勇於承擔責任的人將會得到眾人的尊重與信任。

# 第七十九章：常與善人

## 【原典】

和大怨，必有餘怨，安可以為善？是以聖人執左契①，而不責②於人。有德司契③，無德司徹④。天道無親⑤，常與善人。

## 【注釋】

①左契：收債的憑證，借據的存根。契，契約、借據。
②責：討債，索取。
③司契：掌管借據的人。司，主管。
④司徹：掌管稅收的人。
⑤無親：沒所偏愛。

## 【譯文】

調和了深仇大怨，必定還留下餘怨，這怎能算是妥善的解決辦法呢？因此，聖人掌管著借據的存根，卻不去向人索取償還。有德之人如同掌管借據的人一樣寬而不取，無德之人如同掌管稅收的人一樣苛求索取。自然的規律對誰都不偏愛，總是伴隨著有德之人。

## 【名家注解】

河上公：殺人者死，傷人者刑，以相和報。任刑者失人情，必有怨及於良

人也。言一人吁嗟，則失天心，安可以和怨為善也？古者聖人執左契，合符信也。但刻契之信，不責人以他事也。無德之君背其契信，司人所失。

王弼：不明理其契，以致大怨已至，而德以和之，其傷不復，故必有餘怨也。左契防怨之所由生也。有德之人念思其契，不念怨生而後責於人也。徹，司人之過也。

朱元璋：君能釋天下之大怨，則坐朝堂而布大道，修明政刑，釋無辜，刑有罪，賑貧乏，而中稅斂，欲使民餘而不盡其所有，則冤解而怨平，上帝可親矣。

## 【經典解讀】

在這一章中，老子警告執政者不可蓄怨於民，不要激化與老百姓之間的衝突。因為蓄怨太深，就難以和解；用稅賦去榨取百姓，用刑法去鉗制百姓，都會惹民怨憤。所以，為政者應該像有道的聖人那樣，行「無為」之治，以「德」化民，給予而不索取，不擾害百姓。

老子還提出了「執左契而不責於人」的觀點，希望那些剝削者積德行善，不要擾害他人，以得到天道的庇護。天道「無親」，對萬事萬物都非常公正，並非是對哪一人、哪一物有特殊的照顧。行善的人之所以得到「天」的幫助，是其順應自然規律並不懈努力的結果。

老子特別強調，用「德」和解重大的怨仇，肯定會留下殘餘的怨恨。最好的辦法，就是實行清靜無為之政，輔助百姓而不干涉他們，給予百姓而不向他們索取。這樣就不會積蓄怨仇。否則，肆意剝削、搜刮，隨意施用嚴刑峻法約束、限制人民，那就難免與民結怨。

從為人處世的角度來看，如果一個人把自己所受的怨氣全部翻出來，結果就會越想越氣、越氣越想，最後使得自己怨氣沖天、愁雲翻滾。結果是不再去做善事，本來他是固守柔弱的，結果心裡滿是怨恨就變成了剛

強，也就可能招致大災了。

聖人明白這個道理，所以就儘量化解自己與他人的怨恨，儘量不去責備他人，別人跟他借錢，他也不去要求別人償還，一切順其自然。而無德的人，則恰恰相反。這就是「有德司契，無德司徹」。有德與無德、怨與善，就在於一個人怎麼想、怎麼去做。

聖人總是能夠看到事物好壞兩個方面。他們用美好、光明的一面來使自己保持愉快、向上的心態，用世界醜惡和黑暗的一面來警醒自己。我們應向聖人學習，多看社會的光明面，多想別人對自己好的一面。對於別人的過錯，對自己的傷害，要善於忘記；對於滴水之恩，要以湧泉相報。

【處世學問】

### 幫助別人就是幫助自己

上天並沒有偏袒之心，只是愛護真心行善的人。這句話，真是令人心悅誠服。所謂「自天佑之，吉無不利」，行善之人必會得到上天的恩賜。

中國民間都有祭灶神的風俗。傳說，每年過小年這一天，灶神要上天；而除夕這天，灶神從天上回來。灶神上天所要做的，是向天帝報告這戶人家的善惡功過。若是積德行善的人家，上天將會令其漸漸地興隆；若是作惡的人家，上天將會使其漸漸地衰敗。

正如《周易》所說：「積善之家，必有餘慶。積不善之家，必有餘殃。」積善的人，將會得到福報。而作惡的人，將會得到災殃。人說不定什麼時候就會遇到難處，別人有難時幫上一把，待自己有困難時別人也會幫忙的。人生的旅途很長，幫人就是幫自己。

一天，一個蘇格蘭貧農救了一個掉到深水溝裡的孩子。次日，一位乘坐豪華馬車的紳士便帶著厚禮到他家表示感謝：「我是昨天被你救起的孩

子的父親，我今天特地來向你表示感謝。」他回答道：「我不能因救了你的孩子，就接受報酬。」

這時候，他年紀尚小的兒子正好從外面回來。紳士說：「這樣吧，我資助你的兒子接受最好的教育，希望他將來能成為讓你自豪的人。」後來，那個孩子從聖瑪利亞醫學院畢業了。

有一年，紳士的兒子，也就是被貧農救起的那個孩子染上了肺炎，是抗菌藥物青黴素將他從死亡的邊緣拉了回來。其實，那個紳士就是二戰前英國上議院議員老邱吉爾，紳士的兒子就是著名的英國前首相邱吉爾，貧農的兒子則是發明青黴素的亞歷山大·弗萊明爵士。

班傑明·富蘭克林曾說：一個人種下什麼，就會收穫什麼。那個蘇格蘭貧農正是因為幫了別人，才使自己的兒子有了成才的機會；而老邱吉爾也因為幫了別人，才保住了兒子的生命，使之有機會成為20世紀影響人類歷史進程的政治家之一。

其實，善惡自有前因後果。不懂此理的人，以為作惡不得禍，行善不得福。因此，就善不欲為，惡則時而為之。懂得此理的人，則能夠漸進地克己斷惡、勤力修善。生活中常常有這樣的情況，助人並非圖報，但樂於助人者也恰恰在無意中為自己創造著好機緣。

所以說，助人即是助己。你幫助了別人，方便了別人，其效應也許一時還不明顯。但你若能常與人方便，常替別人分憂，日積月累，就會成為一筆難得的巨大財富。

幫助別人難免耗費時間和精力，甚至會誤了自己的事。不過，長遠來看，幫助別人，是得大於失的，這就是所謂的感情投資，未來收穫的必定比今天投入的多。總之，幫人是積德之事，最好能幫就幫。幫了別人，在將來的某時某地，你可能得到意想不到的回報！

# 第八十章：小國寡民

## 【原典】

　　小國寡民①。使②有什伯③之器而不用，使民重死④而不遠徙⑤。雖有舟輿⑥，無所乘之；雖有甲兵⑦，無所陳⑧之；使民復結繩⑨而用之。甘其食，美其服，安其居，樂其俗⑩。鄰國相望，雞狗之聲相聞，民至老死不相往來。

## 【注釋】

①小國寡民：使國家變小，使人民變少。

②使：即使。

③什伯：極多，多種多樣。

④重死：看重死亡，不輕易冒生命危險去做事，亦即愛惜生命。

⑤徙：遷移、遠走。

⑥輿：車子。

⑦甲兵：鎧甲和武器，泛指武器裝備。

⑧陳：陳列，引申為布陣交鋒。

⑨結繩：文字產生以前，人們用繩子打結的方法來記事。

⑩甘其食，美其服，安其居，樂其俗：使人民能吃上香甜的飯菜，穿上漂亮的服飾，擁有安定的住所，在習俗中怡然自樂。

## 【譯文】

使國家小一點，讓人口少一點。即使有各種各樣的器具也不使用，使人們愛惜生命而不往遠處遷移。雖有船隻、車輛，卻沒有必要乘坐；雖有鎧甲兵器，卻沒有機會陳列。使人們重新以結繩來記事。使人們吃得香甜，穿得漂亮，住得安適，過得習慣。國與國之間互相望得見，雞犬的叫聲相互聽得到，但人們到老死，也不互相往來。

## 【名家注解】

河上公：聖人雖治大國，猶以為小，儉約不奢泰。民雖眾，猶若寡小，不敢勞之也。使民各有部曲什伯，貴賤不相犯也。器，謂農人之器。而不用，不徵召奪人良好也。君能為民興利除害，各得其所，則民重死而貪生也。政令不煩，則安其業，故不遠遷徙，離其常處。

王弼：使民雖有什伯之器而無所用，何患不足也。使民不用，惟身是寶，不貪貨賂，故各安其居，重死而不遠徙也。

朱元璋：間有能治國者，絕奢去玩，務道恤民，天乃佑，四時序，風雨調，民遂耕營，倉廩實而衣被充，樂其樂而人善終，封疆雖無守而自堅，關鍵不閉而難入，雖有巨舟革乘，力士千鈞，皆無所施，而無所陳。

## 【經典解讀】

這一章，老子為他理想中的「國家」繪了一幅美好藍圖，一幅充滿田園氣息的歡樂圖。他用淡然的筆墨，著力描繪了「小國寡民」的農村社會生活情景，表達了他的社會政治理想。老子面對急劇動盪變革的社會現實，感到一種失落，便開始懷念遠古蒙昧時代結繩記事的原始生活，這是一種抵觸情緒的發洩。

那個「國家」很小，鄰國相望、雞犬之聲相聞，大約相當於現在的一

個村莊。那裡沒有欺騙和狡詐的惡行，民風淳樸敦厚，生活安定恬淡。人們用結繩的方式記事，不會勾心鬥角，也就沒有必要冒著生命危險遠徙謀生。很明顯，這只是老子美麗的幻想，是不可能實現的。

小國寡民是老子所描繪的理想社會，它反映了中國古代社會自給自足的生活方式。老子幻想著回歸到原始社會的狀態。在那裡，沒有剝削和壓迫，沒有戰爭和掠奪也沒有恐懼。那裡的人民單純而質樸，過著理想化的平淡、安寧的生活。

我們要真正認識老子的小國寡民思想，就要瞭解其產生的時代因素，及其想要解決的問題。所謂小國寡民，是針對當時的廣土眾民政策而言的。老子認為，廣土眾民政策是一切禍患的根源。做到小國寡民，便可以消弭兼併戰爭，做到「雖有甲兵，無所陳之」；便可以避免因獲取物質資料而擾亂社會，「有什伯之器而不用」；便可取消使民難治的智慧，以結繩記事的方法來代替；便可使人安於儉樸生活，不為奢侈過度的嗜欲所誘惑；便可以使人民重死而不遠徙，以至於老死不相往來，連舟車等交通工具都可一併棄用。

晉朝的陶淵明，寫了一篇傳誦至今的《桃花源記》。那是一個美麗的幻想，顯然是受了本章內容的影響。但它同時也表達了他對社會黑暗的不滿，反映了人民擺脫貧困和離亂的願望。就這一點上來說，老子和陶淵明的思想是一脈相承的。

## 【處世學問】

### 快樂和幸福就在你我身邊

吃著粗糙的飯菜，卻覺得味道甘美；穿著獸皮樹葉做的衣服，卻覺得式樣好看；住在簡陋的茅屋洞穴裡，卻覺得安全舒適；保持古老的風俗，

卻覺得陶然自樂。

　　一個人活得快樂與否，關鍵在於他是否無欲無求，能否知足常樂。住什麼不重要，能遮風擋雨就行；吃什麼不重要，能填飽肚子就行；穿什麼也不重要，能禦寒就行……無論生活給我們瓊漿還是苦酒，我們都要保持一顆平常心，做個快樂之人。

　　世上無如人欲險，幾人到此誤平生。沒有一顆豁達、開朗和平常的心，就很可能被橫流的物欲所誘惑，就會在欲望的驅使下失去平衡心，失去做人的原則，終究害己。

　　多年前，一輛荷蘭貨車載著60名偷渡者，準備偷渡到英國。當該車被英國海關截獲時，藏在密封的後車廂裡的58名偷渡者已窒息而死，只有1名男子得以倖免。這就是曾經震驚世界的「多佛慘案」。

　　他們不明白幸福就在自己身邊，所以才為了尋找幸福，不擇手段漂洋過海，卻最終喪命。其實，對有些東西，孜孜苦求只會徒添煩惱；而擁有知足之心，則能看淡人生的成敗得失。

　　從前，有個男孩住在山腳下的一幢大房子裡，過著幸福的生活。他有很多愛好，他喜歡動物、跑車、籃球，還喜歡漂亮的女孩子。

　　一天，男孩對上帝許願說：「長大了，我要住一幢大房子，門前有兩尊石獅子，要有一個開滿鮮花的花園，要娶一位性情溫和、長髮烏黑、眼睛像藍寶石且會彈琴唱歌的美女為妻。我要有三個男孩，他們一個當科學家，一個做政治家，一個是籃球隊的前鋒。」「聽起來真是個美妙的夢想，」上帝竟然對他說了話：「希望你的夢想能夠實現。」

　　他後來果真娶到了一位溫柔美麗的妻子，有著烏黑的長髮，但她的眼睛卻是褐色的。她也不會彈鋼琴，歌也唱得不好，但能做一手好菜。

　　為了照顧自己的生意，他住在城裡的高樓大廈中。他的大門前沒有石獅子，也沒有開滿鮮花的花園。但他可以從自己的陽台，看到波光粼粼的

大海，以及城市夜晚閃爍的燈光。

　　他一個兒子也沒有，卻有三個美麗又可愛的女兒。三個女兒都非常愛他，她們會和他一起去公園玩飛盤，而小女兒就坐在旁邊的大樹底下彈吉他，唱動聽的歌曲。

　　他事業有成，家庭美滿，過著富足、舒適的生活。可是，有一天，他從夢中醒來的時候，突然記起了多年前的夢想。他覺得很遺憾，並開始不停地抱怨起來，完全聽不進別人的勸說。

　　他終於抑鬱成病。一天夜裡，他躺在病床上對上帝說：「還記得我是個小男孩時，對你講述過我的夢想嗎？」「那是個可愛的夢想。」上帝說。「你為什麼不讓我實現自己的夢想呢？」他問道。「你已經實現了。」上帝說，「只是我想讓你驚喜一下，給了你一些你沒有想到的東西。」

　　他在黑暗中靜想了一夜。他覺得自己超額完成了夢想任務，因為他已擁有了許多不曾夢想過的東西：一位溫柔美麗的妻子，一份好工作，一處舒適的住所，三個可愛的女兒。

　　一位哲人說得好：「只要你願意享受快樂，快樂就會黏上你。」樂觀者懷著感恩的心情去享受現實，而悲觀者則會把手中的幸福和快樂隨意拋棄，而後滿世界尋找幸福和快樂。

　　「知足常樂」是一種處事態度，是一種釋然的情懷。「廣廈千間，夜眠不過七尺；良田萬頃，日食僅為升斗。」人窮其一生所追求的，最終不過是過眼雲煙，生時擁有再多，死時也帶不走。「采菊東籬下，悠然見南山」，陶淵明寧靜悠然的心態，正是我們所應追求的最高心境。

# 第八十一章：信言不美

【原典】

信言①不美，美言不信；善者②不辯③，辯者不善；知者不博④，博者不知。聖人不積⑤，既以為人，己愈有⑥；既以與人，己愈多⑦。天之道，利而不害⑧；聖人之道⑨，為而不爭。

【注釋】

①信言：真實可信的話。
②辯：巧辯，花言巧語，能說會道。
③博：廣博，淵博。
④聖人不積：有道的人不自私，沒有占有的欲望。
⑤有：充實。
⑥多：與「少」相對，這裡指豐裕。
⑧利而不害：使萬物得到益處而不加以傷害。
⑨道：法則，這裡指行為準則。

【譯文】

真實可信的話不動聽，動聽的話不真實可信；善良的人不巧辯，巧辯的人不善良；真懂的人不賣弄自己淵博，賣弄自己淵博的人不是真懂。聖人不存占有之心，儘量幫助別人，自己反而更充實；儘量給予別人，自己

反而更豐裕。自然的法則，是利成萬物而不加傷害。聖人的行為準則，是施惠於人而不與之爭利。

## 【名家注解】

河上公：善者以道修身，不彩文也。不善者，舌致患也。山有玉，掘其山；水有珠，濁其淵；辯口多言，亡其身。知道之士，守一元也。多見聞者，失要真也。聖人積德不積財，有德以教愚，有財以與貧也。以財賄布施與人，而財益多，如日月之光，無有盡時也。

王弼：實在質也。本在樸也。極在一也。無私自有，唯善是與，任物而已。

朱元璋：古聖人德不自張，功不自任，以此上天下若己之所有為。無者濟之，因濟他人，自己有多矣。是故愈與彼則己甚多，所以上帝好生惡殺，聖人君子體而行之，遂得。雖終世而人不忘，以其德同天地。

## 【經典解讀】

本章是全書的正式結束語，採用了格言警句的形式。前三句講人生的主旨，後兩句講治世的要義。本章的格言，可以作為人類行為的最高準則，例如信實、訥言、專精、利民而不爭。人生的最高境界是真、善、美的結合，而以真為核心。

老子在一開頭就提出了信與美、善與辯、知與博三對範疇，實際上講的是真假、美醜、善惡的問題。他試圖說明某些事物的表面現象和其實質往往並不一致，其中包含著評判人類行為的道德標準。

按照上述三條原則，以「信言」、「善行」、「真知」來要求自己，做到真、善、美在自身的和諧。按照老子的思想，就是重歸於「樸」，回到沒有受到偽詐、智巧、爭鬥等世俗汙染的本性。

不過，世界上的事物多種多樣，社會現象更是十分複雜。如果單單

認定「信言」都是不美的，「美言」都是不信的，「知者」都是不博的，「博者」都是不知的，就流於片面了。如果認為世界上真、善、美的事物永遠不能統一，而只能互相排斥，也就脫離了老子的道。

天道無私，它只有利於萬物，而不會對萬物造成傷害。掌握了「道」的聖人，順天道而行，效法天道之「利而不害」，表現為「為而不爭」，也就是只做出貢獻，只為他人服務，而不和他人爭奪功利。

「為」是前提，「不爭」是在「為」的條件下「不爭」。「不爭」，不是消極不為，不是自我放棄，也不是對一切事物的放棄，而是不伸展自己的侵占意欲。這是「不爭」的普遍意義。

其實，在老子所處的時代，「不爭」還有著特定的現實意義。當時，執政者互相爭權奪利，弱肉強食，紛爭不斷，社會動盪，民不聊生。老子的「不爭」，正是針對執政者的這種私欲膨脹行為而提出的，有著很強的針對性。

【處世學問】

### 可信的話常常不那麼動聽

老子說，信言不美，美言不信。意思是，真實可信的話不動聽，動聽的話不真實可信。「道」本無名，不事雕琢，以樸為貴，所以誠實的話，聽起來並不動聽，動聽的話不一定誠實。真誠的語言是要表達內心真實的想法，而真實的想法是無須用華麗的詞藻來修飾的。

大「道」無言，它周濟萬物卻從不居功，這就是它的至真至誠。真誠善良的人，就好像無言的大「道」，儘管他不多言，卻能讓人感受到其博大的胸襟和情懷。一個迫不及待地標榜自己的人，常缺乏誠善之心。一個內心誠善的人，則善於用行動、用時間向世人證明自己。

二百多年前，日本有位百忍禪師，道行高深，從不多說話。他的鄰居是一對開食品店的夫妻，他們還有個漂亮的女兒。可是不知怎麼回事，他們的女兒還沒結婚，肚子就一天天大了起來。夫妻兩個逼問女兒孩子到底是誰的，女兒一慌，吞吞吐吐地說出了「百、忍」二字。

　　夫妻二人極為震怒，一個出家人怎麼能做出這種傷天害理的事呢？於是他們去找百忍禪師理論。百忍禪師聽了，不置可否，只淡淡說了一句：「哦，是為了這件事！」不久，孩子出生了，夫妻二人把孩子抱給百忍禪師，說既然他是孩子的父親，就得對孩子負養育之責。

　　百忍禪師什麼都沒說，就收留了孩子。當地人都說他是衣冠禽獸，他也不以為意，一心一意地撫養孩子。一年之後，可愛的孩子已經會走路了。孩子的媽媽再也不忍把這件事欺瞞下去，向父母坦陳了實情，說孩子的父親不是百忍禪師，而是另有其人。

　　夫妻二人趕緊帶著女兒去向禪師道歉，並帶回孩子。百忍禪師既沒有責備他們，也沒有抱怨，只是淡淡地說了一句：「哦，是為了這件事！」好像一切都沒有發生一樣。從此，百忍禪師更是善名遠揚。

　　對於得「道」的人來說，他們的一言一行都符合「道」的準則。一切都是那麼自然，不事雕琢，沒有任何修飾，也無須多餘的言語。正如老子所言：「善者不辯，辯者不善。」

　　俗話說：良藥苦口利於病，忠言逆耳利於行。又說：夫良藥苦於口，而智者勸而飲之，知其入而已己疾也；忠言拂於耳，而明主聽之，知其可以致功也。

　　忠言大抵逆耳，但「可愛者不可信，可信者不可愛」，「耳中常聞逆耳之言，心中常有拂心之事，才是進德修行的砥石。若言言悅耳，事事快心，便把此生埋在鴆毒之中也」。

　　《周易》中說：「弗過，防之，從或戕之，凶。」即沒有缺點也沒有

過錯，而受到了批評，要預防不要再犯同類的錯誤就行了，盲從和頂撞都不好。又說：「無咎，弗過，遇之，往屬必戒。」沒有缺點也沒有過錯卻受到了批評，今後行動要引起警惕。

唐太宗就是這樣對待批評的。他認為：「為人君，雖無道，受諫則聖」，「兼聽則明，偏信則暗」。所以，他擴大諫官職權，並常鼓勵臣下進諫，「凡詔令不妥須當奏明，不得阿從。」

他曾對大臣們說：「虞世基等為了保住自己的富貴用諂媚的辦法侍奉隋煬帝，隋煬帝被殺，虞世基等也被殺了。你們應該記住這個教訓，我做的事情當與不當，你們一定要說出來。」

特別是他對待喜歡直諫的魏徵的態度，更體現了他善納忠言的勇氣。魏徵曾上疏數十，直陳唐太宗的過錯，唐太宗都虛心納諫，擇善而從。魏徵死後，他傷心地說：「人以銅為鏡，可以正衣冠；以古為鏡，可以見興替；以人為鏡，可以知得失。魏徵沒，朕亡一鏡矣。」

雖然批評意見有時「帶刺」，令人難以接受，但它有品評、判斷、指出好壞的作用，帶有激勵、教導、鞭策的願望，以期透過批評促進人反思、克服和改正錯誤的思想行為。

喜聽溢美之詞，厭惡批評之語，這是人性的弱點。批評，的確是令人難堪的事。但是，禍多藏於隱蔽，而發於人之所忽。如果沒有逆耳之言、拂心之事，耳朵裡聽的都是誇獎，生活也過得放逸恣縱，於是洋洋得意，不可一世，便會身處險境了。

## 【商海實戰】

### 我為人人，人人才會為我

老子說：聖人不存占有之心，盡量幫助別人，自己反而更充實；盡量

給予別人，自己反而更豐裕。簡單點說，就是「我為人人，人人為我」。下面我們來看看「子貢贖人」的故事。

魯國法律規定，在國外淪為奴隸的魯人，有人把他們贖出來，可以向國庫領取贖金。子貢在其他諸侯國贖了一個魯國人，回國後拒絕收領國家償金。孔子說：「賜呀，你做得不對。從今以後，魯國人就不肯再替本國同胞贖身了。你收領贖金，並不損害你行為的價值；你不肯收領贖金，別人也就不肯再贖人了。」而子路救起一名落水者，那人感謝他送了一頭牛，子路收下了。孔子說：「魯國人從此一定會勇於救落難者了。」

智者不會為自己而積累財富，而是盡力幫助照顧別人，反過來別人也會幫助照顧他，他自己也會更為充足了；他會盡力給予別人，反過來別人也會盡力給予他，自己反而更富有了。胡雪巖就是一個這樣的商界「智者」。

在胡雪巖管理賑撫局事務期間，他設立粥廠、善堂、義塾，修復名寺古剎，收殮了數十萬具暴骸；恢復了因戰亂而一度終止的牛車，方便了百姓；向官紳大戶「勸捐」，以解決戰後財政危機等事務。另外，胡雪巖還建起一座胡慶餘堂，童叟無欺，瘟疫流行時還向百姓施藥施粥。胡雪巖因此名聲大振，被稱為胡大善人，信譽度大大提高，財源自然也滾滾而來。

在功成名就之後，胡雪巖並未忘記自己的發跡之地——杭州。他為杭州百姓做了許多義舉。他開設錢塘江義渡，方便了「上八府」與「下三府」的往來。

胡雪巖樂善好施，極其熱心於慈善事業，多次向直隸、陝西、河南、山西等澇旱地區捐款賑災。到1878年，胡雪巖除了捐給西征軍的藥材外，還向各地捐贈白銀幾十萬兩用於賑災。

更鮮為人知的是，在當時轟動朝野的楊乃武與小白菜一案中，他利用自己的聲譽活動京官、贊助錢財，為此案最終昭雪立下了汗馬功勞。此

外，他還兩度赴日本，高價購回流失在日本的中國文物。從這一切舉動中可見他行俠仗義的仁厚之心和愛國之心。

胡雪巖以仁、義經商，善於隨機應變，而絕不投機取巧，使其生意蒸蒸日上。他富而不忘本，深諳錢財的真正價值，大行義舉，在贏得美名的同時，也得到了心靈的滿足。胡雪巖這位了不起的商人身上，有許多值得今人學習的東西。

子貢贖人和胡雪巖賑災的故事告訴我們一個道理：「我為人人」和「人人為我」是相輔相成的。沒有「我為人人」的胸懷，「人人為我」也只是空中樓閣；只強調「人人為我」，最終的結果必然是樹倒猢猻散；只知道「我為人人」而拒絕「人人為我」的所謂高境界，最終也會成為不食人間煙火的清高之徒而遠離人群。

**海鴿** 文化出版圖書有限公司
Seadove Publishing Company Ltd.

| | |
|---|---|
| 作者 | 老子 |
| 編譯 | 雅瑟 |
| 美術構成 | 騾賴耙工作室 |
| 封面設計 | 九角文化設計 |
| 發行人 | 羅清維 |
| 企畫執行 | 林義傑、張緯倫 |
| 責任行政 | 陳淑貞 |

古學今用 159

老子
道德經

| | |
|---|---|
| 出版 | 海鴿文化出版圖書有限公司 |
| 出版登記 | 行政院新聞局局版北市業字第780號 |
| 發行部 | 台北市信義區林口街54-4號1樓 |
| 電話 | 02-27273008 |
| 傳真 | 02-27270603 |
| e‐mail | seadove.book@msa.hinet.net |

| | |
|---|---|
| 總經銷 | 創智文化有限公司 |
| 住址 | 新北市土城區忠承路89號6樓 |
| 電話 | 02-22683489 |
| 傳真 | 02-22696560 |
| 網址 | www.booknews.com.tw |

| | |
|---|---|
| 香港總經銷 | 和平圖書有限公司 |
| 住址 | 香港柴灣嘉業街12號百樂門大廈17樓 |
| 電話 | （852）2804-6687 |
| 傳真 | （852）2804-6409 |

| | |
|---|---|
| CVS總代理 | 美璟文化有限公司 |
| 電話 | 02-27239968　e‐mail：net@uth.com.tw |

| | |
|---|---|
| 出版日期 | 2023年01月01日　一版一刷 |
| | 2023年08月10日　一版五刷 |

| | |
|---|---|
| 定價 | 450元 |
| 郵政劃撥 | 18989626　戶名：海鴿文化出版圖書有限公司 |

國家圖書館出版品預行編目資料

道德經／老子作；雅瑟編譯.--
一版，--臺北市 ： 海鴿文化，2023.01
面 ； 公分. －－（古學今用；159）
ISBN 978-986-392-475-3（平裝）

1. 道德經　2. 注釋

121.311　　　　　　　　　　　　　111020307